Haffmans Sachbuch

Aus zwei Booten wird ein Floß

Suizid und Todessehnsucht:
Erklärungsmodelle, Begleitung
und Prävention

Ebo Aebischer-Crettol

Anne Rüffer (Herausgeberin)

Haffmans Sachbuch

Für Monique Aebischer-Crettol

Lektorat: Dominique Rub

1. Auflage Frühling 2000

Satz: Fotosatz Michel, Gießen
Herstellung: Offizin Andersen Nexö, Leipzig
ISBN 3 251 40014 2

Inhalt

Anhang

Wie (weiter) leben?

Dieses Buch richtet sich in erster Linie an Menschen, die selbst vor einem Dilemma stehen und sich fragen, wie es weitergehen soll; an Menschen, die sich fragen, ob sie weiterkämpfen sollen, die sich vielleicht auch fragen, *was* sie dazu treibt, den eigenen Tod gegebenenfalls selbst herbeizuführen. Es richtet sich an Menschen, deren aufgestaute Aggressivität möglicherweise so groß werden könnte, daß sie entweder jemanden »umlegen« oder selbst »Hand an sich legen« oder mitunter sogar beides tun (Amokläufer, die sich schließlich »selbst richten« bzw. Menschen, die »erweiterten Suizid« begehen).

Es zielt aber ebenso auf diejenigen, die erleiden mußten, daß ein Kind, ein Partner oder ein Elternteil »freiwillig« aus dem Leben schied. Es möchte versuchen, mit ihnen ein Stück auf dem dornenvollen, steinigen und tränennassen Weg zu gehen, möchte versuchen, den Fragen, die sie an sich und »die ganze Welt« stellen, nachzugehen und Denkanstöße zu geben.

Nicht zuletzt wendet sich dieses Buch an Seelsorgerinnen und Seelsorger, an Angehörige der »Psy«-Berufe, an Sozialarbeiterinnen und Sozialarbeiter und an all jene, die sich in den Dienst von Menschen gestellt haben oder stellen möchten, die entweder eine Bezugsperson durch Suizid verloren haben oder die selbst gefährdet sind, sich das Leben zu nehmen.

Aber es will (und kann) nicht den Anspruch eines wissenschaftlichen Werkes erheben. Ich möchte Wissenschaft allgemein eher verstanden sehen als eine Kunst, die Wissen schafft. Möge der durch die vorliegenden Ausführungen geschaffene – vielleicht auch nur kleine – Wissenszuwachs die eine oder den anderen dazu ermächtigen, daß sie/er besser leben kann.

Als Seelsorger setze ich mich auch mit Selbsttötungen in der Bibel und mit der Wirkungsgeschichte des biblischen Tötungsverbots auseinander. Nichtchristen oder dem Christentum entfremdete Menschen können die diesbezüglichen Ausführungen als Literaturgeschichte kennenlernen (als Schilderung menschlicher Schicksale seit über 2000 Jahren) oder aber einfach überspringen. Ebenso können die späteren Bezugnahmen auf biblische Zitate einfach übergangen werden. Ich bin jedoch der Meinung, daß die vorgelegten Ausführungen auch Nichtchristen, Gläubigen anderer Religionen und Atheisten unter Umständen weiterhelfen können.

Die Frage nach dem Warum der Selbsttötung beschäftigt die Menschen, seit der erste Mensch sich das Leben genommen hat. Wer das war, entzieht sich der Überlieferung. Alfred Hoche (1865–1943) meinte jedoch hinsichtlich dieser Erkenntnis, daß es dem Menschen möglich ist, seinem Leben selbst ein Ende zu setzen:

> Es war ein großer Abschnitt in der Entwicklung der Menschheit – einschneidender als der Moment, da Kopernikus die Sonne stillstehen ließ –, als zuerst ein denkendes Wesen dazu kam, nicht mehr alles Leid hinnehmen zu wollen, sondern ihm mit eigener Hand ein Ziel zu setzen.

Der Franzose Jean Baechler (*Les Suicides,* 1975) kam zum Schluß, daß Menschen sich das Leben nehmen, um dadurch ihre Probleme zu lösen. Selbsttötung ist für Jean Baechler also eine der den Menschen zur Verfügung stehenden Möglichkeiten, um das Problem zu lösen, das sie vermeintlich daran hindert, weiterzuleben. Hier fängt das Problem für die Hinterbliebenen an. Es ist mir ein Anliegen, mit ihnen auf ihrem unvorstellbar schweren Weg durch die Trauer zu einem erfüllten Weiterleben einige persönliche Erfahrungen und Einsichten zu teilen.

Dieses Buch hätte nicht entstehen können, wenn nicht eine größere Zahl von Betroffenen mir die Möglichkeit geboten hätte, Anteil an ihrem Schicksal zu nehmen. Viele von ihnen erklärten sich bereit, das, was ihnen widerfuhr, für diese Publikation freizugeben. Sie waren zum Teil allerdings nur unter der Bedingung mit der Veröffentlichung einverstanden, wenn die gesammelten Fakten ohne Kommentar oder Interpretation wiedergegeben werden. Deshalb stehen die Schilderungen persönlicher Schicksale – so wie sie in Erfahrung gebracht wurden – als einige wenige Beispiele aus dem großen Fächer ähnlicher Schicksale da, deren gemeinsames Merkmal der Verlust durch Suizid ist. Zum Schutze der Betroffenen wurden alle Namen geändert und bestimmte Situationen verfremdet. Allen, die mir Einblick in ihre Leidensgeschichte gewährt haben und insbesondere jenen, die einer Veröffentlichung des Erlebten zustimmten, danke ich von ganzem Herzen.

Ebo Aebischer-Crettol, Dezember 1999

Zum Begriff »Suizid«

Wenn ein Mensch Hand an sich gelegt hat, wird gesagt, er habe »sich das Leben genommen« oder (seltener) er habe »sich getötet«. Es kommt wohl kaum jemandem in den Sinn zu sagen, diese Person habe sich »ermordet«. Und doch wird immer und immer wieder von »Selbstmord« und »Selbstmördern« gesprochen. Wie schrecklich muß es doch für eine Mutter, einen Vater sein, deren Kind sich getötet hat, zu vernehmen, daß man von ihnen als von den »Eltern des Selbstmörders« spricht. Jedesmal, wenn in den Medien die Rede von »Selbstmord« ist, dürfte es ihnen einen Stich versetzen. Ich finde es deshalb wichtig, mit diesem Sprachgebrauch zu brechen. Es ist an uns allen, dazu beizutragen, daß dieses diskriminierende Wort nicht mehr gebraucht und statt dessen von Selbsttötung oder Suizid gesprochen wird.

Aus diesen Überlegungen werde ich konsequent von »Selbsttötung«, »Suizid«, »Suizidalität« (Neigung zur Selbsttötung) oder »Suizidenten« (Menschen, die sich das Leben genommen haben oder nehmen wollen) reden.

In der Tat hat Selbsttötung kaum etwas mit Mord zu tun. Mord ist die hinterhältige Tötung eines anderen aus niederen Motiven und zum persönlichen Nutzen im Hier und Jetzt:

> MORD ist eine strafbare Handlung, die begeht, wer aus Mordlust, zur Befriedigung des Geschlechtstriebs, aus Habgier oder sonst aus niedrigen Beweggründen, heimtückisch oder grausam oder mit gemeingefährlichen Mitteln oder um eine andere Straftat zu ermöglichen oder zu verdecken, einen Menschen tötet (Art. 211 StGB).

Es ist nicht nur kaum denkbar, sondern schlichtweg unmöglich, daß sich jemand hinterlistig, aus besonders verwerflichen Beweggründen (niedere Motive, Rachsucht, krasse Selbstsucht, ungehemmte triebhafte Eigensucht) und zum persönlichen Profit in diesem Leben umbringt. Beim Suizid sind Opfer und Täter vielmehr ein und dieselbe Person.

»Suizid« ist in den um den deutschen Sprachraum herum liegenden – und insbesondere in den anglophonen und romanischen – Ländern der gebräuchliche und oft einzig zur Verfügung stehende (suicide, suicídio usw.) Begriff. Um so bedauerlicher ist es, wenn bei der Übertragung aus dem Französischen oder Englischen »suicide« mit »Selbstmord« statt mit »Suizid« oder »Selbsttötung« übersetzt wird. Das Wort »Suizid« ist zusammengesetzt aus »sui«, dem Genitiv des lateinischen rückbezüglichen Pronomens »se« (sich) und dem lateinischen Verb »caedere« (hauen, schlagen, umhauen, abhauen, fällen, niederhauen, töten, schlachten, zerschlagen). Es wird in der deutschen Sprache erstmals im 17. Jahrhundert für die Selbsttötung gebraucht.

Ebenfalls zu meiden ist eine generelle Verwendung des Begriffs »Freitod«. Es mag zutreffen, daß ein Mensch sich wirklich nach gründlichem Abwägen aller sich bietenden Alternativen *frei* entscheidet, seinem Leben ein Ende zu setzen. Nach den bisherigen Erkenntnissen dürfte das jedoch nur bei einer sehr kleinen Zahl von Menschen zutreffen.

Mit den Begriffen »Suizid«, »Selbsttötung« oder »Freitod« verbinden sich im allgemeinen zwiespältige Gefühle. Die einen sehen die Selbsttötung als den Weg des geringsten Widerstandes, um ein Problem zu lösen, während für die anderen eine gehörige Portion Mut dazu gehört, sich zu töten. Nicht (*so* weiter) leben und nicht sterben wollen, ist das Problem. Dazu kommt, daß es ein tröstlicher Gedanke sein kann, die Möglichkeit zu haben, gegebenenfalls durch eigene Hand aus dem Leben zu scheiden. Es dürfte jedenfalls keinen Menschen geben, der dem Suizid nicht mit ambivalenten Gefühlen gegenübersteht.

Glaube, Geist und Geister

Die Sonnenfinsternis vom 11. August 1999 ist vorbei, und auch den Freitag, 13. August 1999, an dem ein Komet sein Unwesen hätte treiben sollen – ganz zu schweigen von der Jahrtausendwende –, hat die Menschheit trotz aller Unheilsprophezeiungen skrupelloser Scharlatane, Sterndeuter und selbsternannter Propheten überstanden. Die Vorhersagungen des Weltuntergangs durch Nostradamus oder durch andere esoterische und mittelalterliche Schriften erwiesen sich als falsch. Eigentlich könnte man zur Tagesordnung übergehen – wäre da nicht das Unheil, das eben jene Unheilspropheten und Prophetinnen über viele Menschen gebracht haben.

Die Abspaltung kleiner Gruppen mit abweichender Lehre und Glaubenspraxis von größeren Gemeinschaften hat es gegeben, seit es Religions-und Glaubensgemeinschaften gibt. Auch das Christentum ist so entstanden, und die große Gemeinschaft der Christgläubigen hat sich durch immer neue Abspaltungen von anderen Christgläubigen herausgebildet. Im Verlaufe dieser langen und schwierigen Geschichte haben sich Religionsgemeinschaften entwickelt, die von der traditionellen Mehrheit gerne als »Sekten« bezeichnet wurden und werden. Neben dieser organisch wachsenden Vielfalt gab und gibt es immer wieder Gruppen, die sich um die Figur eines charismatischen Führers oder »Gurus« herum bildeten oder bilden. Ob christliches Gedankengut ihnen zugrunde liegt oder nicht, solchen Glaubensgemeinschaften ist nichts vorzuwerfen, solange sie die Freiheit ihrer Anhänger nicht antasten. Gefährlich werden sie jedoch bei fanatischer Ausrichtung. Denn dann bilden sich aus diesen Gruppen autoritäre Sekten mit einem hohen Destruktionspotential. Zu ihren Eigenheiten gehört unter anderem die Unfähigkeit zum Dialog und der Absolutheitsanspruch. Die Mitglieder solcher Sekten fühlen sich als etwas Besonderes, einzigartig erleuchtet, im Besitz der wahren Lehre und des Wegs zum Heil. Für sie sind die »anderen« irrgläubig, hängen an falschen Wahrheiten und praktizieren eine falsche Frömmigkeit. Die anderen sind vom »Prinzip des Guten« bzw. von »Gott« abgefallen, leben in der »Finsternis« und repräsentieren das »Böse«. Im Grunde genommen handelt es sich um destruktive Psychokulte. Suchende junge Menschen sind spezielle Zielgruppen solcher autoritärer Sekten. Sie begeben sich denn zunächst auch freiwillig in deren autoritären und fanatischen Bannkreis. Sehr schnell ergeben sich durch den Gruppendruck psychische Veränderungen mit bedingungsloser Einbindung in die Sekten. Aus der anfänglichen Abhängigkeit wird oft eine Hörigkeit. Daß es dazu kommen kann, bedarf es einer Regression in infantile psychische Stadien. Die Sekte wird gewissermaßen zur großen Urmutter, die allen Geborgenheit verspricht. Diesem Geborgenheitsgefühl entspringt ein übermächtiges »Wir-Gefühl«. »Wir« sind die »Auserwählten«, uns steht das »Heil« zu.

> Es kommt zu einer mit enormer innerer Befriedigung erlebten Komplettierung der persönlichen narzißtischen Lücken, zur Aufhebung aller Durchschnittlichkeit, zur Aktivierung von Ergebenheitsgefühlen auf der einen und von Größenideen in Form der besonderen Auserwähltheit und Gottesnähe auf der anderen Seite.[1]

Der Fanatismus der Führergestalten führt zu einem Fanatismus der Anhänger, wobei der Zielpunkt die völlige Aufhebung der bisherigen Selbstbestimmung ist. Besonders junge Menschen greifen in ihrem Suchverhalten leicht nach dem scheinbar »Totalen«, »Ausschließlichen«, »Vollkommenen«. Es gibt dann für sie sehr schnell nur noch ein »Entweder-Oder«, ein »Alles-oder-Nichts«. Der »Meister« wird dabei wie ein Heiliger verehrt, dem selbstverständlich absoluter Gehorsam geschuldet wird. Diese Hörigkeit führt nicht selten zu sexueller Ausbeutung und mitunter zur »Nachfolge« bis in den Tod.

In der Geschichte sind viele solcher destruktiver »Glaubensgemeinschaften« belegt. Das Spektrum ihrer Verhaltensstrukturen ist breit. Es reicht von heroischer, märtyrerhafter Verteidigung althergebrachten Glaubensgutes (kollektiver Suizid der jüdischen Besatzung der antiken Festung Massada) über die Idealisierung des Suizids bei den Katharern (Schwerkranke wurden getröstet und gleichzeitig zum Suizid angehalten, bei überraschender Gesundung zum Suizid gezwungen oder getötet) bis zum fanatischen Massensuizid der Sektenführer und ihrer Gefolgschaft. So geschehen zum Beispiel bei der Sekte des »Tempels des Volkes« in Guayana, wo 1978 der Sektenchef Jim Jones sich und seine 914 Anhänger mit Zyankali vergiftete. Die Anführer der »Davidianer«-Sekte, studierte Theologen, zogen es 1993 in Texas vor, mit ihren Anhängern in einem Flammeninferno zu sterben, als sich dem Staat unterzuordnen, und 1994 geschah aus fanatischer Glaubensüberzeugung der Massensuizid bzw. Massenmord der »Sonnentempel«-Sekte in der Schweiz und in Kanada.

Neben der durch die Sektenbindung erfolgten Persönlichkeitsveränderungen, die als »Psychomutationen« oder »Seelenwäsche« gesehen werden können, kommen bei vielen totalitären Sekten andere Praktiken hinzu, wie zum Beispiel die völlige Abhängigkeit durch finanzielle Ausbeutung. Die Loslösung von einer solchen Sekte kann auch tödlich verlaufen – entweder durch Suizid oder durch »Beseitigung« wegen der Gefahr der Verbreitung »falscher Anschuldigungen«.

Gegenwärtig operieren über undurchschaubare Imperien und Tarnorganisationen unter anderen vor allem folgende »Heilsverkünder«: Die »Moon«-Bewegung (mit »Vereinigungskirche«, UK), die »Internationale Gesellschaft für Krishna-Bewußtsein« (ISK-CON; Hare-Krishna-Bewegung), die »Divine Light Mission« (Divine United Organisation, World Peace Corps), die »Scientology Church« (mit »Sea-Org« und zahlreichen Unterorganisationen) und die »Familie der Liebe« (»Kinder Gottes«, »Heaven's Love« mit Unterorganisationen). Bei all diesen Sekten handelt es sich um streng hierarchisch geführte Organisationen, die mit fanatischem Eifer neue Opfer zu gewinnen suchen und diese dann selbst zu Fanatikern »erziehen«. Das hier schlummernde Gefahrenpotential umreißt Günter Hole wie folgt:

> Die großen religiösen Fanatiker der Weltgeschichte, und viele der kleinen Fanatiker, die es unter den religiösen Eiferern der verschiedensten Arten gibt – sie sind keine kranken Menschen. Sie bewegen sich »nur« auf der Ebene abnormer Einstellungen und Verhaltensweisen – gerade das aber macht sie so wirksam oder so gefährlich.[2]

Gegenüber den selbsternannten »Heilsverkündern« ist eine Besinnung auf den gesunden Menschenverstand angezeigt: »Und führe mich nicht in Versuchung, (solchen Mist zu glauben), sondern erlöse mich vo(n diese)m Bösen.«

Simson, Saul, Eleasar und andere

Entgegen der weitverbreiteten Meinung heißt es in der Bibel nicht »Du sollst nicht töten«, sondern vielmehr »Morde nicht« (Exodus 20,13, fünftes Gebot nach evangelisch-lutherischer und römisch-katholischer und sechstes Gebot nach jüdischer und evangelisch-reformierter Zählung). Neuere Bibelübersetzungen wie *Die Gute Nachricht*, und die *Einheitsübersetzung der Heiligen Schrift* sowie *Der Katechismus der Katholischen Kirche* tragen diesem Umstand Rechnung (»Du sollst nicht morden«). Daraus geht klar hervor, daß in den Zehn Geboten nicht das Töten, sondern das Morden verboten wird.

Das Verbot zu morden wurde jedoch im Laufe der Kirchengeschichte zum Tötungsverbot umgedeutet. Dadurch wurde die Selbsttötung als verwerflich qualifiziert und von der Kirche in der Folge aufs schärfste verurteilt. Erst im Gesetzbuch des katholischen Kirchenrechts (CIC) von 1983 wurde der Kanon gestrichen, der bis anhin den Suizid verurteilte und mit schweren kirchlichen Strafen belegte. Im *Katechismus der Katholischen Kirche* von 1992 wird zudem der Hoffnung Ausdruck gegeben, daß auch jenen, die sich das Leben genommen haben, das ewige Heil zuteil werden kann, und es wird ihnen zugesichert, daß die Kirche für sie betet.

In der Bibel werden mindestens neun Suizide geschildert. Daneben erfahren wir von Menschen, die sich so in die Enge getrieben fühlen, daß sie offen von ihrer Absicht reden, sich das Leben zu nehmen. Daß in der Bibel von so vielen Selbsttötungen die Rede ist, kann an sich schon zu denken geben. Wegweisend für unseren Umgang in der Gesellschaft mit dem Phänomen Suizid, jener »extremen Variante möglichen menschlichen Verhaltens« (Holderegger 1979), scheint die Tatsache zu sein, daß an keiner Stelle in der Bibel eine andeutungsweise Mißbilligung oder ein ausdrückliches Verbot der Selbsttötung zu finden ist. Ebensowenig wird ein solches Sterben moralisch verurteilt. Dies mögen folgende Beispiele verdeutlichen.

1. Simson (Richter 16,28 ff.)

In dieser biblischen Erzählung wird am Schluß geschildert, wie der von Gott auserwählte und gesegnete Simson durch die Zerstörung des Hauses, in dem er sich befindet, die verhaßten Philister mit sich in den Tod reißt:

> Dann legte er seine Hände an die beiden Mittelsäulen, die das Gebäude trugen, und rief: »Euch Philister nehme ich mit in den Tod!« Er stemmte sich mit aller Kraft gegen die Säulen, bis sie nachgaben und das ganze Haus über den Philistern und ihren Königen zusammenstürzte. So riß Simson mehr Philister mit sich in den Tod, als er während seines ganzen Lebens umgebracht hatte.

Die Bibel beurteilt die Handlungsweise Simsons und dessen Tod nicht explizit. Aus der Tatsache aber, daß die Brüder Simsons seinen Leichnam holten und im Grab ihres Vaters beisetzten, kann geschlossen werden, daß sein Sterben als ehrenhaft angesehen wurde.

2. Saul (1 Samuel 31,4 ff.)

Im ersten Buch Samuel wird geschildert, wie Saul sich in sein Schwert stürzt, nachdem ihm sein Waffenträger die Bitte, ihn zu töten, verweigert. Angesichts einer unabwendbaren militärischen Niederlage tötet sich der erste gesalbte König Israels. Sauls Tod ist nicht unerwartet. Er kann als eine (unausweichliche?) Folge der Weissagung Samuels angesehen werden. Gemäß der biblischen Aussage hatte Gott seinen Geist von Saul genommen und ihm statt dessen einen »bösen Geist« geschickt, der ihn oft quälte. Der »böse Geist« äußerte sich in Form einer Schwermut oder Melancholie, die Saul befiel.

Es ist möglich, daß die psychische Krankheit Sauls auch sein Verhalten in den letzten Augenblicken seines Lebens beeinträchtigte. Eines war Saul jedenfalls klar: Im Falle einer Niederlage und Gefangennahme konnte ihn allein der Tod davor bewahren, daß die »Unbeschnittenen [...] ihren Spott« mit ihm treiben würden. Erst als sein Waffenträger sich weigerte, ihn zu »durchbohren«, »stürzte sich« Saul in sein Schwert. Nach dem Tode Sauls werden ihm von seiten der Israeliten die ihm gebührenden Ehrungen zuteil: Kriegstüchtige Männer holen die Leichname Sauls und seiner toten Söhne, »brachten sie nach Jabesch und verbrannten sie dort. Die Gebeine begruben sie unter der Tamariske vor ihrer Stadt und fasteten zur Trauer eine ganze Woche lang.«

Es kann nicht ausgeschlossen werden, daß der Tod Saul genau so ereilte, weil er sich von Gott dazu »gedrängt« fühlte, war ihm doch vom Propheten Samuel nahegelegt worden: »Besinn dich nicht lange. Tu, wozu es dich drängt! Gott wird dir beistehen.« Mag Saul darauf vertraut haben, daß Gott ihn auch im Tode nicht im Stich lassen würde.

3. *Sauls Waffenträger*

Saul bat seinen Waffenträger, ihn mit dem Schwert zu »durchbohren«. Der Waffenträger weigerte sich, Saul diesen »letzten Dienst« zu erweisen, aus »Angst, sich an Saul zu vergreifen«. Der Waffenträger mußte zusehen, wie sein König sich selbst in sein Schwert »stürzte«. Danach bringt er sich auf die gleiche Weise um.

Wir haben es hier mit dem ersten in der Literatur geschilderten Doppelsuizid zu tun. Nach den Motiven des Waffenträgers zu fragen, ist müßig. Sie können von der Ergebenheit bis in den Tod, Angst vor Gefangennahme, Scham, dem Wunsche seines Königs nicht entsprochen zu haben, über Imitation bis zum moralischen oder gesellschaftlichen Druck auf einen Untergebenen reichen, es dem Herrn und Meister nachzutun, bzw. ihm ins Reich der Toten zu folgen. Es kann darüber hinaus (wie in jedem Fall von Selbsttötung) nie ausgeschlossen werden, daß Gott selbst ihn dazu »bewegte«, so aus dem Leben zu scheiden.

4. *Ahitofel (2 Samuel 17,23)*

> Als Ahitofel sah, daß Abschalom seinen Rat nicht befolgen wollte, sattelte er seinen Esel und kehrte in seine Heimatstadt zurück. Er gab seiner Familie die letzten Anweisungen und hängte sich auf. Er wurde im Grab seines Vaters beigesetzt.

So lautet diese Bibelstelle in der Übersetzung der *Guten Nachricht.* Auch hier läßt die Tatsache, daß Ahitofel »im Grab seines Vaters beigesetzt« wurde, den Schluß zu, daß die Selbsttötung Ahitofels in keiner Weise als unehrenhaft oder verwerflich angesehen wurde.

5. *Simri (1 Könige 16,17 f.)*

> Omri zog mit dem ganzen Heer von Gibbeton vor die Hauptstadt Tirza. Als die Stadt nach kurzer Belagerung eingenommen wurde, schloß sich Simri in den inneren Turm des Königspalastes ein, ließ den Palast anzünden und fand in den Flammen den Tod.

Mit diesen knappen Worten wird von dem bewußten Auf-sich-Nehmen des Todes des Königs Simri von Israel erzählt. Es bestehen kaum Zweifel darüber, daß Simris Tat ein Suizid war. Simri wollte mit der langen Kette von götzendienenden Königen brechen und brachte sich und seine Getreuen ihrem Herrn und Gott als »Brandopfer« dar, um nicht lebendig in die Hände der Feinde Gottes zu fallen. Vielleicht war es gerade die Liebe zu seinem Gott, die Simri dazu trieb, sich und seine Getreuen der Willkür Omris zu entziehen und »den Tod in den Flammen« auf sich zu nehmen.

6. *Eleasar (1 Makkabäer 6,43 ff.)*

Im ersten Buch der Makkabäer wird von den Befreiungskämpfen des Judas Makkabäus berichtet. Bei seinem Feldzug gegen König Antiochus Eupator meinte Eleasar, einer der Soldaten aus dem großen Heer, den feindlichen König auf einem Elefanten sitzend zu sehen. Er stach deshalb den Elefanten von unten nieder und kam dabei ums Leben:

> Eleasar mit dem Beinamen Awaran bemerkte einen Elefanten, der alle anderen überragte und besonders prächtig gepanzert war. Deshalb glaubte Eleasar, der König selbst sitze darauf. Um sein Volk zu retten und sich für alle Zeit einen Namen zu machen, war er entschlossen, sein Leben zu opfern. Mutig lief er auf den Elefanten zu, mitten hinein in die feindlichen Reihen. Mit tödlichen Schwerthieben nach rechts und nach links schlug er sich eine Bresche frei. Dann sprang er unter den Elefanten und brachte ihm eine tödliche Wunde bei. Das Tier brach zusammen, fiel auf ihn und erdrückte ihn.

Hier haben wir es eindeutig mit einer Selbstopferung zu tun. Eine Parallele dazu findet sich beispielsweise in der legendären Selbstopferung Winkelrieds in Schillers *Wilhelm Tell* und wird von Nietzsche für menschliches (männliches?) Handeln in Kriegen als beispielhaft, paradigmatisch, hervorgehoben.

Die hier geschilderte Selbstopferung erweist sich angesichts der Niederlage der Israeliten in der Folge als nutzlos. Sie wird aber mit keinem Wort herabgewürdigt, geschweige denn verurteilt.

7. *Ptolemäus Makron (2 Makkabäer 10,12 f.)*

Der erfolgreiche Befreiungskrieg des Judas Makkabäus beeindruckte nicht nur seine Feinde, sondern ließ auch einige unter ihnen zur Erkenntnis kommen, daß das jüdische Volk ein Recht auf Leben und auf die Bewahrung seiner kultischen Gepflogenheiten hatte.

Von schwerer Krankheit geplagt, verfaßte König Antiochus IV. Epiphanes auf seinem Sterbelager einen Brief an die Juden – quasi sein Testament –, in dem er »vielmals seine tüchtigen jüdischen Bürger« grüßt und »ihnen Glück und Gesundheit« wünscht. Er versichert ihnen, daß er »voll Dank gegen Gott« ist, wenn es ihnen und ihren »Kindern gut geht« und sich deren »persönliche Wünsche erfüllen«, »denn von ihm« erhofft er »alles Gute« für sie. Weiter schreibt er darin: »In herzlicher Zuneigung zu euch denke ich stets an die Ehrerbietung und das Wohlwollen, die ihr mir entgegengebracht habt.« Seinen als Nachfolger bestimmten Sohn Antiochus V. Eupator hat er »über den Inhalt dieses Briefes unterrichtet«, und des weiteren ist er »überzeugt«, daß dieser seinen »Grundsätzen folgen« und den Juden »seine Güte und Freundschaft zuwenden« wird. Antiochus V. Eupator kümmerte sich jedoch wenig um das Vermächtnis seines Vaters. An die Stelle des judenfreundlichen Ptolemäus Makron setzte er einen gewissen Protarchus als Befehlshaber über Zölesyrien und Phönizien ein. »Freunde des Königs« bezichtigten darauf den abgesetzten Ptolemäus Makron des Verrats, weil er

> sich vorbildlich darum bemüht [hatte], den Juden nach allem Unrecht, das sie hatten hinnehmen müssen, endlich Gerechtigkeit widerfahren zu lassen und in Frieden mit ihnen auszukommen. Aufgrund der neuen Anschuldigungen hatte er [Ptolemäus Makron] keine Möglichkeit gesehen, sich in seinem Amt zu behaupten, und hatte durch Gift seinem Leben ein Ende gemacht. [Das »Amt«, in dem sich Ptolemäus Makron nicht behaupten konnte, war seine Befehlsgewalt über Zölesyrien und Phönizien.]

Bei dieser Selbsttötung handelt es sich um einen Nichtjuden. In gewohnter Weise berichtet die Bibel schlicht von seinem Tod – ohne jegliche moralische Be- oder Verurteilung. Ptolemäus Makron tötete sich, »da er seine ehrenvolle Stellung nicht mehr in Ehren verwalten konnte« – wie es in der *Einheitsübersetzung der Heiligen Schrift* heißt. Aber nicht nur die verletzte Ehre, sondern wohl auch die tiefe Verzweiflung über die fortdauernde Judenverfolgung mögen Ptolemäus Makron zu dieser

(Verzweiflungs-)Tat gedrängt haben. Vielleicht wollte er damit auch ein Zeichen setzen, das, wenn es auch nicht zur Umkehr führte, wenigstens zum Nachdenken anregen sollte.

8. Rasi (2 Makkabäer 14,41–46)

Rasi gehörte zum Ältestenrat des Jerusalemer Tempels und »hatte sich schon früher, zur Zeit der Glaubensverfolgung, durch sein entschiedenes und beharrliches Eintreten für den jüdischen Glauben hervorgetan und dabei Leib und Leben gewagt«. Nikanor, unter König Demetrius oberster Befehlshaber über Judäa, hatte mit Judas Makkabäus einen Friedensvertrag ausgehandelt und »hielt sich danach einige Zeit in Jerusalem auf und tat nichts, was bei den Juden hätte Anstoß erregen können. [...] Judas hatte er ständig um sich, und er schätzte und liebte ihn wie einen Freund.« Alkimus, ein (wie es in der Bibel heißt) »Erzschurke« und ehemaliger Oberster Priester in Jerusalem, war wegen einer »Bluttat« seines Amtes enthoben worden. Aus Rache schmeichelte er sich bei König Demetrius ein, der sich die Herrschaft über die Juden angeeignet hatte. In der Folge hetzte Alkimus König Demetrius gegen sein Volk auf und verleumdete Nikanor beim König. Um seine Stellung als Befehlshaber über Judäa zu retten, versuchte Nikanor darauf den als Freund gewonnenen Judas Makkabäus zu überlisten, auf Geheiß des Königs zu fesseln und nach Antiochia zu verbannen. [...] Da ihm das mißlang, schwor er Rache und wollte statt dessen durch die Verhaftung des hochgeachteten Rasi – der von den Mitbürgern »liebevoll ›Vater der Juden‹« genannt wurde – »den Juden einen schweren Schlag versetzen« und ihnen (und damit wohl demonstrativ seinem König Demetrius) »zeigen, wie sehr er sie haßte«. Deshalb »schickte Nikanor mehr als 500 Soldaten los mit dem Auftrag, Rasi zu verhaften«.

> Als Rasi sah, daß es für ihn kein Entrinnen mehr gab, stürzte er sich in sein Schwert. Ehe er diesen Verbrechern in die Hände fiel und sich von ihnen eine Behandlung gefallen lassen mußte, die seiner

ganz und gar unwürdig war, wollte er lieber in Ehren sterben. In der Hast aber hatte er sich nicht tödlich getroffen. Die Soldaten stürmten schon durch das Tor, da lief er oben auf die Mauer und stürzte sich unerschrocken in die Tiefe. Die vielen Menschen, die unten standen, konnten noch schnell zurückweichen, so daß Rasi zwischen ihnen auf der Erde aufschlug. Doch lebte er immer noch. In leidenschaftlicher innerer Erregung stand er auf, lief blutüberströmt und trotz seiner schweren Verletzungen durch die Menge und stellte sich auf einen hochragenden Felsen. Dort riß er sich, inzwischen schon fast verblutet, die Eingeweide aus dem Leib, packte sie mit beiden Händen und schleuderte sie unter die Leute. Dabei rief er zu dem Herrn, der Macht über alles Leben hat, er möge sie ihm einst zurückgeben. So ging Rasi in den Tod.

Wir haben es hier mit der wohl eindrücklichsten Schilderung einer Selbsttötung in der Bibel zu tun. Dies trifft sowohl für die Wahl der Mittel als auch für die Unbeirrbarkeit im Vorhaben zu. Nicht minder eindrücklich ist jedoch die Aussage des Verfassers, daß Rasi »lieber in Ehren sterben« wollte, als »diesen Verbrechern in die Hände« zu fallen. Auch hier wird Selbsttötung nicht nur moralisch nicht verurteilt, sondern als »ehrenhaftes« Sterben dargestellt. Rasi bringt darüber hinaus zum Ausdruck, daß er an die Auferstehung glaubt.

9. *Der siebente (und jüngste) Sohn (4 Makkabäer 12,15–19 / 2 Makkabäer 7,23–40)*

Antiochus IV. Epiphanus nahm den betagten Priester Eleazar, zusammen mit einer Mutter und ihren sieben Söhnen, gefangen und drohte ihnen den Foltertod an, falls sie sich weigerten, Schweinefleisch zu essen. Als sie eben dies taten, wurde einer nach dem andern vor den Augen des Königs zu Tode gefoltert.

Im apokryphen vierten Buch der Makkabäer (dieses Buch ist inhaltlich und formal den anerkannten biblischen Schriften sehr ähnlich, wurde aber nicht in die Bibel aufgenommen) wird der Tod des jüngsten Sohnes der Mutter von sieben Söhnen in Abweichung zum zweiten Makkabäerbuch wie folgt geschildert:

> Da es nun auch an ihm [dem siebten Bruder] war, zu sterben, sagte er: »Ich folge nicht dem Beispiel meiner Brüder und rufe den Gott unserer Vorfahren an, unserem Volk gnädig zu sein. Aber an dir wird er sich sowohl in diesem Leben als auch, wenn du tot bist, rächen.« Nachdem er diese Flüche geäußert hatte, stürzte er sich in die Glut und beendete so sein Leben.

Die hier vorliegende Berichterstattung ist insofern einleuchtend, als der jüngste Sohn zusehen mußte, wie seine Brüder einer nach dem anderen tatsächlich zu Tode gefoltert wurden. Er zog es deshalb vor, sich selbst in die Flammen zu werfen, als ebenfalls den Foltertod zu sterben. Auch ihn hatte seine Mutter ja ermahnt:

> Der Schöpfer der Welt, nach dessen Plan alle Dinge entstehen, erschafft und bildet auch die Menschen. Wenn ihr jetzt im Gehorsam gegen seine Gesetze euer Leben opfert, wird er mit euch Erbarmen haben und es euch wiedergeben.

Sollte das hier geforderte Opfern des eigenen Lebens zum Erlangen des ewigen Lebens nicht besser durch aktive Hingabe als durch grauenvolles Erdulden des Foltertodes erfolgen können?

10. Die Mutter der sieben Söhne (4 Makkabäer 17,1 / 2 Makkabäer 7,41)

Nachdem ihre sieben Söhne von König Antiochus vor ihren eigenen Augen zu Tode gefoltert worden waren, wurde auch sie von ihm hingerichtet: »Zuletzt, nach allen ihren Söhnen, wurde auch die Mutter hingerichtet.« Gemäß der Berichterstattung im vierten Buch der Makkabäer aber folgt die Mutter ihrem jüngsten Sohn ebenfalls durch Suizid in den Tod:

> Einige der Wachsoldaten sagten, daß die Mutter, als sie an der Reihe war, ergriffen und hingerichtet zu werden, sich selbst in die Flammen warf, so daß niemand ihren Körper ergreifen konnte.

Das Beispiel ihres jüngsten und letzten Sohnes mag die Mutter dazu bewegt haben, auch ihr Schicksal ein letztes Mal in die eigene Hand zu nehmen. Es handelt sich hier, nach dem Folgesuizid des Waffenträgers von König Saul, um den zweiten in der Bibel geschilderten Doppelsuizid.

11. Judas Iskariot (Evangelium nach Matthäus 27,5)

Der Suizid des Jesus-Jüngers Judas ist der weithin bekannteste Fall von Selbsttötung in der Bibel. Er ist zugleich der einzige Suizid im Neuen Testament und der mit der wohl größten Wirkungsgeschichte. Dabei fällt zunächst auf, daß er nur vom Evangelisten Matthäus geschildert wird. Bemerkenswert ist auch, daß vom Sterben des Judas außer in diesem Evangelium nur noch in der Apostelgeschichte (1,15–18) die Rede ist. Weiterhin fällt auf, daß generell vom »Verrat« Jesu durch Judas geredet wird. Aufgrund dieses »Verrates« wird dann das Sich-Erhängen des Judas als »gerechte Strafe« angesehen und in der Folge der Tod durch Erhängen als besonders abscheulich beurteilt. Es sind Christen, die sich darin gefielen, in Judas den »Mörder« Jesu zu sehen. Sie sahen in Judas den typischen »Juden«.

Die Negativzeichnung des Judas Iskariot ist im Christentum so stark, daß es kaum jemandem in den Sinn kommt, seinen Sohn auf den Namen »Judas« taufen zu lassen. Wird jemand ein »Judas« geheißen, soll dadurch zum Ausdruck kommen, daß er von niederträchtiger, verräterischer Gesinnung ist. Im Französischen wird bezeichnenderweise das Guckloch in der Tür »Judas« genannt und in bestimmten Strömungen der Esoterik heißt das zwölfte (!) »Chakra« mit Sitz zwischen Steißbein und After »Judas«. Es wird als Sitz des (offenbar auch hier verteufelten) Geschlechtstriebes betrachtet. – Aber auch aus Wortbildungen wie »Judaskuß«, »Judaslohn«, »Judasgroschen« und »Judaszunge« wird deutlich, daß das Präfix »Judas-« sprichwörtlich für Betrug, Boshaftigkeit, Falschheit und Hinterlist steht. Mit einer einzigen Ausnahme (im Lukasevangelium [Lk 6,16]) ist in der Bibel hinsichtlich der Auslieferung Jesu durch seinen Jünger Judas an den jüdischen Hohen Rat nie von »Verrat« oder »Verräter« die Rede. Das im griechischen Urtext gebrauchte Wort für die Tat des Judas bedeutet vielmehr »anbefehlen«, »ausliefern«, »ausstatten«, »erfüllen«, »liefern«, »übergeben«, »überlassen«.

Die Tatsache, daß es für die biblische Heilsgeschichte *not*wendig war, daß ein Mensch Jesus an die damalige weltliche Gerichtsbarkeit überantwortete, ließ Jesus in Anbetracht dieses Umstandes sagen, daß es diesem Menschen »schön wäre«, »wenn er nicht geboren wäre«. Judas war – wie seine elf Mitbrüder – von Jesus eingenommen und ohne den geringsten Argwohn gegen ihn. Und so, wie Petrus seinem Herren und Meister Jesus seine Treue bis in den Tod versicherte, taten es »alle anderen Jünger«, also auch Judas. Es ist denkbar, daß Judas so überzeugt von der Überlegenheit Jesu gegenüber den Schriftgelehrten und Hohepriestern war, daß er Jesus ihnen nur überlieferte, um endlich der Hetze gegen ihn ein Ende zu setzen. Judas mag gewollt haben, daß Jesus seine Verfolger von der Vollmacht überzeugen möge, die ihm von seinem Vater verliehen worden war. Judas' »Überlieferung« von Jesus war demzufolge getragen von seiner Überzeugung, daß nun für Jesus der Augenblick gekommen war, seine Stärke zu offenbaren. Mitnichten konnte Judas den Ausgang seiner Initiative ahnen.

Über die »30 Silberlinge«, die immer wieder als Argument für die niederen Motive von Judas ins Spiel gebracht werden, wird vergessen, daß Judas der Verwalter der Kasse der Jünger war. Darüber, daß er dieses Geld getreu verwaltete, dürfte kein Zweifel bestehen. Aber auch falls Judas das ihm gebotene Geld für sich behalten hätte, wäre das mit den damaligen Moralvorstellungen durchaus vereinbar gewesen. Die Dinge kamen aber dann so, wie sie »mußten« und ganz anders, als es sich der treue Jünger Judas vorgestellt hatte. Durch das »Minimum« –

wie es Karl Barth nennt –, das Judas tat, kam ein »Maximum«, nämlich der Tod Jesu, zustande. Die Reaktion Judas auf die Verurteilung Jesu zum Tode ist jedenfalls bezeichnend und eindrücklich. Er zerreißt nicht seine Kleider und wirft sich unter Wehklagen Staub auf sein Haupt, wie das in ähnlicher Situation – gemäß der Schilderungen im Alten Testament – seine Vorfahren taten, sondern er bereut seine Tat und versucht sie rückgängig zu machen.

Karl Barth weiß dies zu würdigen und gibt zu bedenken, daß Judas an der Überlieferung von Jesus an Pilatus keinen Anteil habe. Da Judas aber ohnmächtig zusehen mußte, wie die Dinge unerbittlich ihren Lauf nahmen, wollte er wenigstens den »Lohn«, den er für die Bekanntgabe des Aufenthaltsortes von Jesus erhalten hatte, zurückgeben. Für den »Verräter« Judas gibt es weder Gnade noch Erbarmen. Dabei war er gemäß der »Heilsabsicht« der biblischen Erzählung »notwendig«. Wenn er aber für seine Rolle von Gott ausgesucht worden ist, ist er ursächlich unschuldig. Jesus wußte von seiner Rolle und der seines treuen Jüngers Judas. Damit alles so kommen konnte, wie es kommen »mußte«, konnte auch Jesus nicht in den »Heilsplan Gottes« eingreifen und mußte sich durch Judas den führenden Priestern überliefern lassen. Von »Verrat« kann schon deshalb keine Rede sein, weil der Aufenthaltsort von Jesus nicht geheim war.

Es ist gut vorstellbar, daß Judas in Panik geriet, als er auf sein Schuldbekenntnis hin von den »Priestern und Ratsältesten« mit dem Satz »Was geht uns das an?« abgefertigt wurde. Er sah keine andere Möglichkeit, seine Schuld zu sühnen, als durch seinen Tod. Im Mittelalter stritten sich die Theologen darüber, worin die größere Schuld von Judas liege: im »Verrat« an Jesus oder in seinem Suizid. Judas Reue und sein in der Folge begangener Suizid trugen ihm den neuen Vorwurf des Verrates an Gott und seiner Barmherzigkeit ein. In ihren Augen war Judas zum doppelten Verräter geworden.

Aus den vorstehenden Darstellungen geht hervor:
- daß die Bibel alle Suizide in schlichter Form schildert,
- daß an keiner Stelle eine moralische Beurteilung der Selbsttötung erfolgt,
- daß Judas von Jesus »erwählt« wurde, er im Heilsplan Gottes notwendig war und von daher eine »ewige Verdammung« nicht denkbar ist,
- daß Gott »will, daß alle Menschen gerettet werden und zur Erkenntnis der Wahrheit kommen« (1 Timotheus 2,4). Denn der Mensch Jesus Christus »gab sein Leben, um die ganze Menschheit von ihrer Schuld zu befreien« (1 Timotheus 2,6a).

Dazu demonstriert uns Jesus im Gleichnis vom verlorenen Sohn (Lukas 15,11–32), daß sogar jene, die sich bewußt vom Vater abwandten, von diesem in Liebe wieder aufgenommen werden.

Der Vollständigkeit halber sei daran erinnert, daß Judas gemäß der Schilderung seines Todes in der Apostelgeschichte nicht durch Suizid stirbt, sondern »zu Tode stürzte«, wobei »sein Leib aufplatzte und die Eingeweide heraustraten«. Wird die Bibel so gelesen, daß überall dort, wo verschiedene Todesarten geschildert werden, nur jene als authentisch betrachtet werden, wo es sich *nicht* um Suizid handelt, so *fallen sowohl Saul als auch Judas als Suizidenten außer Betracht.*

Todessehnsucht in der Bibel

Neben den elf biblischen Fällen von Anwendung physischer Gewalt zur absichtlichen Beendigung des eigenen Lebens wird den »psychogenen« Suiziden kaum Beachtung geschenkt. Sie wurden lange Zeit auch gar nicht als solche erkannt. Dabei handelt es sich um – bewußte oder unbeabsichtigte – Tabu- oder Vertrauensbrüche, die beim »Ertapptwerden« zum innerpsychischen Zusammenbruch und damit zu einer Art Vagustod führen. Diese Todesart wurde zuerst vom Verhaltensforscher Rudolf Bilz als »Voodoo-Tod« beschrieben. Eugen Drewermann sieht ihn als Konflikt zwischen dem Ich und dem Über-Ich, der aus Schuldangst bzw. »Unheilgewärtigung im Falle normabweichenden Verhaltens« ausbrechen kann. Die nackte Angst kann dabei ein solches Ausmaß annehmen,

> daß sie als absolute Auswegslosigkeit empfunden wird, und die Reaktion darauf enthält wiederum die regressiven Züge der Vagotonie: der Voodoo-Tod ist die Folge oder, bei stärkerer Beteiligung des eigenen Erlebens, der Suizid ist das Resultat einer tödlichen Schuldangst.[3]

Der hier geschilderte Zusammenbruch beruht auf einem fehlgeleiteten inneren seelischen Empfinden, einer »gestörten Psychomotorik«. In seiner milderen (nicht tödlichen) Form äußert er sich in einer mehr oder weniger ausgeprägten Bewegungsstarre (»Stupor«). Dieser Zusammenbruch kann sich aber auch als »Bewegungssturm« oder »Panik-Attacke« (»Raptus«) äußern, der im Tod endet.

Ein eindrückliches Beispiel eines solchen innerpsychischen Geschehens sind Hananias und seine Frau Saphira in der Apostelgeschichte (5,1–11). Dort steht, daß »sooft es an etwas fehlte [...] irgendeiner sein Grundstück oder sein Haus [verkaufte] und [...] den Erlös zu den Aposteln [brachte]«. Anders als beispielsweise Barnabas behielt nun aber Hananias nach dem Verkauf eines Stückes Land »mit Wissen seiner Frau einen Teil des Geldes zurück«. Petrus stellt nun auf eine extrem unnachsichtige Weise seinen Mitbruder im Glauben Hananias zur Rede. Er wirft Hananias »Gottesbetrug« vor. Dieser Vorwurf und die Tatsache, ertappt worden zu sein, ließ Hananias zusammenbrechen und sterben und »alle, die davon erfuhren, erschraken«. Petrus' Machtdemonstration hat wahrscheinlich tatsächlich manchen in Schrecken versetzt und einer Todesangst ausgesetzt. Es besteht wohl kaum Zweifel darüber, daß die Schuldangst von allen Augen- und Ohrenzeugen tief verinnerlicht worden ist. Die Wiederholung des Psychoterrors drei Stunden später an Saphira, der Frau Hananias, ließ auch sie »auf der Stelle« zusammenbrechen und sterben. Und nochmals wird betont – wen wundert's –: »Die ganze Gemeinde und alle, die davon hörten, erschraken sehr.«

Drewermann kommentiert das Geschehen wie folgt:

> Natürlich hielt man den Tod des unglückseligen Ehepaares für ein Gottesurteil, aber [...] sie erlagen einem Schuldangst-Tod, wie ihn Petrus, in scharfem Gegensatz zu seinem Herrn, der ihm vergab, offenbar mit schauerlicher Bravour in Szene zu setzen wußte.[4]

Neben dem Schuldangst-Tod wird an verschiedenen Stellen der Bibel von Menschen berichtet, die des Lebens überdrüssig sind. Teils bleibt es bei bloßen Verwünschungen des Tages der Geburt, teils wird Gott um Gnade gebeten, sterben zu dürfen, und teils werden Pläne geschmiedet, wie dem Leben ein Ende gesetzt werden könnte. Auch in diesen Beispielen zeigt uns die Bibel, daß solche Befindlichkeiten ganz einfach zum Menschsein gehören. Und so, wie es in einigen Fällen bei bloßer »Ideation«, d. h. bei Suizidphantasien, bleibt, kommt es in anderen Fällen zum »vollendeten Suizid«. Doch so wenig, wie in der Bibel etwas über eine Verurteilung der Suizidhandlungen zu lesen ist, so wenig werden auch jene gelobt, die aus irgendeinem Grund von der Tat absahen. Bereits in diesen biblischen Schilderungen scheint der Suizid als die »Lösung eines Problems« gesehen zu werden, wie es Jean Baechler nicht müde wird, zu beteuern.

1. *Rebekka (Genesis 26)*

Daß Esau zwei Hethiterinnen zu seinen Frauen machte, bereitete seinen Eltern, Rebekka und Isaak, große Mühe:

> Als Esau 40 Jahre alt war, heiratete er zwei Hethiterinnen, Judith, die Tochter Beëris, und Basemat, die Tochter Elons. Darüber waren Isaak und Rebekka sehr bekümmert.

Als nun auch ihr anderer Sohn Jakob eine Hethiterin heiraten wollte, ging das Rebekka zu weit. Schließlich hatte Gott Isaak geboten, »hier im Land Kanaan als Fremder« zu leben. Aus diesem Grunde sagte Rebekka zu Isaak:

> Das Leben ist mir verleidet, weil Esau diese Hethiterinnen geheiratet hat. Wenn auch noch Jakob eine Frau aus dem Land hier nimmt, möchte ich lieber gleich sterben.

2. *Moses (Numeri 11,11–15)*

Recht früh wird in der Bibel ein Fall von Erschöpfungsdepression vorgestellt: Moses beklagt sich bei Gott über die ihm zugemutete übergroße Verantwortung, sein Volk zu führen, ja, er empfindet die ihm übertragene Aufgabe als Strafe:

> Warum tust du mir, deinem Diener, dies alles an? Womit habe ich es verdient, daß du mir eine so undankbare Aufgabe übertragen hast? [...] Ich allein kann dieses ganze Volk nicht tragen, die Last ist mir zu schwer. Wenn du mir sie nicht erleichtern willst, dann hab wenigstens Erbarmen mit mir und töte mich, damit ich nicht länger diese Qual ausstehen muß.

In diesem Todeswunsch hat die depressive Verstimmung ihren Höhepunkt erreicht. Moses hat sein Selbstwertgefühl verloren. Gott bietet ihm daraufhin eine Möglichkeit der Entlastung an: Er soll die ihm übertragene Last zusammen mit anderen tragen, die dazu fähig sind. Dabei enthält sich Gott jeden Vorwurfs an Moses, nimmt sich vielmehr in beispielhafter Zuwendung dem Schwergeprüften an, hatte er doch selbst die Erfahrung machen müssen, was es heißt, mit der Unzufriedenheit des Volkes fertig zu werden. Die Klagen, die das Volk an ihn gerichtet hatte, beantwortete er mit Zorn und Feuer, bis ihn Moses um Gnade und Nachsicht bat. Aufgrund dieses Verhaltens erstaunt nicht, daß Moses als »der bescheidenste Mensch, der je auf der Erde gelebt hat«, bezeichnet wird. Aber vor einer Erschöpfungsdepression ist auch der Bescheidenste nicht gefeit.

3. *David (2 Samuel 12,18)*

Die Hofleute Davids fürchteten, daß der König sich das Leben nehmen würde, nachdem sein Sohn, den er mit Batseba (der Gemahlin des Hetiters Urija) gezeugt hatte, gestorben war:

> Nach einer Woche starb das Kind. Keiner traute sich, es David zu sagen. »Schon als das Kind noch lebte, wollte er sich nicht trösten lassen«, sagten sie zueinander. »Wenn er nun erfährt, daß es gestorben ist, wird er sich am Ende noch etwas antun.«

Aus dieser schlichten Schilderung kann geschlossen werden, daß es offenbar in biblischen Zeiten nichts Außergewöhnliches war, wenn sich jemand aus Verzweiflung »etwas antat«, das heißt, sich das Leben nahm. Die Diener Davids konnten ja nicht wissen, daß Nathan König David im Auftrage Gottes zugesichert hatte, daß er wegen seines Ehebruchs mit Batseba nicht werde sterben müssen.

4. *Elija (1 Könige 19,2–4)*

Als Isebel durch einen Boten Elija hatte mitteilen lassen:

> »Die Götter sollen mich strafen, wenn ich dich morgen um diese Zeit nicht ebenso umbringen werde, wie du meine Propheten umgebracht hast!« Da packte Elija die Angst, und er floh, um sein Leben zu retten [...] Dann setzte er sich unter einen Ginsterstrauch und wünschte den Tod herbei. »Herr, ich kann nicht mehr«, seufzte er. »Laß mich sterben! [...]«

Elija zeigt hier deutlich die Zeichen einer Depression: Angst läßt ihn fliehen – fliehen in die Wüste, d. h. in die Einsamkeit. Doch sein Todeswunsch ist paradox: Denn wenn er wirklich hätte sterben wollen, hätte er nur zu warten brauchen, bis die Häscher Isebels auch ihm den Kopf abgeschnitten hätten, so wie er es mit deren »falschen Propheten« gemacht hatte, oder er hätte selbst Hand an sich legen können, wie beispielsweise Saul es tat. Offenbar suchte er nicht den Tod, sondern Entlastung – ähnlich wie Moses. Und ähnlich wie Moses leidet auch Elija an mangelndem Selbstwertgefühl – einem Indikator depressiver Zustände. Mit dem Nachsatz: »Ich bin nicht besser als meine Vorfahren« vergleicht er sich mit seinen Vätern und wertet sich selber ab. Seine Flucht vor der Wirklichkeit und vor sich selbst setzt er fort mit der Flucht in den Schlaf – einem weiteren, charakteristischen Merkmal depressiven Verhaltens bei Überforderung oder Erschöpfung. Wie Jakobus in seinem Brief an »das Volk Gottes« im Neuen Testament richtig sieht, war auch Elija »ein Mensch wie wir« (Jakobus 5,17), der somit menschliche Verhaltens- und Reaktionsweisen sowie den Menschen befallende Krankheiten (und die Depression ist eine Krankheit) mit uns teilt.

Auch die Therapie, die Gott Elija zuteil werden läßt, weicht kaum von derjenigen ab, die heute Depressiven verschrieben wird: Schlaf und Nahrung. Die medikamentöse Behandlung der Depression zielt auch heute noch unter anderem auf die Wiedererlangung eines gesunden Schlafes. Zur vollständigen Heilung gibt Gott Elija sein Selbstvertrauen durch Übertragung von Verantwortung zurück. Nicht in herrschaftlicher Manier, sondern in einfühlender Weise, als »ganz leisen Hauch« läßt er ihn seine Gegenwart spüren.

5. Hiob

Hiob wußte nichts von der Wette, die Gott mit dem Teufel eingegangen war. Er wußte nur, daß er nach menschlichem Ermessen immer so gehandelt hatte, daß Gott daran Gefallen finden konnte. Deshalb wollte er auch nicht, nachdem unbeschreibliches Elend über ihn hereingebrochen war, dem Ratschlag seiner Frau folgen, Gott zu verfluchen und sich das Leben zu nehmen. Aber schließlich werden die Anfechtungen und die Unterstellungen von seiten seiner Freunde so groß, daß er die Welt nicht mehr versteht. Er bedrängt seinen Gott mit vorwurfsvollen Anfragen und beginnt sein ihm zugemutetes Leben zu hassen: »Hiob [...] verfluchte den Tag seiner Geburt (Hiob 3,1–2) [...] ›Wär ich doch gleich bei der Geburt gestorben oder, noch besser, schon im Leib der Mutter!‹« (Hiob 3,11). Hiob wurde offensichtlich von einer reaktiven Depression mit ihren klassischen Symptomen geplagt:

- Schwere Schlafstörung, Appetitlosigkeit, starker Gewichtsverlust, häufiges Weinen, Schwächung durch das häufige Weinen, etc.
- Grübeln über die Vergangenheit und ständig »Warum?« fragen
- Überzeugung, alle Arbeit sei für nichts gewesen (Minderwertigkeitskomplex, Selbstwertzweifel)
- Sorge um die Zukunft, geprägt von Hoffnungslosigkeit
- Totale Verzweiflung, Kraftlosigkeit und Antriebshemmung
- Tagesängste und Albträume

Die suizidale Einengung kommt dadurch zum Ausdruck, daß Hiob seinen »Weg« von Gott »versperrt« und alles um sich in »Dunkelheit« sieht. So beginnen seine Gedanken um den Tod zu kreisen. Die Tatsache, daß seine Gebete nicht erhört werden, verursacht in ihm schließlich das schreckliche Gefühl der Gottverlassenheit. Bei all diesen typischen Symptomen einer Depression steht die Angst im Vordergrund: »Hab ich vor etwas Angst, so trifft es mich. Wovor ich zittere, das kommt bestimmt« (Hiob 3,25).

6. *Jeremia (20,14–18)*

Als Gott Jeremia offenbart, daß er ihn »zum Propheten für die Völker« bestimmt hat, wehrt dieser ab und schiebt vor, er könne »doch nicht reden« und sei »noch zu jung«. Es ist Gott, der diese Vorwände als Ausflüchte entlarvt und erkennt, daß die Weigerung Jeremias vielmehr auf seiner Angst beruht, dem Auftrag nicht gewachsen zu sein. Angst wird also hier als eine Befindlichkeit diagnostiziert, die zum Scheitern führen kann. Diese Angst dürfte Jeremia begleitet haben, als er im Tempel Unglück prophezeien mußte und dafür gefoltert wurde. Diese Angst führte ihn auch dazu, Gott der Verführung anzuklagen, und sie gipfelte in der Verfluchung seiner Geburt:

> Verflucht sei der Tag, an dem ich geboren wurde, ausgelöscht der Tag, an dem meine Mutter mich zur Welt brachte [...] Ausgelöscht soll jener Tag sein wie die Städte, die der Herr ohne Erbarmen zerstörte. Am Morgen sei er voll Klagen, am Mittag voll Kriegslärm, weil er mich nicht sterben ließ im Mutterleib [...] Warum mußte ich den Mutterschoß verlassen, um nichts als Elend und Kummer zu erleben und in Schande zu enden!

Das sind wahrlich harte Anklagen an seinen Gott. Wieviel Leiden hatte Gott ihm doch mit seiner Berufung zum Propheten zugemutet. Daß solches Leiden zur unerträglichen Last werden kann, kann durchaus nachempfunden werden. Trotzdem löste er wahrscheinlich sein Problem nicht durch einen Suizid. Von seinem Ende erfahren wir nichts. Ist dieser auserwählte Prophet Gottes vielleicht doch nach einem Leben voll »Elend und Kummer [...] in Schande« verendet? Jedenfalls trägt er die letzte Unheilsankündigung, die ihm aufgetragen worden war, nicht mehr selber vor.

7. *Jona*

Der Auftrag Gottes, der Stadt Ninive den Untergang anzukündigen, ist für Jona zu schwer. Er versucht, dem Problem durch Flucht auszuweichen. Als das Schiff, mit dem er nach Spanien (und damit vermeintlich Gott) entfliehen will, unterzugehen droht, entzieht er sich der Wahrnehmung des drohenden Untergangs durch tiefen Schlaf. Dies ist die zweite Flucht Jonas. Schließlich meint er zu erkennen, daß er für den Sturm verantwortlich ist, und verlangt, um diesen zu bändigen, geopfert zu werden. »Werft mich ins Meer, dann wird es sich beruhigen. Ich weiß, daß dieser Sturm nur meinetwegen über euch gekommen ist.« Nachdem die vorangehenden zwei Fluchtversuche mißlungen waren, glaubt er nun so, endgültig Erlösung finden zu können.

Seine Bitte, ins Meer geworfen zu werden, kann als Gnadentod oder indirekter Suizid interpretiert werden. Es ist die Bitte eines Menschen, der denkt, daß er mit den Anforderungen, die das Leben an ihn stellt, nicht mehr zurechtkommt. Es ist aber zugleich ein Spiel mit dem Leben: Er unterstellt sich dem Gottesurteil: Gefällt es Gott, ihn am Leben zu erhalten, wird er nicht sterben.

Und eigentlich will Jona nicht sterben. Deshalb versucht er, *im* Leben und nicht *das* Leben zu fliehen. Die Schilderung des »Hinabsteigens« – im Fisch »bis zu den Wurzeln der Berge« – spiegelt die innere Befindlichkeit seines Erlebens in eindrücklicher Weise wider: »Hinter mir schlossen sich die Riegel der Totenwelt. Als mir die Sinne schwanden, dachte ich an dich [mein Gott].« Aber auch dieses dreitägige Verweilen im riesigen Uterus der großen Urmutter, dieses Eintauchen ins kollektive Unbewußte, dieses Nachgeben seiner regressiven Sehnsucht, vermag Jona nicht von seiner Krankheit zu heilen. Denn als er nach diesem Rückzug in seine phantastische Erlebniswelt wieder zurück ins Leben geworfen (»gespuckt«) wird, sieht er sich erneut mit dem Auftrag Gottes konfrontiert, dem er dreimal zu entfliehen versucht hat. Diesmal gehorcht er. Als er jedoch seine Drohung ausgesprochen hat, das Gericht Gottes aber nicht über Ninive hereinbricht, empfindet Jona dies als Gesichtsverlust (eine narzißtische Kränkung), was in ihm unbändigen Zorn gegenüber Gott hervorruft:

> Ach Herr, genau das habe ich vermutet, als ich noch zu Hause war! Darum wollte ich ja auch nach Spanien fliehen [...] Herr, ich mag nicht mehr weiterleben. Ich möchte am liebsten tot sein!

Jona entfernt sich in der Folge aus der Stadt und beobachtet aus der Ferne, ob Gott die durch ihn mitgeteilten Prophezeiungen nun vielleicht doch noch Wirklichkeit werden ließe. Statt dessen treibt nach seinem Empfinden Gott erneut ein Spiel mit ihm, dem er sich wiederum ohnmächtig ausgesetzt fühlt: »Die Sonne brannte Jona auf den Kopf, und ihm wurde ganz elend. Er wünschte, er könnte sterben, und sagte: ›Ich möchte am liebsten tot sein.‹«

Als Gott ihn nach seinem »Recht« befragt, »so zornig zu sein«, bleibt Jona dabei: »Doch«, sagte Jona, »mit vollem Recht bin ich zornig und wünsche mir den Tod!« Die Antwort Gottes hat Jona offenbar nicht befriedigt. Über sein weiteres Schicksal schweigt sich die Bibel aus.

8. *Tobit*

Tobit ist einer jener Menschen, die sich ihr Leben lang bemühen, »das Rechte zu tun und Gottes Gebote zu befolgen«. Trotzdem sieht er sich sein Leben lang schweren Prüfungen ausgesetzt. Schließlich wird er »sehr traurig und weinte laut«. Er bekennt zwar seine »Verfehlungen« und findet deshalb »die schweren Schläge«, die ihn treffen, »gerecht«, ringt sich aber doch zu folgender Klage unter gleichzeitigem Anflehen Gottes durch:

> Aber jetzt kann ich nicht mehr! Erweise mir die Gnade und mach meinem Leben ein Ende! Laß mich nicht länger auf dieser Erde leben; laß mich wieder zu Erde werden! Ich möchte lieber tot sein als weiterleben, nachdem ich solche unverdienten Vorwürfe anhören

mußte. Mein Leid ist unermeßlich! Ach Herr, befiehl doch, daß ich von diesem Elend erlöst werde! Gib, daß ich zur ewigen Ruhe gelange! Wende dich nicht von mir, Herr! Ich möchte lieber tot sein, als in diesem Elend leben und solche Schmähungen hören!

Tobit ist alt, blind und depressiv, als er so zu seinem Gott klagt. Auch hier ist nachfühlbar, daß er um den Gnadentod bittet. Seine Depression scheint aber dann zu vergehen. Er erlangt sein Augenlicht wieder und stirbt im hohen Alter von 112 Jahren »in Frieden«.

9. *Sara*

Sara, (möglicherweise eine Cousine) und spätere Frau von Tobias, dem Sohn Tobits, war von einem »Dämon« besessen, der alle Männer, die die Ehe mit ihr vollziehen wollten, tötete. Sie schlug auch ihre Mägde. Eine davon wehrte sich und fragte, ob sie denn etwas dafür könnten, daß Saras Männer gestorben seien: »Du selbst hast sie umgebracht! Sieben hast du schon gehabt [...] Folg ihnen nach [...].« In den Augen Saras waren das »unverdiente Vorwürfe«. »Sara brach in Tränen aus und flüchtete sich ins Obergemach des Hauses. Sie war so tief verletzt, daß sie sich erhängen wollte.«

Drewermann interpretiert das in dieser biblischen Erzählung geschilderte Geschehen dahingehend, daß Saras enge »Bindung an ihren Vater Raguel aus lauter Treue und Rechtschaffenheit die Liebe in einen männermordenden Sadismus verwandelt« habe. Nachdem Sara sich wegen des ins Auge gefaßten Suizids Gewissensbisse gemacht hatte, schwebte ihr jedoch der Tod als Erlösung von den »Schmähungen« weiterhin vor:

Aber dann besann sie sich und dachte: »Die Leute werden meinem Vater Vorwürfe machen und zu ihm sagen: ›Du hattest ein einziges Kind und hast zugelassen, daß es sich aus Verzweiflung erhängt hat!‹ Dann werde ich schuld sein, wenn mein alter Vater vor Kummer stirbt. Ich will mich lieber nicht umbringen, sondern den Herrn

> bitten, daß er mich sterben läßt und ich nicht mehr solche Schmähungen anhören muß.«

Ich sehe im Buch Tobit eher die Schilderung einer erblichen Belastung mit Geisteskrankheiten. Bei Tobit kann von einer Depression ausgegangen werden, wogegen bei der ihm verwandten Sara eine noch schwerere psychische Störung vorgelegen haben mag. Während für das Abklingen der Depression Tobits keine näheren Umstände geschildert werden, scheint bei Sara eine medikamentöse Behandlung Heilung bewirkt zu haben. Im Zustand der Erkrankung wurde von beiden der Tod herbeigewünscht. Nach ihrer Genesung erreichen sie ein außerordentlich hohes Alter.

10. Der Gefängniswärter von Philippi (Apostelgeschichte 16,25–27)

Auch im Neuen Testament ist uns ein Beinahe-Suizid überliefert: Der mit Silas durch Mazedonien reisende Paulus wurde vom römischen Stadtgericht in Philippi wegen »Unruhestiftung« ins Gefängnis geworfen.

> Um Mitternacht beteten Paulus und Silas und priesen Gott in Lobgesängen [...] Plötzlich erschütterte ein heftiges Erdbeben das Gefängnis. Die Türen sprangen auf, und allen Gefangenen fielen die Fesseln ab. Der Gefängniswärter fuhr aus dem Schlaf. Als er die Türen offenstehen sah, dachte er, die Gefangenen seien geflohen. Er zog sein Schwert und wollte sich töten.

Schuldangst trieb den verantwortungsbewußten Gefängniswärter dazu, sich umbringen zu wollen. Die unmittelbare Intervention derer, die er entflohen glaubte, schützte ihn vor dem sicheren Tod. Paulus rügte ihn mit keinem Wort für sein Vorhaben, sondern nutzte die Gunst des Augenblicks, ihn für den Glauben an Jesus Christus zu gewinnen.

11. Paulus (Philipperbrief 1,20a; 22b–23)

Aus dem Gefängnis teilt Paulus seiner Gemeinde in Philippi seine Ängste und seine Empfindungen mit:

> Ich hoffe und erwarte voll Zuversicht, daß Gott mich nicht versagen läßt. [...] Denn Leben, das ist für mich Christus; darum ist Sterben für mich nur Gewinn. [...] Deshalb weiß ich nicht, was ich wählen soll. Es zieht mich nach beiden Seiten: Ich möchte am liebsten dieses Leben hinter mir lassen und bei Christus sein; das wäre bei weitem das beste.

Es darf hierbei nicht aus den Augen verloren werden, daß Paulus die Wiederkunft Christi in der allernächsten Zeit – jedenfalls noch zu seinen Lebzeiten – erwartete. Viele tiefgläubige Menschen sehen sich in einer ähnlichen Ambivalenz: Sie sind sich gewiß, daß sie bei Christus das eigentliche, das ewige Leben haben werden und daß das Leben hier und jetzt nicht frei von Mühsal, Leid und Tränen sein kann. Wie Paulus empfinden sie ihr irdisches Dasein eher als ein Ausharren, das sie nur auf sich nehmen, weil andere Menschen sie noch brauchen. In diesem Zusammenhang ist eine weitere Aussage Paulus' in seinem Brief an die Gemeinde in Korinth (1 Kor 13,3) zu bedenken: »Und wenn ich all meinen Besitz verteilte und nähme den Tod in den Flammen auf mich, aber ich hätte keine Liebe – dann wäre alles umsonst.« Vielen ist diese Textstelle bekannt, ja vertraut. Von vielen wird sie metaphorisch verstanden. Aber will sie uns vielleicht darauf hinweisen, daß es zur Zeit des Apostel Paulus bereits Menschen gab, die sogar den freiwilligen Feuertod dem Weiterleben vorzogen?

In den zehn Fällen eines ausdrücklichen Todeswunsches, von Rebekka über begnadete Propheten bis hin zum uns mit Namen unbekannten Gefängniswärter, ist an keiner Stelle eine Verurteilung solchen Verhaltens auszumachen. Selbst der Apostel Paulus schämt sich nicht, einzugestehen, daß er »dieses Leben am liebsten hinter sich lassen« möchte. Steht es uns dann nicht schlecht an, es besser wissen zu wollen?

Der französische Theologe Jean-Pierre Jossua gibt zu bedenken:

> Das, was uns in der Bibel am eindringlichsten berichtet wird, ist, daß es keine Situation gibt, in der uns Gott nicht wieder einholen könnte und die er nicht mit uns durchleben könnte – sei sie nun durch Zufälle der Existenz oder sogar durch unsere eigene Schuld entstanden. [...] »Gott hat am Anfang den Menschen erschaffen und ihn der Macht der eigenen Entscheidung überlassen« (Sirach 15,14).[5]

Nach Jossua will Gott »Glück für die Menschen, die er erschaffen hat«. Für uns gilt es, »die Spannung [...] zwischen Seiner Liebe, an die wir glauben, und dem Leid, das uns an ihr verzweifeln läßt«, auszuhalten.

Anna

Für Anna war die Aufforderung im Lukasevangelium (Lk 9,23 ff.) eine Schlüsselstelle in ihrem jungen Leben:

> Danach wandte sich Jesus an alle: »Wer mit mir gehen will, der muß sich und seine Wünsche aufgeben. Er muß Tag für Tag sein Kreuz auf sich nehmen und mir auf meinem Weg folgen. Denn wer sein Leben um jeden Preis erhalten will, der wird es verlieren. Wer aber sein Leben um meinetwillen verliert, gerade der wird es retten. Denn was hat ein Mensch davon, wenn er die ganze Welt gewinnt, aber zuletzt sich selbst verliert oder sich doch schweren Schaden zufügt?«

Sie schrieb diesbezüglich in ihr Tagebuch:

> Für mich ist das eine nahrhafte Stelle, die zwei Aussagen beinhaltet, die mich sehr stark treffen und die ich nicht so gern höre: Erstens, sich selbst aufgeben und das Kreuz auf sich nehmen; zweitens, den Mut zu haben, sich vor allen Menschen zu Jesus zu bekennen. »Wer mit mir gehen will, der muß sich und seine Wünsche aufgeben.« – Eine Forderung, die für mich zur Überforderung wird. Sich selbst aufgeben – nein, dazu bin ich zu sehr Egoist. Es fällt mir schwer, an die Stelle von »ICH« das »J.CH.« zu setzen. [...] Aber kann es nicht auch Gottes Wille sein, wenn in meinem Leben einmal etwas schiefgeht? Eins ist für mich sicher: Gott läßt uns die Freiheit, unseren Weg selbst zu wählen. [...] Welcher ist der Weg, von dem Gott will, daß ich ihn gehe?

Anna bezeichnet sich als zu egoistisch, um sich selbst aufzugeben. Gleichzeitig schreibt sie aber in einem Brief an ihren an Krebs erkrankten Vater:

Für mich ist es unverständlich, daß man vor dem Tod Angst haben kann. [...] Ich freue mich auf den Tod, weil ich felsenfest davon überzeugt bin, daß ich nach meinem Tod in Gottes neue Welt komme. [...] Wer vor dem Tod Angst hat, hat letztlich Angst vor Gott.

Anna wuchs als jüngste Tochter von drei Geschwistern in ländlichen Verhältnissen auf. Ihr Vater arbeitete in einem Büro in der Stadt, wo er gut verdiente. Er baute für seine Familie ein schönes Einfamilienhaus, in dem sich angeblich alle wohl fühlten. Neben verschiedenen anderen Aktivitäten sang er in einem Kirchenchor. Anna war ein sehr aufgewecktes, fröhliches Kind. Dank ihrer guten schulischen Leistungen konnte sie ohne Prüfung ins Gymnasium übertreten. Sie arbeitete in verschiedenen kirchlichen Jugendorganisationen und bis zu ihrem Tod im Alter von 23 Jahren mit Gruppen, für die sie regelmäßig Lager organisierte. Im »Cefi« (CVJM/CVJF) lernte sie auch ihren ersten Freund kennen. Diese Beziehung zerbrach nach drei Jahren. Nach dem Abitur, das sie mit Bravour bestand, ließ sie sich zur Krankenschwester ausbilden. An einem Sonntag vertraute sie ihrem Tagebuch an:

Rosmarie hat sich das Leben genommen. Es handelt sich um eine 46jährige Frau, die ihr Zimmer neben meinem hatte.

Dieser Suizid hat Anna offenbar sehr beschäftigt. Sie teilte ihn unter anderem auch ihrem Freund in einem Brief mit, den sie mit dem Bibelspruch »Denn Er ist unser Friede« beginnt:

Gerade heute hat eine 46jährige Frau, die ihr Zimmer neben dem meinen hatte, Selbstmord gemacht. Das gibt mir zu denken. Man sagt, sie sei depressiv gewesen. Depressiv – ist das die Erklärung für ihren Tod? Ist das alles? Jetzt wird diese Frau beerdigt und alles geht weiter, wie wenn nichts passiert wäre! Wie arm doch unsere Gesellschaft ist. Manchmal habe ich richtig genug davon. Aber auch ich gehöre dazu, auch ich werde oberflächlich, setze eine Maske auf und verdränge Sachen, die unangenehm sind.

Bevor Annas Vater an Krebs erkrankte, lernte er im Kirchenchor eine Frau kennen, die bald seine Geliebte wurde. Diese

Frau hat ihn bis zu seinem Tod gepflegt. Die Mutter war kurz nach dem Bekanntwerden der Affäre ihres Mannes von zu Hause ausgezogen. Anna hat offenbar sehr unter der gespannten Atmosphäre in ihrem Elternhaus und der Trennung der Eltern gelitten, wie das einem weiteren Brief an ihren Freund zu entnehmen ist:

> Ich habe eines Tages gemerkt, daß mir doch etwas gefehlt hat. [...] Deshalb habe ich Mühe, meine Eltern zu ehren. Ich muß einfach sagen, daß sie versagt haben. [...] Warum haben sie nicht begriffen, daß eine Ehe bedeutet, einander zu ergänzen und eins zu sein und nicht ein andauerndes Rivalisieren, das einen müde und kaputt macht? Warum haben sich meine Schwester und mein Bruder nie zu Hause wohl gefühlt, so daß sie so schnell wie möglich weggezogen sind? Warum pflegen wir untereinander keinen besseren Kontakt und warum bedeutet mir meine Familie so wenig?

Auch nachdem es in der Beziehung mit ihrem Freund zu kriseln begonnen hatte, tauschte Anna sich mit ihm weiterhin sehr offen aus. Sie schrieb ihm, daß sie mit allem möglichen Schwierigkeiten habe: Mit ihrem Glauben, mit der Familie, mit ihrer Haltung zu ihm, mit Sexualität und mit Zeit.

> Im Moment möchte ich sogar unsere Beziehung wegschmeißen. Fertig, Schluß, aufatmen, Freiheit, neu beginnen. [...] Zuerst habe ich gemeint, daß uns die Sexualität einander wieder näherbringen würde, unser Feuer wieder entfachte. Aber ich kann nicht, weil für mich die Beziehung einfach nicht stimmt.

Anna kämpfte weiter. Zwei Wochen nach diesem Brief schrieb sie:

> Auch wenn ich im Moment keinen Ausweg sehe, keine Hoffnung, so möchte ich gleichwohl, daß Du weißt, daß es mir nicht egal ist, wenn diese Beziehung zerbrechen würde. [...] Ich habe Mühe mit meinen Eltern und deren Beziehung, so daß ich einfach große Schwierigkeiten habe, Deine Liebe anzunehmen, geschweige denn zu erwidern.

Und drei Monate später versicherte sie ihrem Freund:

Glaube vor allem nicht, daß der Entschluß, die Beziehung abzubrechen, so von einem Tag auf den andern gefallen ist. [...] Mir ist auch klar, daß meine Glaubwürdigkeit verlorenging. Aber lieber eine verlorene Glaubwürdigkeit als ein verlorener Glaube!

Anna lernte in der Folge einen anderen Mann kennen und knüpfte mit ihm eine neue Beziehung an, die bis zu ihrem Tod dauerte. Allerdings hatte sie auch bezüglich dieser Freundschaft ihre Zweifel. Die Frage dieses Freundes, ob ihre Beziehung mit ihrem ersten Freund ein Spiel gewesen sei, hat sie schwer gekränkt. Sie schrieb in ihr Tagebuch, daß sie diese Frage »gekränkt« habe und sie sich »angegriffen« fühlte, ja, ihr sei »ein bitterer Vorwurf« gemacht worden. Weiter schrieb sie:

Vor meinem inneren Auge steht nur noch folgender Satz: DU BIST EINE VERSAGERIN. [...] Ich habe Angst. [...] Ich glaube nicht mehr an mich selber. Komplexe:
- Ich bin zu wenig, naiv, ungebildet
- Ich bin dumm, verlangsamt, tolpatschig, unattraktiv

Ich bin Verliererin, nicht nur von den Spielen dieses Abends, sondern überhaupt vom Leben. [...] Mir geht's elendiglich.

Diese Tagebucheintragungen schrieb sie kurz vor dem Jahreswechsel während Wintersportferien in einem Kurort. Elf Monate später und ca. drei Wochen vor ihrem Tod vertraute sie ihrem Tagebuch an:

»HERR, DU BIST MEINE ZUFLUCHT, MEIN TEIL IM LANDE DER LEBENDEN« Psalm 142,6.
Schon lange nicht mehr steckte ich in einer so tiefen Krise wie das vergangene Wochenende. 3 verschiedene Arten, mich umzubringen, erwägte ich: 1. Vom Münster springen; 2. 120 Alcacil schlucken; 3. Unter den Zug liegen. [...] Ich fühle mich überfordert in der Arbeit [mit schwerstbehinderten Kindern]. [...] Ich sehnte mich nur noch nach meinem Bett. So versank ich in Schwermut.

Der nächste Eintrag in dieses Tagebuch erfolgte sechs Tage vor ihrem Tod:

»Ihr werdet euch freuen, die ihr jetzt eine Zeit lang, wenn es sein soll, traurig seid in manchen Anfechtungen.« 1. Petrus 1,6
Die Grundstimmung ist bedrückt. Nach wie vor gefällt mir das Leben eigentlich nicht, obwohl mir Gott immer wieder Freude ins Herz schenkt und mir Sinn fürs Leben gibt. Ich weiß, daß ich nicht einfach davonlaufen soll, sondern ausharren, hoffen vertrauen.

Der, wie Anna versichert, seinerzeit wohlerwogene Entschluß, die Beziehung mit ihrem ersten Freund abzubrechen, hat aber offenbar mehr in ihr zerbrochen, als sie sich über längere Zeit einzugestehen imstande war. Dies geht aus einem in ihrem Nachlaß gefundenen Brieffragment hervor:

Seit anderthalb Jahren sind wir auseinander, und immer noch fehlt mir der Schluß zu diesem »Kapitel«. [...] Ich bin mir bewußt, daß ich wieder Wunden aufkratze und Schmerzen zufüge, doch ich muß Dir meine Gefühle jetzt schreiben, um endgültig loslassen zu können. Ich brauche Dich also noch einmal, hoffe aber darauf, daß es bei Dir nicht als Mißbrauch ankommt, sondern daß Dir diese Auseinandersetzung auch wertvoll ist. Folgende Fragen beschäftigen mich dazu: 1. Welche Motivation hatte ich, diese Beziehung einzugehen?

Hier hörte Anna auf zu schreiben. In ihrer sorgfältig aufgeräumten Wohnung fanden sich neben einem Testament und einer vollständigen Adressliste, an wen die Todesnachricht zu übermitteln sei, folgender Abschiedsbrief auf Papier mit vorgedrucktem Psalm 40,12:

Du, Herr, wollest deine Barmherzigkeit nicht von mir wenden; laß deine Güte und Treue allewege mich behüten.

Liebe, allerliebste Mutti!

Es freute mich sehr, daß ich Dich heute noch einmal sehen durfte. Es tut mir leid, daß ich Dir keine Chance gegeben habe, von mir Abschied zu nehmen. O liebste Mutti, ich weiß, wie sehr ich Dir mit meinem Davonlaufen weh tue! Doch ich möchte nicht, daß Du noch mehr leiden mußt. Du hast schon so viel durchstehen müssen, einmal ist doch das Maß voll! Ich möchte Dich um Vergebung bitten. Bitte vergib mir, daß ich Dich einfach so, ohne Dank, habe sitzenlassen und Dich verlassen habe. Du trägst keine Schuld, liebste Mutti, im Gegenteil. Ich danke Dir für alles, was Du für mich getan hast! Ich danke Dir, daß ich Tag und Nacht habe zu Dir kommen dürfen. Ich danke Dir, daß Du mir immer wieder aus der Patsche geholfen hast. Nein, Du bist mir eine sehr, sehr gute Mutter gewesen. Du kannst nichts für meinen Tod, doch Du hättest ihn auch nicht verhindern können. Ich freue mich, daß ich gehen darf – heim zum Vater im Himmel. Doch habe ich auch Angst. Wird mir Gott vergeben, daß ich mein von ihm geschenktes Leben einfach so verkürze? Ich laufe davon, bin eine Versagerin. Und gleichwohl vertraue ich darauf, daß Gott ein barmherziger Gott ist und mir auch diese Sünde vergeben kann. Bitte sei nicht traurig und hilf auch, daß I. und K. mir vergeben können. Ich möchte Euch nicht weh tun – und kann es doch nicht verhindern. Ich kann einzig Gott bitten, daß er Euch hindurchtragen wird!!

In Liebe Anna.

An einen größeren Freundeskreis hatte Anna einen Tag vor ihrem Suizid einen Rundbrief mit folgendem Inhalt verfaßt:

DU BIST MEIN GOTT,
UND ICH DANKE DIR;
MEIN GOTT,
ICH WILL DICH PREISEN. Ps. 118,28

Ja, mein Gott, ich danke Dir für das Leben, das Du mir geschenkt hast. Danke für meine Kindheit, für meine Geborgenheit, die ich in meiner Familie erfahren und genießen durfte. Danke für die unbeschwerte Kindheit im Wald und auf der Straße. Danke für die vielen Freunde, die ich seit klein auf hatte.

Danke, Vater, für die Gaben, die Du mir geschenkt hast: Danke für meinen Körper, für die Freude an der Bewegung. Danke, daß ich ins Kunstturnen gehen durfte. Dort habe ich Disziplin und Durchhaltevermögen geübt und eine tolle Portion Selbstvertrauen gewonnen.

Danke, mein Gott, daß ich die Möglichkeit hatte, wertvolle Schulen zu besuchen und meinen Traumberuf zu erlernen. Danke auch für die gute Stelle, die Du mir in den Schoß gelegt hast.

Danke, Vater im Himmel, für die Jungschar, in der ich so viel Neues mit den Kindern lernen durfte. Danke für jedes Lächeln, in dem Du mir begegnet bist. Danke, daß ich in ausgelassenen Spielen das Erwachsensein vergessen und für kurze Zeit in die Kinderschuhe zurückschlüpfen durfte.

Danke, daß Du mich durch die Jungschar in eine so tolle Kirchgemeinde geführt hast. Danke für die treue Begleitung durch [die Seelsorgerin] und den Hauskreis durch meine Tiefen und Höhen.

Danke, großer Gott, auch für meine Familiensituation. Du hast mich sicher gehalten und getröstet. Wäre ich gleiche Wege gegangen, wenn zu Hause alles in Ordnung gewesen wäre? Ich denke nicht, daß ich mir gleichviel Gedanken gemacht hätte über Ehe, Krankheit und Tod.

Ja, Vater im Himmel, ich habe Grund zu danken.

Ich möchte Dich um Vergebung bitten, da wo ich in meinem Herzen haderte, da, wo ich neidisch war, wo ich eifersüchtig war, wo ich andere Menschen verletzte.

Vergib mir, Vater, meinen Egoismus.
Vergib mir, Vater, mein Aufgeben.
Vergib mir, Vater, daß ich mein Umfeld sitzenlasse und davonlaufen will.
Halt mich, Vater, fest in Deinen Armen. Ich will heim zu Dir.
SEI MIR GNÄDIG!

Ich möchte zurück, zur alten, warmen, bekannten Welt,
so wie es einmal war.
Dann färbe ich jene Welt mit Träumen, ich gebe ihr Flügel,
ich lasse sie blühen. Sie leuchtet.
Ich mache sie zu einem Bett für meine müde Seele.
Ich übersehe ihren Todesanteil und retuschiere die Gestalt ihres Herzens.

Aber wenn ich mich tatsächlich in diese Welt begebe, verschwindet ihre Farbe, und Schwarz will mich verschlucken.
Die Flügel werden zu Krallen, die meine Haut schon ritzen.
Die Blüten sind Blutflecken. Diese Welt hat das Licht verschluckt.
Das Bett wird zu einem Totenbett, und der verdrängte Tod wird ein allmächtiger Schatten. Das Herz erweist sich als Säugling.

Ich gebe meine Flucht zu.
Alle wahre Bewegung führt vorwärts.
Schon Ruhen kann Weglaufen sein.

Doch ich will keinen Schmerz mehr. Mein Körper ist zu langsam, um
das Licht zu erhaschen.
Meine Augen sind durch Tränen getrübt.
Wenn ich glauben soll, daß Wachstum entscheidend ist, dann muß ich erst gegen mich selber angehen, und das will ich nicht.

Meine Lieben
Ich habe euch geschockt
euch weh getan
euch im Stich gelassen
euch enttäuscht.
Ihr ärgert euch über mein Verhalten
könnt mich nicht verstehen
fühlt euch ohnmächtig

Nein, ich hatte keinen Grund
Nein, es ging mir äußerlich nicht schlecht
Nein, ich hätte nicht das Recht gehabt...
hätte ich das Recht nicht gehabt, mich umzubringen,
das Leben, das mir Gott geschenkt hat, eigenhändig
abzumurksen? – Meine Zeit steht in Gottes Händen...
Nein, ich hatte kein Recht – oder doch?

Darf man Gott schon zum voraus um Vergebung bitten, wenn man genau weiß, daß man sündigen wird? Ich tue es jetzt und bitte euch, es auch zu tun.

Vergebt mir!
Habt kein schlechtes Gewissen! Ihr seid gut zu mir gewesen.

Bekümmert euch nicht, denn die Freude am Herrn ist eure Stärke. Und es ist dem Herrn nicht schwer, durch viel oder wenig zu helfen!

(Konfirmationsspruch Nehemia 8,10; 1. Samuel 14,6)

Sechs Jahre nach ihrem Tod schrieb ihre Mutter:

Für uns, ihre Familie, ihre Freunde, ihre Kolleginnen, ihre Patienten, die Kinder ihrer Jugendgruppe, war sie eine aufgestellte, starke Persönlichkeit. Sie hat sich selber anders erlebt und gesehen. Sie wagte nicht, uns ab und zu zu enttäuschen, sie fürchtete sich davor, depressiv zu werden, zu versagen, Hilfe zu benötigen.

Ihr Denken verengte sich so, daß sie glaubte, uns, die wir sie so sehr liebten, von einer großen Last zu befreien, wenn sie sich aus dem Weg räumte. [...]

Über Wochen hinweg hat sie mit sich gerungen und ihr Vorhaben sorgfältig vorbereitet. Was sie *nicht* getan hat: Hilfe gesucht. Sie wollte sich nicht zurückhalten lassen, sie war überzeugt, die Vollkommenheit, die sie suchte, nur im Jenseits bei Gott zu finden.[6]

François

Renée, die Mutter von François, war mit einem Mann verheiratet, der mit »eiserner Faust« über der Familie herrschte. Wenn etwas nicht so lief, wie er es wollte, entbrannte in ihm ein Jähzorn, der ihn vor nichts zurückschrecken ließ. So traktierte er seine Kinder bei Ungehorsam mit einem glühenden Lötkolben, um ihnen »einzubrennen«, daß sie ihm Gehorsam »schuldig« sind.

1975 starb ihr Sohn Pierre im Alter von sieben Jahren an Leukämie. Renée meinte, daß das Gefühl der Machtlosigkeit angesichts des Leidens in ihr einen Schmerz verursachte, der auf einer anderen Ebene vergleichbar sei mit den Schmerzen ihres Sohnes. Verzweifelt betete Renée gegen Ende der Agonie von Pierre, daß ihr Sohn einschlafen möge, um nicht länger den auch durch die therapeutischen Bemühungen verursachten Qualen ausgesetzt zu sein. Jean-Luc, ein Jahr jünger als Pierre, ist von Geburt an taubstumm. Ein Jahr vor dem Tod von Pierre wurde François geboren. Im Alter von sieben Jahren wurde bei ihm ein Knochenkrebs diagnostiziert, der in den Lungen bereits zwei bis drei kleinere Metastasen abgelegt hatte. Während 21 Monaten wurde er mit Chemo-und Radiotherapien behandelt. Während dieser Zeit begann François Geigenunterricht zu nehmen. Nach Abschluß der Behandlung war radiologisch nichts mehr nachzuweisen. Trotzdem wurde François regelmäßig zur Kontrolle aufgeboten, wobei alle drei bis sechs Monate neben Röntgenaufnahmen auch eine Ganzkörperszintigraphie durchgeführt wurde. Zwischen 11 und 14 Jahren entwickelte sich eine seitliche Verkrümmung der Wirbelsäule (Skoliose), die dauernd Schmerzen verursachte. Die letzte Röntgenuntersuchung vom September 1988 ergab angeblich keinen Befund. Im Oktober wurde François von Fieber gepackt, hustete und hatte Mühe zu atmen. Seine Mutter erzählte:

Zwei Wochen nach Schulbeginn begann François leicht zu hüsteln. Nachdem er hohes Fieber bekam, diagnostizierte unser Hausarzt ein Lungenemphysem. Auf dem Röntgenbild war eine faustgroße Geschwulst zu sehen. Wie war es möglich, daß genau einen Monat vorher nichts zu sehen gewesen sein soll? Es stellte sich dann heraus, daß der Tumor schon früher zu erkennen gewesen war, aber nicht beachtet wurde, weil das Augenmerk auf die Beurteilung des Skeletts gelegt worden war. Dieses »Versehen« hatte tödliche Konsequenzen. François mußte notfallmäßig operiert werden, wobei ihm sechs Liter Flüssigkeit aus den Lungen abgezogen wurden. Die Prognose war vernichtend und ich fühlte mich ebenfalls vernichtet. François litt unter großen Schmerzen. Seinen seelischen Schmerz drückte er durch ein eisernes Schweigen aus. Die erneut notwendige Chemotherapie erfüllte François mit einer furchtbaren Angst. Jean-Luc, der seinen älteren Bruder leiden und sterben gesehen hatte und der François während dessen ersten Erkrankung eine große Stütze war, war ebenfalls total verstört.

Der manisch-depressive Vater meiner Söhne hatte sich eines Tages aus dem Staub gemacht. Ich war allein mit einem Schicksal, für das ich nirgends Verständnis fand. Was habe ich getan, daß Gott mich so verließ? François kämpfte ums Überleben. Er wollte leben. Nach kräftezehrender Chemotherapie konnte er wieder aus dem Spital entlassen werden und dem Unterricht folgen. Er wollte sein Leben führen, wie man ein Boot steuert: Wir konnten nur vorwärts fahren und mit ihm rudern. François übte sein geliebtes Geigenspiel wie besessen. Er sollte an einem Galakonzert des Symphonieorchesters Stuttgart mitwirken, was ihn zusätzlich motivierte. Ich hatte Mühe, meine Sorgen vor François zu verbergen. Meine Fürsorge wurde ihm zur Last. Er fühlte sich dadurch noch verwundbarer. Er wollte frei sein, wieder ein normales Leben führen, ohne ständig an das Damoklesschwert erinnert zu werden, das über ihm schwebte. Er trainierte seine Lungen, um mit seinen Kameraden beim Sport wieder mithalten zu können, er hatte einen Hunger nach Leben, wie ihn wohl nur jemand haben kann, der dem Tod ins Auge gesehen hat.

Kurz nach seinem 15. Geburtstag im Februar 1989 war François von sich aus ins Spital gegangen, weil er erneut unter starken Schmerzen litt. Zu Hause hatte er kein Wort darüber verloren. Ich hatte nur gemerkt, daß er in der letzten Zeit wieder reizbarer geworden war. Das Röntgenbild zeigte eine neue Geschwulst in der Lunge. Ich war wieder am Boden zerstört. Wohin sollte das alles noch führen? Wieder waren ekelhafte, kräftezehrende Chemotherapien notwendig. François wollte sich trotzdem nicht unterkriegen lassen. Ende April fuhr er zwischen zwei Chemotherapien mit seinem Orchester auf eine Konzerttournee nach England und Mitte Juli reiste er für drei Wochen nach Amerika. Kurz darauf folgte eine letzte Chemotherapie. Er vertrug sie schlecht. Hoffnungslosigkeit überkam ihn wieder. Er schrie laut hinaus: »Ich bin gerade 15 geworden, warum ich?« In solchen Momenten fühlte ich mich unendlich elend und hilflos. Mich packte eine panische Angst und gleichzeitig schrie es in mir, die Chemotherapien abzubrechen, da sie nur das Leiden verlängerten, ohne noch Hoffnung auf eine Besserung zu bringen. Dieser Kampf in mir war schrecklich. Was war richtig? François leidend verenden zu sehen oder dazu zu stehen, daß es zu Ende geht, und zu versuchen, ihm dieses Ende so schmerzlos und liebevoll wie möglich zu gestalten? War das überhaupt eine Frage? Ist es erlaubt oder geboten, einem Sterbenden, der weiß, daß er sterben muß, diesen letzten Liebesdienst zu erweisen? Das Leiden erfaßte uns in unserem Innersten und beraubte uns aller unser Fähigkeiten. Kaum jemand aus unserem Freundes- und Bekanntenkreis stand uns in dieser unendlich schweren Zeit bei. Man kann vor dem Unteilbaren, vor dem Unbehagen, das von uns ausging und das ein Abbild unseres eigenen Sterbens ist, nur fliehen. François bedrängte mich in dieser Phase mit Fragen. Er wollte genau wissen, was letzten Oktober festgestellt worden war und warum es zu diesem Emphysem gekommen war. Er wollte wissen, ob das im Zusammenhang mit dem Primärtumor stand, der vor sieben Jahren behandelt worden war, wollte wissen, wie seine Überlebenschancen sind. Angesichts der Aussichtslosigkeit einer Genesung und meiner Hilflosigkeit, angesichts des verzehrenden Leidens meines geliebten Sohnes zweifelte ich immer mehr an der Barmherzigkeit Gottes.

Eines Nachts fragte mich François, ob ein Genickbruch sicher tödlich sei. Ich verstand nicht, worauf er hinauswollte, spürte aber gleichzeitig, daß nur der Tod eine Erlösung von diesem unheilbaren Leiden sein konnte. Wie war es aber zu verstehen, als er dem Onkologen sagte, daß er nicht an diesem Krebs sterben würde? Ich verließ am 13. September für einen Moment das Zimmer. Ich spüre noch die Blicke, die mir François zuwandte, als ich hinausging. Ich weiß, was sie mir sagen wollten, was sie hinausschrien an all jene, die uns ihren Beistand verweigert hatten. Es war das letzte Mal, daß ich seine Augen sah. Wenig später hatte er sich aus dem Fenster gestürzt. Nein, François ist nicht an Krebs gestorben, und ich verstehe jetzt, warum er den *Kleinen Prinz* so liebte, hatte der doch gesagt: »Ich werde aussehen, wie wenn ich tot wäre und es doch nicht sein.«

Zehn Jahre nach dem Tod von François ist die Wut von Renée über die Nachlässigkeit des Radiologen noch immer groß. Sie arbeitet aktiv in Selbsthilfegruppen (Jonathan Pierre vivante) mit, engagiert sich in Hilfsprojekten bei Mutter Theresa in Kalkutta und schrieb Bücher über ihr Schicksal, mit dem sie noch immer hadert.

Isabelle

Wie schon oft zuvor ging Isabelle auch an jenem sommerlichen Samstagnachmittag von zu Hause weg, um sich mit Freundinnen und Kollegen im Strandbad zu treffen. Obwohl sie noch nicht ganz 14jährig war, ließen ihr die Eltern große Freiheit. Sie war eine gute Schülerin und im Kreise ihrer Freunde und Bekannten sehr beliebt, ihren Eltern war sie eine liebe und hilfsbereite Tochter, wußte das in sie gesetzte Vertrauen zu schätzen.

Ihre leibliche Mutter kannte sie nicht. Diese hatte sich ein halbes Jahr nach Isabelles Geburt das Leben genommen. Für Isabelle war die Frau ihres Vaters ihre Mutter, von der sie alle Liebe bekommen und die sie auch erwidert hat. Aber je älter Isabelle wurde, um so mehr ähnelte sie ihrer Mutter, was allen, die diese Frau gekannt hatten, nicht entging. Fragte sich Isabelle insgeheim doch, wer ihre Mutter war, wenn sie oft lange vor dem Spiegel stand und sich anschaute? Fragte sie sich, wer sie war, was der Sinn ihres Daseins sein könnte, oder sehnte sie sich vielleicht gar nach ihrer leiblichen Mutter? Zu den Ähnlichkeiten mit ihrer Mutter gehörte auch ihr verschlossenes Wesen. Eine Woche vor ihrem Tod hatte Isabelle ihren Eltern gesagt, sie hätte jetzt »genug von diesem Leben«, worauf sie eingehend miteinander sprachen. Die Eltern hatten das Gefühl, daß dieses Gespräch Isabelle half und daß es ihr daraufhin auch besserging.

Merkte an jenem Samstag, als Isabelle sich mit Gleichaltrigen im Strandbad traf, niemand, was sie vorhatte? Ihre Eltern stellten jedenfalls nichts Außergewöhnliches fest und ihr Vater machte sich auch keine weiteren Gedanken, als er am Sonntagmorgen früh die Katze hinauslassen wollte und die Wohnungstür unverschlossen vorfand. Gegen neun Uhr rief er nach Isabelle, es sei Zeit fürs Frühstück. Da keine Antwort kam, ging er in ihr Zimmer. Unter die Bettdecke hatte Isabelle ein großes Plüschtier gelegt, so daß es aussah, als ob sie ganz zugedeckt schliefe. Der Vater erkundigte sich darauf bei Bekannten, bei denen Isabelle schon verschiedentlich übernachtet hatte, ohne Erfolg nach ihrem Verbleib. »Offenbar hat sie woanders übernachtet,« sagte er sich und fuhr dann mit seiner Frau an ein Konzert in einem Nachbardorf. Isabelle wußte ja davon und würde schon bald nach Hause kommen...

Aber nicht Isabelle kam während der Abwesenheit ihrer Eltern vorbei, sondern die Polizei. Auf einer Visitenkarte wurden die Eltern gebeten, sofort nach ihrer Heimkehr anzurufen. Die zwei Polizisten, die vorbeikamen, sagten, daß am frühen Morgen ein ganz in Schwarz gekleidetes junges, blondes Mädchen von einem Zug überfahren worden sei. Für die Eltern brach eine Welt zusammen. Sie fühlten sich außerstande, die offizielle Identifikation vorzunehmen, und scheuten sich auch, den verstümmelten Körper zu sehen.

Isabelle hatte ihren Sterbeort genau ausgesucht und präpariert: Mit Schottersteinen hatte sie neben den Geleisen ein Herz geformt und das Wort »sorry« gebildet. Das war die einzige Nachricht, die sie hinterließ.

An der Betonwand unweit der Stelle, wo Isabelle gestorben war, drückten ihre Mitschülerinnen und Mitschüler ihre Betroffenheit aus. Neben den vielen Inschriften an der Wand legten sie eine Unzahl von Blumen, Stofftieren, Postkarten und Briefen nieder sowie brennende Kerzen, die lange Zeit immer wieder durch neue ersetzt wurden. Isabelle wurde im Grab ihrer Mutter beigesetzt. An der Betonmauer neben dem Sterbeort von Isabelle umrahmte ein großes Herz nachstehendes Gedicht einer Mitschülerin:

Ich weiß, du wolltest gehen,
doch ich kann es nicht verstehen,
so leer fühle ich mich ohne dich.
Mein Herz schmerzt wie ein Stich.

Du hast aufgegeben und wolltest sterben.
Tag für Tag wünsch' ich mir, du wärest hier,
hier, ganz nah bei mir.
Der Schmerz in mir, die Sehnsucht nach dir.
In meinem Herzen wirst du weiterleben
Und für immer in meinen Gedanken schweben.
Der Schmerz wird vergehen,
die Erinnerung bestehen.
Ich vertreibe die Einsamkeit
Und sehe dich wieder in der Ewigkeit.

Darunter stand: *Ich weiß nicht, ob ich zu Isabelle gehen soll.*

Nachstehend weitere, mit Filzstiften auf die graue Betonwand geschriebene und meist unterschriebene Botschaften an Isabelle:

- ISABELLE *Wir werden dich alle vermissen. Doch in unserer Erinnerung wirst du ewig bleiben.*
- *Isabelle, wir vergessen dich nie*
- *Jesus loves you*
- *In unserem Herzen wirst du immer bei uns bleiben!*
- *I miss you*
- *SCHEISSE*
- *Du bist 6 Jahre mit uns zur Schule gegangen und warst immer fröhlich. Warum jetzt das?*
- *Worte, nichts als Worte. Und doch sind Worte ein Teil von dem, was uns verbindet. Und wenn sie fehlen, trennt manchmal nur ein WORT ... Mit Grauen und Hilflosigkeit respektieren wir, daß du uns zurückgelassen hast.*
- *Ich habe dich nicht gekannt und doch beschäftigt mich dies alles sehr. Ich frage mich, was wohl in einem Menschen vorgehen muß, wie verzweifelt er sein muß, daß er so etwas tut. Warum?*
- *Auch wenn ich am Tag an dich denke und in der Nacht von dir träume, fehlst du mir. Isabelle, komm zurück!!!*
- *Dein Tod tut vielen weh*
- *Warum hab ich bloß den Kontakt zu dir verloren??? Ich hab dich lieb!!!*
- *ISABELLE: Im Lager war noch alles o.k. Und jetzt? Ich werde dich vermissen*
- *Sorry, daß ich dir nie eine gute Freundin sein konnte*

- *Es tut mir so leid, daß ich nie für dich da war*
- *Wir wissen nicht, was dich so leiden ließ. Vielleicht haben wir dir nicht zugehört. So hast du dich und deine Gefühle eingemauert, »gut versorgt«. Jetzt kann dich niemand mehr erreichen. Wir sind sehr traurig und vermissen dich von ganzem Herzen.*
- *Wir danken dir, daß du o.k. warst, auch wenn ich deinen Weg nicht verstehe*
- *Gab es wirklich keinen anderen Ausweg?*
- *Wieso? Es tut uns so leid, daß wir dich nicht ernst genommen haben. Wir haben dich lieb und werden dich nie vergessen. Wir werden bei dir bleiben für immer*
- *Isabelle, irgendwann werde auch ich zu dir kommen. Bitte warte auf mich*
- *Deine stummen Zeichen sahen wir nicht. Jetzt endlich verstehen wir sie. Doch nun ist es zu spät. Für immer und ewig zu spät*
- *O Isabelle!!! Wie nur konntest du das tun? Hast du nichts dabei gedacht? Was nahm dir all den Skrupel, all die Scheu? Wie kann ein Mensch zum Unmensch werden, das höchste Gut mit Füßen treten? LEBEN!*

Und da standen noch zwei Gedichte:

An unsere Isabelle

Einer Blume gleich
Geknickt in voller Blüte
Ist dieses junge Leben erloschen
Und es ist unendlich schwer,
dies zu akzeptieren.
Auch unser Herz ist schwer
Und diese Zeilen sollen spüren lassen,
wie gerne wir helfen möchten,
diesen großen Schmerz zu lindern.

Für IMMER
Warum hat sie nichts gesagt?
Vielleicht hätten wir ihr helfen können.
Warum haben wir nicht gefragt?
Ich würde ihr das Leben gönnen.
Fragen über Fragen.
Niemand kann uns die Antwort sagen.

Sie ist einfach gegangen.
Niemand kann mehr zu ihr gelangen.
»Sorry« hat sie noch geschrieben
und sonst ist nichts als Trauer geblieben.
»Sorry« sollten wir alle schreiben
und in Liebe für immer ihre Freunde bleiben.
Für Isabelle, die einfach gegangen ist von ihren Freunden und Kollegen, die sie sehr vermissen. Für immer.

Der ›Blick‹ titelte: *Schülerin (14) warf sich vor Intercity: Tot*

»Was trieb das 14jährige Mädchen zur Verzweiflung? Eine Woche nach Schulbeginn warf es sich vor einen Intercity-Zug! Sonntagmorgen, sieben Uhr: Die Schülerin klettert über den meterhohen Zaun. Und steigt auf die Geleise. Unmittelbar bevor der Intercity [...] heranbraust, legt das Mädchen seinen Kopf auf die Schiene. Der Lokführer kann nicht rechtzeitig bremsen. Mit einer Geschwindigkeit von rund 65 Kilometern pro Stunde überrollt der Zug das Mädchen. Warum es sterben wollte, ist unklar.«

Neben dieser Meldung lächelte ein Pin-up-Girl in die Kamera... Diese kurze Pressemitteilung verletzte die Eltern von Isabelle sehr, obwohl kein Name genannt wurde. Sie wurde ihnen von Bekannten am Telefon vorgelesen und löste Wut, Bestürzung und Ratlosigkeit aus.

Kurze Zeit nach der Beerdigung von Isabelle wurde das Dorf durch eine Vermißtmeldung aufgeschreckt: Zwei 13jährige Mädchen und ein 14jähriger Junge waren von zu Hause weggelaufen und es fehlte jede Spur von ihnen. Dank einer Großfahndung der Polizei konnten die Jugendlichen einen Tag später gefunden werden. Eine Tageszeitung berichtete: »...Die genauen Umstände und das Motiv des plötzlichen Verschwindens seien Gegenstand weiterer Abklärungen, teilt die Kantonspolizei mit. Aus dem Umfeld der Schülerin war zu erfahren, daß... sehr darunter gelitten hat, als eine Kollegin sich kürzlich das Leben nahm. Und dazu kam, daß sie und ihre Kollegen beim Haschischrauchen erwischt worden waren, und deswegen eine Strafuntersuchung gegen sie läuft.«

Statistik und Suizid

Weltweit sterben pro Minute ein bis zwei Menschen durch Suizid – weit mehr als durch Infektionskrankheiten. Dabei wird nach wie vor über diese »Sterbefälle« der Schleier des Tabus gehängt; selbst in psychiatrischen Kliniken werden Suizidversuche häufig nicht als solche in den Krankengeschichten vermerkt, mit der Begründung, die Patienten nicht stigmatisieren zu wollen. Statt dessen steht dort z. B. »Status nach multiplen Frakturen« oder »Intoxikation«.

So groß wie auf der einen Seite das Tabu um den Suizid ist, so groß ist auf der anderen Seite die unübersehbare Fülle von Literatur, die sich aus allen erdenklichen Gesichtswinkeln diesem Thema widmet. Kaum eine Publikation versäumt es dabei, statistisches Material zur Untermauerung der vertretenen Ansichten beizubringen. Bei genauerer Betrachtung der Daten wird oft deutlich, daß die Satistiken zumeist nicht miteinander vergleichbar sind. Häufig dienen sie dazu, eine Zunahme von Selbsttötungen zu belegen, Schuldzuweisungen vorzunehmen oder vermeintliche Lösungen vorzuschlagen. Alfred Adler schrieb schon im Jahre 1910:

> Der Wert statistischer Erhebungen soll keineswegs geleugnet werden, solange sie darauf gerichtet sind, ein Bild zu entwerfen über die Häufung der Selbstmordfälle und über begleitende Umstände. Schlüsse zu ziehen, sei es über die psychische Individualität, sei es über die Motive des Selbstmordes, ist auf Basis der Statistik allein unmöglich. Man wird da leicht zu voreiligen Anschuldigungen von Institutionen oder von Personen kommen, solange die treibenden Motive in ihrem vollen Umfang unbekannt bleiben. Soziales Elend, Mängel von Schuleinrichtungen, Fehler der Pädagogik, zahlreiche

andere schwache Punkte unserer Kultur können dabei zur Aufdeckung kommen. Aber wird uns daraus etwa die psychologische Situation des Selbstmörders, etwa die Dynamik klar, die ihn aus dem Leben treibt? – Wenn wir wissen, daß die dichtest bevölkerten Gegenden die relativ größte Zahl der Selbstmörder aufweist, daß gewisse Monate den höchsten Stand der Selbstmörderziffern zeigen, lernen wir daraus auch nur ein einziges zureichendes, was sage ich? – erklärendes Motiv kennen? Nein. Wir erfahren nur, daß der Selbstmord, wie jede andere Erscheinung auch, dem Gesetze der großen Zahl folgt, daß er mit anderen sozialen Erscheinungen Verknüpfungen aufweist. *Der Selbstmord kann nur individuell begriffen werden, wenngleich er soziale Voraussetzungen und solche Folgen hat.*

Unter den Hauptangeschuldigten ist nach wie vor und in schöner Regelmäßigkeit »die Gesellschaft« zu finden. Der Franzose Quételet schrieb 1848:

...die *Gesellschaft* mit ihrem eigengesetzlichen, den einzelnen unterdrückenden Formgerüst ist schuld an den Selbstmorden ihrer Angehörigen. Innerhalb der Nivellierungstendenz der Gesellschaft sind Verbrechen, Selbstmorde nur notwendige Übel: es sind Maßnahmen all der Gescheiterten, aller derjenigen, denen die Forderungen und Vorschriften der Gesellschaft den persönlichen Ruin bedeuten...[8]

Eines der bedeutenderen wissenschaftlichen Werke über die Selbsttötung hat schon vor über 100 Jahren der französische Soziologe Emile Durkheim verfaßt. Er stellte in der Zeit vor der Wende vom 19. ins 20. Jahrhundert eine »beunruhigende Zunahme« von Selbsttötungen fest und versuchte mittels eigener Erhebungen sowohl die Gründe dafür auszumachen als auch Vorschläge zur Eindämmung dieses Phänomens zu erarbeiten. Er fragte sich, ob »die enorme Steigerung, die seit einem Jahrhundert vor sich geht, nicht pathologischen Ursprungs« sei. Er kam zum Schluß »die steigende Flut« der Suizide stelle ein »Signal für eine Krise, eine Störung« dar, »die gefahrlos nicht länger« hingenommen werden dürfe. Durkheim macht für das »riesengroße Anwachsen der Selbstmordzahlen seit einem Jahrhundert [...], das mit jedem Tag drohender wird« die herrschende Staats- und Gesellschaftsordnung verantwortlich und meint, dieser »Krankheit« durch entsprechende gesellschaftliche Eingriffe beikommen zu können. Gleichzeitig gelangte er aber zur Überzeugung, daß auf der einen Seite »die Zahl der Selbstmorde konstant [bleibt], solange sich die Gesellschaft nicht verändert« und daß es auf der anderen Seite »nicht nur jedes Jahr Selbstmorde [gäbe], sondern man [...] allgemein sagen [könne], daß es jedes Jahr genau so viel gibt wie im Vorjahr«. Deutlicher könnten sich seine Behauptungen nicht widersprechen. Als falsch erwies sich auch die Meinung Durkheims, daß die Zunahme der Suizide der Veränderung der Gesellschaft zuzuschreiben sei. Richtig war dagegen seine Erkenntnis, daß die Suizidrate, d. h. die Anzahl Menschen, die sich pro Jahr auf 100 000 Einwohner den Tod geben, »bemerkenswert konstant« bleibt:

> Der Teil Europas, in dem man sich am häufigsten das Leben nimmt, ist der, in dem Dänemark und Mitteldeutschland liegen. Nun ist in diesem weiten Gebiet das Königreich Sachsen das Land, das unbestritten an der Spitze steht. Es hat 311 Selbstmorde pro Million Einwohner.[9]

Die Suizidrate in Sachsen betrug somit damals bereits 31,1. Im Jahr 1989 wiesen die Sachsen in den DDR-Bezirken Dresden, Leipzig und Chemnitz eine Rate von 30,6. auf, 1987 betrug die Suizidrate der Dänen 27,9. Bei Durkheim steht vor hundert Jahren 27,7. So liegt auch beispielsweise in der Schweiz die Suizidrate seit etwa einem Jahrhundert um 20 bis 25. Das heißt, daß sich in der Schweiz mit seinen rund sieben Millionen Einwohnern Jahr für Jahr 1400 bis 1500 Menschen töten, d. h. pro Tag vier – oder, anders ausgedrückt, ca. alle sechs Stunden stirbt ein Mensch »durch eigene Hand«. Da sich die Gesamtzahl der Todesfälle pro Jahr auf rund 60 000 beläuft, erfolgt jeder vierzigste Tod durch Selbsttötung. Oder anders gesagt: Rund 2,5% der Todesfälle erfolgen in der Schweiz durch Suizid.

Auf Grund solcher Tatsachen kam Jean Baechler 1975 zum Schluß:

> Es ist unmöglich, von den Statistiken *auszugehen* und mit der Kovarianzanalyse *zu beginnen:* Selbst wenn die Zahlen annähernd genau sind, können sie bestenfalls zu allgemeinen und ungenauen Aussagen führen, deren Erklärungswert gleich Null ist. Eine selbstmordfördernde Strömung sozialen Ursprungs gibt es nicht und kann es nicht geben.[10]

Die Suizidrate eines Landes ist nicht gleichmäßig verteilt, in jedem gibt es große regionale Unterschiede. Wird z. B. für die Schweiz eine mittlere Vergleichszahl von 100 angenommen, so reichen die Extreme von 179 im Kanton Appenzell Innerrhoden bis zu 59 im Kanton Tessin. In Frankreich schwanken die Extreme bei gleicher Bemessung von über 130 in der Bretagne bis unter 70 in Korsika. Noch größer sind die Unterschiede von Land zu Land. Einen groben Überblick über die Suizidraten einiger Länder Europas geben folgende stark gerundete Zahlen: Ungarn = 45, Österreich = 35, Schweiz = 25, Frankreich = 15, Portugal = 5. Neben diesem deutlichen Ost/West-Gefälle gibt es ein ähnliches Nord/Süd-Gefälle.

Bei allen Vorbehalten, die diesen doch recht ungenauen Zahlen entgegengebracht werden müssen, lassen sich gleichwohl daraus einige Schlüsse ziehen, die weiterhelfen können: Suizide kommen in allen Altersgruppen vor, doch kann tendenziell festgestellt werden, daß mit steigendem Lebensalter die Suizidrate zunimmt. In der Schweiz sind etwa 15% der Suizidenten unter 25 Jahre alt und ca. 40% älter als 65; es nehmen sich zwei- bis dreimal so viele Männer wie Frauen das Leben, aber die Suizidversuche sind bei Frauen weit häufiger als bei Männern. Männer neigen eher zu »härteren« Methoden als Frauen.

1995 starben in der Schweiz 1018 Männer und 401 Frauen durch Suizid, dabei wurden folgende Methoden angewandt:

	Männer	Frauen
Schußwaffen	370	22
Strangulation	295	87
Vergiftungen	116	119
Zug/Auto	87	44
Sturz in die Tiefe	76	52
Ertrinken	44	55
andere Mittel	30	22

In den meisten industrialisierten Ländern sterben gegenwärtig mehr Jugendliche durch Suizid als durch Verkehrsunfälle. Von einer »stetigen Zunahme«, wie das mit schöner Regelmäßigkeit in gewissen Medien immer wieder behauptet wird, kann allerdings kaum die Rede sein, denn von Jahr zu Jahr sind große Schwankungen festzustellen, so daß Aussagen über einen »Trend« nur über einen sehr großen Zeitraum zulässig wären. Die Jugendsuizide in der Schweiz stiegen von 1973 bis 1981 stetig an, sanken aber von da an wieder. Weder für den Anstieg noch für den Rückgang gibt es bis heute eine plausible Erklärung.

Das Schweizer Bundesamt für Statistik hat für die Jahre 1979–1983 die Suizidzahlen nach Berufen aufgeschlüsselt. An erster Stelle, das heißt mit den meisten Suiziden, stand dabei eine Gruppe, in der »Journalisten, Psychologen und Sozialwissenschafter« zusammengefaßt waren, gefolgt wurde sie von den »Ärzten«, den »Zahnärzten, Tierärzten und Apothekern«. Nach diesen »Akademikern« kamen die Berufsgruppe von »Gartenbau und übrige landwirtschaftliche Berufe« sowie die »Forstwirtschaftlichen Berufe«. Erfolgt die Zusammenstellung jedoch in Rubriken, in denen alle »Akademiker und freien Berufe« oder alle in der »Landwirtschaft« arbeitenden Menschen zusammengefaßt sind, dann ist es letztere Gruppe, die den höchsten Anteil an Suiziden stellt, die »Akademiker und freien Berufe« den zweit- und der »kaufmännische Sektor« den dritthöchsten. Am wenigsten Suizide wurden in der »Textil-, Chemie- und Papierindustrie« registriert, gefolgt vom

»Baugewerbe« und der »Metall- und Maschinenindustrie«. Diese »Rangliste« dürfte viele vorgefaßte Meinungen ins Wanken bringen.

Nachstehend die letzten Zahlen, die das Schweizerische Bundesamt für Statistik Ende 1999 herausgab:

	1995	1996
Total Suizide Männer	1018	1010
Standardisierte Suizidrate Männer	28.1	27.7
Total Suizide Frauen	401	421
Standardisierte Suizidrate Frauen	10	10.3
Total Suizide Männer und Frauen	1419	1431
Standardisierte Suizidrate Männer und Frauen	18.5	18.5

Mit 18,5 in zwei aufeinanderfolgenden Jahren bedeutet dies die tiefste Suizidrate seit 30 Jahren. Da in der Schweiz bis 1997 eine für Schweizer Verhältnisse ungewöhnlich große Arbeitslosigkeit herrschte, widerspricht die stetig sinkende Suizidrate zudem der vorherrschenden Meinung, Arbeitslosigkeit gehe mit hohen Suizidraten einher. Gleiches konnte schon früher für England nachgewiesen werden.

Eine nach Alter und Geschlecht aufgeschlüsselten Statistik von Schweizern und in der Schweiz lebenden Personen ergibt folgendes Bild:

Alter	Suizide Männer		Suizidrate		Suizide Frauen		Suizidrate	
	1995	1996	1995	1996	1995	1996	1995	1996
0–1	0	0	0	0	0	0	0	0
1–4	0	0	0	0	0	0	0	0
5–9	0	0	0	0	0	0	0	0
10–14	2	4	0,9	1,9	0	0	0	0
15–19	32	30	15,6	14,5	14	7	7,2	3,5
20–24	72	75	31,8	34,3	14	16	6,2	7,3
25–29	73	82	26,3	30,6	22	24	7,7	8,7
30–34	73	71	23,6	22,8	23	26	7,6	8,5
35–39	94	88	33	30,4	28	36	10,2	12,8
40–44	69	89	26,8	34,2	28	35	11,1	13,7
45–49	117	92	45,6	36,1	30	34	11,9	13,5
50–54	78	88	33,9	37	44	45	19,3	19,2
55–59	73	71	39,6	38	32	31	16,8	16,1
60–64	66	66	40,7	40,3	35	40	19,7	22,4
65–69	68	60	50,6	44,1	39	30	23,5	18
70–74	55	58	48,5	51,2	37	24	24,1	15,6
75–79	50	49	65,1	61	17	24	14,1	20
80–84	48	48	88,8	89,7	17	23	16,9	23,4
85+	48	39	138,2	109	21	26	23,3	28

Von den 12 256 Suiziden, die 1997 das Statistische Bundesamt in Wiesbaden für Deutschland registrierte, wurden 8835 von Männern begangen. Bei den versuchten Suiziden sieht es genau umgekehrt aus: Hier dominieren die Frauen mit zwei Dritteln. Auf einen vollzogenen Suizid kommen je nach Schätzungen zwischen zehn und 60(!) Versuche.

Ursachensuche und Erklärungsmodelle

Nach Ursachen und Erklärungen suchten nicht nur Ärzte und Statistiker, sondern auch Dichter und Philosophen. Voltaire überlegte, ob suizidalem Verhalten nicht eine genetische Grunddisposition zugrunde liegen könne, und Goethe meinte, die Selbsttötung gehöre ganz einfach zur menschlichen Natur. 1887 postulierte Nietzsche, die wahre Ursache des Unbehagens, das zu suizidaler Befindlichkeit führt, sei in der Physiologie zu suchen und Irrtümer in der Physiologie seien lebensgefährlich. Dagegen meinte 1897 Durkheim mit seinem soziologischen Ansatz eine hinreichende Erklärung suizidalen Verhaltens geben zu können. Albert Camus dachte, daß es »nur ein wirklich ernstes philosophisches Problem: den Selbstmord« gibt. Er verband das Problem des Suizids aufs engste mit der Frage nach dem Sinn des menschlichen Lebens. Camus folgert:

> Ein Selbstmord kann vielerlei Ursachen haben, und im allgemeinen sind die sichtbarsten nicht eben die wirksamsten gewesen. Meist löst etwas Unkontrollierbares die Krise aus. [...] Wenn es jedoch schwierig ist, den genauen Zeitpunkt, den winzigen Schritt anzugeben, mit dem der Geist sich für den Tod entschieden hat, so ist es leichter, aus der Tat an sich ihre Voraussetzungen zu erschließen. Sich in bestimmter Absicht, wie im Melodrama, umbringen heißt: ein Geständnis ablegen. Es heißt gestehen, daß man vom Leben überwältigt wird oder das Leben nicht begreift. [...]. Es handelt sich einfach um das Geständnis, daß es »nicht lohnt«. Leben ist naturgemäß niemals leicht. Aus vielerlei Gründen, vor allem aus Gewohnheit, tut man fortgesetzt Dinge, die das Dasein verlangt. Freiwilliges Sterben hat zur Voraussetzung, daß man wenigstens instinktiv das Lächerliche dieser Gewohnheit erkannt hat, das Fehlen

jedes tieferen Grundes zum Leben, die Sinnlosigkeit dieser täglichen Betätigung, die Nutzlosigkeit des Leidens.

Was für ein unberechenbares Gefühl raubt nun dem Geist den lebensnotwendigen Schlaf? Eine Welt, die sich – wenn auch mit schlechten Gründen – deuten und rechtfertigen läßt, ist immer noch eine vertraute Welt. Aber in einem Universum, das plötzlich der Illusionen und des Lichts beraubt ist, fühlt der Mensch sich fremd. Aus diesem Verstoßen-sein gibt es für ihn kein Entrinnen, weil er der Erinnerungen an eine verlorene Heimat oder der Hoffnung auf ein gelobtes Land beraubt ist. Dieser Zwiespalt zwischen dem Menschen und seinem Leben, zwischen dem Schauspieler und seinem Hintergrund ist eigentlich das Gefühl der Absurdität. Da alle normalen Menschen an Selbstmord gedacht haben, wird es ohne weiteres klar, daß zwischen diesem Gefühl und der Sehnsucht nach dem Nichts eine direkte Beziehung besteht.[11]

Wie Camus richtig sieht, kann ein Suizid »vielerlei Ursachen haben«. Sein Schluß jedoch, aus dem Zwiespalt eines denkenden Menschen und seinem real erlebten Leben erwachse zwangsläufig die »Sehnsucht nach dem Nichts«, ist meiner Meinung nach nicht hinreichend. Grundsätzlich muß bei suizidalen Handlungen unterschieden werden zwischen ihnen zugrundeliegenden sogenannten Ursachen und Motiven, sowie zwischen den sogenannten Auslösern und Anstößen, die schließlich zur Tat führen. Während die tatsächlichen Ursachen außerordentlich schwer auszumachen und oft sehr komplex und vielfältig sind, können scheinbar kleine Begebenheiten der sprichwörtliche Tropfen sein, der das Maß zum Überlaufen bringt.

Im Bereich der Psychologie und Psychiatrie verlagerte sich nach der Jahrhundertwende die Suizidforschung von Frankreich nach Österreich, wo Adler 1910 zunächst den Durkheimschen Ansatz übernahm (»Der Selbstmord ist ein individuelles Problem, das soziale Ursachen und Folgen hat«) und wo Freud ab 1916 den weiteren Verlauf der Forschung maßgebend beeinflußte. Neue Einsichten erarbeiteten in der zweiten Hälfte des zwanzigsten Jahrhunderts u. a. Erwin Ringel, Hermann Pohlmeier und Walter Pöldinger. In der Folge verlagerte sich die Forschung mehr und mehr von der Psychiatrie auf das Gebiet der Physiologie und Neurobiochemie. Von hier sind wahrscheinlich jene Durchbrüche zu erwarten, die Nietzsche schon vor mehr als 110 Jahren vermutete. Der ungarische Psychiater Leopold Szondi ist solchen philosophischen Spekulationen nachgegangen und entwarf in seinem Standardwerk *Schicksalsanalyse* (Basel 1944) ein Gesamtbild menschlichen Verhaltens, in dem »erbbiologische Probleme« einen zentralen Stellenwert einnehmen. Dieser Ansatz wurde mehrheitlich von Psychiatern analytischer Ausrichtung verdrängt, die neuesten Forschungsergebnisse auf dem Gebiet der Neurobiochemie scheinen aber immer deutlicher den Hypothesen Szondis recht zu geben; sie werden vielleicht eines Tages dazu beitragen, die unendliche seelische Not sogenannt »psychisch Kranker« zu lindern.

Weltweit sind es mehr als eine halbe Million Menschen, die Jahr für Jahr nur im Suizid einen Ausweg aus ihnen unlösbar scheinenden, erdrückenden Problemen zu sehen vermögen. Ein Suizid wird – wie bereits erwähnt – von einer Vielzahl von Faktoren beeinflußt. Und ich bin der Ansicht, daß rein auf psychologischen Erkenntnissen beruhende »Erklärungsmodelle« kaum je zu hinreichenden psychoanalytischen oder wie auch immer ausgerichteten psychologischen Therapieformen führen werden, die den Suiziden ein Ende setzen könnten. Berechtigte Hoffnungen zur Erkennung und Behandlung von Suizidalität dürfen hingegen auf die genetische Forschung gesetzt werden. Über die genetischen Auslöser von Depressionen und Schizophrenien, von Epilepsie und anderen hirnorganischen – sogenannten »psychischen« – Krankheitsbildern sind in absehbarer Zeit erste Erkenntnisse zu erwarten, die eines Tages zu Möglichkeiten der Behandlung dieser oft zu Suiziden führenden Erkrankungen führen dürften.

Daß es unmöglich ist, den Grund, warum sich eine bestimmte Person in einer bestimmten Situation das Leben nimmt, zu benennen, wird durch Zeugnisse hinreichend belegt. Zwei Beispiele sollen in erschütternder Art und Weise darlegen, wie Menschen vor dem endgültigen Schritt in den Tod ihre Befindlichkeit und den gewählten Weg beurteilen. Das erste stammt von der Psychologin und Lyrikerin Hertha Kräfthner, einer aus Wien stammenden Kaufmannstochter, die sich am 13. 11. 1951 mit Schlafmitteln das Leben nahm. In kaum zu überbietender Offenheit legt sie in einem letzten Brief dar, daß sie nach Meinung der meisten Leute, die sie kannten, keinen Grund hätte, sich das Leben zu nehmen. Sie geht auf alle möglichen Erklärungsmuster ein, verwirft nacheinander jedes von ihnen und gelangt zum Schluß zur Überzeugung, daß sie – nach ihrem Tod – nach der Ursache befragt, durchaus geneigt sein könnte, sich der einen oder anderen von ihr verworfenen Theorien anzuschließen, sofern diese nur überzeugend genug vorgebracht würde...

Das zweite Beispiel stammt von einem Jugendlichen, der in seiner Kirchgemeinde sehr stark engagiert war. Er hatte ein »Nächtebuch« geschrieben, dem er seinen »grauenhaft[en] Drang, sich selbst Gewalt anzutun« anvertraut hatte. Er weiß, daß seine Tat diejenigen am härtesten treffen wird, die er gar nicht treffen möchte – allen voran seine liebsten Menschen.

Sören Kierkegaard, sein Leben lang von schweren Depressionen geplagt, fragte sich, ob es sich psychologisch denken ließe, einfach so, auf eine Eingebung hin (warum nicht einen Ruf Gottes?) aus dem Leben zu scheiden:

> Eine wesentlich schwermütige Individualität, die sonst niemals von dem Gedanken des Selbstmords geplagt oder versucht worden ist. Er ergeht sich eines Tages in einer lieblichen Waldgegend. Es hat am Vortage geregnet: alles atmet Frische und Wohlgeruch; es dünkt ihn, er habe sich niemals oder nur selten so unbeschreiblich, so unaussagbar wohl befunden. Wie er geht, fällt ihm ganz von ungefähr ein: wie wenn du dich selbst umbrächtest – und er tut es.
>
> Hier ist nichts an vorausliegender Überlegung in bezug auf einen solchen Schritt, keine allmähliche Annäherung, auch nichts an Krampfhaftem. Jener Gedanke fällt ihm ungefähr so ein wie dies: »Schau, dort steht eine hübsche kleine Blume«; er tut den Schritt ungefähr in der gleichen Art Gemütszustand, wie wenn man sich bückt und eine kleine Blume abpflückt. Der Tod sollte also hier eine Art gesteigertes Wohlbefinden sein.

Läßt dergleichen sich denken?

Die Berührungslinie der Schwermut mit dem Wahnsinn ist übrigens wie in so vielen Fällen die, daß man sich selbst objektiv wird. Das Besondere und Ungewöhnliche ist die beinahe idyllische Objektivität, daß man sich idyllisch mit einer kleinen Blume und ähnlichem verwechselt. Es wäre ein starkes Beispiel dafür, daß man mit dünnem Faden am Leben hängt.[12]

Ein solcher, von einem Moment auf den andern gefaßter Entschluß, sich das Leben zu nehmen, kann bei Hinterbliebenen, Freunden und Bekannten nur größtes Unverständnis, Bestürzung und Kopfschütteln auslösen. Die Tat wird als »Kurzschluß« oder »Raptus«, als eine plötzliche Besessenheit von einer merkwürdigen Idee, hingestellt. Daß die Idee nicht nur merkwürdig, sondern »*ver*-rückt« war, bestätigen Menschen, die zum Beispiel unvermittelt über eine Brücke sprangen und fast unverletzt davonkamen. Sie können sich in einem solchen Fall ihre Tat nicht erklären und fragen sich in der Folge nicht nur, warum sie es taten, sondern auch warum sie überlebten.

Gleichwohl möchte ich nachfolgend die meiner Meinung nach wichtigsten und heute gängigen Theorien über die Ursachen suizidalen Verhaltens umreißen. Die gewählte Reihenfolge ist willkürlich und darf nicht mal andeutungsweise als Rangliste verstanden werden. Auch muß ich vorausschicken, daß wohl nie ein einzelnes dieser »Erklärungsmodelle« einen konkreten Suizid hinreichend erklären könnte.

- Flucht vor einer als unerträglich empfundenen Situation (Gefühl der Auswegs- oder Hoffnungslosigkeit)
- Flucht vor Gesichtsverlust; Scham (lieber sterben als entlarvt weiterleben)
- Flucht vor Verantwortung (ungewollte Schwanger- oder Vaterschaft)
- »Bestrafung« von Hinterbliebenen (»Schadenfreude« über den zugefügten Verlust und die Trauer)
- Märtyrertum (vorbildhaftes Einstehen für ein Ideal, vermeintliche Aufopferung)

- Erpressung (als »Opfer«: aus Angst vor Enthüllungen; als »Täter«: bspw. zur Durchsetzung politischer Ziele)
- Geltungsdrang (Suche nach Beachtung und Anerkennung durch den und/oder nach dem Tod)
- Einholen eines »Gottesurteils« (Russisches Roulette, »Geisterfahrerei«, »Zugsurfen« usw.)
- Sorge, zur Last zu fallen (z. B. bei beginnendem körperlichen oder geistigen Verfall)
- Liebesbeweis/Verzweiflung über den Tod der oder des Geliebten (Haimon und Antigone, Romeo und Julia)
- »Nachfolge« (»Wiedervereinigung« mit einem Verstorbenen)

Ein Mensch ist um so mehr gefährdet, sich das Leben zu nehmen, je mehr der folgenden Merkmale auf ihn zutreffen:
- Suizide in der Familie (»Vermächtnis«; »Woge«, die durch die Generationen geht, genetische Veranlagung)
- sexueller Mißbrauch in der Kindheit
- Suizide in der näheren Umgebung (Freunde, Schul-, Arbeitskollegen) oder von Idolen
- vorausgegangener Suizidversuch (wenn mehr als ein Versuch gemacht wurde, ist die Gefährdung entsprechend größer)
- direkte oder indirekte Suizidankündigung
- Äußerungen über konkrete Suizidabsichten
- «unheimliche Ruhe«
- Selbstvernichtungs-, Sturz- oder Katastrophenträume
- Verlust einer geliebten oder wichtigen Bezugsperson
- Abbruch einer engen zwischenmenschlichen Beziehung
- ein Ereignis, welches das moralische oder soziale Ansehen gefährdet
- Beginn oder Abklingen einer depressiven Phase
- bipolare (»manisch-depressive«) Mischzustände
- ängstliche Erregtheit, Affekt- und Aggressionsstau
- schwere Schuldgefühle
- schwere Gefühle des Ungenügens
- biologische Umbrüche (Pubertät, Schwangerschaft, Wochenbett, Wechseljahre, Alter, schwere Krankheiten)
- seit langem anhaltende Schlafstörungen

- Abhängigkeiten, Suchtverhalten
- zerrüttete Familienverhältnisse in der Kindheit
- früher Verlust oder Fehlen zwischenmenschlicher Beziehungen: Liebesentzug, Liebesenttäuschung, Vereinsamung, Gefühl des Ausgestoßen-Seins
- berufliche Schwierigkeiten
- Verlust der Arbeit
- Fehlen von Aufgaben
- finanzielle Sorgen, finanzielle »Katastrophe«
- Fehlen religiöser Bindungen
- Ernüchterung hinsichtlich eines kollektiven, religiösen, sozialen oder politischen Ideals
- Heimatverlust und Vereinsamung

Suizide können aber auch auf Grund krankhaft veränderten Denkens und Fühlens zustande kommen:
- Wahnwahrnehmungen: imperative »Stimmen«, die den Suizid »befehlen«
- depressiver Schuld- und Versündigungswahn mit unkontrollierten Suizidimpulsen
- Kontrollverlust gegenüber Suizidgedanken bei Intoxikation und psychoorganischen Syndromen
- akute Psychosen, bei denen die Betroffenen glauben, fliegen oder den Verkehr aufhalten zu können

Eine nach einem Suizidversuch in letzter Minute gerettete Jugendliche gab der Zwanghaftigkeit des Todestriebes mit den Worten Ausdruck, daß sie nichts an der Tat hätte hindern können – auch nicht der Gedanke an den Schmerz der Angehörigen. Man sei in diesem Moment zu weit weg von ihnen und könne sie weder rufen, noch sich selbst zur Vernunft bewegen.

Eine 47jährige Frau, die ihren Suizidversuch überlebt hat, sagte: »Ich bin wie neben mir gestanden und habe mir zugesehen, wie ich es machte.« Sie sagte weiter, daß sie das ganze Geschehen als »völlig unberechenbar, explosionsartig« erlebt habe.

Soziologische Suizidtheorien

Die soziologischen Suizidtheorien versuchen, suizidales Handeln aus der Art der Integration des Individuums innerhalb einer Gesellschaft heraus zu erklären.

Ein Suizid ist nach Durkheim entweder egoistischer, altruistischer oder »anomischer« Natur. Fehlende soziale Integration bzw. vollständige Desintegration von einzelnen, das Fehlen von Vorbildern, Mangel gemeinsamer erstrebenswerter Ziele und Verlust allgemeinverbindlicher sozialer Normen werden in erster Linie für die Suizidalität in der »modernen Gesellschaft« (1897!) verantwortlich gemacht. Statt sich in einer Gesellschaft unterzuordnen, die als oppressiv, einengend und jeder Sinnstiftung entbehrend empfunden wird, werde der Tod einem solchen Leben vorgezogen.

Quasi als Ausnahmefall innerhalb des soziologischen Erklärungsmusters sprachen Gibbs und Martin von »Statusintegration«, wobei unter »Status« die soziale Rolle bzw. die soziale Identifizierbarkeit eines Individuums verstanden wird. Einen weiteren Spezialfall stellen die »ökologischen« Theorien dar, die in städtischen Ballungszentren eine erhöhte Suizidgefährdung sehen, die gegen den Stadtrand hin abnimmt.

Der Amerikaner M. L. Faber bezeichnet den Suizid als eine »Krankheit der Hoffnung« und sieht ihn als das Resultat einer engen Verflechtung sozialer und psychischer Einflüsse. Der Soziologe Roland Maris erkannte dagegen, daß ein soziologischer Ansatz ohne genaue Kenntnis der Lebensgeschichte des Suizidenten wenig sinnvoll ist.

Psychologisch-integrative »Kubus«-Theorie

Dieser Ansatz geht auf den amerikanischen Psychologen Edwin Shneidman zurück. In seiner »Kubustheorie« entwickelt er ein Koordinatensystem, dessen eine Achse den »Schmerz«, eine zweite die »Unruhe« darstellt. Unter »Schmerz« versteht er die subjektive Erfahrung eines psychisch unerträglichen Leidens, das von »gering« (Stufe 1) bis »unerträglich« (Stufe 5) reicht. Mit »Unruhe« bezeichnet Shneidman einen allgemeinen psychischen Zustand, der eine gestörte Person kennzeichnet und der das ausschlaggebende Element für die suizidale Handlung darstellt. Es geht dabei um die relative Fähigkeit des einzelnen, die Impulse, die Erregung und die Neigung zu zwanghaftem Handeln zu kontrollieren. Auch hier reicht die Skala von »unerheblicher Unruhe« (Stufe 1) bis zu »sehr großer Unruhe« (Stufe 5). Der als dritte Dimension gesehene »Zwang« ist für Shneidman das Ergebnis der innersubjektiven und sozialen Beziehungen einer Person. Der Suizid erfolgt durch die Verknüpfung hervorbrechender psychischer Energie (einem intensiven Streßzustand) mit einem akuten psychischen Schmerz (als überwältigende Empfindung des Druckes äußerer Ereignisse).

Vereinsamungstheorie

Die kulturüberschreitende Tatsache, daß sich vor allem ältere Menschen das Leben nehmen, ist eine Variante des soziologischen Ansatzes. In einigen Kulturen (Eskimos, Japaner u. a.) haben sich im Laufe der Zeit regelrechte Rituale entwickelt, nach denen die alten, gebrechlichen Familienmitglieder zu einem bestimmten Zeitpunkt die Gemeinschaft verlassen und sich in unwirtlicher Natur dem Tod preisgeben. Eine solche Verhaltensweise scheint aber – um mit Goethe zu sprechen – ganz allgemein zur menschlichen Natur zu gehören. So haben nicht nur auch Indianer Nordamerikas und Landarbeiter gewisser Regionen Portugals zunehmend den Suizid als Erlösung von unerträglicher Vereinsamung und Verarmung gewählt, es scheint vielmehr, daß diese Faktoren auch in unseren Breitengraden zum Entschluß führen können, seinem Leben vorzeitig ein Ende zu setzen. Dabei ist allerdings festzuhalten, daß es im Verlaufe dieses Vereinsamungsprozesses sehr oft zu depressiver Verstimmung, ja, zu tiefen Depressionen kommt. Es ist nun schwierig zu entscheiden, ob die Veranlagung zur Depression ursächlich war, oder ob die Depression erst auf Grund der Vereinsamung zustande kam.

Suizide infolge sexuellen Mißbrauchs

Menschen, die im Kindesalter sexuell mißbraucht wurden, können mitunter nach dem Eintreten der Pubertät dem Leidensdruck nicht mehr widerstehen und fliehen vor den Tätern in den Tod oder wollen sich durch ihren Suizid an ihnen «rächen«. Aber auch dort, wo es nicht zu solchen direkten »Rachehandlungen« kommt, ist die Vulnerabilität sexuell mißbrauchter Kinder bis ins späte Erwachsenenalter sehr hoch.

Ein solches Verhaltensmuster kann in allen Kulturkreisen festgestellt werden. Dabei scheint es, daß der Inzest zwischen Geschwistern weniger traumatisierend ist als der Mißbrauch durch Eltern oder nahestehende Erwachsene. In diesem Bereich herrschen die größten Tabu-Barrieren. Sowohl die Begleitung der Hinterbliebenen als auch die Arbeit mit geretteten Suizidenten gestalten sich hier überaus schwierig. Sexueller Mißbrauch und Inzest stellen einen brisanten, komplizierten und besonders für die Opfer sehr schmerzlichen und schambesetzten Themenkomplex dar. Sie versuchen ein »normales« Leben zu führen, das aber von Störungen des Selbstbewußtseins und Depressionen bestimmt ist. Die Gefahr der Entwicklung von Persönlichkeitsstörungen ist groß. Sie fühlen sich oft leer und nicht wert, zu leben. Sie zerstören bewußt oder unbewußt Beziehungen zu ihren Partnern und haben es schwer, Nähe zuzulassen. Sie verwechseln Sex mit Liebe und denken, durch Sex Zuneigung zu erhalten. Sie quälen ihren Körper durch Reinigungsrituale oder Selbstverstümmelungen, die von Verletzungen über Eßstörungen bis zu Suizid oder Mord führen.

Im Verlaufe des Lebens kann plötzlich zum Ausbruch kommen, was jahrelang verschwiegen und vor allem unterdrückt wurde. Das kann die Geburt eines eigenen Kindes sein oder durch Situationen geschehen, die an das Vergangene erinnern. Die beherrschenden Stichworte reichen von Aggressivität, Angst, Demütigung, Ekel, Erniedrigung, Haß, Hoffnungslosigkeit, Mißtrauen, Scham, Schmerz, Sehnsucht, Täuschung, Traurigkeit bis zu Verzweiflung und Wut. Ein Opfer schrieb: »All dies ist ein endloser Schmerz, der mit keinem organischen zu vergleichen ist. Es ist ›leider‹ ein Schmerz, gegen den kein pharmazeutisches Mittel hilft. Es ist ein Schmerz, der nicht zu beschreiben ist. Es ist ein Schmerz, der ins Innere eines Menschen geht und dort über Jahre verankert ist. Es ist ein Schmerz, von dem man das Gefühl hat, daß er niemals aufhört. Es ist ein Schmerz, der ewig blutet. Es ist ein Schmerz, der Sehnsucht und Sucht nach Betäubung herbeiführt, ein Schmerz, der sich verinnerlicht und mit dem Menschen eins wird.«

Psychoanalytische Suizidtheorien

In der Psychoanalytik findet man (der Anzahl »Schulen« entsprechend) einen breiten Fächer von Erklärungsmodellen. So sah z. B. Freud den Suizid als Abart der instinktmäßigen menschlichen Tendenz zu Aggression und Zerstörung (Todestrieb Thanatos). Diesem Trieb steht nach Freud der mächtigere Lebenserhaltungstrieb Eros gegenüber. Im Falle des Verlustes eines Liebesobjektes (auch des eigenen Selbst) könne es zu Suizid als Aggressionsumkehr kommen.

Die psychoanalytische Suizidtheorie Freuds wurde laufend weiterentwickelt und aufgefächert. Im wesentlichen wird die Entwicklung zur Suizidalität auf Regression und Fixierungen zurückgeführt. Es wird angenommen, daß das Ich auf Grund des als endgültig empfundenen Verlustes einer libidinösen (die sexuelle Lust betreffenden) Beziehung zu einem tieferen Befriedigungsniveau zurückkehrt (»regrediert«). Entwicklungsstörungen von frühester Kindheit an (orale, anale und genitale Phase) werden für das später entwickelte suizidale Verhalten verantwortlich gemacht. Eine Aufdeckung solcher Reifungsstörungen (durch die Psychotherapie) könne dann zur Verarbeitung und Überwindung von Fehlentwicklungen (wie z. B. Aggressionsumkehr) führen.

Psychodynamische Suizidtheorien

Wie der Ausdruck andeutet, wird eine innerpersönliche Entwicklung angenommen, die nach entsprechender »Reifung« bei an sich nichtigen Anlässen zu suizidalen Handlungen führen kann. Dieser psychische Entwicklungsprozeß beginnt mit situativer, dynamischer, interpersoneller und werterelativierender »Einengung«. Unterdrückte und aufgestaute Aggressionsideationen (angeboren, durch Frustrationen entstanden oder wegen mangelnder Empathie) werden nach und nach gegen sich selbst gerichtet. Die erlebte Mitwelt wird zusehends als unerträglich empfunden. Gedanken, diesem erdrückenden Leben zu entfliehen – durch »Ab-hauen« (»fugue«, Durchbrennen, Seitensprung), durch Beziehungsabbruch und Rückzug oder durch Drogen (vom Alkohol über Narkotika bis zu halluzinogenen Drogen wie z. B. LSD) gewinnen immer mehr die Oberhand und münden nach einem mehr oder weniger ausgeprägten Gefühl des Verlustes des Selbstwertes – oder im Falle von LSD infolge eines transzendenten symbiotischen Erlebens mit dem Selbst – schließlich in Suizidphantasien.

Streßtheoretische Erklärungsversuche

Gemäß dieser Theorie läßt eine Reihe von stressenden biographischen Ereignissen das Individuum zusehends die von ihm verlangten Problemlösungen als unbewältigbar einstufen. Neben der Persönlichkeitsstruktur und schweren Lebenskrisen kann auch das soziale Umfeld für diese Entwicklung mitverantwortlich sein. Jeder neue Stressor wird subjektiv als Bedrohung von außen wahrgenommen. Diese situativen Ereignisse führen nach und nach zu einer psychischen Erschöpfung, in deren Verlauf zunehmend ungeeignete Bewältigungsstrategien ausgedacht oder ausprobiert werden – bis hin zum Suizid.

In diese Suizide auf Grund psychischen Stresses können auch die infolge von Angstneurosen verübten Suizide eingereiht werden. Es handelt sich dabei um jene psychosomatischen Erschöpfungszustände, die oft auch als »Hypochondrie« bezeichnet werden. Angst, seelische Spannungen und nicht verarbeitete traumatische Erlebnisse führen in einen Teufelskreis somatoformer Leiden, denen man vermeintlich nur durch Suizid entrinnen kann.

Lerntheoretische Erklärungsversuche

Bei diesen wird davon ausgegangen, daß die meisten menschlichen Handlungen auf Nachahmungen von »erfahrenen« Handlungsmöglichkeiten beruhen. Dabei wird insbesondere versucht, das Handeln von »positiv« empfundenen (d. h. nachahmenswerten) Vorbildern zu kopieren. Die zunehmend angestrebte Identifikation mit dem Vorbild verdrängt jede kritische Bewertung des vorgezeigten Handelns. Tötet sich das Vorbild, wird der Nachahmer einem psychischen Zwang ausgesetzt, diesen definitiven Schritt auch nachzuvollziehen. Der Einfluß der Medien ist in diesem Zusammenhang besonders erwähnenswert. Schon in Märchen *(Der Rattenfänger von Hameln)* wird auf diese sozusagen magische Macht hingewiesen, die nach Erscheinen von Goethes *Werther* eine erste empirische Bestätigung fand. Aber auch die Wirkung von entsprechend suggestiver Musik darf hier nicht außer acht gelassen werden.

Bleibt noch beizufügen, daß aus einem mißglückten Suizidversuch infolge der dadurch vorübergehend erworbenen Zuwendung lernpsychologisch eine nachfolgende suizidale Handlung erklärt werden kann.

Theorie der psychoanalytischen Selbstpsychologie

Das menschliche Selbst wird als tiefenpsychologisches Konzept betrachtet, das sich im Laufe des Lebens aus Ererbtem, Umweltbedingtem und Erfahrenem herausbildet. Dergestalt wird es als das »organisierende Prinzip der menschlichen Psyche« gesehen. Im Verlauf schwerer Krisen kommt es zur Lockerung der Selbststruktur, die als Selbstwert- und Identitätsverlust erlebt wird, was mit Gefühlen von Angst, Leere und Depressionen einhergeht. Die Erfahrung des sich auflösenden Selbst wird dann zur unerträglichen Qual, der man in letzter Konsequenz durch Suizid zu entrinnen versucht.

> Mit einer Phantasie von archaischer Großartigkeit wird der eigene Körper oder die persönliche Welt zerstört, dabei aber die eigene Großartigkeit und das Gefühl, die Dinge selbst in der Hand zu behalten, bewahrt.[13]

Schicksalsanalytischer Ansatz

Nach Leopold Szondi wohnt jedem Menschen eine unbekannte Kraft inne, die ihn im Verlauf seines Lebens dem Tod näher bringt. Dazu kommt ein »spezifisches Hingezogensein zu *einer* Todesart«. Szondi gibt dabei die »wiederkehrenden tödlichen Familienkrankheiten oder die wiederkehrenden Selbstmordformen innerhalb einer Familie« zu bedenken und ist der Ansicht, daß es sogenannte »Todesgene« gibt, die entweder die Keimzelle, die Frucht oder das Neugeborene töten. Solche tödlichen Faktoren wohnen auch dem heranwachsenden Menschen in latenter Form sein Leben lang inne. Er begründet seine Theorie damit, daß wir alle einmal sterben, und meint, daß die Lebensdauer eines Menschen als ein selbständiges Erbmerkmal nach den Gesetzen Mendels innerhalb einer Familie vererbt würde. Er glaubt auch erkannt zu haben, daß es in einzelnen Familien so etwas wie eine »Familientodeskrankheit« gibt. Dazu zählt er unter anderen Krebs- und Herzerkrankungen sowie zu Unfällen neigende und »Selbstmörderfamilien«. Sogar die »Wahl der gewaltsamen Todesarten« habe eine eigentümliche Beziehung zum »Erbkrankheitskreis«. Wie bei der Wahl des Suizids bestehe auch eine sogenannte »Mörderwahl«. Szondi kommt zum Schluß, daß das Schicksal des Menschen auch durch seine triebhaften Wahlen bestimmt ist:

> Viele Menschen sagen: »Ich« wähle; die Schicksalsanalyse ist zu einer anderen Formulierung gekommen: Nicht »ich« wähle, sondern die latenten Gene wählen in mir; oder mit anderen Worten: *es sind die primären Triebkräfte, die in mir wählen.* Diese Urkräfte bewahren wir in Form von Urelementen, von Genen, in uns; *mit jedem dieser Gene will ein Ahne von uns »zurückkehren«; die Ahnen wählen in uns und für uns.*[14]

Für Szondi ist also der Wahlspielraum schicksalhaft so im voraus beschränkt, wie es im ererbten Lebensplan festgesetzt sei. Er lehnt dabei einen blinden Fatalismus ab. Er meint, man könne allerdings von einem »lenkbaren Fatalismus« sprechen, sei doch lediglich der Rahmen, innerhalb dessen wir zu wählen hätten, festgelegt. Dieser Rahmen sei jedoch sehr weit:

> Der Spielraum für die Wahl ist also wirklich schicksalhaft für jeden so im voraus beschränkt, wie es im ererbten Lebensplan festgesetzt ist. *Es ist aber nur der Bereich, innerhalb dessen wir zu wählen haben, determiniert.* Der Durchmesser des uns vorgeschriebenen Triebkreises ist jedoch sehr groß, und *innerhalb dieses Kreises ist unsere Wahl frei.*[15]

Szondi erkennt gewissermaßen in prophetischer Voraussicht, was Shneidman 1973 in die Kurzformel drängte: postvention is prevention for the next generation. Nur wenn ich weiß, woher ich stamme, kann ich in meinem mir gegebenen Handlungsrahmen Wege wählen, die »hergebrachten« Verhaltensmuster durchbrechen und so ein gelungenes Leben ermöglichen.

Die Narzißmus-Theorie

Diese ist eigentlich eine Spielart der vorstehend geschilderten psychoanalytischen Selbstpsychologie. Dabei wird davon ausgegangen, daß selbstunsichere Menschen auf Kränkungen, die durch Verleugnung und Idealisieren nicht mehr zu kompensieren sind, mit Suizid reagieren. Solchen Menschen fehlt es meist an Einfühlungsvermögen. Sie sind überempfindlich, da sie von sich eine (scheinbar von den anderen verkannte) Meinung von Großartigkeit haben. Sie sind von Neid geplagt, nutzen ihre Mitmenschen in ungebührlicher Weise aus und reagieren auf Kritik mit Wut, Scham oder Demütigung. Menschen, die in ihrer frühen Kindheit die ihnen entgegengebrachte Wärme und Zuwendung nicht wahrzunehmen vermochten, leiden in der Folge an einer narzißtischen Störung.

Die Psychiater Annelie und Wolfgang Milch sind der Meinung, daß der suizidale Mensch nicht mehr zu einer reifen Bewältigung von Kränkungen in der Lage ist und auf Verletzungen des Selbstgefühls mit Regression reagiert. Ihrer Ansicht nach handelt es sich um stark verunsicherte Persönlichkeiten, die Angst haben, in einen Zustand von totaler Hilflosigkeit und Ohnmacht zu geraten. Als Selbstschutz bedienen sie sich der Realitätsverleugnung und der Idealisierung. Durch Realisierung von Phantasien eines Rückzugs in einen vermeintlichen harmonischen Primärzustand versuchen sie, der »narzißtischen Katastrophe« mit ihrem Suizid zuvorzukommen. Sie meinen ihr Selbstwertgefühl zu retten, obwohl der Preis dafür in der Vernichtung ihrer Person besteht. Es geht ihnen dabei eigentlich nicht um die Beendigung ihres Daseins, sie wollen vielmehr in einer unbewußt-fiktiven Art ihr Dasein in der Gesellschaft fortsetzen, die sie durch ihren Akt aufrühren und anklagen. Gleichzeitig soll ihr Suizid anderen als Vorbild zur Problemlösung dienen. In den dem Suizid vorausgehenden Verschmelzungsphantasien (der Vorstellung eines »diesseitigen Jenseits«) werden Geborgenheit, Ruhe und Harmonie erlangt.

Tod durch »Gottesurteil«

Der bei den meisten suizidalen Handlungen vorherrschenden Ambivalenz zwischen Lebenstrieb und Todeswunsch wird dadurch Ausdruck gegeben, daß sich die Person ihrer Meinung nach einem »Gottesurteil« unterzieht. Sie läßt sich dazu auf ein unvernünftiges Hochrisikoverhalten ein, wie z. B. »Russisches Roulette«, »Geisterfahren«, oder »blindes« Überqueren einer stark befahrenen Straße.

Als Suizid gedeutete Unfälle

Im nachstehenden »Erklärungsmodell« möchte ich auf Selbsttötungen eingehen, die nicht als solche geplant waren, die aber durch die gewählte Situation praktisch unfallmäßig den Tod zur Folge hatten: Es ist vor allem bei Jünglingen und jungen Männern bekannt, daß sie »zur Erzeugung von Wollust eine vorsichtige Halskompression« anlegen. Dazu schrieb der Schweizer Gerichtsmediziner Fritz Schwarz:

> Die dabei auftretende Gliedschwellung erzeugt Lust, die durch Masturbation gesteigert wird. Die Halskompression erfolgt in der Regel durch «dosiertes» Hängen; durch Nichtbeherrschen der «Dosierung» kommt es dann nicht selten zum Erhängungstod und damit zur Annahme eines Selbstmordes.[16]

Zu ähnlichen als Suizid gedeuteten Unfällen kann es z. B. durch Einatmen von Lachgas kommen, das mit der Absicht inhaliert wurde, einen »abgehobenen Zustand« zu erleben.

In diese Erklärungsgruppe gehört auch die »indirekte Selbsttötung«. Zu dieser kann es in Ländern kommen, in denen die Todesstrafe noch praktiziert wird, aber nach wie vor die religiöse Vorstellung vorherrscht, daß ein »Selbstmörder« des ewigen Heils unwiderruflich verloren geht, ein Ermordeter hingegen Absolution erlangen kann.

Aber auch das Umgekehrte kann eintreten: Ein zum Tode Verurteilter will sich dem Henker entziehen, indem er sich selbst tötet. Kant meint dazu:

> Der Grund davon ist dieser. Es liegt in jeder Hinrichtung nach einem Gesetz etwas Beschimpfendes, weil sie Strafe ist, und wenn jene ungerecht ist, so kann der, welcher das Opfer des Gesetzes wird, diese nicht für eine verdiente anerkennen. Dieses aber beweist er dadurch: daß, wenn er dem Tode einmal geweihet worden, er ihn nun lieber wie ein freier Mensch wählt und ihn sich selbst antut.[17]

Auf diese Weise entzog sich nach dem Zweiten Weltkrieg die Nazi-Führungsschicht der Verantwortung bzw. der Vollstrekkung der Todesurteile: Hitler erschoß erst seine kurz vorher geheiratete Frau Eva Braun und dann sich; Goebbels schied, zusammen mit seiner Frau und seinen sechs (!) Kindern, aus dem Leben; die Generäle Jeschonnek, Beck, von Greim, Model, Udet und Rommel »richteten sich« gemäß dem »soldatischen Ehrenkodex«, Göring zerbiß im Gefängnis zwei Stunden vor seiner Hinrichtung eine Kapsel Zyankali.

Ganz anders liegen die Verhältnisse beim »altruistischen« Suizid – eigentlich einem Opfertod (z. B. beim Suttee [Witwenverbrennung] in Indien, gelegentlich auch beim Märtyrertod [Kamikaze]) – und bei der Selbsttötung aufgrund eines Ehrenkodexes (Offiziere, Schiffskapitäne, Harakiri oder Seppuku in Japan). Aber auch bei diesen drei hier erwähnten und heute wohl eher marginalen Möglichkeiten, den Tod dem Leben vorzuziehen, kann wieder (unter Berücksichtigung der vorstehend aufgeführten Erklärungsmodelle) gefragt werden, warum einzelne Personen einen solchen Tod wählen und andere nicht.

»Bilanzsuizid« infolge zum Tode führender, qualvoller körperlicher Erkrankung

In der psychiatrisch-psychotherapeutischen Literatur wird durchgehend auf die Bedeutung psychischer Erkrankungen und psychopathologisch veränderten Erlebens der Wirklichkeit für das Entstehen eines suizidalen Verhaltens hingewiesen. Auch psychosoziale Krisen, Belastungs- und Anpassungsstörungen werden für Suizidalität verantwortlich gemacht. Suizidalität wird so im Kontext z. B. einer Depression, einer paranoid-halluzinatorischen schizophrenen Episode oder einem dementiellen Prozeß gesehen. Der Suizidalität wird dabei eine eigene lerngeschichtlich-biographische oder auch biologische (»Impulskontrollstörung«) Disposition zugewiesen.

In Risikolisten von Menschen mit erhöhtem Suizidrisiko werden neuerdings auch »körperlich Kranke« aufgeführt. In erster Linie werden dabei Erkrankungen genannt, die direkt (z. B. Enzephalomyelitis disseminata, Epilepsie) oder indirekt (durch Pharmako- oder Chemotherapie verursachte Disfunktion) das Zentralnervensystem beeinflussen. In zweiter Linie werden Krankheiten genannt, die mit Verstümmelung, Behinderungen und Einschränkung der Lebensqualität einhergehen und solche, die einen chronischen Verlauf aufweisen oder schwer zu beherrschende Schmerzen verursachen. Die sich infolge solcher Krankheitsbilder entwickelnde Suizidalität wird als »psychoreaktiv-psychodynamisch« sowie »interaktionell« bezeichnet. Ausgedehnte epidemiologische Untersuchungen haben jedoch gezeigt, daß das Suizidrisiko z. B. bei Krebspatienten mit infauster Prognose (ungünstigem, zum Tode führenden Verlauf) nicht höher ist als in der Durchschnittsbevölkerung.

Neurobiochemisches Erklärungsmodell

Diesem Ansatz liegt die Vorstellung zugrunde, daß »hormonelle« Mangel- oder Fehlleistungen im Gehirn eine Stimmungslage bewirken, die von Hoffnungslosigkeit geprägt ist. Bereits 1905 analysierte Robert Gaupp solche Befindlichkeiten:

> Eine Gehirnveränderung spiegelt sich im Bewußtsein des Kranken als traurige Verstimmung, als Schuldgefühl, als Trieb zur Selbstvernichtung. Hier hat alle Psychologie und Moral zu schweigen, die Motive entstammen nicht der sittlichen Persönlichkeit, dem Wesen der Menschen, sondern der Krankheit.[18]

Die betroffenen Personen nehmen dabei ihr »Unbehagen« (das Gefühl, daß ihnen »etwas fehlt«) in einer schwer mitteilbaren Art und Weise wahr und versuchen oft, es durch »Selbstmedikation« in Form von Medikamenten, aber auch von Alkohol und anderen Drogen zu lindern. Es ist in diesem Zusammenhang wichtig zu erwähnen, daß die Beeinflussung der Hirnfunktionen – und damit des Befindens – auch durch die körpereigene, »endogene«, Produktion bestimmter Substanzen möglich ist. Diese Substanzen sind in ihrer Struktur gewissen Drogen sehr ähnlich, zum Teil gar identisch. So führt regelmäßiges anstrengendes körperliches Training zur Produktion von Endorphinen (Kunstwort aus »endo« und »Morphin«). Wird das Training plötzlich abgesetzt, kommt es zu ähnlichen Mangel- oder Entzugserscheinungen wie beim Absetzen einer dem Körper von außen zugeführten Droge. Auch sexuelle Aktivität erhöht im Hirn vorübergehend die Konzentration gewisser Substanzen, die ähnliche Wirkungen haben. Durch bestimmte asketische oder meditative Übungen war und ist es Menschen möglich, die Hirnfunktion vorübergehend zu beeinflussen. So kann es durch die nicht adäquate »Behandlung« mit von außen zugeführten oder auf die eine oder andere Art endogen produzierten Substanzen zu weiterer psychischen Einengung und Verstärkung der Hoffnungslosigkeit kommen, aus der für die Betroffenen nur noch der Suizid als Ausweg möglich erscheint.

Das erwähnte »Unbehagen«, dem auf die verschiedensten Arten beizukommen versucht wird, ist Ausdruck von Stoffwechseldefekten, denen genetische und/oder andere Ursachen zugrunde liegen können. Der Psychiater und Psychoanalytiker Hermann Pohlmeier gibt zu bedenken, daß die suizidale Krise von vorübergehender Dauer sein kann. Damit legt er nahe, daß sich im Stoffwechsel der gefährdeten Personen gefährliche Entgleisungen abspielen können, die nach gewisser Zeit wieder verschwinden. Kann die gefährliche Zeit »überbrückt« werden, ist die Gefahr vorderhand gebannt.

Wie aus diesem zuletzt geschilderten Modell als auch den meisten anderen Erklärungsmodellen hervorgeht, wird von der

Mehrzahl der Suizidenten eigentlich nicht der Tod gesucht, sondern das Leben, so wie es erlebt bzw. erlitten wird, einfach als nicht mehr lebenswert angesehen. Dies ist auch nicht selten bei schweren körperlichen Leiden der Fall. Gaupp gibt aber bereits 1905 zu bedenken:

> *Unheilbare körperliche Leiden* (z. B. Krebs, Rückenmarksleiden, schmerzhafte Gehirnerkrankungen) finden wir häufig als Ursache freiwilliger Selbstvernichtung angegeben. Und diese Angabe ist zweifellos richtig, wenn wir auch nicht vergessen dürfen, daß darin *niemals* die einzige Ursache zu suchen ist und daß sich bisweilen der körperlichen Erkrankung ein seelisches Leiden zugesellt hat, ehe die Tat wirklich erfolgte.[19]

Schlußfolgerungen

Aus all den Erklärungsmodellen geht hervor:

> Die meisten Menschen, die sich das Leben nehmen, wollen nicht sterben. Aber *so* wollen sie nicht mehr weiterleben.

In diese Richtung interpretiere ich auch den Ausdruck, »einer wolle sich das Leben nehmen«. Wenn sich ein Mensch etwas nimmt, tut er dies in der Regel zu seinem Vorteil, um daraus einen Nutzen zu ziehen, um von der sich genommenen Sache zu »profitieren«. Sagt beispielsweise jemand, er wolle sich *Zeit nehmen* oder sagt er – ganz gespannt auf etwas, was er nicht verpassen möchte –, *die* Zeit wolle er sich nehmen, so meint er mit dieser Redewendung doch eindeutig, daß er sich eben diese Zeit *geben* bzw. *schenken* will, daß er diesen Moment so intensiv und bewußt wie möglich leben möchte. Es könnte also in der Redewendung »sich das *Leben nehmen*« unbewußt mitschwingen, daß im Gegensatz zu dem real gelebten und als unerträglich empfundenen Leben nach einem Leben gestrebt wird, das frei von aller Mühsal ist. Es könnte mitschwingen, daß die Mühseligen und Beladenen nach einem ewigen Leben streben, wo sie für immer ihre Ruhe haben werden. Aufgrund dieser Überlegung setze ich den Begriff »sich das Leben nehmen« gern in Anführungszeichen. Es mag sein, daß Menschen, die Hand an sich legen, sich gar nicht richtig im klaren darüber sind, daß sie das irdische Dasein für immer verlassen, daß sie sich töten – sich den Tod geben. Daß sie dann in das ewige Leben eingehen werden, ist unsere Glaubenshoffnung. Ein Jugendlicher sagte nach seinem (mißglückten) Suizidversuch: »Ich wollte mich umbringen, aber sterben wollte ich nicht...«

Egal, welchem Erklärungsmodell man auch immer den Vorzug gibt, ein Suizid wird nur in seltenen Fällen »unvermittelt« begangen. Zuvor hat in der Regel eine Einengung der Sicht der Wirklichkeit stattgefunden, die je länger je deutlicher den Suizid als »Erlösung« vom als unlebenswert empfundenen Leben erscheinen läßt. Aufgrund der Einsicht, daß sich Suizidabsichten nach und nach eines Menschen bemächtigen, prägte der Wiener Suizidforscher Erwin Ringel den Begriff »präsuizidales Syndrom«. Damit beschrieb er die Trias aus Einengung, Aggressionsumkehr und Suizidphantasie. Ein Mensch, der sich in dieser Situation befindet, wendet sich mit mehr oder weniger versteckten Andeutungen, mit mehr oder weniger auffälligen Verhaltensmustern bis hin zu verschiedenen unverhohlenen Suiziddrohungen an seine Mitmenschen. Es gilt, diese Versuche, mit denen Aufmerksamkeit auf sich gelenkt werden soll, als Hilferufe zu erkennen und dann angemessenen Beistand zu leisten. Diese Hilferufe sind Warnsignale, die wie folgt geäußert werden können:

- Abkapselung und Rückzug von gesellschaftlichen Aktivitäten (Jugendliche z. B. bleiben vermehrt in ihrem Zimmer, sind apathisch oder hören unentwegt Musik)
- Abfall der Leistungen (bei Schülern verhältnismäßig plötzliche und unerklärliche Notenverschlechterung)
- auffällige Verhaltensänderungen (z. B. der Schlaf- und Eßgewohnheiten)
- Vernachlässigung der persönlichen Erscheinung
- beginnender/zunehmender Alkohol- oder/und Drogenkonsum
- vermindertes Selbstwertgefühl (sich nutzlos, häßlich oder dumm fühlen)

- zunehmende Beschäftigung mit dem Tod bis hin zur Nekrophilie
- Verfall in Depressionen
- starke Stimmungsschwankungen
- risikoreiches Verhalten
- Verschenken von persönlichen Dingen
- von früheren Suizidversuchen reden

Wird dazu noch mitgeteilt, ein Testament oder ein Abschiedsbrief seien schon verfaßt worden, ist die höchste Alarmstufe erreicht. Spätestens in diesem Moment muß die betreffende Person gefragt werden, ob sie sich das »Leben nehmen« wolle und ob sie bereits entsprechende Vorkehrungen getroffen habe bzw. wie sie es machen wolle. Dieses direkte Ansprechen kann den notwendigen Durchbruch bringen, denn in der Regel wird eine solche Frage von den Betroffenen als aufmerksame persönliche Zuwendung betrachtet: Es ist ein deutliches Zeichen, daß der verzweifelte Mensch jemanden gefunden hat, der seine Hilferufe entschlüsselt.

Als äußere Ursachen für ein auffälliges Verhalten werden folgende traumatisierenden Erlebnisse gewertet:

- Verlust einer geliebten Beziehung
- Abbruch einer engen zwischenmenschlichen Beziehung
- berufliche Schwierigkeiten
- finanzielle »Katastrophe«
- Ereignis, welches das moralische oder soziale Ansehen gefährdet
- Ernüchterung hinsichtlich eines kollektiven, religiösen, sozialen oder politischen Ideals
- Heimatverlust und Vereinsamung

Es muß abschließend aber betont werden, daß eine sichere Vorhersage von Suizidalität auf der Basis des uns heute zur Verfügung stehenden Erkenntnisstandes nicht möglich ist.

Hans

Hans Heller wurde am 17. August 1936 geboren und starb am 3. Juli 1998. Als er 21 war, hatte er einen schweren Autounfall. Seine Beifahrerin war seine spätere Frau Hilde, sie lag zwei Wochen im Koma. Ihre Familie wurde gewarnt, sie könnte als Folge unter schweren Ausfallerscheinungen leiden. 1958 heirateten Hans und Hilde, 1959 kam Helene zur Welt, obwohl die Ärzte wegen der Unfallfolgeschäden dringend von einer Schwangerschaft abgeraten hatten. Doch Helene und auch die beiden anderen (1960 und 1962 geborenen) Töchter entwikkelten sich normal.

In der ganzen Zeit hatte Hilde das Gefühl, daß Hans sie nicht aus Liebe, sondern aus einem gewissen Schuldgefühl heraus wegen des Unfalls geheiratet hatte.

Nachdem Hans 1991 arbeitslos geworden war, gründete er seine eigene Handelsfirma. Die Geschäfte gingen aber nicht so gut, wie er es sich erhofft hatte. Er war oft in Südwestfrankreich unterwegs. Dort wurde er gemäß eigener Schilderung 1996 Opfer eines Überfalls. Die Täter hätten ihn am Abend während einer Ruhepause auf einem Rastplatz mit einer Pistole bedroht und angeschossen. Er wies einen Streifschuß an der Wange und einen glatten Durchschuß seiner Nase auf. Das Geschoß wurde in seinem Auto gefunden und er trug es von da an immer im Portemonnaie bei sich. Allerdings meldete er diesen Überfall nicht der Polizei, sondern fuhr ins Lötschental, wo die Familie eine Ferienwohnung hatte und ließ sich dort erst auf Drängen einer Tochter ärztlich versorgen.

Trotz der glaubwürdigen Schilderung des Überfalls dachte Hilde an einen Suizidversuch. Alle Freunde und Bekannten, mit denen sie aber später darüber sprach, waren von der Geschichte überzeugt. Sie waren der Meinung, daß Hans, der immer alles so perfekt machte, sich nicht nur verletzt hätte, wenn er sich wirklich hätte umbringen wollen. Zudem stammte die Kugel nicht aus der 7,5mm-Waffe, die er sich kurz vor seinem Suizid beschafft hatte.

Nach dem Überfall klagte Hans über große Geldprobleme, die er sofort lösen müsse. Er wandte sich an seine Tochter Erna, die bereit war, ihm Fr. 20 000.– zu geben. Sie ging mit ihm auf die Bank, wo er das Geld entgegennahm und gleich wieder einzahlte. Sie bereut heute, nicht beachtet zu haben, wohin die Überweisung ging. Auch Hilde bat er um Geld und erhielt auch von ihr Fr. 20 000.–. Soweit sie sich erinnert, fragte sie ihn nicht, wofür er das Geld brauche … Auch kann sie sich bis heute nicht erklären, was mit dem Geld geschehen ist.

1997 hatte Hans plötzlich eine schwere gesundheitliche Krise: Eine verkapselte Staphylokokken-Infektion an den Knochen führte zu sechs Abszessen im Schulterbereich. Eine schwierige, mehrere Stunden dauernde Operation und i.v.-Antibiotika retteten Hans. In der Folge kam aber eine Nieren-Insuffizienz dazu, von der er sich nur langsam erholte. Geschäftlich ging es sehr schlecht. Er hörte sogar auf, Tennis zu spielen, auf das er sonst keinen Donnerstag verzichtet hatte.

Hans erschoß sich um 09h30 in der Badewanne seiner Wohnung. »Er lag nackt und ganz friedlich in der Badewanne. Er trug nur seine Uhr und eine Halskette, an der der Ehering hing. Seine Augen und sein Mund waren geschlossen. Er sah gut aus. Den Arm mit der Pistole hatte er auf einem Kissen abgestützt. Es war ein glatter Durchschuß. Er hatte nur ein ganz kleines Loch.« Niemand hatte den Schuß gehört, es wurde zu der Zeit gerade umgebaut im Haus. Hans hatte den Duschvorhang gezogen und die Badezimmertür geschlossen. So fand ihn seine Frau. Sie nahm Hans völlig fassungslos die Waffe aus der Hand und drückte ab. Es war aber keine Patrone mehr drin, Hans hatte nur einen Schuß geladen. Trotzdem fehlten in der Munitionspackung sieben Patronen. Mit Ausnahme einer Tochter konnten ihn alle zu Hause tot sehen. Die Tochter aber, die ihn nicht tot gesehen hat, kann es heute noch nicht wahrhaben, daß ihr Vater gestorben ist.

Am Vorabend seines Todes war Hans völlig entspannt gewesen. Er hatte zum ersten Mal die Katze in den Arm genommen und sein erstes, sieben Monate altes Enkelkind angekleidet, was er bis dahin auch noch nie gemacht hatte. Er hatte an seinem Todestag noch die Miete bezahlt und andere fällige Zahlungen auf der Post erledigt.

Ein großes Rätsel bleibt Hilde nach wie vor, wohin all das Geld gegangen ist, das sie auf Sparkonten besessen hatten und das zum guten Teil auch von Hilde erwirtschaftet worden war. Die Firma ging mit dem Tod von Hans Konkurs.

Hilde ist enttäuscht und fühlt sich in vieler Hinsicht betrogen. Sie hat das Gefühl, nie um ihrer selbst willen geliebt worden zu sein. Dem Verlust von Hans steht sie sehr ambivalent gegenüber.

Dora und Dieter

Ruth stammt aus einer Bauernfamilie. Mit 19 heiratete sie einen 22jährigen Bauernsohn. Drei Jahre nach der Heirat wurde Walter, das erste von acht Kindern, geboren. Das Leben auf dem Bauernhof war sehr hart. Ihr Mann erkrankte 1960 an Tuberkulose und war praktisch ein ganzes Jahr im Krankenhaus oder in einer Heilanstalt. Im gleichen Jahr erkrankten auch drei Kinder an Tbc, und der älteste Sohn Walter erlitt einen doppelten Beinbruch. Die Tuberkulose griff auf den Stall über, alle Kühe mußten getötet werden, was für die Familie eine wirtschaftliche Katastrophe war. Ruth erwachte oft in der Nacht und hörte eine Stimme, die ihr sagte: »Schluß machen!« Sie blieb, wie sie sagte, nur wegen ihrer Kinder und aus Scham vor ihren Eltern am Leben.

Drei Monate nach der Geburt ihres sechsten Kindes hatte Ruth einen schweren Unfall mit inneren Verletzungen. Während ihrer langen Krankenhaus- und Kuraufenthalte blieben nur Walter und Norbert, die zwei ältesten Kinder, zu Hause, die übrigen wurden auf die Verwandtschaft verteilt. Der drei Monate alte Lorenz kam zu einem Cousin ihres Mannes, der kinderlos verheiratet war und blieb drei Jahre dort. Vier Jahre nachdem Lorenz zu seinen Eltern zurückgekehrt war, nahm sich sein ehemaliger Pflegevater das Leben. 1976 kamen kurz nach Weihnachten Ruths Mann und der Lenker eines entgegenkommenden Autos bei einem schweren Autounfall ums Leben. Ihr Sohn Walter war am Steuer eingeschlafen. Ruth, ihr jüngster Sohn Hans und Walter erlitten schwere Verletzungen, so daß sie nicht an der Beerdigung teilnehmen konnten. Dieter war durch den Tod seines Vaters völlig aus dem Gleis geworfen worden. Er zerstörte das Bett seines Vaters und hatte wiederholt schwere Wutausbrüche. Im folgenden Jahr verlor Ruth kurz vor Weihnachten ihren Bruder und ihre Schwägerin, Eltern von drei Kindern, bei einem Flugzeugabsturz auf Mallorca. Ein Jahr darauf verunglückte ihr Sohn Dieter mit seinem Auto. Er lag fünf Wochen im Koma und war nach seinem Erwachen »nicht mehr derselbe«. Ein Jahr später schoß er sich mit einer Kaninchenpistole in den Kopf. Vom Universitätsspital erhielt Ruth einen Anruf, in dem ihr mitgeteilt wurde, daß es wohl möglich sei, Dieter zu operieren, daß er aber nie mehr werde sprechen oder gehen können. Darauf antwortete Ruth: »Lassen Sie ihn gehen – er wollte ja sterben.«

Dora, eine hübsche junge Frau und jüngste Tochter von Ruth, war an einer schwierigen Beziehung mit ihrem Chef Attila (einem gebürtigen Ausländer), bei dem sie eine Lehre als Tierarztgehilfin absolviert hatte, zerbrochen. Sie nahm eine Überdosis *Valium,* trank einen halben Liter Whisky und erhängte sich im Wald. Neben ihr lagen ihr letztes Tagebuch und ein Zettel, auf den sie geschrieben hatte, daß sie »diese unverzeihliche Tat« habe begehen »müssen«. Ruth fiel nach dem Tod von Dora erneut in eine schwere Depression. Dank psychiatrischer Behandlung und medikamentöser Unterstützung wurde es ihr wieder möglich, »die Blumen am Wegrand zu sehen«.

Nach der Übergabe ihres Bauernbetriebes an Walter überwarf sich Ruth mit ihrer Schwiegertochter Klara, Walters Frau. Ruth zog in ein etwa 50 km entfernt liegendes Dorf, wo sie sich mit einem Schafzüchter befreundete, mit dem sie bis zu dessen plötzlichen Tod zweieinhalb Jahre zusammenlebte. Erneut fiel Ruth in eine Depression, die aber mit dem bewährten Medikament aufgefangen werden konnte. Sie zog daraufhin in die Ostschweiz in die Nähe des Bauerngutes, in das eine ihrer Töchter eingeheiratet hatte, wo sie sich um die vier Enkelkinder und eine kleine Schafherde kümmern konnte. Hier lernte sie einen verwitweten Fischer kennen, den sie heiratete. »Ich hätte nie gedacht, daß mir das Glück noch einmal lacht.«

Was hier in gedrängter Form geschildert wurde, ist eine Leidensgeschichte, wie sie sich Nichtbetroffene wohl kaum vorstellen, geschweige denn in sie hineinversetzen können. Ruth verlor innerhalb weniger Jahre ihren Mann durch einen von ihrem Sohn verschuldeten Unfall, zwei ihrer Kinder durch Suizid und ihren Bruder und dessen Frau durch einen Flugzeugabsturz. Neben den Verlusten ihrer nächster Bezugspersonen verlor sie Hab und Gut und ihre Gesundheit. Ihr neuer Lebensgefährte starb zwei Jahre später an Krebs. Dessen Kinder setzten sie praktisch auf die Straße, da sie mit ihm nicht verheiratet war... Diese Familientragödie erinnert an Hiob, aber auch das wiedergefundene Glück läßt an die Geschichte von Hiob denken.

Ich habe mit mehreren Angehörigen der Familie und mit weiteren Personen, die Dora und Dieter kannten, eingehende Gespräche geführt. Dazu kommt, daß ich das Tagebuch, das Dora bis zu ihrem Tod führte, und dessen Inhalt nur Ruth und ihrer Schwiegertochter Klara bekannt war, lesen konnte. Da einige Seiten mit einem Kugelschreiber ohne Tinte beschrieben worden waren, half mir der kriminaltechnische Dienst der Polizei, den bis dahin verborgen gebliebenen Inhalt zu entziffern.

Auf meine Frage, ob in ihrer Herkunftsfamilie Depressionen oder Suizide vorgekommen seien, antwortete Ruth:

> Mein Vater hat schon sehr unter Depressionen gelitten. Er stand mitunter stundenlang auf dem Acker, stützte sich auf etwas und starrte unbeweglich vor sich hin. Meine Mutter war mehrmals versucht, ihn in eine psychiatrische Klinik einweisen zu lassen. Als wir dann nach [in ein anderes Dorf] kamen, war es nicht mehr so schlimm. Er machte aber immer wieder Andeutungen, daß es im Grunde genommen besser wäre, er wäre nicht mehr da. Ein Halbbruder meines Mannes nahm sich das Leben, als er vierzig Jahre alt war. Er hatte nie eine Frau finden können. Vielleicht war das auch mit ein Grund...

Über ihr eigenes Leben berichtete Ruth unter vielem anderen:

Als ich knapp dreißig Jahre alt war, war ich physisch und psychisch erschöpft. Wenn jemand mit mir redete, mußte ich mich an etwas anlehnen. Ich erwachte fast jede Nacht gegen zwei Uhr und hörte eine Stimme, die mir sagte: »Schluß machen!« [...] Ich stand alles durch. Ich mußte die Starke sein, mußte den Karren ziehen. Eine Heimpflegerin, die mir hätte helfen sollen, ging gleich wieder weg, als sie hörte, daß im Haus offene Tuberkulose herrschte. So blieb ich mit dem Melker und der ganzen Arbeit allein. Manchmal kam mein Vater, um etwas mitzuhelfen. [...] Nach meinem schweren Unfall betete ich beim Abtransport ins Krankenhaus, sterben zu können. Als ich sterbenskrank war, wollte ich leben... [...]

Nach dem tödlichen Unfall meines Mannes lag ich noch lange im Krankenhaus und konnte bei der Abdankung nicht dabei sein. Was sich dort abgespielt haben soll, scheint mir unmenschlich: Man hat die Kinder der Reihe nach an der Kirchenmauer aufgestellt und an ihnen die vielen Menschen vorbeipilgern lassen. Das ist ja schrecklich! Ich habe es auch schrecklich gefunden, wenn mir alle Welt noch nach zwei Monaten kondolierte. Ich wußte ja, daß er gestorben war. Ich wollte nicht immer wieder daran erinnert werden. Es war schon so schmerzlich genug.

Auf der Heimfahrt von einer Geburtstagsparty verunglückte Dieter mit seinem Auto. Er war selber schuld. Fünf Wochen lag er im Koma. Ich habe ihn oft am Abend noch besucht. Einmal war ich vor dem Abendessen hingefahren, weshalb ich mir unterwegs ein Kilo Trauben kaufte. Ich aß sie am Bett von Dieter. Dabei kam mir in den Sinn, daß Dieter auch immer gern Trauben gehabt hatte. Ich sagte ihm, daß mir das jetzt gerade in den Sinn gekommen sei und daß ich ihm jetzt auch von diesen Trauben zu essen gäbe. Ich war selber völlig überrascht, wie Dieter Beere für Beere aß. Im Spital wollte das niemand glauben. Der Arzt kam, um sich selber davon zu überzeugen. Am nächsten Tag wurde die Magensonde entfernt und ihm das Essen eingelöffelt. [...]

Ohne jemanden zu fragen, hat man Dieter eines Tages in die Psychiatrie verlegt. Als ich ins Krankenhaus kam, war er einfach weg und niemand wollte wissen, wo er war. [...] Die Ärzte hatten überhaupt kein Einfühlungsvermögen, kein Gefühl... Nach der Entlassung aus der Psychiatrie sollte Dieter jeden Monat einmal zum Hausarzt zur Nachkontrolle. Dabei hat Dieter dem Arzt bei drei aufeinanderfolgenden Besuchen gesagt: »Ich mache es dann« [Ich werde mir das Leben nehmen]. Der Arzt hat Dieter aber nur gut zugeredet, hat ihm keine Medikamente verschrieben und nichts. Bei einem seiner letzten Besuche hat der Arzt Dieter gefragt, ob er sich immer noch umbringen wolle. Darauf soll Dieter geantwortet haben, daß er zwar jetzt nicht mehr daran denke, aber im Moment sehr schlecht schlafen könne. Der Arzt hat ihm dann *Seresta* gegeben und ist einen Monat in die Ferien gefahren. Ich merkte, daß es Dieter immer schlechter ging. Aber er sagte, mit dem *Seresta* könne er wieder besser schlafen. Am Abend vor seinem Suizid sagte er mir, er habe in der Psychiatrie eine Frau kennengelernt, die versucht hatte, sich mit Tabletten umzubringen. Das sei aber nicht gegangen. Ich habe mir bei dieser Aussage weiter nichts dabei gedacht. Ich hatte gemerkt, daß Dieter jedesmal, wenn ich mir Zeit nahm, mit ihm zu reden, ruhiger wurde. Er war wie von einer inneren Angst getrieben. Ich habe stundenlang mit ihm geredet. Der Doktor kam am ersten September aus den Ferien zurück und ich wollte noch am gleichen Tag mit Dieter zu ihm. Als ich mich dazu anschickte, ging Dieter ins Nebenzimmer und erschoß sich mit einer Kaninchenpistole. [...]

Ich habe immer jemand gesucht, der mir hätte helfen können – irgend einen Arzt oder jemanden. Das ewige Suchen hat so viel Kraft gebraucht. Ich sagte mir aber: »Wer sucht, der findet«. [...] Ich hatte ja oft Grund genug gehabt aufzugeben. Ich ging auch in die Psychiatrie ins [Universitätsspital]. Dort sagte mir der Arzt nach ein paar Minuten ins Gesicht, es sei mein Kopf, der nicht mehr wolle – wie wenn ich spinnen würde. Ich begann schließlich an mir selber zu zweifeln. [...]

Vier bis fünf Jahre nach dem Tod von Dieter ließ ich mich im Kantonsspital untersuchen. Mein Bauch wollte wirklich nicht mehr. Ich war auf 48 kg abgemagert. Nach unergiebigen Labor-, Röntgen- und anderen Untersuchungen gab mir bei der Visite ein Arzt mit der flachen Hand einen Schlag auf den Bauch und verschrieb mir *Ludiomil*. Ich fühlte mich gedemütigt. Am nächsten Morgen stieg ich aufs Dach des Spitals und wollte springen. Irgendwie schaffte ich es nicht. Ich ging dann wieder ins Zimmer. Ich mußte drei Stunden lang weinen. Da kam der Oberarzt zu mir und setzte sich neben das Bett. Er hat mir das erste Mal richtig zugehört. Trotzdem brauchte es viel, bis ich wieder einigermaßen Zutrauen zu den Ärzten bekam. Aber dann sagte ich mir auch immer wieder, daß es vielleicht doch jemandem helfen könne, was ich da mitzuteilen habe. Ich sagte mir, daß ich eigentlich kein Recht habe, mein Leben wegzuwerfen. Ich sagte mir, daß meine Aufgabe in diesem Leben noch nicht erfüllt ist. Meine Uhr ist noch nicht abgelaufen. [...] Nach dem plötzlichen Tod meines Freundes verschrieb mir ein Arzt *Seropram*. Der sagte mir auch, daß es etwa 14 Tage ginge, bis es wirke. Das hat aber dann gut gewirkt. Ich nehme es noch heute. Es half mir, aufgeschlossener zu werden. Vorher hatte ich immer alles in mich hineingefressen. [...] Aber schon durchs Reden kann ich viel abladen.

So wie Dieter, starb auch dessen jüngste Schwester Dora im Alter von 22 Jahren. Ihr Freund verschwand kurz nach ihrem Tod. Drei Monate danach erhängte er sich auf den Philippinen. Ruth erzählte mir von diesem verhängnisvollen Verhältnis:

Der [ ] hätte ihr Vater sein können. Sie hat bei ihm eine Tierarztgehilfinnenlehre gemacht. Schon während der Lehre hatte er ein Verhältnis mit ihr. Vorher hatte Dora eine kurze Schulfreundschaft. [...] Als diese Freundschaft zerbrach, litt sie sehr. Es muß nun hier noch etwas gesagt werden, das ich erst von Attila vernahm: Dora war – sie war zehnjährig – von ihrem damals 19jährigen Bruder Dieter vergewaltigt worden. Ich weiß nicht, ob ein- oder mehrmals. Das geschah in der Zeit nach dem tödlichen Unfall von [meinem Mann]. Meine älteste Tochter und Dieter hatten sofort ihre Stellen aufgegeben und waren auf den Hof gekommen, um zu helfen. Er war einfach überfordert, völlig aus den Fugen. Ich weiß nicht, was in dem Bub damals vorging. Ich habe mir nur immer wieder gesagt, daß wir Geduld mit ihm haben müßten. Ich kann ihn eigentlich nicht verurteilen. Und doch: Er hätte das nie machen dürfen. Er muß durch den plötzlichen Tod seines Vaters völlig aus dem Gleis geworfen worden sein, obwohl er und sein Vater nie so richtig miteinander ausgekommen sind, weil sie einander so ähnlich waren. Dieter hat jedenfalls nie jemandem etwas davon [von der Vergewaltigung] gesagt. Er hat das mit ins Grab genommen. Und wenn es mir Attila nicht gesagt hätte, hätte es auch Dora mit ins Grab genommen. Jetzt wissen es alle. Vorher wußte es niemand.

Ich hatte Dora dringend geraten, nach der Lehre zu einem anderen Tierarzt zu gehen. Sie wollte das aber nicht. Da sie sehr eigensinnig war, habe ich dann nicht weiter insistiert. Attila hatte drei

Tierarztpraxen. Dora assistierte ihm in zweien davon. Die Praxen liefen sehr gut, seit Dora bei ihm arbeitete. Bei der Fahrt von der Villa Attilas zur Praxis mußten sie an einem kleinen, abgelegenen Friedhof vorbei. Dora hat mir mehrmals gesagt, daß sie dort begraben werden wollte. Es ist doch seltsam, daß ein junges Mädchen von so etwas redet. Das zeigt doch, daß da schon einiges in ihr vorgegangen sein muß.

Attila war ein ganz raffinierter Typ. Er hatte alle möglichen Frauen. Und wenn es dann ein Kind gab, ließ er es abtreiben. Das hat Dora alles mitbekommen. Das Maximum war aber, daß er seinen Bruder, einen Gynäkologen, mit Dora in [einen Winterkurort] schickte. Dieser sollte ihr dort ein Kind machen, weil er nicht konnte. Als Attila dann im Hotel anrief und von seinem Bruder erfuhr, »wie es gegangen sei«, sagte er ihm, er nehme sich jetzt das Leben, so wie Uwe Barschel in Genf: In der Badewanne und vollgepumpt mit Medikamenten. Dora hatte daraufhin die Polizei angerufen, die Attila tatsächlich vollgepumpt mit Medikamenten fand, aber nicht in der Badewanne. Er hatte die Medikamente erbrochen. Die Polizei brachte Attila in eine Klinik. Dort überredete er den behandelnden Arzt, ihn sofort wieder zu entlassen. Er sagte ihm, Dora hätte ihn enttäuscht. Sie sei eine Göttin für ihn gewesen. Daß sie mit seinem Bruder geschlafen habe, sei schon in Ordnung gewesen. Aber daß sie es schöner gefunden hätte als mit ihm, wie ihm sein Bruder am Telefon gesagt habe, das sei das letzte. Attila nannte Dora eine Hure. Ich flehte sie an, nach Hause zu kommen. Sie sagte mir, sie liebe Attila und sie würde das alles ertragen, wenn sie nur wüßte, daß das einmal aufhöre.

Dora und Attila sind zum Pfarrer gegangen und erzählten ihm die Geschichte von [dem Winterkurort]. Der Pfarrer sagte Dora, sie solle sich wieder bei ihm melden, wenn sie das Gefühl habe, er könne ihr helfen. Dora meldete sich dann nicht mehr.

Schon als es anfing zu kriseln, sie war damals 21, ging ich zu einem Psychiater, weil ich merkte, daß es nicht gut kam. Sie hatte mir einmal gesagt, sie wolle in ein Kloster. Es gäbe auch protestantische Klöster. Sie hatte sich dann auch bei der *Dargebotenen Hand* danach erkundigt und sich sogar an einem Ort angemeldet. Dort wurde sie auch am vereinbarten Tag erwartet. Einen Tag vorher, es war Fronleichnam, starb sie.

Dora war in ihrem Sarg voller Lilien und Rosen tadellos hergerichtet. Ich wäre heute froh, ein Foto von ihr im Sarg zu haben. Andere Fotos von ihr habe ich genug. Attila hatte dem Bestattungsinstitut den Auftrag gegeben, 1000 Rosen zu besorgen und aufs Grab zu legen. Die Rechnung kam jedoch zu mir, weil Attila unterdessen ohne Adressangabe abgereist war.

Ein Blick in Doras Tagebuch öffnet eine Perspektive, die den meisten verborgen geblieben war. Das Tagebuch war systematisch angelegt: Am 10. September findet sich ein Eintrag von Attila auf Deutsch, gefolgt von einem vom 1. Oktober in seiner Muttersprache:

> Sie ist jung, sehr schön und liegt splitternackt auf dem Bett neben mir. Vielleicht ist sie verstimmt, trotzig, wie schon öfters. Sie schrieb [gerade vorher] in dieses Buch. Vielleicht klagte sie, wie öfters. Währenddessen küßte ich sie, betrachtete ihre schönen Brüste, spielte mit ihren Schamhaaren. Ich begehrte und begehre sie. Ich habe nur einen Gedanken: Sie zu lieben, sie für alle Ewigkeit zu besitzen, in sie einzudringen, sie mein eigen zu machen. Vielleicht ist das Egoismus, sicher sogar. Aber eben. Nicht nur den Eros, der im Moment waltet, ich will auch ihren Geist. Ich will mit ihr denken, mit ihr spielen. Ich möchte, daß sie mit mir Tennis spielt, Klavier spielt, sich pflegt und hübsch kleidet, daß sie unentwegt lacht, daß sie neben und mit mir glücklich ist. Wie soll ich ihr das bloß beibringen, ihr verständlich machen? O Schatz, wie sehr ich dich bloß liebe, so wie du bist. Es ist jetzt 23h. Wir sind müde. Es spielt unentwegt Tangomusik, sonst ist es herrlich, heilende Stille. Schön.

Ein zweiter Eintrag wurde vom Bruder ihres Liebhabers gemacht, von dem Mann, mit dem sie die »drei Liebesnächte« im Winterkurort verbrachte.

> Ich habe dich als ein sehr nettes, seelengutes, offenherziges und sehr ehrliches Mädchen kennengelernt. Auch bin ich froh, daß du mit meinem Bruder das Leben genießt. Du hast eine sehr gesunde Lebensweise und bist frei von schlechten Gewohnheiten, die dein Leben verkürzen könnten (Rauchen, Trinken, Drogen...). Du hast die Fähigkeit, auch scheinbar unbedeutsame Kleinigkeiten zu schätzen, und bist nicht aufs Geld aus. Auch verwendest du nicht mehr Aufwand und Mittel für dein äußeres Erscheinen als nötig. Ich wünsche dir, daß du diese guten Gewohnheiten dein ganzes Leben

lang beibehalten wirst. Dann wird dein Leben auch glücklich sein. Ich werde immer an dich denken: An ein Mädchen mit den vorgenannten Qualitäten und einen offenherzigen Menschen.

Am 30. Oktober und in weiteren größeren zeitlichen Abständen vertraute Dora ihrem Tagebuch an:

Ich kann nichts dafür, daß ich in einer Familie mit acht Kindern geboren bin und daß meine Eltern nicht viel Zeit für mich hatten. Ich kann nichts dafür, daß mein Vater starb, als ich neuneinhalb Jahre alt war, daß mein Bruder sich das Leben nahm, nachdem er einen schweren Autounfall erlitten hatte und nach 35 Tagen Bewußtlosigkeit nicht mehr so aufwachte, wie er vor dem Unfall gewesen war. Ich kann nichts dafür, daß man mich noch für schuldig erklärte, daß ich von diesem Bruder sexuell mißbraucht worden bin. Ich bin immer nur die Böse. Auch »mein« [...] kann mir nicht helfen. Auch er klagt mich immer an: »Du...! Du...?«

28. 3. [...] Es ist drei Uhr morgens. Ich kann nicht schlafen, weil ich ständig daran denken muß, ob ich wirklich das machen soll, was Attila vorschlug. Ich bin mir so unsicher. Durch meinen Kopf gehen mir diese und jene Gedanken, mein Herz ist besetzt von diesen und jenen Gefühlen. Mit Attila kann ich nicht über diese Zweifel sprechen, denn auch er hat sie. Für ihn ist es bestimmt auch nicht leicht, seine schöne junge Frau von seinem Bruder berühren zu lassen. Er [der Bruder von Attila] wird das nur machen, um uns zu helfen. Vielleicht gehe ich morgen zu einem Pfarrer, um mit ihm darüber zu sprechen. Denn nur wir drei wissen es. Und wir drei sind alles Beteiligte. Vielleicht könnte uns ein Außenstehender mit seiner Sicht weiterhelfen. Lieber Gott, hilf mir, die richtige Entscheidung zu treffen.

6. 5. [...] Ich bin irre. Ich bin von tiefster Nacht umgeben. Ich weiß nicht, ob ich nach vorne, hinten, unten, oben, rechts oder links gehen oder an dieser Stelle sterben soll. Lieber Gott, schon viele Male habe ich dich gebeten, mich am nächsten Morgen nicht mehr erwachen zu lassen. Dann könnte auch Attila seine Seele beruhigen. Lieber Gott, ich sehe kein Licht, keinen Weg mehr, ich weiß weder ein noch aus. Ich wollte diese Woche viel meinem Tagebuch anvertrauen. Aber selbst das konnte ich nicht. Ich liebe Attila, wünsche ihm alles Gute, Glück, Seelenheil und daß er Frieden findet. Lieber Gott, laß ihn das finden. Ich flehe dich an, lieber Gott. Ich habe

auch unterschrieben, daß ich schuldig bin, daß ich die Sünderin bin. Ich hoffe, daß das Attila hilft. Lieber Gott, hörst du uns?

Attila, lieber Gott, ich habe es getan, weil ich dich liebe. Ich tue es auch, weil ich dich liebe. Lieber Gott, lade alle Sünde auf mich, wie du sie damals auf Christus geladen hast – mit dem Unterschied allerdings, daß Christus nie gesündigt hat. Lieber Gott, lege alle Sünde auf mich und erlöse mich und alle anderen durch den Tod. Erlöse mich, damit ich zu Vati gehen kann, und vor allem, daß Attila dadurch erlöst wird. Er wird Vater werden. [...] Attila, liebe diese Frau nicht nur im Bett, und werde glücklich mit ihr und deinem, ihrem, Kind. Ich wünsche mir, daß ich das von oben, zusammen mit Vati, sehen kann. Ich werde froh sein, wenn du glücklich bist. Alle Sünde sei von dir genommen und alle Lügen. Bitte belüge deine Familie und dein Kind nicht. Lieber Gott, verzeih mir. Ich glaube nicht, daß es eine Hölle gibt. Laß mich zu Vati gehen. Mutti, du mußt es verstehen: Ich liebe Attila. Mutti, überlege es dir gut! Du mußt noch da sein für deine anderen Kinder. Ich bin an einem guten Ort. Ich bin bei Vati und Dieter und ich werde dich von oben sehen. Mutti, liebe Attila, als wäre es dein Sohn. Ich liebe Attila und deshalb mußt du ihn auch lieben.

7. 5. [...] Auf kurz oder lang wird das der Grund für meinen Tod sein.

8. 5. [...] Ich bin fest entschlossen, Diakonisse zu werden.

30. 5. [...] Einige Versuche zu schlafen, zärtlich zu sein, Liebe zu machen. Wir essen im Bett. [...] Attila legt Video-Kassetten ein, Porno. Ich muß mir das ansehen. Trotzdem schließe ich fast immer die Augen. Solche Aufnahmen lösen in mir Ekel aus. Ich bekomme Brechreiz. Die Szene in [dem Winterkurort] kommt mir in den Sinn. Heute sind es schon zwei Monate seither. Erst!!! Es macht mich fertig, das alles, das ganze Leben. Ich hatte es mir schöner, vor allem leichter vorgestellt. Die ganze letzte Nacht und heute vormittag habe ich nur geweint. [...] Gleich nach dem Pornofilm, bei dem ich natürlich geheult habe, wollte Attila sofort in mich eindringen. [...] Dann wieder im Bett, wieder einmal direktes Eindringen in mich.

1. 6.[...] Bewußtes Erleben des Schmerzes; Bewußtsein des Leides. [...]

2. 6. [...] Mein letzter Wunsch ist, daß niemand, aber auch gar niemand Attila etwas antut, ihn beschuldigt oder anklagt. Bitte haltet euch daran. Merci. Es ist meine Pflicht, das zu tun, denn hier auf Erden stifte ich nur Unheil und Unglück, wo immer ich mich auch

befinde. Da nützt alles Lesen der Bibel, da nützt alles Beten, da nützen alle guten Vorsätze und Prinzipien nichts. Wenn die Versuchung kommt, kann ich nicht widerstehen. Ich bitte euch: Macht euch auf keinen Fall ein schlechtes Gewissen. Von oben sehe ich euch und bin für euch unschädlich. Es ist meine Pflicht und mein Wille [mir das Leben zu nehmen]. Der Satan, das Böse, ist in mir, solange ich auf Erden bin. Lieber Gott, vergib mir meine Schuld, laß mich dort oben zu dir kommen und erlöse mich. Ich danke dir. Attila war immer so gut zu mir. Er ist der einzige, der mir Liebe, Zärtlichkeit, Schutz, Heim, Arbeit, Erfüllung und Glücklichkeit gegeben hat. Aber eben. Ich, mit meinem vom Bösen durchdrungenen Wesen, habe ihn häufig so weit gebracht, daß er seine Fassung verlor. Ich habe ihm, der alles für mich getan hat, seine Seele geraubt. Ich möchte euch alle und vor allem dich, lieber Attila, von meinem Wesen befreien, erlösen. Wenn du willst, ist alles, was von mir bleibt, ganz dein. Du kannst meine Haare, meine Zähne behalten. Ich überlasse alles dir. Für die fünf glücklichen Jahre, in denen wir herumsprangen, Sport trieben, uns in herrlichen und von deinem Herzen kommenden Umarmungen liebten, danke ich dir. Du hast mich überallhin mitgenommen. Alle schönen Plätze der Erde wolltest du mir zeigen. Kaum ein anderer Mann tut das. Das spricht dafür, daß du mich auch wirklich geliebt hast und nur das Beste für mich wolltest. Wir waren erfolgreich im Beruf. Wir hatten ein schönes Haus und die innere Einstellung zum Glücklichsein. [...]

Dora starb kurz nach diesen letzten Eintragungen, am 2. Juni, einen Tag bevor sie ins Kloster eintreten wollte, wo sie sich schon angemeldet hatte...

Das Tagebuch gelangte nach Doras Tod in den Besitz von Klara, der Ehefrau von Walter. An sie und Walter schrieb Attila am 13. und am 14. Juni eine Postkarte:

Lieber Walter, liebe Klara,
Hier die Schmuckstücke von Dora, die sie besaß, als sie zu mir kam. Das Kästchen hat sie von einem Freund als Geschenk erhalten. Das Sparbuch bei der Volksbank mit Fr. [...] und das Konto bei der Staatsbank von [...] über den Betrag von Fr. [...] habe ich bereits Ruth übergeben. Das Grab und die Pflegekosten dafür werde ich für die nächsten 25 Jahre begleichen. Sollte ich noch Zeit und Kraft haben, möchte ich den Grabstein setzen. Dora hat mich ja gebeten,

beauftragt, die Beerdigung zu übernehmen, zu vollenden. Und dies auch in Anbetracht der Tatsache, daß ich gedenke, wenn meine Zeit abgelaufen ist, neben ihr schlafen zu dürfen. In Liebe zu Dora. Attila.

Liebe Klara,

Ich bitte dich: Gib mir die Möglichkeit, das Tagebuch von Dora zu lesen. Wir können uns irgendwo treffen. Ich möchte es nur lesen. Du kannst es anschließend behalten. Bitte, bitte. Merci. Attila.

Weitere Einblicke – und aus anderen Gesichtswinkeln – geben die Berichte der Schwägerin und einiger Geschwister von Dora:

Dora mußte im Haus von Attila vor den Angestellten nackt herumlaufen. Attila meinte, daß es schade sei, einen so schönen Körper unter Kleidern zu verstecken... Attila hatte auch eine schwarze Angestellte. Dieser war das peinlich. Sie ging dann weg und kam zu uns arbeiten. [...] Ich war etwa ein halbes Jahr verheiratet, als ich von der Vergewaltigung erfuhr. Attila erzählte mir im Beisein von Dora davon. Er klagte die Familie an, daß sie Dora kaputtgemacht hat. [...] Dora sagte, Dieter und der alte Knecht hätten es mit ihr oben zwischen den Strohballen getrieben. Mehrmals. [...] Ich glaube, ein Mann kann sich das gar nicht vorstellen, was das für eine Frau heißt. Zum Teil nehmen sie sich danach das Leben, zum Teil werden sie lesbisch. [...] Dora und Attila sagten nicht immer die Wahrheit. Es hieß, Dora bekäme keine Kinder, aber Attila wolle unbedingt ein Kind von ihr. Ruth hätte es dann aufziehen sollen, denn Attila brauchte Dora in seinen Praxen. Ich habe Dora einen Gynäkologen vermittelt. Der Gynäkologe hat mir dann gesagt, Dora sei ganz normal. Daß es keine Kinder gäbe, liege wahrscheinlich daran, daß Attila sehr grob und zu stürmisch sei. Der Bruder von Attila sollte mit ihr in [dem Winterkurort] ins Bett gehen, damit sie wenigstens von ihm schwanger würde. Er war offenbar viel zärtlicher als Attila. Dabei hat Dora das erste Mal die Schönheit der Liebe entdeckt und einen Orgasmus. Als Attila das vernahm, rief er aus: »Das ist nicht mehr meine Dora, das ist eine Hure!« Das hat Dora sehr verletzt. [...] Dora hatte einen Zettel unterschreiben müssen, daß sie schuldig war. Sie mußte während des Geschlechtsaktes mit [dem Bruder von Attila] ein Aufnahmegerät laufen lassen, damit Attila genau im Bild war, wie es sich abspielte.

Diese Kassette mußte Dora dann Attila immer und immer wieder vorspielen. Ich denke, daß sich dabei der verletzte Stolz von Attila jedesmal wieder neu und noch mehr entfesselte. Attila wollte mir die Kassette vorspielen, was ich ablehnte. Attila redete Dora ein, daß sie ihm die Seele gestohlen hätte, wo er es doch nur gut mit ihr meinte. Er überzeugte sie von ihrer Sünde und vom Teufel in ihr. [...] Als ich etwa zwei Monate später die Sachen von Dora in der Villa von Attila abholen ging, war dort die Frau des Bruders von Attila und sein deutscher Freund. Der sagte mir, Attila habe sich auf den Malediven erhängt. Ich wollte es nicht glauben. Er zeigte mir dann ein Foto von einem Mann, der an einem Strick hing. Sein Kopf war vornübergebeugt und die langen Haare verdeckten sein Gesicht. Das rote Käppi, das Attila fast immer trug, lag vor ihm auf dem Boden. Er trug weiße Kleidung, wie immer. [...]

Die Mutter beschuldigte mich, ich sei zu streng mit Dieter gewesen. Auch warf sie mir vor, Dora sei nicht wieder nach Hause gekommen, weil sie Angst vor mir gehabt hätte. Aber wahrscheinlich war es nicht das. Dora war einfach in einem solchen Tief, daß sie nicht mehr handeln konnte. Das machte mir Mühe. Daran hatte ich schwer zu kauen. Man muß wissen, wie es der Attila trieb. Während Dora einmal weg war, fuhr er mit einer anderen ins Spital, um das ihr gemachte Kind abtreiben zu lassen... [...] Die Mutter fiel nach dem Tod von Dieter in ein unwahrscheinliches Tief. [...] Nach dem Tod des Vaters hatten wir alle einander geholfen. Es war eigentlich eine schöne Zeit. Nach dem Tod des Bruders befürchteten wir, die Mutter würde sich auch das Leben nehmen. Wir gingen mit ihr von einem Arzt zum andern. Wir hätten ihr alle so gerne geholfen, waren aber einfach überfordert. Danach hatte die Mutter nicht mehr genügend Kraft für die Erziehung der beiden jüngsten Geschwister. Sie ließ bei ihnen Sachen durch, die bei uns älteren nie in Frage gekommen wären. Dora nützte das auf eine gewisse Art schon irgendwie aus. Ihr Leben war in einer sehr kurzen Zeitspanne so intensiv, daß es wahrscheinlich so hat kommen müssen... Dora lernte diesen Attila hinter unserem Rücken kennen. Als wir es mitbekamen, waren wir sehr mißtrauisch. Vor allem machte uns der große Altersunterschied zu schaffen. Aber vielleicht hat Dora in Attila ein Stück weit einen Ersatz des Vaters gesehen. Ich hatte immer ein wenig Mühe mit Attila. Und doch erwies er sich uns gegenüber sehr großzügig. [...] Attila wollte eigentlich Dora heiraten und ein

Kind von ihr. Aber Dora wollte noch nicht so recht. [...] Es hieß, sie werde nicht schwanger. [...] Da ist noch etwas mit Dieter. Da ist einmal bei seinem Welschlandaufenthalt etwas passiert. Nachher war er anders. [...]

[...] Den Suizid von Dieter konnte ich noch eher verstehen, weil er hirngeschädigt war. Zu Dora habe ich am Schluß fast keine Beziehung mehr gehabt. Als es mit ihr passierte, hatte ich gerade mein erstes Kind geboren. [...] Ich erlitt eine Art Wochenbettdepression. Ich war damals zu fest mit meinen eigenen Problemen beschäftigt. Wir kümmerten uns nicht um die Beziehungen von Dora, so wie auch ich nicht wollte, daß sich jemand um meine Beziehung kümmerte. [...] Nach dem Tod des Vaters habe ich auf dem elterlichen Gut geholfen. Ich hatte das Gefühl, daß mich wirklich alle brauchten.

[...] Dora war immer ein herziges Mädchen mit viel Charme, so daß alle Leute von ihr eingenommen waren. Aber sie war sehr eigenwillig. Nachdem der Vater gestorben war, sagte sie bei Auseinandersetzungen mit ihr: »Ich brülle so laut, daß die Nachbarn herbeigeeilt kommen...« Bei uns hätte die Mutter ein solches Verhalten nie durchgelassen. [...] Die Beziehung zu Attila war schon eine ganz spezielle. Für ihn machte sie sich immer sehr schön. Kam sie aber einmal zu uns, trug sie ganz einfache, mitunter zerschlissene Kleider. Vielleicht fühlte sie sich in ihrem Alter doch nicht ganz wohl als Dame. Der Mann [Attila] war mir wirklich nicht sympathisch. Wir vermuten, daß sie ihm hörig war. Die Mutter von Attila hat Dora gesagt, sie solle sich von ihm trennen, er sei kein guter Mensch... Dora war kurz vor ihrem Tod offenbar daran, sich tatsächlich von ihm zu trennen. Darüber war ich eigentlich recht froh und ich hoffte, daß es nun wieder gut mit ihr käme. Ich hatte mir auch vorgenommen, ihr zu helfen. [...]

Kurz vor Doras Tod hat Attila der Mutter oder der Schwägerin gesagt, daß Dora von jemandem aus der Familie vergewaltigt worden sei. Ich habe sofort an Dieter gedacht. Ich erinnere mich: Als Dora etwa 13 Jahre alt war, hätte sie ins Zimmer von Dieter ziehen sollen. Sie sträubte sich aber mit Haut und Haaren dagegen. Ich weiß nun nicht, ob es war, weil sich Dieter in diesem Zimmer erschossen hat, oder weil sie von ihm vergewaltigt worden war. Ich habe noch immer eine solche Wut auf ihn. Er war damals immerhin 18 oder 20. Hat er es aus Übermut gemacht, oder um seinen

Kollegen zu imponieren? Mußte er seinen Trieb loswerden und jemanden plagen? Ich kann es mir heute gut vorstellen und traue es ihm absolut zu, daß er es machte. Er hatte mir einmal erzählt, daß er im Welschland mit Kollegen ins Zimmer einer Lehrtochter gegangen sei. Wenn man dieses Mädchen richtig an der Brust gestreichelt habe, hätte man mit ihr machen können, was man wollte. Auch ins Zimmer einer anderen Schwester von mir, die war damals etwa 14 oder 15, ist er einmal gegangen und hat sie gefragt: »Soll ich dir einmal zeigen, wie das geht?« Auch die Mutter hat einmal gesagt, sie habe gemerkt, daß Dieter einen starken Trieb habe... [...] Irgendwie muß Dora einmal zu Attila gesagt haben, in dieser Stellung wolle sie keinen Sex. Das erinnere sie zu sehr an ihre Vergewaltigung. So ist es rausgekommen. Das muß auf dem Heuboden passiert sein, vielleicht sogar im Beisein des jüngsten Bruders und einem gleichaltrigen Freund von Dieter. Es ist möglich, daß es mehrmals passiert ist. [...] Wenn ich all das erlebt hätte, was Dora hat durchmachen müssen, hätte ich wahrscheinlich auch schwere Depressionen bekommen. [...] Ich bin sowieso anfällig für Depressionen. Ich habe jedenfalls meinem Mann gesagt, daß er mich gewaltsam zur Behandlung bringen soll, wenn er merkt, daß ich wieder in eine Depression falle.

Ich weiß, daß Dieter Dora mehrmals vergewaltigt hat. Der Knecht hat sie nicht nur gehalten, sondern ist dann auch über sie her...

Gemäß seinem Bruder ist Attila am 18. August auf einer Insel in den Philippinen gestorben. Er war mit einem deutschen Freund dorthin gereist. Der Bruder sagte mir, daß sich seine Großmutter väterlicherseits 1940 mit Tabletten das Leben genommen habe. Es erstaune ihn nicht, daß Attila nach Doras Tod nicht mehr habe leben wollen. Suizide seien in seinem Land sehr häufig und erblich. Das liege bei ihnen irgendwie im Blut, wie das auch in ihrer Musik und in ihrer Art, »weinend/fröhlich« zu sein, zum Ausdruck käme. Für ihn sei der Suizid auch als eine Art Trotz gegen alles und alle aufzufassen, als eine Demonstration der Selbstbestimmung bis zuletzt.

Folgen für zurückbleibende Geschwister

Ein fünfjähriges Kind erlebt den Suizid eines seiner Geschwister, das um fünf, zehn oder mehr Jahre älter ist, selbstverständlich anders als ein 50jähriger, dessen um zwei Jahre jüngerer Bruder sich das Leben nimmt. Ganz verschieden reagiert ein Heranwachsender, dessen fast gleichaltriger Bruder oder fast gleichaltrige Schwester durch eigene Hand aus dem Leben scheidet. Noch einmal anders ist die Reaktion, wenn die oder der Verstorbene schwer psychisch krank, drogenabhängig oder »kriminell« war. Die individuell so unterschiedlichen Reaktionen und Folgen mögen Erklärung dafür sein, daß in der weitläufigen Literatur über Suizid diesem Problemkreis mit einigen Ausnahmen nur geringe Aufmerksamkeit zuteil wurde.

Ich möchte an wenigen Beispielen auf diese Unterschiede und auch auf die Folgen eingehen, die diese Suizide für die zurückbleibenden Geschwister hatten.

Karin verlor im Alter von 23 Jahren ihren um fünf Jahre jüngeren Bruder Kurt. Kurt war seit frühester Kindheit verhaltensgestört gewesen, konnte sich kaum konzentrieren, begann immer wieder etwas Neues, um es, kaum angefangen, liegenzulassen. Er ärgerte seine Schwester, wo er nur konnte, und griff sie oft auch tätlich an. Gerade wegen seiner schwierigen Art kümmerten sich seine Eltern intensiv um ihn, konsultierten verschiedene Psychologen und Beratungsstellen und schließlich auch einen Jugend- und Kinderpsychiater, der Kurt mit *Ritalin* einigermaßen stabilisieren konnte. Doch kurz nach Beginn der Therapie erschoß sich dieser Psychiater. Kurt meinte, »wenn der sich erschossen« habe, dann sei er »nicht der richtige Arzt für ihn« gewesen und dann seien auch die ihm verschriebenen Mittel »für nichts« und setzte deshalb seine Medikamente ab. Er »beruhigte« seine Anfälle von Überaktivität und Ruhelosigkeit zusehends mit Alkohol und probierte während seiner Lehre in einer pharmazeutischen Firma alle möglichen Medikamente, denen er habhaft werden konnte, aus. Sein Verhalten wurde immer unerträglicher und schließlich wurde sein Lehrvertrag gekündigt. Kurz darauf erschoß sich Kurt. Nach seinem Tod fühlte Karin eine große Erleichterung, begriff nicht, daß ihre Eltern um ihn trauerten und war sehr frustriert darüber, daß erneut für ihre Anliegen und Bedürfnisse kein Raum war. Karin war wegen der großen Spannungen mit achtzehn Jahren von zu Hause weggezogen und ein Jahr später heiratete sie einen um zehn Jahre älteren Mann.

Mit zwanzig Jahren gebar Karin das erste Kind, fühlte sich aber in dieser neuen Rolle bald überfordert. Nach der Geburt des dritten Kindes fiel sie in eine schwere Depression. Ihr Mann, der seit einiger Zeit eine Geliebte hatte, verließ sie.

Karin ist jetzt geschieden. Sie meint, daß an ihrer Misere ihr Bruder Kurt, bzw. ihre Eltern schuld seien. Sie habe zu Hause nie die Zuwendung erfahren, die sie gebraucht hätte. Sie vermutet auch, daß sie nach ihrer »Flucht von zu Hause« sowohl einen Vater- als auch einen Liebesersatz gesucht habe. Als ihr die Eltern von der Heirat abrieten, habe sie das in ihrem Entschluß, aus Trotz zu heiraten nur noch bestärkt. Karin ist nach wie vor unfähig, um ihren Bruder zu trauern.

Leo und Max hatten eine sehr glückliche Kindheit und Jugend, doch als sie 18 bzw. 16 Jahre alt waren, brachte sich ihre Mutter um. Leo fand sie tot in der Badewanne: Sie hatte sich mit einem Fön umgebracht. Die Brüder machten beide eine Lehre im einzigen industriellen Betrieb ihrer Region und gingen nachher eigene Wege: Leo arbeitete im Sozialbereich und heiratete eine gehbehinderte Frau, Max bewohnte mit seiner Frau und seinen drei Kindern nach dem Tod des Vaters das Elternhaus, das er zusammen mit Leo in der Freizeit umgebaut hatte. Als die Kinder nach und nach ihre eigenen Wege gingen, reichte die

Frau von Max die Scheidung ein. Max erschoß sich in der Waschküche seines Elternhauses.

Leo war 54 Jahre alt, als sein Bruder starb, und ist seither untröstlich. Er suchte Unterstützung in der Selbsthilfegruppe *Suizid,* fand aber nicht den gewünschten Anschluß, da dort fast ausschließlich Eltern zusammenkommen, die ein Kind verloren haben.

Anne wurde im Alter von sechzehn Jahren durch den Suizid ihres um vier Jahre älteren, einzigen Bruders Pascal völlig destabilisiert. Sie hatte ihn immer als ihr zweites Ich und ihren Beschützer erlebt. Nie hätte sie sich vorstellen können, daß »man« sich das Leben nehmen kann, und noch viel weniger, daß ihr Bruder ihr das »antun« könnte. Als Pascal sich vor einen Zug geworfen hatte, fühlte sich Anne von ihm im Stich gelassen und von ihren Eltern in ihrer Trauer nicht verstanden. Die beste Hilfe erfuhr sie von einer Freundin, »einer Art weiblichem Robin Hood«, zu der sie kurz nach dem Tod ihres Bruders zog. Auch verspürte sie das Bedürfnis »wegzugehen«, um sich »von Grund auf neu zu strukturieren«. »Nach seinem Tod habe ich sehr starke Tiefs erlebt. Ich wußte nicht mehr wo und was und warum. Ich hatte drei eigentliche manisch-depressive Schübe.«

Die Mutter von Anne gründete eine Regenbogen-Gruppe für Geschwister. In diesen nicht strukturierten Zusammenkünften fühlte sich Anne oft überfordert und hilflos:

»Jedes Mal kamen Neubetroffene ganz verschiedenen Alters dazu, die ihre ganze Geschichte erzählten. Dann erzählten auch die anderen jedesmal wieder ihre eigene Geschichte. Ich konnte das Bedürfnis, jedesmal immer wieder das gleiche zu erzählen, nicht so recht verstehen. Lösungen für Trauer wurden nicht gefunden.«

Hilfe fand Anne erst bei einer Psychologin, die sie ermutigte, ihre negativen Gefühle in gestalterischer Art auszudrücken. Das erlaubte ihr, die aufgestauten Emotionen zu verarbeiten und in kontrollierbare Bahnen zu lenken. Anne erlernte in der Folge den eher »männlichen« Beruf einer Steinbildhauerin. Sie entwarf und gestaltete den Grabstein für ihren Bruder. Ihre erste Ausstellung stand unter dem Titel »Teile des Körpers«. Es waren unter anderem Hände, Füße, Arme, ein »Faunenkopf« und ein Torso zu sehen. Andere Skulpturen hießen »Gefallener Held«, »Verzweiflung«, »Trauer«, Nostalgie« und »Schmerz«. Der Bezug zum Verlust ihres Bruders ist offensichtlich.

Im Alter von sieben bzw. acht Jahren wurden Oskar und Paul von einem Bekannten sexuell mißbraucht. Dieser hatte ihnen gedroht, er würde sie töten, wenn sie irgend jemandem etwas erzählten. Oskar und Paul reagierten auf diesen Mißbrauch sehr verstört und ängstlich. Sie schliefen von da an im gleichen Bett und wichen kaum mehr voneinander. In der Schule fiel Paul in seinen Leistungen so stark ab, daß er im folgenden Jahr nicht versetzt werden konnte und in die Klasse seines Bruders Oskar kam. Das Verhalten der beiden Söhne machte die Mutter hellhörig und eines Tages brachte sie sie dazu, ihr zu sagen, was passiert war. Der Täter konnte verhaftet und verurteilt werden. Die gerichtlichen Auseinandersetzungen bedeuteten für die beiden Brüder eine erneute schwere Belastung und schweißte sie noch mehr zusammen. Sie waren wie Pech und Schwefel. Wo der eine war, konnte der andere nicht weit weg sein. Erst nach der Schulentlassung versuchten sie, eigene Wege zu gehen. Oskar machte eine Maurerlehre und Paul lernte Zimmermann. Aber nach wie vor verbrachten sie die gesamte Freizeit zusammen und bereisten nach der Lehrabschlußprüfung zusammen ein halbes Jahr lang Südamerika. Oskar war sehr unglücklich, als Paul in die Rekrutenschule mußte. Auch Paul empfand diese Trennung als »brutal«. Während eines Urlaubs begab er sich an die Stelle im Wald, wo er zusammen mit seinem Bruder vergewaltigt worden war und erschoß sich.

Für Oskar, seine zwei Jahre ältere Schwester Rosmarie und seine Eltern brach eine Welt zusammen. Oskar versuchte seinen Schmerz mit Haschisch zu betäuben. Nach und nach rutschte er ins Drogenmilieu ab, bestahl seine Eltern und beging verschiedene andere Delikte.

Rosmarie, die bald nach der Tat von ihren Brüdern über den sexuellen Mißbrauch ins Vertrauen gezogen worden war, zog im Alter von fünfzehn Jahren von zu Hause weg, um als Haushaltshilfe in einer Arztfamilie zu arbeiten. Mit sechzehn bekam sie ein Kind, mit zwanzig heiratete sie einen Bäcker, mit dem sie seither drei weitere Kinder hat. Sie machte sich große Sorgen um Oskar und lieh ihm auch verschiedentlich Geld, um ihm, wie sie meinte, »aus der Patsche« zu helfen. Als sie einsehen mußte, daß ihr Bruder »auf die schiefe Bahn« geraten war, fiel sie in eine schwere Depression. Ihr Mann schirmte sie in der Folge von ihrem Bruder und ihren Eltern ab. Dank großer Anstrengungen der Eltern und der Behörden konnte Oskar in ein *Methadon*-Programm aufgenommen werden und nach und nach wieder seinem Beruf nachgehen. Rosmarie trauert sehr um Paul. Zu Oskar hat sie ein sehr ambivalentes Verhältnis. Oskar selbst meint, er sei nur in die Drogen gekommen, weil er – wie sein Bruder – die Vergewaltigung und den seiner Ansicht nach auch daraus resultierenden Verlust seines Bruders nicht verkraften konnte. Auch jetzt noch fühlt er sich wie »amputiert«.

Susannes Bruder Theo brachte sich um, als sie achtzehn war. Ihr um zwei Jahre älterer Bruder hatte sich aus »bis heute unerklärlichen Gründen« in seinem Auto zu Hause vergast. Susanne war verzweifelt. Sie hatte immer ein sehr gutes Verhältnis zu Theo gehabt. Von klein auf war er ihr »Betreuer« und später treuer »Beschützer«, als sie zu Jugendveranstaltungen gehen durfte. Mit dem Tod ihres Bruders war ihr Vertrauen »in die Männer« gestorben. Susanne und ihre Mutter waren einander eine starke Hilfe: Zusammen pflegten sie Theos Grab, zusammen gingen sie zu den Regenbogen-Zusammenkünften.

Fünf Jahre nach Theos Tod heiratete Susanne und gebar zwei Jahre später einen Sohn. Sie kann jetzt den Tod ihres Bruders »annehmen« und empfindet keinen Schmerz mehr, wenn sie an ihn denkt oder von ihm spricht.

Urs machte seine Lehre im gleichen Schlossereibetrieb, wie sein um vier Jahre älterer Bruder Viktor. Er litt sichtlich darunter, vom Lehrmeister immer wieder mit seinem Bruder verglichen zu werden. Als er eines Tages zusammen mit einem jüngeren Lehrling auf Montage geschickt worden war, merkte er, daß er seine Werkzeuge und ein Bauteil in der Werkstatt vergessen hatte. Er schickte den anderen Lehrling in die Werkstatt zurück, um das Fehlende zu holen. Als der Lehrling zurückkam, hatte sich Urs erhängt.

Viktor war in der Folge unfähig, über den Tod seines Bruders zu reden. Er wich jeglichem Gespräch über den Verlust aus und zog sich zusehends von allen gesellschaftlichen Aktivitäten zurück. Viktor weigerte sich auch, mit zum Grab seines Bruders zu kommen. Hingegen trug er gern die Kleider von Urs und gebrauchte auch die anderen von Urs hinterlassenen Sachen. Zehn Jahre nach dem Tod von Urs lernte Viktor eine vier Jahre jüngere Frau kennen und heiratete sie. Ihr konnte er sich zum erstenmal öffnen. Nachdem seine Eltern infolge verschiedener Gebrechen dazu nicht mehr in der Lage waren, übernahm er die regelmäßige Pflege des Grabes. Seit der Geburt seines Sohnes nimmt er ihn bei jedem Friedhofsbesuch mit. Mit Außenstehenden redet er aber nach wie vor nicht über den Tod von Urs.

Wandas drei Jahre jüngerer Bruder Willi starb, als sie vierzig war. Sie war im gleichen Dorf verheiratet wie ihr Bruder und freundete sich schon vor dessen Heirat mit seiner künftigen Frau an. Die beiden Schwägerinnen unternahmen viel zusammen und Wanda hütete auch gern die drei kurz nacheinander geborenen Kinder ihres Bruders, um so mehr als sie selber keine Kinder haben konnte. Nach der Einschulung der Kinder ging Wanda oft mit ihrer Schwägerin schwimmen. Mit der Zeit bemerkte sie eine Art Abkühlung der Beziehung und vernahm in der Folge, daß ihre Schwägerin ein Verhältnis mit einem anderen Mann hatte. Wanda stellte sie zur Rede, diese stritt aber alles ab. Einen Monat später erschoß sich Willi. Wanda richtete ihre ganze Wut auf ihre Schwägerin, die kurz darauf mit ihren Kindern zu ihrem Freund in ein Nachbardorf zog. Dadurch »verlor« Wanda auch die Kinder ihres Bruders. Über ihr eigenes Verhältnis zu Willi während ihrer Kindheit und Jugend vermag Wanda nicht viel zu berichten. Sie hat weder eine Fotografie ihres Bruders, noch kann sie sich an das genaue Geburts- und Todesdatum von Willi erinnern.

Diese sieben Beispiele der Trauerverarbeitung nach dem Verlust eines Geschwisters geben einen kleinen Einblick, wie verschiedenartig die Reaktionen sein können. Ist es im Falle des Verlustes eines Partners oder einer Partnerin durch Suizid fast unmöglich, »allgemeine« Merkmale der Trauer auszumachen, so ist das im Falle eines Geschwisterverlustes noch einmal schwieriger.

Bei den vorstehend geschilderten Verlusten war lediglich das Gefühl, schuldig oder mitschuldig am Tod des Bruders oder der Schwester zu sein, weit weniger ausgeprägt (oder sogar abwesend) als dies zum Beispiel bei Eltern nach dem Suizid eines Kindes der Fall ist. Schuldgefühle können aber massiv auftreten, wenn aus irgendeinem Grund dem Bruder oder der Schwester in Gedanken »Schlechtes gewünscht« worden war, bevor er oder sie sich das Leben nahm. Auffallend ist der Umstand, daß in Abschiedsbriefen selten an die Geschwister gedacht wird. Abschließend bleibt zu bemerken, daß der Umgang mit dem Verlust durch Suizid ein Spiegel des Umgangs miteinander zu Lebzeiten sein dürfte.

Berta

Dreieinhalb Jahre nachdem sich seine Frau Berta erhängt hatte, wandte sich Bruno an mich. Er hatte schon »alles« probiert, um mit diesem Verlust fertig zu werden. Über die *Dargebotene Hand* hatte er meine Adresse bekommen. Wie immer, wenn sich jemand an mich wendet, besuchte ich Bruno in seinem Haus. Stundenlang schüttete er mir sein Herz aus:

Bruno war in eher bescheidenen ländlichen Verhältnissen aufgewachsen. Während seine beiden älteren Brüder eine Lehre machen konnten, mußte Bruno zu Hause helfen, das Geld reichte nicht auch noch für ihn. Besonders zu seiner Mutter hatte er eine sehr enge Beziehung gehabt und ihren frühen Tod bis heute nicht verkraftet. Während der Rekrutenschule lernte er Berta kennen. Er war von Anfang an in ihrer Familie nicht willkommen. Während Berta einen Mittelschulabschluß vorweisen konnte und zu der Zeit studierte, war Bruno ohne Beruf. Doch die Einwände der Eltern konnten Bruno und Berta nicht davon abhalten zu heiraten. Der Anfang war schwer. Bruno verdiente nur wenig und hatte Mühe, seine Frau und die vier in kurzer Folge geborenen Kinder durchzubringen. Als der jüngste Sohn in den Kindergarten kam, ging Berta arbeiten. Dank ihrer guten Ausbildung, ihrer Beziehungen und ihrer Begabung schaffte sie es, nach einigen Jahren ein eigenes Planungsbüro mit mehreren Angestellten zu eröffnen. Sie wurde in viele Kommissionen und Ämter gewählt, präsidierte Vereine und erreichte so wieder den Lebensstandard ihrer Herkunftsfamilie. Ein Eigenheim im Villenquartier der Stadt gehörte ebenso zum hart erarbeiteten »neuen Leben« wie häufige Geschäftsreisen ins Ausland und Ferien auf einer eigenen Segeljacht.

Bruno schickte sich recht gut in die Rolle des Hausmanns. Er überwachte nicht nur die Schulaufgaben seiner Kinder, sondern nahm die Gelegenheit wahr, den behandelten Stoff selbst zu lernen. Über die Jahre eignete er sich ein breites Allgemeinwissen an, für das er bei Partys von vielen bewundert wurde. Er war stolz, Kindern aus »gescheiten« Familien Nachhilfestunden erteilen zu können. Nur die Familie Bertas vermochte die von ihm geleistete Kindererziehung und Hausarbeit nie zu schätzen. Alle Geschwister Bertas waren Akademiker und belächelten, ja, schnitten offensichtlich ihren Schwager.

Während all der Jahre kümmerte sich Bruno nie um den genauen Gang der Geschäfte seiner Frau. Sie verstand es auch, ihm zu zeigen, daß er vom »Geschäftsleben« keine Ahnung hatte. Im Jahr vor dem Tod seiner Frau bemerkte Bruno, daß sie oft »wie abwesend« war. Doch sie wies jeden Versuch von Bruno, ihre Sorgen kennenzulernen, mit Bestimmtheit zurück. Aus Telefongesprächen mit ihren Geschwistern glaubte Bruno mitzubekommen, daß diese Geld von ihr zurückforderten. Wenige Tage vor Bertas Tod bekam Bruno einen Anruf von einer ihrer Schwestern. Er wurde gebeten, Berta auszurichten, daß für den nächsten Freitag ein Termin bei einem Notar vereinbart sei, zu dem sie unbedingt erscheinen müsse. Als Bruno ihr das mitteilte, erbleichte Berta.

Am Donnerstagmorgen verließ Berta wie gewohnt das Haus. Gegen Mittag erhielt Bruno einen Anruf aus dem Büro, wo man sich über den Verbleib von Berta wunderte. Bis dahin war er der Meinung gewesen, sie sei von zu Hause direkt ins Büro gefahren. Bruno war gerade dabei, wieder mit der Schwester zu telefonieren, die Berta für den kommenden Vormittag zum Notar gebeten hatte, als es an der Haustür klingelte. Draußen stand sein Schwager. Als Bruno ihm erzählte, mit wem er gerade spreche, ging dieser forsch und wortlos zum Telefon und sagte in den Hörer, es sei zu spät, und hängte auf. Auf Brunos Frage, was denn los sei, antwortete sein Schwager: »Berta ist tot« und verließ das Haus ohne sich im geringsten um Bruno zu kümmern oder irgendwelche weiteren Erklärungen zu geben. Bruno stand wie gelähmt da und wußte nicht, was er tun sollte. Es klingelte erneut. Diesmal war es die Polizei. Sie hatte einen Durchsuchungsbefehl und stellte das ganze Haus auf den Kopf. Bruno wollten oder konnten sie keine Auskunft geben. Erst als Bruno einen Polizisten anschrie, ihm sagte, er wolle jetzt wissen, was das alles bedeute, und ihm den Zutritt zum Schlafzimmer verwehrte, ließ dieser einen weiteren Beamten kommen, der sich Brunos annahm.

Es stellte sich heraus, daß Berta seit längerer Zeit über die Verhältnisse gelebt und Schulden gemacht hatte. Unter anderem hatte sie elterlichen Besitz belehnt, ohne ihre Geschwister zu informieren, die daraufhin rechtliche Schritte in die Wege leiteten. Auch das Eigenheim war völlig überschuldet und mußte zwangsversteigert werden.

Der Zufall wollte, daß kurz zuvor Brunos Vater gestorben war, ohne weitere Erben zu hinterlassen. Bruno verkaufte das Anwesen seiner Eltern und ersteigerte sein eigenes Haus zurück. Seine Söhne und seine Tochter waren dagegen gewesen. Sie hatten gewollt, daß er zu einem seiner Kinder oder aber in ein »kleineres Logis« zieht. Außerdem machten sie ihn für den Tod ihrer Mutter verantwortlich, obwohl er sich sein ganzes Leben praktisch nur für sie und seine Familie eingesetzt und aufgeopfert hatte.

Jede Bemühung, an die bislang gute Beziehung mit seinen Kindern anzuknüpfen, schlug fehl. Briefe, Glückwünsche zu Geburts- oder Festtagen blieben unbeantwortet oder kamen gar ungeöffnet mit dem Vermerk »Refusé« zurück. Am Telefon sagten sie ihm, sie könnten sein Selbstmitleid und sein Gejammer nicht mehr ertragen, schließlich hätten sie wegen ihm ihre Mutter verloren. Sie hätten einander nichts mehr zu sagen...

Bruno hatte nicht das Gefühl, sich im Selbstmitleid zu suhlen. Er versuchte, sein Leben neu auszurichten. Eine Ausbildung zum Sozialarbeiter wurde ihm verwehrt, weil er kein Abitur hatte und zu alt war. Er besuchte deshalb Kurse für die Begleitung Kranker und Sterbender und erhielt eine kleine Anstellung bei der Caritas. Die Menschen, die er betreute, schätzten ihn außerordentlich. Er war für sie auch außerhalb der bezahlten Arbeitszeit da, brachte ihnen Blumen aus dem Garten oder andere kleine Geschenke mit. Sein großer Einsatz verursachte aber auch Spannungen im Betreuerteam. Ein Priester ließ ihn wissen, daß er trotz seines Engagements nie mehr als ein Teilzeitpensum erhalten werde. Bruno seinerseits beklagte die Scheinheiligkeit der übrigen Angestellten der Caritas. Für ihn klaffte deren Arbeit zwischen Theorie und Praxis stark auseinander. Auch im Privatleben fühlte er sich zunehmend allein. Die einstmals vielen Freunde der Familie hatten sich sehr schnell nach Bertas Tod von ihm abgewandt. Er sagte, mit den Kondolenzschreiben hätten sich die meisten Leute »endgültig« von ihm verabschiedet, mehr und mehr werde er von früheren Bekannten gemieden. Von der Verwandtschaft seiner Frau hatte er nach deren Tod niemanden mehr gesehen.

Bald vernahm er Gerüchte, er habe ein regelrechtes Harem unterhalten und darum hätte sich seine Frau umgebracht. Zudem sei er derjenige gewesen, der das ganze Geld verjubelt habe.

Bruno steckte in einer tiefen Verzweiflung, als ich ihn kennenlernte. Neben häufigen Besuchen bei ihm zu Hause und stundenlangen Telefongesprächen zu allen Tages- und Nachtzeiten nahm ich ihn auch zu Vorträgen mit, die ich über Suizidalität und Begleitung von Hinterbliebenen an verschiedenen Orten hielt. Ich hoffte, er könne daraus einiges für sich herausnehmen, ohne daß er sich direkt angesprochen fühlen mußte. Da er praktisch sein ganzes Beziehungsnetz verloren hatte, schlug ich ihm vor, mich in den Gymnastik-Club zu begleiten, in den ich einmal wöchentlich ging. Dort kannte ihn niemand, dort wußte auch niemand von seiner Situation. Bruno wurde gut aufgenommen und beteiligte sich ungezwungen an den Gesprächen, die nach dem Training in einem Restaurant geführt wurden. Wenn es dabei wieder einmal spät geworden war, fuhr ich ihn nach Hause. Eines Tages blieb er den Turnstunden fern. Bei den nach wie vor häufigen Telefonaten, die wir hatten, schob er immer wieder neue Gründe vor, warum es letztes Mal nicht geklappt habe. Etwa einen Monat später besuchte ich ihn. Dabei sagte er mir, es sei einfach unerträglich für ihn, nach dem »Bad in der Gruppe« allein nach Hause zu fahren und dann ein »kaltes, leeres Haus« vorzufinden.

Als Bruno vermehrt unter körperlichen Beschwerden zu leiden begann, empfahl ich ihm wiederholt, einen Arzt aufzusuchen. Ich hoffte, daß die Ärzte dabei auf das psychische Leiden aufmerksam würden, das meiner Ansicht nach den körperlichen Symptomen zugrunde lag. Versuchte aber ein Arzt Brunos Situation »ganzheitlich« anzugehen, dann kehrte ihm Bruno sehr schnell den Rücken. Er sei nicht »verrückt«, brauche keine »Pillen, die die Persönlichkeit verändern« und deren einzige Wirkung »unerträgliche Nebenwirkungen« seien. Gegen den Besuch eines Psychiaters wehrte er sich vehement. Als auf Grund von Prostatabeschwerden eine Hospitalisierung nicht zu vermeiden war, bekam er neben der spezifischen Behandlung zur Heilung seiner Krankheit auch Infusionen mit *Seropram*. Seine Stimmung hellte sich nach wenigen Tagen auf und Bruno fühlte sich seit sehr langer Zeit das erste Mal wieder »gut«. Obwohl der Krankenhausaufenthalt auf ein mögliches Maximum verlängert worden war, hatte Bruno das Gefühl, man schiebe ihn ab. Die anschließende ambulante Infusionsbehandlung brach er bald ab.

Er machte mir klar, daß er schon bei verschiedenen Psychologen und Psychiatern in Behandlung gewesen sei, deren Bemühungen aber »weniger als nichts« geholfen hätten. »Außer Spesen nichts gewesen«, war sein lakonischer Kommentar. Und in eine »Klapsmühle« ließe er sich schon gar nicht einweisen, er »spinne doch nicht«.

Etwa zwei Jahre, nachdem wir uns kennengelernt hatten, rief er mich an einem Freitagabend ganz niedergeschlagen an. Über eine Stunde schilderte er mir sein Elend. Dabei kam er auf eine zufällige Begegnung zu sprechen, die er in dieser Woche mit seiner Tochter gehabt hatte. Im Krankenhaus, in dem er für die Caritas Krankenbesuche machte, lag ein Infarktpatient, der der Vater des Freundes seiner Tochter war. Als Bruno vor wenigen Tagen das Krankenhaus verließ, begegnete er seiner Tochter und ihrem Freund. Sie hätten einander »zwischen Tür und Angel« begrüßt, wie Bruno meinte, doch wenigstens »herzlich«.

Als er aber seiner Tochter gesagt hätte, wie schade es sei, daß sie einander nur so begegneten, und wie schön es wäre, wenn sie wieder einmal zu ihm kommen würde, um »an früher anzuknüpfen«, habe er gesehen, wie sich ihr Gesicht verhärtet hätte. Plötzlich habe sie es sehr eilig gehabt. Als Bruno am nächsten Tag besagten Infarktpatienten erneut besuchte, sei dieser kurz angebunden gewesen und habe sich weitere Besuche von ihm verbeten.

Ganz vorsichtig versuchte ich ihn die Begegnung mit seiner Tochter nochmals und nochmals erzählen zu lassen. Dabei wurde immer klarer, daß die von Bruno gewählten Worte nicht ganz vorwurfsfrei gewesen und seiner Tochter offenbar »in den falschen Hals gekommen« waren, wie ich mich ausdrückte. Das war nun für Bruno zu viel. Er konnte und wollte nicht begreifen, daß »niemand« verstehen könne, wie er leide. Und wenn er »jedes Wort auf die Goldwaage legen« müsse, dann verzichte er lieber auf den Kontakt mit seinen Kindern. Er warf mir vor, daß auch ich ihn nicht verstehe. Und jetzt, da er dringend Hilfe brauche, ein liebes Wort erwartet habe, käme ich ihm »so«. Ich war sehr betroffen und schwieg lange, während er sich schluchzend weiter beklagte. Am nächsten Morgen rief er mich erneut an. Seine Stimme klang schwach, erschöpft. Er war voller Bitterkeit. Die ganze Nacht habe er nicht schlafen können. Lange hörte ich ihm zu. Dann sagte ich ihm, daß er meiner Meinung nach in gewissem Sinne krank sei und dringend ärztlicher Hilfe bedürfe, und ob ich etwas in dieser Richtung für ihn tun könne. Er war darüber nicht nur verletzt, sondern regelrecht erbost. Er habe so große Hoffnungen in mich gesetzt und nun gäbe ich ihm statt Hilfe einen Schlag mit dem »Bleihammer«. Er würde sich keinesfalls in einer psychiatrischen Klinik »behandeln« lassen. Dort erhielte man »bestenfalls eine Dreiviertelstunde Aufmerksamkeit«, aber dann sei man so allein und verlassen wie zuvor. Was er brauche, seien Verständnis und die Möglichkeit, sich »anzulehnen«. Er habe gerade diese Woche wieder mit Leuten gesprochen, die aus psychiatrischen Kliniken in schlechterem Zustand entlassen worden seien, als sie es bei ihrem Eintritt gewesen waren. Und ob ich noch nie davon gehört habe, daß sich viele gleich nach dem Austritt aus einer Klinik das Leben nehmen würden?

Ich fragte Bruno, ob er schon von den Büchern *Ich kann nicht wollen* von Brigitte Woggon und *Mittendrin und nicht dabei* von Ruedi Josuran und Verena Hoehne gehört habe. Ich sagte ihm, daß die Lektüre dieser ausgezeichneten Bücher ihn vielleicht die Dinge aus einer anderen Sicht sehen lassen könnten. Darauf sagte er mir kurzangebunden: »Jaja. Davon habe ich schon gehört. Aber ich weiß das doch alles. Du willst mich nur abwimmeln. Immer wieder kommt es soweit, daß man mit mir nichts mehr anzufangen weiß. Dann werde ich einfach abgeschoben. Nun ist das auch bei dir so.«

Seit jenem Tag habe ich nichts mehr von Bruno gehört. Auf die beiden persönlichen Karten, die ich ihm zu seinem Geburtstag und zu Bertas Todestag geschrieben habe, erhielt ich kein Echo – ebenso wenig wie auf einen persönlichen Gruß zu Weihnachten und zum Jahreswechsel.

Andrew Kurtz

Schilderung der Gedanken von Andrew wenige Stunden vor seinem Suizid in einer »Newsgroup« auf dem Internet:

Lebensmüde sein (09. 10. 1996)
Ich bin des Lebens müde und habe vor, mich an diesem Wochenende umzubringen. Gestern habe ich mir eine Pistole gekauft, so daß ich jetzt alles habe, um endgültig diese nie enden wollenden Depressionen zu beenden. Es ist schon unglaublich, wie leicht es ist, in so einen Laden zu gehen und eine Pistole zu kaufen.

Ich weiß wirklich nicht, warum ich all diese Gefühle habe. Wenn es einen Gott gibt, warum ließ er zu, daß ich in all den Jahren so sehr leiden mußte? Eine Zeit lang habe ich wirklich versucht, mit diesen Gefühlen, diesem Unbehagen und der Ohnmacht fertig zu werden, aber ich kann einfach nicht glücklich sein. Ich bin ziemlich gut darin, meine Gefühle zu verstekken und den Menschen um mich herum etwas vorzumachen, so zu tun, als wäre nichts. Aber es ist schwer, mir selbst etwas vorzumachen. Ich bin sicher, daß die Leute sehr überrascht sein werden, wenn sie nächste Woche von meinem Tod erfahren. Aber niemand von ihnen weiß, was für Gefühle das sind, die ein lebensmüder Mensch hat. Mir gehen so viele Gedanken durch den Kopf und alle münden im Suizid. Ich war niemals wirklich glücklich und der einzige Gedanke, der mich ein wenig glücklich macht, ist der Gedanke, zu sterben.

Es tut mir sehr leid für die Menschen, die mich lieben, denn ich weiß, daß meine Tat ihnen schrecklich weh tun wird. Vielleicht werden sie sich nie ganz davon erholen. Ich wünschte, ich könnte etwas für sie tun. Aber sie müssen nicht mein Leben leben und haben daher überhaupt keine Ahnung von dem Schmerz, der mich jeden Tag quält. Alles, was ich tun kann, ist, einen Abschiedsgruß zu hinterlassen, in dem ich versuche, meine Gefühle – so gut, wie es halt eben geht – zu beschreiben. Ich hoffe sehr, daß die Leute verstehen können, daß ich mich nicht umgebracht habe, um sie zu verletzen, sondern um mir letztlich den Seelenfrieden zu geben, nach dem ich so verzweifelt suche.

Ich mag diese Newsgroup wirklich sehr, denn sie hat mir gezeigt, daß da irgendwo noch andere Menschen sind, die genauso fühlen wie ich. Manchmal fühle ich mich so unendlich allein. Dann hilft es mir ein bißchen, die Berichte der anderen zu lesen – auch wenn das meinen Entschluß, mich umzubringen, nicht ändert. Es hat mir Spaß gemacht, die Gedanken der anderen zu lesen (zumindest derjenigen, die nicht auch noch auf anderen herumhacken, sondern die Gefühle derjenigen akzeptieren, die sich für den Suizid entschieden haben).

Wie auch immer. Ich werde wahrscheinlich keine weiteren Nachrichten mehr schicken. Und kommenden Montagmorgen werde ich nicht mehr da sein. Ich hoffe nur, daß das, was danach kommt, eine schönere und bessere Welt sein wird.

Andy

Ein beängstigender Gedanke (12. 10. 1996)
Ich war gerade dabei, einige Dinge zu erledigen, als ich über etwas stolperte, das mir wirklich Angst eingejagt hat. Nehmen wir einmal an, es gäbe keine Möglichkeit, sich selbst umzubringen. Stell dir vor, du müßtest dein Leben bis zum bitteren Ende leben und all diese Schmerzen über dich ergehen lassen, ohne irgend etwas dazu sagen zu können. Ich glaube, wenn ich keine Pistole hätte, die ich benutzen könnte, oder wenn es keine andere todsichere Methode gäbe, dann würde ich sicherlich verrückt werden – und so ungefähr fühle ich mich im Moment. Wie auch immer: Ich bin so unendlich erleichtert, daß ich doch etwas tun kann.

Manchmal kommt es mir so vor, als wäre alles nur ein

Traum. Alle 26 Jahre meines Lebens sind bloß ein einziger langer Traum. Ich bin nicht verrückt und fühle mich eigentlich auch nicht wirklich depressiv. Kann das wirklich sein? Geschieht alles um mich herum wirklich? Existieren wir wirklich? Ich bin so verwirrt und brauche ein Entkommen in seiner schlimmsten Form. Ich kann nicht mehr bis morgen warten, wenn ich dem Ganzen sofort ein Ende setzen kann. Die Menschen werden verletzt sein durch meinen Verlust, aber sie können sich einfach nicht vorstellen, wie die Welt in meinen Augen aussieht. Ich habe fast das Gefühl, ich sei von einem anderen Planeten und bin nur fälschlicherweise auf diese Erde gekommen. Alles scheint so real zu sein und ist es doch nicht. Ich hoffe, Gott kann verstehen, was ich vorhabe. Ich sehe einfach keinen Sinn mehr in meinem Leben. Alles, was ich mache, ist wie im Nebel umherzuirren. Ich habe nicht das Gefühl, daß man dem noch Leben sagen kann. Nun, ich bin der Meinung, daß ich diese Gedanken mit euch teilen muß, während ich mich auf den Tod vorbereite.

Gedanken ans Sterben (12. 10. 1996)
Obwohl ich zu guter Letzt ganz nah am Tod bin, habe ich immer noch Angst. Obwohl ich das Leben, das ich leben muß, so leidenschaftlich hasse, scheint es dennoch schwierig zu sein, den Abzug zu drücken. Aber es muß getan werden und deshalb wird es getan. Ich glaube, ich habe mehr Angst vor dem, was nachher kommt. Ich fürchte, daß es noch schlimmer sein könnte als das Leben. Ich weiß es nicht. Ich habe keine Antwort darauf. Aber wenn jeder Tag wie ein lebendiger Albtraum ist, dann ist es schon sehr schwierig, den Mut zum Weiterleben zu finden. Wenn auch mein Tod einige Menschen schmerzlich verletzen wird, so spüre ich doch, daß meine Seele dann den Frieden finden wird, den sie hier nicht finden kann.

Ich habe mich entschlossen, mich zu erschießen, weil ich offen gesagt nicht sehr gut Schmerzen aushalten kann, und ich nehme an, daß ein Schuß in den Kopf so ziemlich die schnellste zur Verfügung stehende Methode ist. Es ist nicht, daß es nicht auch andere gute Methoden gäbe. Sie alle haben ihr Dafür und Dawider. Suizid ist nicht einfach. Ich bin nur froh, daß ich dank des Computers viel darüber in Erfahrung bringen konnte. Eigentlich hatte ich vor, Tabletten zu nehmen oder mir die Schlagadern aufzuschneiden. Es ist hinreichend bekannt, was für eine schlechte Wahl jede dieser Methoden wäre. Ich will ein eindeutiges Ergebnis. Ich bin überzeugt, die sicherste Methode gewählt zu haben.

Ich muß mir nur für die Sekunde des Handelns selbst etwas vormachen und dann wird alles hoffentlich vorbei sein. Manchmal kommt es mir so vor, als sei ich dazu verdammt, dieses Leben zu leben, und egal, welche Methode des Suizids ich auch wählte, sie würde fehlschlagen. Und das erschreckt mich wirklich. Wenn ich mich nicht mit dieser Pistole umbringen kann, dann habe ich wirklich ein Problem. Denn ich werde dann zweifelsohne ein Gemüse sein. Wie auch immer. Ich meine jedoch, daß die Chancen gut für mich stehen und der Tod eintreten wird. Das erhoffe ich zumindest inständig.

Ich habe solche Angst (13. 10. 1996)

Obwohl ich letzte Nacht nicht den Abzug gedrückt habe, ist nichts besser geworden. Ich kann nicht schlafen und schicke daher diese Nachricht um 5 Uhr morgens. Ich spüre wie mein Leben zerrinnt und ich kann mit dem, wie und was mein Leben ist, nicht umgehen. Ich glaube, ich habe Angst vor dem, was passieren wird, wenn ich sterbe, und das erschreckt mich.

Ich hoffe wirklich, daß ich es morgen zu Ende bringen kann, denn mit jeder Minute, die verrinnt, drehe ich mehr durch. Es ist beinahe so, als würde mein Gehirn es nicht zulassen, den Abzug zu drücken. Es weiß, daß dann alles endgültig zu Ende wäre: Etwas, das ich mir so verzweifelt wünsche und das mir jetzt so viel Schwierigkeiten macht, es zu bekommen.

Ich kann einfach nicht mehr weiterleben, nur um des Lebens willen. Da muß doch mehr sein. Ein Leben muß doch irgendeinen Wert haben. Und ich sehe keinen. Ich muß einfach stärker werden und tun, was ich zu tun habe. All meine Qual wird dann vorbei sein.

Das alles zerreißt mich innerlich förmlich. Wie auch immer:

Ich bin verdammt. Selbst wenn es eine Hölle gibt und ich dorthin komme, mein Leben ist längst zur Hölle auf Erden geworden und einfach unerträglich. Mein Entschluß steht fest, aber ich bin verwirrt und habe Angst. Wann wache ich endlich aus diesem Albtraum auf, den ich Leben nenne?

Das ist etwas, was ich selbst tun muß, leider. Niemand kann für mich den Abzug drücken. Wenn ich wirklich will, daß es passiert, dann wird es auch geschehen. Ich muß stark sein.

Verlorene Seele (14. 10. 1996)
Ich weiß wirklich nicht, warum ich hier überhaupt noch schreibe. Ich kenne alle meine Möglichkeiten, habe viel Unterstützung erfahren. Irgendwie bin ich manchmal doch der Meinung, daß es ein magisches Wort von irgend jemandem geben könnte, das meinen Schmerz verschwinden ließe. Leider gibt es das nicht. Ich bin alt genug, damit auf die eine oder andere Weise fertig zu werden.

Ich hoffe nun, daß ich nie wieder hier schreiben werde, würde das doch bedeuten, daß ich nicht alles hinter mich gebracht hätte. Wenn ich mich dabei ertappe, einen weiteren pathetischen Schrei nach Hilfe zu schreiben, dann bedeutet das, daß ich dazu verdammt bin, dieses Scheißleben weiterzuleben und möglicherweise mein ganzes Leben lang in psychiatrischen Anstalten zu verbringen. Ich würde niemals Ruhe finden und könnte genausogut tot sein. Was ist schlimmer? Tot zu sein oder tot zu leben?

Es ist schon seltsam, denn es gibt so viele Menschen auf dieser Welt und doch habe ich das Gefühl, ich wäre mit meinem Fühlen ganz allein. Ich würde mich wahrscheinlich besser fühlen, wenn jeder genauso fühlte wie ich. Dann würde ich mich nicht ganz so alleine und so verängstigt fühlen. Aber ich muß mich zusammenreißen, entspannen und einfach den Abzug drücken. Das sollte sich machen lassen.

Was auch immer passiert, ich hoffe, daß Gott mir vergeben kann und versteht, daß ich an einem solchen Punkt ständigen Schmerzes und Verwirrung angelangt bin, daß das Leben einfach unerträglich ist. Würde er das wirklich wollen? Ich glaubte immer, daß alles aus einem bestimmten Grund geschieht, aber ich bin mir jetzt nicht mehr so sicher. Ich kann nicht alles erfassen und das erschreckt mich bis ins Tiefste.

Ich habe mich in meinem Leben immer so fremd gefühlt, aber es aus irgendeinem Grund trotzdem weitergelebt, verwirrt zwar, aber trotzdem weitergelebt. Ich habe schon einmal versucht, mir das Leben zu nehmen. Nun fühle ich, daß ich es einfach tun muß. Ich habe seit Jahren darüber nachgedacht und jetzt zielt alles in nur eine Richtung.

Eines gibt es im Leben zu bedenken: Du kannst andere täuschen, aber nicht dich selbst. Und ich kann mir nicht länger etwas vormachen. Es ist so schwer.

Ich hoffe, jeder kann Hilfe für sein eigenes Leben finden. Ich empfehle bestimmt nicht jedem, Suizid zu begehen, es sei denn, er ist zur Überzeugung gekommen, daß es keine andere Wahl gibt. Jeder hat in seinem Leben die Wahl und kann tun, was immer er will.

Andy

Du hast es getan, was kann ich für dich tun?

Ein Sprichwort aus dem asiatischen Raum sollte bei der Begegnung mit suizidalen Menschen beherzigt werden: »Es ist unklug und gefährlich, einen stürzenden Elefanten aufhalten zu wollen, jedoch sinnvoll und hilfreich, ihm beim Aufstehen zu helfen.« In diesem Sinne geht es bei der Begegnung mit Suizidenten in erster Linie darum, dem gestrauchelten Menschen beim »Aufstehen« zu helfen. Ebenso wichtig ist es allerdings, ihm wieder Vertrauen zu vermitteln, »ins Leben zu gehen«. Dabei muß ich mir bewußt sein, wie ich zu meiner eigenen Suizidalität stehe:

- Habe ich Angst vor dem Thema Tod und Selbsttötung?
- Habe ich schon einmal daran gedacht, mir das Leben zu nehmen?
- Aus welchen »Gründen« könnte ich mir das Leben nehmen?
- Habe ich mit jemandem darüber gesprochen?
- Wie würde ich es tun, bzw. wie hatte ich es schon geplant?
- Wer wäre von meinem Suizid am meisten und wer am wenigsten betroffen?
- Was könnte mich davon abhalten, mir das Leben zu nehmen?
- Hat mich schon einmal ein Mensch überzeugen können, daß der Suizid für ihn die beste Lösung ist?
- Fühle ich mich fähig, akut suizidgefährdete Menschen zu begleiten?
- Werde ich die Mithilfe anderer beanspruchen, wenn ein Mensch akut suizidgefährdet ist? Und wenn ja, wen werde ich beiziehen oder konsultieren?

– Bin ich in der Lage, die Selbsttötung eines Menschen, der sich mir anvertraute, zu respektieren?

Nur wenn ich mich mit diesen Fragen auseinandergesetzt habe und immer wieder bereit bin, mich ihnen zu stellen, kann ich versuchen, einem »Gefallenen« wieder aufzuhelfen.

Reden hilft Leid verhindern, Reden über Probleme den Leidensdruck vermindern

Die Prävention, die Vorsorge, damit es gar nicht zu einem Suizidversuch kommt, hat bei diesem Menschen, zu dem ich gerufen werde, offenbar versagt. Intervention, lebensermöglichendes Eingreifen, ist jetzt gefragt. Hilfe muß auf der einen Seite so schnell wie möglich geleistet werden, bedarf aber auf der anderen Seite der Zustimmung des Suizidenten. Die erste Kontaktnahme ist delikat und verlangt große Umsicht. Das wichtigste dabei ist, keine »Rolle« zu spielen, sondern authentisch, ehrlich, mit sich selbst und dem sich in äußerster Not befindlichen Mitmenschen zu sein. Nicht meine Funktion (Pfarrer, Psychiater, Psychologe usw.) ist gefragt, sondern ich als Mensch bin es, der einem oder einer Verzweifelten begegnet. Die Verzweiflung ist vielleicht um so größer, als der Suizident realisiert, daß sein Suizid »mißglückt« ist. Besonders belastend kann es sein, wenn sich herausstellt, daß infolge des Suizidversuchs bleibende Schädigungen in Kauf genommen werden müssen, wie beispielsweise die Reaktion einer jungen Frau nach ihrem Erwachen auf der Intensivstation zeigt: »Ich merkte sehr rasch, daß ich nichts sehen konnte. Nur dieses Schwarz, das gar keines war. Es war weniger als nichts. Ein schrecklicher Verdacht kam in mir auf. Ich bekam panische Angst. ›Scheiße. Scheiße. Verfluchte Scheiße!‹ Nur diese banalen Worte gingen mir durch den Kopf. Dann hörte ich mich selber schreien!«

Aber auch eine Querschnittlähmung, von einem Zug abgetrennte Beine oder andere schwerwiegende dauernde Beeinträchtigungen eines »normalen« Lebens können zu schwer auszuhaltenden Verzweiflungsreaktionen und einer damit verbundenen (und nicht persönlich gemeinten) Ablehnung der Ärzte, des Pflegepersonals und aller weiteren »Helfenden« führen. Es gilt also vorerst, den Schmerz des Leidenden auszuhalten. Das ist sehr schwer. In dieser Begegnung, die »sprachlos« macht, muß das geschehene Unheil zunächst schweigend »wahrgenommen werden«, muß in sich »eingekehrt« werden. Dabei ist auf seine eigenen Gefühle zu achten. Bei dieser ersten Begegnung am Krankenbett gilt es auch, auf kleinste, unscheinbare Gesten, Äußerungen oder das Geschehen-lassen medizinischer Bemühungen zu achten. Streicht sich der Patient, die Patientin, bei meinem Kommen die Haare aus dem Gesicht? Hat er/sie zugestimmt, sich eine Infusion stecken zu lassen? Nachdem »man sich wieder gefunden«, das heißt, die ersten Eindrücke verkraftet hat, kann vorsichtig versucht werden, das Einverständnis des Suizidenten einzuholen, ihm beizustehen. Mein Gegenüber muß sich sicher sein, daß ich nicht nur »ganz Ohr« bin, sondern versuche, mich in seine Lage hineinzuversetzen, mit ihm zu fühlen und zu leiden, ganz nach dem Leitspruch Paracelsus: »Der Arzneien höchste aber ist die Liebe.« Dazu muß ich auf die Probleme meines Gegenübers möglichst frei eingehen, darf nicht vom mir auf ihn schließen, weshalb ich Suggestivfragen unterlassen muß. Mein Angebot muß darin bestehen, meinem Gegenüber Hilfe dafür anzubieten, daß er sich selber helfen kann.

Diese Situation am Krankenbett ist vergleichsweise einfach zu jener, bei der die oder der Suizidwillige »auf der Klippe« steht. Die Begegnung mit einem suizidwilligen Menschen (und nach einem schon einmal »mißglückten« Suizidversuch ist der Wille, es »jetzt richtig« zu machen, oft sehr stark) kann für den Menschen, der sich ihm nähert, nicht ungefährlich sein. Es ist deshalb wichtig, nicht aus falsch verstandenem »Helfereifer« die eigene Sicherheit zu gefährden. Und in so einem Fall ist es besonders angebracht, sich des asiatischen Sprichwortes zu besinnen, wonach es leichtsinnig, unverantwortlich und gefährlich sein kann, den stürzenden Elefanten aufhalten zu wollen. Zur persönlichen Sicherheit gehören je nach Umständen oder Ort der Begegnung (auf einem Dach, einer Brücke, einem Kran oder in einem Raum) der Schutz vor der Möglichkeit, selbst verletzt zu werden. Es ist wichtig, sich immer einen »Fluchtweg« offenzuhalten. Es kann schon gefährlich sein, sich einem erregten Lebensmüden allein nähern zu wollen. Wenn ich mich auf Sprech- und Hörweite habe nähern können, ist es notwendig, sich vorzustellen: »Ich heiße ... und wurde von (Polizei, Feuerwehr, Angehörigen usw.) gebeten, mit Ihnen Kontakt aufzunehmen.« Ich muß ihr/ihm sagen, daß ich freiwillig gekommen bin. Wenn ein Zutrauen hergestellt werden konnte, ist es wichtig, daß der Suizidwillige sich setzt. Ich setze mich dann ihm gegenüber und versuche, Augenkontakt herzustellen. Nicht die Frage, warum er »das« machen will, steht im Vordergrund, sondern eher die, ob der gewählte Zeitpunkt der richtige sei, ihn an etwas erinnere oder zu etwas »zwinge« (Todestag eines Vorverstorbenen, Todeszeitpunkt eines oder einer Geliebten, Verlassenwerden von einem Partner). Wieder ist es von größter Wichtigkeit, auf die eigene persönliche Befindlichkeit zu achten (ganz da, ganz präsent sein) und diese zu verbalisieren: »Die Situation überfordert mich«, »Ich habe Angst«, »Mich friert«, »Wollen wir uns nicht an einen weniger (Gaffern ausgesetzten) gefährlichen Ort zurückziehen, um zu reden?« Hier geht es bereits um eine erste emotionale Hilfestellung.

Der leidende Mensch muß meine Zuwendung, meine Empathie spüren. Ich kann ihm sagen, daß er sehr verzweifelt, sehr einsam sein müsse, daß er offenbar nur noch schwarz und keinen anderen Ausweg mehr sehe. Bei diesen Aussagen von mir geht es darum, nichts zu fordern, sondern ihn zu fördern, zu ermächtigen, den ihm zugespielten Ball aufzunehmen. Alle seine Argumente sind ruhig und ohne Einwand entgegenzunehmen und nichts darf bagatellisiert werden. Vor allem darf ich in keiner Art moralisieren. Auf die Frage: »Was kann ich für Sie tun« (sich nie mit »Du« an den suizidwilligen Menschen wenden!) muß bedacht werden, daß (unerfüllbare) Forderungen gestellt werden könnten. So kann eine bevorstehende Verhaftung, ein drohendes finanzielles Debakel oder das Weggehen einer Partnerin oder eines Partners der Auslöser für die Verzweiflungstat sein. Die oder der Suizidwillige kann sich plötzlich seiner »Macht« bewußt werden und versuchen, sie durch Erpressungen umzusetzen: »Wenn meine Frau nicht hierherkommt und sich entschuldigt, springe ich« oder: »Ich komme erst mit Ihnen, wenn Sie mir garantieren, daß ich nicht verhaftet werde« usw. Hier ist es wichtig, nichts zu versprechen, was nicht tatsächlich realisiert werden kann. Die vorgebrachten Forderungen müssen jedoch angenommen, ernst genommen und entsprechend (zum Beispiel an den Einsatzleiter) weitergegeben werden.

Da solche Verhandlungen Zeit brauchen, ist es naheliegend, sich vom exponierten Begegnungsort (von der »Klippe«) zu entfernen, so weit, daß ein gewisser Schutz besteht, aber für den Suizidenten auch die Möglichkeit, zur »Klippe« zurückzukehren. Dort, an etwas geschützterem Ort, soll versucht werden, körperlichen Bedürfnissen des Not leidenden Menschen zu entsprechen: Ihn fragen, ob er rauchen möchte, ob ich ihm ein warmes Getränk (nie Alkohol!) bringen dürfe usw. Das gibt auch mir die Gelegenheit, »etwas zu tun« und meinen Streß etwas abzubauen. Gleichzeitig kann ich eventuell gestellte Forderungen weiterleiten. Es ist nicht angezeigt, sich via Funkgerät oder tragbarem Telefon mit der Einsatzleitung zu verständigen. Die Gefahr, daß die oder der Suizidwillige dann fordert, ihm das Gerät zu geben, um seine Forderungen »direkt« anzubringen, ist groß und verhindert eine beruhigende Intervention. Es ist sehr wichtig, daß bei Ablehnung der gestellten Forderungen, der verzweifelte Mensch nicht »sein Gesicht verliert« und dann springen oder schießen »muß«. Zum Schutz des Suizidwilligen ist es angezeigt, ihn zu bitten, mir seine »Suizidmittel« zur Verwahrung anzuvertrauen (Waffe, Klingen oder Messer, Medikamente, Spritzen, Feile, Plastiksack, Strick oder Gurt). Beim »Herunterkommen« muß ich vorangehen, um den immer noch in einem Ausnahmezustand befindlichen Menschen nicht den unten Wartenden (z. B. der Polizei) »auszusetzen«. Ich bleibe mit und bei ihm, bis eine Entspannung eingetreten ist, die es mir erlaubt, ihm zu danken und mich von ihm zu verabschieden. Dabei muß er meine Zusicherung bekommen, daß ich mich auch weiterhin für ihn einsetzen werde, wenn er das wünscht. Falls es nicht zu der gewünschten Beruhigung der Situation kommt, dann ist es wichtig, sich nicht als »Versager«

vorzukommen, sondern zu versuchen, mit anderen Hilfspersonen neue Strategien auszuarbeiten.

Ich stütze mich bei diesen Überlegungen der Begleitung von Suizidenten vornehmlich auf die Einsichten von Leopold Szondi, James Hillman und den kontextuellen Ansatz nach Boszormenyi-Nagy und Fritz Hofmann. Nach einen »mißglückten« Suizid steht die oder der Überlebende in der allerersten Zeit unter dem Schock des Ereignisses. In dieser Schockphase werden oft Äußerungen gemacht, die bei späterer Intervention kaum noch vorkommen. Hier können Fäden aufgenommen werden, die für die weitere Begleitung von großer Hilfe sein können.

Aber auch die »Mitbetroffenen«, die Nächsten der Person, die sich das Leben nehmen wollte, werden durch das Ereignis in eine tiefe Krise gestürzt. Das chinesische Wort für Krise ist zusammengesetzt aus den Begriffen »Wei« (Gefahr) und »Ji« (Chance). Das deutsche Wort »Krise« leitet sich aus dem griechisch/lateinischen »crisis« ab und bedeutet dort so viel wie »entscheidende Wendung«. Damit die entscheidende Wende im Leben und Erleben aller Beteiligten erfolgen kann, muß ich mir aber auch immer der Gefahr bewußt sein, die der Krise innewohnt. Ich muß deshalb vor allem versuchen, alle Beteiligten von der Chance zu überzeugen, die nun hier geboten wird und die ergriffen werden kann. Die unverhofft in eine Familie oder Partnerbeziehung eingebrochene Situation ist oft der Moment, in dem sich viel ungehemmter verborgenen Konflikten genähert werden kann. Machtspiele oder Machtverhältnisse können aufgedeckt werden ebenso wie mehr oder weniger verdrängtes Unbehagen, die nicht nur die suizidäre Person betreffen.

Die Anwesenheit einer unparteilichen externen Referenz in dieser Familien- oder Partnerdynamik erlaubt es dem Suizidenten, einen Fürsprecher in einer Beziehungssituation zu haben, in der er nicht mehr wagte, seine Meinung zu sagen oder eine eingespielte hierarchische Routine in Frage zu stellen. Dank dieser Fürsprache kann der Prozeß erörtert werden, der zur Aufeinanderfolge der verschiedenen Malaisen, des Einnistens von Unausgesprochenem und schließlich zu Frustration führte, die alle dazu beitrugen, einen Ausweg im Tod zu suchen. Hier kann aufgezeigt werden, daß es sich um eine Veranlagung handelt, bei der Bilanzierungsaspekte zur Tat führten.

In der Schockphase ist es auch möglich, das Einverständnis des Suizidenten einzuholen, mit seinen Bezugspersonen in Kontakt zu treten, herauszufinden, welche Angehörigen für eine kooperative Zusammenarbeit gewonnen werden können: »Wer gehört dazu? Wer ist betroffen?« sind Fragen, die gestellt werden müssen. Dabei dürfen auf keinen Fall Kinder oder außerfamiliäre Bezugspersonen »vergessen« werden. Nach diesen Abklärungen sollte versucht werden, so bald als möglich alle Beteiligten zusammenzubringen und an dieser Begegnung ohne Schuldzuweisungen auf die Befindlichkeiten jedes einzelnen der Anwesenden (»Allparteinahme«) vor und nach dem Suizidversuch einzugehen:

– *Einladen, seine momentane Befindlichkeit zu schildern:* »Beschreiben Sie Ihr gegenwärtiges Gefühl« (z. B.: »Ich bin traurig«, »Das hätte ich nicht gedacht«, »Ich bin entsetzt«, »Das ist doch nur Theater«, »Ich habe Angst«, »Ich bin wütend«, »Was soll der ganze Mist?«, »Daß du uns das antun konntest« usw.) und »Wie geht es Ihnen; wie gehen Sie damit um?«
– *Erklärungen ergründen:* »Können Sie sich erklären, wie es dazu hat kommen können?« (Hier geht es um das Erfassen der kognitiven und affektiven Äußerungen jedes Anwesenden)
– *Herausfinden des »Problemangehörigen«,* das heißt eines Menschen mit einer pathologischen Streßreaktion, eines Menschen, der sich progressiv abwehrt und der nicht angemessen reagieren kann. Bei den vorher geschilderten Gefühlsbeschreibungen könnte es die Person sein, die das Ganze als »Theater« abqualifiziert oder gereizt fragt, was »der ganze Mist« solle. Es könnte aber auch die Person sein, der »das angetan« wurde. Wenn zum Beispiel die Mutter eines Suizidenten diesem empört an den Kopf wirft: »Dir sollte man mal richtig den Arsch durchhauen. Du lebst in einem solchen Luxus, daß du noch das machen mußt, um alles mal probiert zu haben...« oder verabscheuend in die Runde sagt: »Nicht

mal das kann er richtig machen«, und dabei meint, sogar dazu, sich (»richtig«) das Leben zu nehmen, sei er unfähig, dann dürfte wohl sie das »Problem« sein.

- *Stellung und Entlastungsmöglichkeiten des »Problemangehörigen«* innerhalb der Familie herausfinden: Der Problemangehörige ist nun nach seiner »Rolle«, seiner Aufgabe innerhalb der Familie zu fragen und weiter, wie er es nun schafft, mit dem, was geschehen ist, fertig zu werden. Daraufhin muß versucht werden, in Erfahrung zu bringen, wie diese Person entlastet werden kann.
- *Suizidalität aller Beteiligten erfragen:* »Sind Sie auch schon einmal in Ihrem Leben an den Punkt gekommen, wo Sie das Leben als nicht mehr lebenswert empfunden haben?« »Haben Sie schon konkret daran gedacht, sich das Leben zu nehmen?«
- *Veranlagungen ergründen:* »Gab es in Ihrer Familie schon Suizide oder Suizidversuche, Depressionen, psychiatrische Erkrankungen, Suchtverhalten?« Wird die Frage nach Suiziden in der Familie deutlich mit nein beantwortet, kann eine zweite Frage etwa im Sinn von »Wem würden Sie einen Suizid eher zutrauen, der Mutter oder dem Vater?« mitunter Erstaunliches zu Tage bringen.
- *Mit den Betroffenen einen »Stammbaum« erstellen.* Dabei ist wichtig, herauszufinden, wann wer woran starb. Aufschlußreich sind auch die Beziehungen der einzelnen Familienmitglieder zueinander.
- *Hilfsbedürftigkeit abklären.* Mit der Frage »Wer braucht jetzt die meiste Hilfe?« ist die Familie aufgefordert, herauszufinden, welches das schwächste Glied ist.

Diese Fragen und die darauffolgenden Gespräche dienen dazu, die Ressourcen herauszufinden und die Beziehungsethik innerhalb eines familiären oder sozialen Gefüges zu stärken. Kann der angestrebte Prozeß innerhalb der Familie nicht in Gang gebracht werden, kann nichts repariert, nichts regeneriert werden. Die althergebrachten familiären »Muster« werden weiter wiederholt – und in der Folge all jene Tragödien, die, »hätte man es gewußt«, hätten vermieden werden können. Das Hauptanliegen meiner Intervention muß sein, alle Beteiligten dazu zu motivieren, daß sie ja zu ihrer Existenz und nein zur Nichtexistenz sagen können.

Die Beziehungsethik ist gewissermaßen die unsichtbare »vierte Dimension« in einem menschlichen Gefüge. Die erste Dimension ist durch die Fakten gegeben: Ich bin ein Mann oder eine Frau, jung oder alt, Alkoholiker, homosexuell o. a. Die zweite Dimension ist durch meine innerpersönlichen Neigungen, Haltungen, meine Wechselbeziehungen zur Umwelt und meinem Selbst, kurz meine innerpsychische Welt, gegeben. Die dritte Dimension wird durch meine Stellung innerhalb der Familie und der Gesellschaft und der sich daraus ergebenden Hierarchien und Rollen ausgemacht.

Die Begriffe der Beziehungsethik können nicht mit »bewußt« oder »unbewußt« erklärt werden. Es geht beim Einbezug der beziehungsethischen Dimension um eine innergesellschaftliche (innerfamiliäre) Wiederherstellung von Gerechtigkeit. Dabei muß bis anhin praktiziertes indirektes Geben (»selbstaufopferndes Verhalten«) als solches erkannt und gewürdigt und in der Folge in direktes Geben umgewandelt werden.

Die Ethik der zwischenmenschlichen Beziehungen ist die stärkste der vier Dimensionen. Von dieser Ebene her sind auch die größten Einflußnahmen auf die Familiendynamik möglich. Die anfängliche Abgrenzung der Familienmitglieder von- und gegeneinander führt zu einer starken Polarisation. Dadurch charakterisieren sich die einzelnen Beteiligten und schaffen den »Hintergrund« des aktuellen Familiengefüges.

Gleichzeitig ergibt sich aber auch ein Selbstentwurf jedes und jeder einzelnen. Dabei tritt hervor, wie ausgeprägt das Selbstwertgefühl ist. Und es geht nun darum, den ethischen Wert jedes Individuums innerhalb der Gruppe durch Bestätigung oder »Ermächtigung« zu stabilisieren. Es ist dabei auf eine gerechte Art (symmetrisch in der Partnerbeziehung und asymmetrisch in der Eltern-Kind-Beziehung) von Gegenseitigkeit hinzuwirken.

Nach Franz Jonas wird durch einen Suizidversuch oder einen Suizid »die Umwelt des anderen gestört« und ist von daher gesehen beziehungsethisch verwerflich. Auf der anderen Seite kann die Aussichtslosigkeit, innerhalb eines Beziehungsnetzes zu dem einem Individuum gerechterweise zustehenden Anspruch zu kommen (»entitlement«), eines der Hauptmotive sein, aus diesem System auszubrechen, indem man/frau sich das Leben nimmt.

Als Begleiter innerhalb eines solchen Systems ist es wichtig, mit keinem der Beteiligten »Allianzen« einzugehen. Ich darf auch nicht sagen, was »richtig« oder »falsch« ist. Ich sehe meine Aufgabe eher darin, »Geburtshelfer« für eine tragfähigere Beziehungsethik zu sein. Dabei ist es wichtig, herauszufinden, wer sich für wen innerhalb des Systems »Verdienste« erworben hat und dies zu anerkennen. Die Verdienste können auf Grund aufopfernden Verhaltens gegenüber Verstorbenen (Großeltern, Eltern, anderen Verwandten oder Freunden) erworben worden und von den jetzt Anwesenden bisher gar nicht wahrgenommen worden sein. Aber nicht nur Verdienste, sondern auch auf sich geladene Schuld sollte, wenn immer möglich, zur Sprache kommen. Das Reden über oder das Eingestehen von Schuld kann nicht nur für den schuldig Gewordenen zu einer starken Entlastung führen, sondern ihn auch ermächtigen, dafür zu »sühnen«, indem er dazu beiträgt, im Maße des Möglichen das zugefügte Unrecht »wiedergutzumachen«. Dabei darf nicht aus den Augen verloren werden, daß Scham tiefer geht als Schuld. Ein Mensch kann sich wohl »entschuldigen«, aber nicht »entschämen«.

Ich vertrete bei dem geschilderten Ansatz unter anderem ein bewährtes mehrgenerationales Vorgehen, bei dem es um die Rolle verborgener Loyalitäten, offener und verdeckter Delegationen und die sich daraus ergebenden inneren und zwischenmenschlichen Konflikte geht, also um Fragen des Gerechtigkeitsausgleichs über Generationen hinweg, um ein faires Geben und Nehmen, um Verdienstkontenstände und Kontenausgleiche innerhalb der Familie. Es geht um eine systemische Moral, zu der sich alle Beteiligten freiwillig bekennen können. Und wie die Liebe kann sie nicht erzwungen werden. Hier liegt wieder meine Ohnmacht. Aber ein Geburtshelfer ist eben nicht mehr als ein Helfer. Nach der Geburt ist das Neugeborene auf fürsorgliche Betreuung der Seinen angewiesen. In gewissem Sinne besteht für sie eine Pflicht, sich um es zu sorgen. Diese Pflicht ist zwar unwidersprechlich, aber nicht unwiderstehlich. Es gehört zum Eingeständnis meiner Ohnmacht, zusehen zu müssen, wie das elementare »Soll« angesichts der Hilflosigkeit und Verletzlichkeit des Neugeborenen nicht aufgenommen wird.

Bei all meinen Interventionen muß ich mir bewußt sein, daß ich wohl Zuwendung bieten, aber keine Heilung garantieren kann. Ich muß mir im klaren darüber sein, daß ein überaus großer Teil von Menschen, die in solche Ausnahmesituationen kommen, psychisch krank sind, daß aber diese »psychische Krankheit« eine körperliche Krankheit wie jede andere ist. Sie kann durch kein auch noch so verlockendes Verfahren »geheilt« werden. Weder Gesundbeten, Geistheilen, Rückführungen, Akupunktur, Homöopathie, Bachblüten, Hypnose, Psycho- oder Gesprächstherapien, Psychoanalysen, Kunsttherapien, Gestalttherapien, Beschäftigungstherapien, körperzentrierte Therapien, autogenes Training oder Verhaltenstherapien können dem kranken Menschen bringen, was ihm fehlt.

Daß ihm etwas fehlt, kann er mitunter nur in einer schwer kommunizierbaren Art und Weise »spüren«. Dann ist die Gefahr groß, daß er sich das Fehlende wortlos zuzuführen sucht, zum Beispiel durch Drogen. Da dadurch sehr oft tatsächlich eine »Erleichterung« oder »Besserung« erfahren wird, kann diese Erfahrung in die Sucht führen, die dann ihrerseits in einen scheibchenweisen Suizid mündet. Es geht also darum, solche Menschen so zu stützen, daß sie sich eingestehen, bei einem Arzt Hilfe zu suchen. Da es bis heute keinen schlüssigen Beweis für die Wirksamkeit psychodynamischer Psychotherapien und Psychoanalysen gibt und da es unwahrscheinlich ist, daß sie das »Fehlende« zu vermitteln vermögen, sind für solche Krankheitsbilder in erster Linie Ärzte zuständig, die jene Mittel anwenden oder verabreichen, die erwiesenermaßen zu Heilungen oder zumindest Besserungen der Erkrankungen führen. Dazu gehören sogenannte Psychopharmaka, aber auch Lichttherapie, Schlafentzug und die Elektrokrampftherapie. Und diese Mittel gehören in die Hände von entsprechenden Fachärzten. Was aber begleitend nötig und in der Folge auch hilfreich sein kann, sind Verhaltens- sowie kognitive und interpersonelle Gesprächstherapien.

Ein Suizid kann aber noch auf andere Art und Weise »mißlingen«. Infolge einer Mangelversorgung mit Sauerstoff und Zukker kann das Gehirn so stark geschädigt werden, daß das Bewußtsein für immer verlorengeht. Was kann ich dann für den Menschen tun, der zu sterben »in Kauf« nahm oder tatsächlich sterben wollte?

Vor einigen Jahren erregten die tragischen Schicksale von Karin Quinlan und Nancy Cruzan, zweier junger Amerikanerinnen, die über viele Jahre bewußtlos blieben, weltweites Aufsehen. In beiden Fällen wünschten die Angehörigen, daß die lebenserhaltenden Maßnahmen abgebrochen würden, da aus medizinischer Sicht keinerlei Hoffnung auf die Wiedererlangung des Bewußtseins und damit auf ein sinnvolles Leben bestand. Nach jahrelangen juristischen Auseinandersetzungen willigte das oberste Gericht der USA in den Abbruch der weiteren Behandlung ein.

Bei Karin Quinlan und bei Nancy Cruzan war die dauernde tiefe Bewußtlosigkeit, ein sogenannter »persistierender vegetativer Zustand« (PVS), nicht Folge von Suizidversuchen. Ihr Beispiel soll aber erklären, daß »vegetativ« eine tiefe Bewußtlosigkeit mit erhaltener Spontanatmung und Herztätigkeit bedeutet. Mit anderen Worten, daß die Funktion des Großhirnes zum Erliegen gekommen ist, während das Stammhirn intakt ist. Hält ein solcher Zustand über mehr als ein Jahr an, wird er als »permanent« oder »irreversibel« bezeichnet. Patienten mit gesichertem PVS werden nie mehr erwachen.

Ernst, ein 25jähriger Krankenpfleger, hatte sich nach Arbeitsschluß eine Infusion mit Insulin gesteckt und im Keller des Krankenhauses auf ein Bett gelegt, um zu sterben. In einem Abschiedsbrief hatte er die Gründe für seine Tat dargelegt: Er war im frühen Kindesalter regelmäßig von seinem Großvater sexuell mißbraucht worden. Als er erwachsen wurde, kam er mit seiner Sexualität nicht mehr zurecht. Er war überzeugt, homosexuell zu sein und schämte sich darüber. Auch wagte er sich kaum mehr nach Hause, weil er dort seinem Großvater begegnete, der bei seinen Eltern wohnte. Er schrieb, daß er »allen« verzeiht, daß er aber nicht mehr leben könne. Durch einen Zufall wurde Ernst gefunden. Die sofort eingeleiteten Wiederbelebungsbemühungen konnten zwar den Tod verhindern, aber Ernst nicht mehr am Leben teilhaben lassen. Als seine Eltern vom Suizidversuch erfuhren, versuchten sie ihn als »Unfall« zu vertuschen und lösten sich während Monaten regelmäßig am Krankenbett von Ernst ab. Ernsts Geschwister besuchten ihn jedoch nie. Sie kehrten in der Folge auch dem Elternhaus den Rücken. Nach mehr als dreijährigem Bangen und Hoffen sind sich die Eltern von Ernst nicht einig, ob sie das Abbrechen der medizinischen Bemühungen fordern sollen. Die Mutter wünscht es, der Vater ist vehement dagegen. Da Ernst manchmal die Augen öffnet und unwillkürliche Bewegungen macht, sind sie mitunter der Meinung, er »reagiere« auf ihre Präsenz und die pflegerischen Zuwendungen.

Sowohl gläubige Christen, Angehörige anderer Religionen oder religiöser Gemeinschaften als auch Menschen, die medizinischen Diagnosen grundsätzlich mißtrauen, können zu Recht auch bei gesichertem PVS lebenserhaltende Maßnahmen einfordern. Dazu kommt, daß auch tief bewußtlose Menschen Persönlichkeitsrechte haben. Deshalb ist es vom ethischen Standpunkt aus wichtig,

- daß die Persönlichkeitsrechte des Patienten berücksichtigt und gegebenenfalls auch wirksam vertreten werden,
- sich Rechenschaft darüber abzulegen, daß das menschliche Leben keinen absoluten, unter allen Umständen zu erhaltenden Wert darstellt,
- daß kein Arzt weder durch Beschlüsse seiner Fachgesellschaft, noch von Ethikkommissionen oder Vormündern des Patienten verpflichtet werden kann, die lebensverlängernden

Maßnahmen abzubrechen, wenn ihm sein Gewissen das verbietet.

Hat eine Person jedoch vor seinem Eintreten in einen PVS mit einer Patientenverfügung (»living will«) festgelegt, daß sie sterben möchte, falls sie infolge eines Unfalles oder eines Suizidversuches in diesen Zustand geraten sollte, dann liegt eine klare Handlungsanweisung vor. Es gehört dann zu den »Persönlichkeitsrechten« dieser Person, diese Verfügung zu respektieren, das heißt, sie sterben zu lassen.

Für Juristen stellt der Abbruch der Ernährung durch eine Sonde »passive Sterbehilfe« dar. Ganz anders sehen dies gewisse Ärzte und Pflegende. Schließlich sind sie es, die mit der Sondenernährung aufhören müssen. Sie sehen darin eine verbotene und grausame »Sterbehilfe«, die gefühlsmäßig gegen das Grundrecht, weder verhungern noch verdursten zu müssen, verstößt. Das Pflegepersonal empfindet Patienten im PVS als durchaus »lebend«. Es spricht regelmäßig mit ihnen und kommuniziert auch averbal mit ihnen. Es ist deshalb wichtig, durch eine hinreichende Aufklärung einsichtig zu machen, daß Patienten im PVS weder Durst noch Hunger empfinden und daß nach Abbruch von Ernährung und Flüssigkeitszufuhr bei Fortdauer einer guten Pflege nur unbedeutende körperliche Veränderungen eintreten.

Ernst wollte sterben. Sein Abschiedsbrief legte die Gründe dafür aus seiner Sicht dar. Es war seine Art von »Verfügung«. Sein Suizid mißlang. Bin ich nun in Anbetracht der Sachlage nicht verpflichtet, seinen Sterbenswunsch zu respektieren?

Abschiedsbriefe

Hinterbliebene versuchen immer wieder, in den Abschiedsbriefen ihrer Verstorbenen eine Antwort auf die Gründe des Suizids und dadurch Trost zu finden. Deshalb leiden jene besonders, denen kein Wort des Abschieds hinterlassen wurde. Sie leiden, weil sie so gerne ein letztes, liebes, an sie gerichtetes Wort gelesen hätten. Es kommt ihnen dabei kaum je in den Sinn, daß es auch unschöne Worte sein können, die ein Mensch in der Einengung seiner Sicht kurz vor seinem Tod hinterläßt und daß solche Schuldzuweisungen oder gar Verwünschungen zu einer zusätzlichen schweren Verletzung führen können. Wie vernichtend solche Worte sein können, mögen ein paar kurze Beispiele illustrieren:

- *Frag nur nicht noch warum! Schau in den Spiegel!*
- *Ich muß es machen wegen Andrea.*
- *Ich habe an alle, die dich hassen wie ich, geschrieben. Du kannst nun schauen, wie du ohne mich zurechtkommst.*
- *Frage Paul!*
- *Adio, auf Nimmerwiedersehn, Bub.*
- *Bei jeder Frau, mit der du zärtlich bist, wirst du an mich denken müssen.*
- *Du wirst noch von mir hören!*
- *Ich bin eine Niete, stehe nur im Weg und mache alles falsch. Den Druck, den Ihr ausübt, halte ich nicht mehr aus.*
- *Ich sehe keinen Sinn mehr in meinem Leben. In der Schule werde ich auch nur noch fertiggemacht. Fragt nur mal... Kommt rein, es ist offen, bin sowieso schon tot.*

Ein Fünfzehnjähriger hatte seinen mit »Testament« überschriebenen Abschiedsbrief hinter einem Bild an der Wand versteckt.

Auf seinem Arbeitstisch hinterließ er einen Zettel mit folgendem Text: »An dem Ort in unserem Haus, wo das Testament ist, steht dieses Zeichen [Drudenfuß] ...« Dieses »Zeichen« hatte Alexander in den Rahmen eines Bildes geritzt. Das »Testament« befand sich hinter diesem Bild in einem geschlossenen Briefumschlag, der mit verschiedenfarbigem Wachs bekleckst war. Die Rückseite des Briefumschlags war mit drei großen plattgedrückten Wachsstücken »versiegelt« und in jeden dieser drei »Siegel« hatte Alexander den Abruck seines rechten Daumens gedrückt. Um diesen Fingerabdruck herum hatte er wieder den Drudenfuß eingeritzt. Diese Merkmale, so schrieb Alexander auch in seiner Notiz, würden die Echtheit des Testaments bestätigen. Im Testament stand:

> Mein Testament. Ich bin (war) vom Teufel besessen. Ich vermute, daß das auf die unerklärlichen Begebenheiten in [früherer Wohnort] zurückzuführen ist (meine Mutter weiß Näheres darüber). Der Teufel zwang mich, Selbstmord zu begehen. Ich vermache – mit Ausnahme der Pflanzen – alles was mir gehört hat meinen Eltern [Vornamen der Eltern] und meiner Schwester Marianne...

Es folgte dann eine längere Liste von Verwandten und Freunden, denen er je eine Zimmerpflanze vermachte. Das »Testament« endete ohne Gruß mit seinem vollen Namen unter den er einen großen Drudenfuß gezeichnet und dazugeschrieben hatte: »Schwarze Magie, das Böse«.

Dieser »Abschiedsbrief« machte die Bestürzung der Eltern über den Tod ihres Sohnes nur noch größer. Nach jahrelanger persönlicher Begleitung überbrachten mir die Eltern anläßlich eines Gedenkgottesdienstes für betroffene Eltern diesen Brief und baten mich, ihn in der Kirche zu verbrennen.

Weit weniger traumatisierend waren für die Eltern von Ulrich dessen Abschiedsbriefe. In einem Brief sprach er zwar auch von seiner Befürchtung »über kurz oder lang (...) Opfer des Teufels« zu werden, ja es schon zu sein. Aber durch sein Gottvertrauen und die Bitte, »keinen Schuldigen« zu suchen, waren seine Zeilen für sie schließlich tröstlich:

Liebe Eltern!

Ich habe vor Gott beschlossen, meinem Leben ein Ende zu setzen. Ihr wißt ja wieso. Ihr findet meine Leiche im Wald. Trauert nicht um mich! Denn mein Leben war ja nicht für euch, sondern für Gott. Vertraut auf Jesus, dann wird euch mein Fehlen nicht so schwerfallen.

Euer Ulrich

Meine Lieben!

Ich habe vor Gott beschlossen, meinem Leben ein Ende zu setzen. Trauert nicht um mich. Vertraut auf Gott, Jesus, denn er ist es, der euch aufmuntert und der alles gibt. Über kurz oder lang wäre ich sowieso ein Opfer des Teufels geworden, was ich allerdings auch war. Ich habe euch ja manchmal geschildert, wie schlecht ich zum Teil gewesen bin. Es soll wegen meinem Tod kein Unfriede wachsen, im Gegenteil, helft einander und liebt euch! Sucht keinen Schuldigen!

In der Mehrzahl der Fälle von hinterlassenen Notizen oder Briefen sind die Abschiedsgrüße oft mit ausdrücklichem Dank an die Zurückbleibenden oder mit Wünschen für deren Wohlergehen verbunden. Es sind wohl solche »wohltuenden« Abschiedsworte, nach denen sich die Verlassenen sehnen. Wie negativ solche anscheinend »guten Botschaften« aber trotzdem aufgenommen werden können, mag folgende Begebenheit vor Augen führen: Als wir im Rahmen einer Zusammenkunft der Selbsthilfegruppe für Partnerverlust nach Suizid, *Refugium,* das Thema »Abschiedsbriefe« behandelten, las ich folgenden Abschiedsbrief vor:

An Susanna, Michael + Katharina Meister [Datum]
[genaue Adresse, Telefonnummer]

Liebe Susi

Das ist mein Abschiedsbrief. Ich kann trotz der Familie und meiner zwei lieben Kinder unmöglich so weiterleben. Ich hinterlasse allen ein riesiges finanzielles Debakel. Was ich gemacht habe, ist durch nichts zu entschuldigen. Kurzsichtigkeit und Naivität sind nur die weniger unschönen Ausdrücke dafür. Ich liebe Euch alle von ganzem Herzen und ich werde im Himmel bei der Frieda ganz fest an Euch denken.

Du wirst bestimmt einen lieben Mann finden, der dir ein gesichertes Einkommen gewähren kann. Der Michael und die Katharina werden mich mit der Zeit bestimmt ein wenig vergessen können, sie sind ja noch so jung. Es wäre schön gewesen in [Ortschaft], doch Ihr werdet wohl anderswo etwas suchen müssen. Hoffentlich helfen Euch die Verwandten ein wenig aus dem Dreck, vor allem der Vati.

Einen ganz lieben Abschiedsgruß an Ursula und Walter und ihre Familie. Sage ihnen, daß es mir ja so leid tut, daß es soweit gekommen ist.

Der Emil und der Christian werden bestimmt anderswo Arbeit finden.

Hoffentlich verkraften es meine Eltern. Umarme sie in meinem Namen ganz lieb.

Ich warte auf Euch alle im Himmel. Bis dahin tausend Küsse. Ich liebe Euch so sehr. Ganz fest und innigst Werner.

Daraufhin machte eine Witwe, Mutter von drei kleinen Kindern, unter Tränen ihrer Wut Luft:

Wie kann der nur von Liebe reden. Im Dreck hat er sie alle sitzenlassen! Feige hat er sich davongeschlichen. Die Suppe soll nun seine Frau mit zwei kleinen Kindern allein auslöffeln. Was soll der ganze Mist vom Warten im Himmel, bis sie wieder vereint sein würden? Es kümmert ihn offenbar einen Dreck, wie seine »liebe Susi« noch zusätzlich zu dem Schlamassel, den er ihr hinterließ, mit der Verarbeitung seines Wegschleichens zurechtkommen soll. Wie soll die Susi ihren Kindern erklären, was Vaterliebe ist? Was soll sie ihnen sagen, wenn sie plötzlich neben ihrem Vater noch ihr Haus, die gewohnte Umgebung und die Spielgefährten verlieren? Ich finde einen solchen Abschiedsbrief einen Hohn. Ich finde es eine Frechheit, der Hoffnung Ausdruck zu geben, daß das seine Eltern verkraften würden, und seiner Frau aufzutragen, sie in seinem Namen »lieb zu umarmen«! Das ist doch absurd! Zum Glück hat mir das Günther nicht angetan. Lieber nichts, als eine solche fadenscheinige Heuchelei.

Eine andere Witwe empfand diese Art, den Problemen aus dem Wege zu gehen als den

> gemeinsten Betrug, den ein Mensch einem anderen Menschen antun kann: Wenn er mit einer anderen Frau abgehauen wäre, dann könnte er wenigstens noch für seine Verfehlungen belangt werden; den Kindern bliebe er als Vater erhalten. Aber so... Und dann soll man ihn noch weiter gern haben! Wie kann diese Frau je wieder Vertrauen in eine neue Beziehung finden? Muß sie nicht bei jeder Liebeserklärung denken, daß das nur Schwindel ist? Oder meint der [Werner], daß sie nur einen [Mann] braucht, der ihr ein »gesichertes Einkommen gewähren« kann?

Der nachstehende Abschiedsbrief brachte der betroffenen Witwe sowohl eine Bestätigung ihrer Vermutungen als auch die Einsicht, daß keine Liebe der Welt ihren Mann in jenem Moment seines Lebens von seinem Schmerz hätte erlösen und ihn von der Tat hätte abhalten können:

> Liebe Estelle,
> vielen lieben Dank für alles, was Du mir gegeben hast. Es war eine wunderbare Zeit mit Dir und auch mit [der fünf Monate alten Tochter] Rita. Ich habe mich seit Januar derart verändert, daß ich keine Zukunft mehr sehe. In Zusammenhang mit der verordneten Einnahme verschiedener Medikamente habe ich unter Konzentrationsschwäche gelitten und in der Folge viele Fehler begangen, die mir erst in den letzten Tagen klarwurden. Ich habe mich ruiniert und zu allem nur ja gesagt. Trotzdem ist das, was ich tue, schwer verständlich und wird für Euch noch für lange Zeit hart sein. Mittelfristig dürfte es jedoch das beste sein. Ich bin überzeugt, daß Du für Dich und Rita die notwendige Kraft, unterstützt von beiden Eltern, aufbringen wirst. Glaube bitte nicht alles, was über mich erzählt wird. Es stimmt, daß ich einige für mich unverzeihliche Fehler gemacht habe. Die meisten davon kamen jedoch auf Grund der Aktion von Albert zustande. Ich liebe Euch beide nach wie vor aufs Innigste. Estelle, Kopf hoch! Erinnere Dich an unsere Reisen! Du weißt, daß Du es packen kannst, zusammen mit den Eltern und Freunden. Bitte bete weiterhin für mich. Insofern ich die Möglichkeit dazu habe, werde ich das auch für Dich und Rita tun. Bitte laß Rita noch taufen. In Liebe Kilian.

Auf einem beigelegten Zettel hatte Kilian seinem Geschäftspartner, der ihn völlig unvorbereitet und unerwartet verlassen hatte, geschrieben:

> Albert, überleg Dir in Zukunft, was Du Menschen antust, die nicht direkt in Deinen schützenswerten Freundeskreis passen!

In etwa der Hälfte der mir bekannten Abschiedsbriefe bitten die Suizidenten um Vergebung, entschuldigen oder rechtfertigen sich für ihre Tat: »Bitte verzeiht mir«, »Zürnt mir nicht«, »Wir bitten sehr, unsere Tat zu entschuldigen«, »Seid mir nicht mehr böse wegen der vielen Ungezogenheiten«. In Formulierungen wie »Ich bin kein schlechter Mensch« oder kurzen Erklärungen, weshalb es zu diesem Schritt gekommen sei, stehen meist das Leiden und die durchgestandenen Kämpfe im Vordergrund, die der Tat vorausgingen. Neben der Verzweiflung und dem Gefühl, keine Kraft mehr zu haben, werden vor allem zwei Merkmale betont: Das Bedürfnis nach Ruhe und Frieden und das Nicht-verstehen-Können der Welt oder von sich selber.

Neben Fremdbeschuldigungen können Abschiedsbriefe auch Selbstbeschuldigungen mit recht verschiedenen Färbungen enthalten. Zwischen der nüchternen Feststellung eines jungen Mannes, der seinen Arbeitgeber betrogen hatte, er habe eigentlich kein Recht, noch mit einer Bitte an ihn zu gelangen, und der von außen gesehen völlig grundlosen Selbstanschuldigung einer schwer depressiven Frau, daß es schrecklich sei, so viel Unheil angerichtet zu haben, und daß sie es nicht mehr länger ertragen könne, den anderen zur Last zu fallen, liegt beispielsweise die Formulierung einer depressiven und lebensmüden Hausangestellten: »Grämt Euch nicht, ich bin's nicht wert.«

Häufig kommen Selbstanschuldigungen vor, wenn der Betroffene selbst ein »Vergehen« »unverzeihlich« findet oder wenn er Nächste »enttäuscht« oder »beleidigt« hat. Am eindrücklichsten sind solche Selbstanschuldigungen in Formulierungen wie: »Wenn ich nun aber zum Leben nichts tauge, so hat es doch keinen Zweck mehr, weiterzuleben« oder: »Ich bin eine Niete, stehe nur im Weg und mache alles falsch.«

Wenn in Abschiedsbriefen der »modernen« Gesellschaft mit ihren »unmenschlichen Machenschaften« die Schuld zugewiesen wird, mag das für viele Hinterbliebene stimmig sein. Sie werden das vielleicht auch gern als persönliche Entlastung von einer immer unterschwellig verspürten Mitschuld empfinden.

Noch häufiger als Begründungen oder Schuldzuweisungen tauchen Anspielungen auf ein intimes Geheimnis in Abschiedsbriefen auf. So schrieb eine 25jährige verheiratete Hausfrau, die sich mit Gas vergiftete:

> Warum ich das gemacht habe, kann ich niemand sagen, bitte zürne nicht, Rösly.

In dieser kurzen Mitteilung kommt eine wohl oft vorliegende Ambivalenz zum Ausdruck. Ist es etwas, worüber sich Rösly so schämt, daß sie es niemandem mitteilen kann, sie aber trotzdem fürchtet, daß es eines Tages ans Licht kommen könnte, das sie zur »Einsicht« kommen ließ, daß es »besser« ist, vorher aus dem Leben zu scheiden? Oder ist es ein unbeschreibbarer innerer »Trieb«, der Rösly in den Tod trieb?

In kaum zu überbietender Eindrücklichkeit schrieb im Jahre 1951 die Psychologin und Lyrikerin Hertha Kräfthner, die sich mit Schlafmitteln das Leben nahm:

> Wenn ich mich getötet haben werde, können die anderen voraussichtlich eine Menge Mutmaßungen, Verdachte, Motive und Interpretationen angeben. Am häufigsten wird man wohl davon sprechen, daß die unangenehmen Situationen, in die die meisten Menschen geraten, nur neurotischen oder gar psychopathischen Persönlichkeiten unverträglich werden. Ferner wird die Annahme berechtigt sein, daß ein hysterischer Selbstmordversuch unabsichtlich ein unglückliches Ende nahm. Noch weiter werden jene gehen, die – da sie sowohl meine Lebenshaltung als auch meine Schreibweise als traurige erkennen – meine Tat als Konsequenz einer Psychose werten werden; die Melancholie endet sehr oft mit Selbstmord; das ist vielen bekannt.
>
> Neben diesen Deutungen, die sich alle auf die Annahme einer

krankhaften Veranlagung stützen, wird es jene geben, die ein schockhaftes Erlebnis als Ursache angeben. Ihnen zufolge könnte der Tod eines Nahestehenden, eine Untreue des Geliebten, der Bruch eines langjährigen Verhältnisses, Streit in der Familie oder dergleichen mehr die Veranlassung zur Tat gewesen sein. Niemand wird etwas Genaueres wissen, aber alle werden von der Richtigkeit ihrer Annahme überzeugt sein.

Die dritte Kategorie der Beurteilenden aber wird meinen Tod als völlig ursachlos empfinden, denn ihre Argumente heißen: Dieses Mädchen stand am Anfang ihres Lebens, sie war weder gefährlich noch krank, noch häßlich noch verunstaltet; sie war gescheit und gebildet, ihr Professor nannte sie fähig, und namhafte Literaten fanden sie begabt. Sie hatte bereits schriftstellerische Erfolge. Wo immer sie hinkam, war sie den Leuten sympathisch, sie konnte sich ihren Mitmenschen anpassen. Sie hatte einen Freund, der sie liebte, wenn sie aber neben ihm nicht glücklich war, so hatte sie Gelegenheit genug, einen anderen zu wählen. Sie hatte eine sorgende Familie und bekam nicht nur, was sie brauchte, sondern auch, was sie sich wünschte. Hatte dieses Mädchen also Grund, sich zu töten? Nein, antworten die Philister.

Das dürften im großen und ganzen die Linien sein, innerhalb derer – natürlich mit einigen Abweichungen – die Interpretationen sich bewegen werden. Aber ich bin überzeugt, daß es keinen geben wird, dessen Trauer um mich so groß ist, daß die Frage nach dem Motiv in seinem Herzen keinen Platz findet.

Was die Auswirkung eines Selbstmordes auf fremde Gemüter betrifft, so werden es die meisten bedauern und einige darüber trauern. Sollte jemand in Verzweiflung geraten, so ist der sichere Trost gegeben, daß er früher oder später – eher früher – darüber hinwegkommt. Ich bin sicher, daß man oft – vor allem unter den Kommentatoren erster Kategorie – den Satz hören wird: Das Kranke muß absterben, das ist ein biologisches Gesetz. Ob wohl unter den vielen Leuten, die mich kennen, sich einer den stillen Vorwurf machen wird, daß man mir hätte helfen können? Er wird bald einsehen, daß er sich den Vorwurf ersparen kann, denn es war schließlich nicht seine Schuld, daß ich meine gefährdete Situation nicht deutlich genug zeigte.

Wenn es möglich wäre, mich nach meinem Tod um die Ursache zu fragen, so müßte ich antworten, daß ich durchaus geneigt sei, mich einer der oben dargestellten Theorien anzuschließen, sofern sie nur überzeugend genug vorgebracht wird. Die wirkliche Ursache, warum der Tod einen trifft, zu wissen, ist niemals möglich, wirklich und ausschlaggebend ist nur, daß der Tod auch nach Teheran kommt.[20]

Herta Kräfthner bringt es auf den Punkt: Es gibt nach dem Suizid eines geliebten Mitmenschen wohl kaum einen Hinterbliebenen, »dessen Trauer um« den Verstorbenen »so groß ist, daß die Frage nach dem Motiv in seinem Herzen keinen Platz findet«. Was ihr da allerdings vorschwebt, überfordert den Menschen. Es ist schlechthin nicht möglich, die Frage nach dem Warum nicht zu stellen, selbst wenn man im voraus weiß, daß es darauf nie eine hinreichende Antwort geben kann. Ein Begriff, der nicht mit einer Vorstellung gefüllt werden kann, bleibt leer – und damit bedeutungslos. Suizid ist ein Begriff, der geradezu nach einer Deutung schreit und deshalb immer mit unseren unzulänglichen Deutungsmustern gefüllt werden wird.

In ihrem Abschiedsbrief schrieb Herta Kräfthner am Schluß: »... ausschlaggebend ist nur, daß der Tod auch nach Teheran kommt.« Mit dieser Bemerkung spielt sie auf eine Erzählung aus dem Orient an, die in vielen verschiedenen Versionen (meist ist statt von Teheran von Bagdad die Rede) nacherzählt wurde:

Ein Königssohn geht eines Abends im Park des Palastes spazieren. Da entdeckt er zu seinem Entsetzen, daß hinter einem Busch der Tod lauert. Von Panik erfaßt, eilt er zu seinem Vater und erzählt ihm, was er gesehen hat. Sein Vater rät ihm, mit seinem schnellsten Pferd sofort zu einem befreundeten Herrscher nach Teheran zu reiten. Nach tagelangem, ermüdendem Ritt kommt er schließlich in Teheran an. Und dort empfängt ihn lächelnd der Tod. Dieser fragt den Königssohn: »Warum bist du so über meine Erscheinung im Palastpark deines Vaters erschreckt? Ich erwartete dich von jeher hier in Teheran...«

Mit dieser Erzählung wird auf die Prädestination unseres Seins hingewiesen. Es handelt sich um eine religiöse Vorstellung, nach der Gott in seinem Lebensbuch die Tage des Erdendaseins eines jeden Menschen aufgeschrieben hat. Und mehr als das: Nicht nur die Haare auf dem Haupt eines jeden Geschöpfes seien gezählt, sondern auch die Art, wie ein Mensch stirbt, sei festgelegt. Zum Teil können solche Vorstellungen durch entsprechende Bibelzitate gestützt werden. Szondi nahm in seinem Ansatz der »Schicksalsanalyse« diese Vorherbestimmung unseres Daseins auf, schränkte sie aber insofern ein, als jedem Menschen ein weiter Handlungsrahmen gegeben ist, innerhalb dessen er sein Leben (und Sterben) gestalten kann.

Häufig kommen in Abschiedsbriefen religiöse Wendungen vor. Überlegungen zum »Jenseits« sind ebenso zu finden wie konventionelle Formulierungen, die aber doch schlaglichtartig die Einstellung der Schreibenden zum Religiösen beleuchten. So steht des öftern: »Auf Wiedersehen« oder »auf Wiedersehen im Himmel«. Gott wird entweder genannt in Bezug auf den Schreibenden »Gott wird mein Leben wieder nehmen«, »Gott möge mir verzeihen«, »Er sei mir gnädig« oder aber in Bezug auf die Adressaten: »Gottbefohlen«, »Gott wird Dich belohnen«, »Gott behüte Euch«, »Gott gebe Euch ein erfülltes Leben«, »Kraft«, oder man möge für sie oder ihn beten, »denn ich habe Angst«. Anna schrieb am Schluß ihres Abschiedsbriefes an ihre Mutter: »Ich möchte Euch nicht weh tun – und doch kann ich es nicht verhindern. Ich kann einzig Gott bitten, daß Er Euch hindurchtragen wird!!« Tiefes Gottvertrauen kommt auch im Abschiedsbrief von Kilian zum Ausdruck, der seine Frau darum bittet, weiterhin für ihn zu beten und seine Tochter taufen zu lassen. Mit der Wendung, daß er auch für die Seinen beten werde, wenn er die Möglichkeit dazu haben werde, bringt er gleichzeitig die Ungewißheit zum Ausdruck, der er mit seinem Tod entgegenging.

Bei der Begleitung von Menschen in tiefster (auch religiöser) Verzweiflung nach dem Suizid eines Nächsten ist mit irgendwelchen »Erklärungen« höchste Zurückhaltung geboten. Nicht ein von außen an sie herangetragenes Sinnangebot kann tragen, sondern nur, was ihnen in ihrer momentanen Situation hilfreich scheint. Sie darin zu stützen, gehört zu den schwierigen Herausforderungen einer Begleitung. Nach und nach ändern sich die Deutungsmuster. Im Verlaufe dieses Prozesses kann geholfen werden, Glaubensinhalte wiederzufinden, die dauerhaft tragen können.

Unter Umständen kann es auch für Hinterbliebene notwendig und für den Verarbeitungsprozeß hilfreich sein, ihrerseits Abschiedsbriefe zu schreiben. Die schreibende Person weiß zwar wohl, daß sie nie eine Antwort erhalten wird, allein die Tatsache, sich alle Fragen, Anfechtungen, Frustrationen und ungelöste Probleme von der Seele oder vom Herzen zu schreiben, bietet Trost.

Die Mutter von Pascal fand erst zehn Jahre nach seinem Tod die Kraft, ihm »ein letztes Adieu« zu schreiben, und damit gleichzeitig ihre Erfahrungen an andere Hinterbliebene weiterzugeben.

Ein letztes Adieu

Nach zehn Jahren rufen diese Worte in mir noch immer einen tiefen Schmerz hervor, die Erinnerung an eine unbeschreibliche, unausstehliche Leere, den Widerhall eines Schocks, der mich jenseits der Realität, jenseits jedes Zeitgefühls versetzte: Ein befremdliches Empfinden, das, beginnend bei den Fußwurzeln, in einem einzigen Augenblick meinen ganzen Körper erfaßt und meinen Verstand zu überfluten bedroht, wenn ich mich nicht sogleich anstrenge, es zu unterbinden (was mir erst nach langer Therapie möglich war).

Dir, mein wunderbarer Pascal, meinem großen Sohn, konnte ich nicht »adieu« sagen. Du verließest mich, ohne eine Wort zu sagen, und warfst Dich an jenem frühen, vom Mondschein erhellten Abend, unter den Zug.

Als ich merkte, daß Du nicht zur Verabredung fürs Theater mit Deinem besten Freund gekommen warst, erfaßte mich eine schreckliche Idee, trübte mein Wahrnehmungsvermögen und setzte mich außerstande zu überlegen, wo ich Dich suchen könnte ... Eine Stunde später bestätigte der Anruf der Polizei meine Intuition! Ein langer, rauher Schmerzensschrei, wie der eines verwundeten Tieres, entfuhr mir. Ich kämpfte darum, das Bewußtsein nicht zu verlieren.

Dann kam die furchtbare Beklemmung, nicht zu wissen, wohin sie Deinen Körper gebracht hatten.

Drei Tage später schließlich der lange, verschlossene Sarg in einer Zelle im Spital hinter einer Glasscheibe. Dort der verschlossene Sarg, dem ich mich nicht nähern konnte, und in mir das ohnmächtige, beklemmende Gefühl, daß ich einer Kremation zugestimmt hatte. Und das in Anbetracht der Tatsache, daß Du, liebster Pascal, von kleinster Kindheit an eine panische Angst vor Feuer hattest – Hier vor dem Glasfenster rezitiert der Pfarrer ein Fürbittgebet. Er tut es hastig, die Augen auf die Liturgie fixiert, um nicht die sich in ihrem Schmerz windende Freundin zu sehen. Beim Weggang aus dem Spital hörte ich in mir Deine leicht ironische Stimme: »Aber Mami, was beweist dir eigentlich, daß ich wirklich ›da drin‹ war?«

So kam es, daß ich mein totes Kind weder sehen noch berühren konnte. Die Frustration des verhinderten körperlichen Kontaktes, der die harte Wirklichkeit spürbarer gemacht hätte, und das Verbot, mich dem Sarg auch nur zu nähern, verursachten in mir eineinhalb Jahre später eine befremdende Reaktion: Anläßlich eines Soziodramas vom Ostersamstag ging es darum, den Saal zu verlassen, indem man sich unter dem Kreuz beugen mußte. Ich sah plötzlich anstelle des Kreuzbalkens den Sarg von Pascal und versuchte ihn zu ergreifen. Es folgte ein kurzer Kampf, der mit einem Sturz im Treppenhaus endete. Die Sicht von strömendem Blut beeinträchtigt, kam ich mit durchschnittenen Augenbrauen im Spital wieder zu mir.

Ich komme auf diese schmerzlichen Augenblicke zurück, um dadurch die außerordentliche Wichtigkeit des Abschiednehmens vom Körper unseres toten Kindes zu unterstreichen. Es ist ungemein wichtig, von diesem Körper Abschied zu nehmen, den wir Mütter insbesonders in unserem Körper trugen. Wie oft habe ich doch festgestellt, daß Eltern, die in gebührender Weise Abschied nehmen konnten, die Trauer in abgeklärterer Weise durchlebten. Ich weiß auch um andere, unglückliche Abschiede, die hätten vermieden werden können.

Auch um eine Art Abschiedsbrief handelt es sich bei den nachstehenden »Aufzeichnungen nach einem Selbstmord«, die eine Mutter sieben Jahre nach dem Suizid ihres Sohnes verfaßte. Sie versetzte sich dabei in Gedanken in ihren Sohn, und stellte sich vor, wie er vom »Jenseits« aus sein Leben Revue passieren lassen würde:

Aufzeichnungen nach einem Selbstmord
Fast sieben Jahre sind vergangen, seit ich meinen materiellen Körper verlassen habe. Ich bin zwar immer noch da – ganz in der Nähe derjenigen, die ich geliebt habe und weiterhin liebe. Hätte ich gewußt, was ich damit auslösen würde, als ich mir das Leben nahm, ich hätte es nicht getan. Aber ich hatte keine Wahl und überdies ist es zu spät, es zu bereuen, obwohl ich es zeitweise immer noch tue. Meine Mutter, die am meisten um mich trauert, und ich konnten einander immer unsere Gefühle verständlich machen. Auch durfte ich ihr kurz nach meinem Tod in einem Traum erscheinen. Wir umarmten uns und sahen traurig auf meine Grabstätte nieder, die meine Asche enthält.

Ich habe, solange ich auf der Welt war, hin und wieder meine Gedanken aufgeschrieben und eine Zeitlang ein Tagebuch geführt. Von meiner kurzen Lebensgeschichte möchte ich nur weniges festhalten. Es sind Eindrücke, die besonders stark waren, die ich wiedergeben will: Ich denke zum Beispiel immer wieder an jenen Abend ca. zwei Monate nach meinem 18. Geburtstag, als über der Allmend der Mond aufging und überall am Waldrand und auf der Wiese Lagerfeuer brannten. Ich nahm in jener Nacht zum erstenmal Drogen: Haschisch und LSD. Ein noch nie erlebtes Gefühl erfaßte mich. Ich blieb die ganze Nacht von zu Hause weg und weiß noch, daß ich am Morgen sehr durstig war, als ich heimkam. Die Fragen meiner Mutter waren mir lästig. Ich ging dann zu Bett. Das war der Anfang. Bis zum Ende sollten noch knapp acht Jahre vergehen. Ich habe es weiß Gott schaffen wollen, aber ich gehöre zu denjenigen, die an den Drogen gescheitert sind. Man hat mich zwar immer wieder davor gewarnt – in erster Linie meine Mutter –, aber ich wollte nicht wahrhaben, daß auch Marihuana gefährlich ist. Nachdem ich einmal einen schlechten LSD-Trip erwischte, ließ ich die Finger von LSD, doch konsumierte ich später Heroin und Kokain. [...] Noch in meiner Kindheit wurde mein Vater krank, was ich auch zu spüren bekam, und sicher war ich dem damals nicht gewachsen. Es widerstrebt mir preiszugeben, an welcher Art von Krankheit mein Vater gelitten hat, doch veränderte es allmählich unser ganzes Leben. [...] Wenn ich mich zu erinnern versuche, wie ich vor meiner Sucht gewesen bin, fühle ich ganz genau, wie ich damals war: Vor allem kräftig und sportlich. Ich habe auch hart trainiert im Fußball. Ich gründete selbst einen kleinen Club und wollte ein großer Fußballer werden wie Eusebio. Ich rannte auch, mit der Stoppuhr in der Hand, über den Berg, an dessen Fuß wir wohnten, und bin Ski gefahren wie der Teufel. Ich bin auch sehr gut geschwommen und habe mein Rettungsschwimmbrevet gemacht. Mein Körper war stark, kräftig und schön, bevor die Drogen begannen, ihn mehr oder weniger schnell zu zerstören. [...] Ich hatte eine schöne Kindheit mit vielen Möglichkeiten, obwohl sie von der Krankheit meines Vaters überschattet war. Ich habe auch unter der Trennung der Eltern gelitten, die aber nicht leichtfertig vollzogen wurde. Und ich hatte auch gute Großeltern. [...] Es war trotz allem viel Positives in meinem Leben. [...] Aber ich bekam dann Schwierigkeiten in der Schule. Inwieweit die veränderten familiären Verhältnisse daran schuld waren oder der Wechsel in die Mittelstufe, wo wir einen etwas seltsamen Lehrer hatten, der unserer eher wilden Horde nicht gewachsen war, kann ich nicht sagen. Vielleicht hatte auch die beginnende Pubertät damit zu tun. Ich wurde dann versetzt, aber es ging auch in der anderen Klasse nicht. Jener Lehrer war noch seltsamer, irgendwie brutal. Man sagte auch, er sei schwul, und im Turnen schien es mir auch so. In der Klasse färbte die brutale Art, wie der Lehrer mit uns umging, ab. Die andern Schüler plagten mich und ich sie. [...] Ich kam dann in ein Institut, das nicht sehr weit von zu Hause entfernt war. [...] Wenn ich so zurückblicke, begreife ich mitunter überhaupt nicht, daß alles so gekommen ist, wie es kommen mußte. Ich hatte mir nämlich geschworen, »etwas Rechtes« zu werden. In erster Linie waren es Abenteuerlust und die ganze Stimmung in jener Nacht auf der Allmend, die mich verführten. Ich war naiv, ich wollte einfach etwas erleben. Die Typen, die »Sugar« konsumierten, interessierten mich überhaupt nicht. [...] Vieles bleibt für mich selbst jetzt ein Geheimnis, das ich nicht verstehen und ergründen kann. Ich habe in meinem kurzen Leben viel erlebt, auch Liebe und Sexualität. Ich hatte einige Beziehungen hinter mir, als ich starb, sogar noch in jenen letzten Tagen. [...] Neben der Liebe interessierten mich aber ebensosehr noch andere Dinge: Sport, Kollegen, Fischen, Fernsehen, Rockmusik, meine Gitarre und später auch Spielautomaten. Da war ich richtig süchtig. Das Geld, das ich gespart hatte, ging so drauf. Und natürlich auch wegen meines Drogenkonsums. [...] Ich stellte dann etwas an, das meine Entlassung aus meiner Anstellung zur Folge hatte. Ich fand eine Stelle in einem Hallenbad, wo ich für mein Alter recht gut verdiente. [...] Leider geriet ich immer mehr in die Drogen hinein. Meine Arbeit gab mir – bevor sie mir dann, als es mir immer schlechter ging, eine Last wurde – einen gewissen Halt, ein Gerippe, ein soziales Gefüge. Sie brachte etwas Ordnung in mein inzwischen immer chaotischer und haltloser werdendes Leben. Meine Bezugspersonen waren vor allem meine Kollegen, die – wie ich – dem Gift verfallen waren und die heute bereits fast alle gestorben sind. Meine Freunde und Freundinnen sowie meine Mutter wollten mir helfen und haben bestimmt alles getan, was ihnen möglich gewesen ist. [...] Noch etwas zu meiner Schwester: Im Alter von 20 Jahren – ich war damals 18 – erkrankte sie an einer schleichenden, unheilbaren Krankheit. Wir wußten zuerst nicht so recht, was es eigentlich war, und ich kümmerte mich – offen gestanden – auch nicht groß darum. Sie arbeitete damals im Welschland. Es traten dann Gleichgewichtsstörungen auf. Allmählich konnte sie immer weniger gut gehen. Ich fragte dann meine Mutter einmal, was mit ihr eigentlich los sei. Meine Mutter erklärte mir etwas über Nervenfasern, die sich entzünden und dann vernarben und so keine Befehle mehr weitergeben können. Es beschäftigte mich dann schon mehr, als ich mitbekam, daß meine Schwester mit der Zeit Stöcke brauchte und schließlich einen Rollstuhl. Oft tauchte in mir der Gedanke auf, daß ich meinen jungen gesunden und kräftigen Körper mutwillig zerstörte, während sie – die so lebensfroh war, Freude am Tanzen und allem möglichen hatte – ohne ihr Dazutun stetig mehr von ihrer Bewegungsfreiheit einbüßte. Es war gemein. Aber trotz ihrer fortschreitenden Krankheit tat sie ihr Möglichstes: Sie lernte Autofahren, während ich das nach kurzer Zeit wieder aufgab. Sie lernte eines Tages wieder schwimmen, obwohl sie mit den Beinen die Bewegungen nicht mehr machen konnte. Sie hatte viele Freunde, arbeitete weiter, zeigte Initiative und Lebensfreude. Ich fand, ich sei der letzte Mensch. Immer mehr wurden die Drogen zu meinem eigentlichen Lebensinhalt und alle meine Gedanken kreisten mit der Zeit nur noch um den Stoff – immer mehr auch um den Tod. Denn allmählich fand ich das Leben recht beschissen. Um Gift zu beschaffen, trat ich eine Zeitlang einer Connection bei und verhalf so meinen Freunden zu Stoff. So hatte auch ich genug davon. Ich versuchte aber auch immer wieder, von dem Zeug loszukommen, und wollte mit all diesen Typen nichts mehr zu tun haben. Aber ich schaffte es trotz verschiedener

Entzugsversuche nicht und nahm immer mehr Geld bei verschiedenen Banken auf. Meine Stelle im Hallenbad hatte ich zwar immer noch, doch war es nur eine Frage der Zeit, bis ich auch sie verlieren würde. Ich entschloß mich deshalb zu einem letzten Versuch. Ich nahm Ferien und faßte den unumstößlichen Entschluß, mir das Leben zu nehmen, wenn es mir diesmal nicht gelingen sollte von dem Zeug loszukommen. Es gelang mir nicht... Ich signalisierte meinen Selbstmord, indem ich einmal mit Patronen vor Peter [dem neuen Ehepartner meiner Mutter] und meiner Mutter herumspielte. Sie erschraken natürlich, wußten aber nicht so recht, ob das einfach nur so eine theatralische Geste von mir war. Ich weiß heute, daß sie sich darüber unterhalten und erwogen haben, mein Gewehr wegzuschaffen. [...] Beide haben sich nach meinem Tod schwere Vorwürfe gemacht, die Waffe nicht aus meiner Reichweite entfernt zu haben. Aber auch das hätte nichts genützt. Ich hätte dann eben eine andere Lösung gesucht, die zum gleichen Ergebnis geführt hätte. [...] Als mir einmal das Methadon ausgegangen war, kickte ich wieder. Dabei wurde mir klar bewußt, daß ich es in diesen zwei Wochen wieder nicht geschafft hatte. [...] Mit meiner Mutter habe ich nach meinem Tod den letzten Morgen meines sichtbaren Lebens auf der Welt tausendmal durchgenommen – jedes Wort, jede Handlung von ihr und von mir. Es war an jenem Morgen nicht von Suizid die Rede. Sie wollte mich aber zum Arzt bringen, da sie sehr wohl gemerkt hatte, daß es mir nicht gutging.

Es war dann ganz leicht. Ich hatte mir vorher überlegt, wie ich es machen müßte. Ich spürte keinen Schmerz. Als ich fiel, lief mein ganzes Leben wie in einem Film nochmals vor mir ab. Ich sah meinen Körper dort in meinem Zimmer liegen. An der Schläfe hatte ich eine Wunde, aber es sah nicht so schlimm aus. Ich staunte, wie friedlich ich eigentlich aussah. [...] Für diejenigen, die zurückgeblieben sind, ist es eine der schwersten Prüfungen überhaupt, die sie zu bestehen haben. [...] Ich habe meinen Frieden gefunden und kann ihn auch denen übermitteln, die um mich trauern. Zwar bin auch ich immer noch in Trauer darüber, daß mein einst vielversprechendes junges Leben so geendet hat – es war aber unumgänglich und vorbestimmt. Auch mir bleibt die Trauer um diejenigen, die mich so sehr vermissen, nicht erspart, denn ehrlich gesagt habe ich damals nicht geahnt, daß ich so geliebt worden bin und immer noch geliebt werde. Ich habe das Leben mir sehr nahestehender Menschen grundlegend verändert, aber nicht nur negativ. Obwohl es mir bestimmt war, das Sein dieser Menschen bis an die Grenze des Erträglichen zu belasten, sind in ihnen neue Kräfte frei geworden und neue positive Beziehungen sind dadurch entstanden. [...] Seid ohne Angst: Der Tod ist wie ein Schmetterling, Symbol der Verwandlung. Ihr werdet für eine gewisse Zeitspanne weiterleben auf einer andern Ebene. Mit Gott hatte ich ja früher eine überaus konfuse Beziehung, doch heute weiß ich, was das Wort bedeutet, wonach man nach dem irdischen Dasein mit seinen Irrungen und Ungereimtheiten weiterlebt auf dieser transzendentalen Ebene.

Wenn Abschiedsbriefe von geliebten Menschen, die sich das Leben nahmen, nicht immer jenen Trost bringen, der erhofft wurde, und wenn sie kaum je eine Antwort auf die wahren Gründe und Motive für ihre Tat geben, dann sind die Abschiedsbriefe, die die Zurückbleibenden an die Verstorbenen schreiben, immer heilsam. Es hat sich bewährt, Briefe, deren Inhalt von niemand anderem gelesen werden sollte als vom Adressaten, nämlich dem oder der Verstorbenen, am Grab laut vorzulesen, dann an einer dort brennenden Kerze zu entfachen und die Asche zu vergraben. Dieses Ritual ist sehr erleichternd und kann beliebig oft wiederholt werden.

Erich und Eva

Erich wuchs zusammen mit seiner drei Jahre älteren Schwester Erna in einem Dorf auf. Eva, die Mutter von Erich, hatte ihren Vater im Alter von 13 Jahren durch einen Unfall verloren und Erwin, der Vater von Erich, war sechsjährig, als sein Vater an Krebs starb. Eine Großtante und ein Großcousin von Eva haben sich das Leben genommen. Die Großtante mußte schon sehr jung psychiatrisch behandelt werden. Der Großcousin war 35 Jahre alt, als er starb.

Erich hatte eine ausgeprägt künstlerische Ader. Er spielte Gitarre in einem Jugendorchester, erstes Kornett in einem Blasorchester der Gemeinde und schrieb Gedichte. Als er zwölf Jahre alt war, zeigte er das erste Mal ein auffälliges Verhalten. Ohne genau angeben zu können warum, blieb er eines Tages bis zum Mittag im Bett, statt zur Schule zu gehen. Von da an häuften sich ungewöhnliche Verhaltensformen solcher oder anderer Art. Als er 15 Jahre alt war, drängte sich die Begleitung durch einen Psychologen auf, was Erich anfangs auch als hilfreich empfand. Aber schon bald machte er kurz nacheinander zwei Suizidversuche. Beim ersten schluckte er wahllos Tabletten aus der Hausapotheke und eine Woche später sprang er über eine Brücke, wobei er sich beide Fußgelenke brach. Nach mehrmonatigen Krankenhausaufenthalten kehrte er schließlich wieder nach Hause zurück. Aber schon einen Tag später suchte er von sich aus Hilfe in einer psychiatrischen Klinik. Von dort aus wurde er in verschiedene andere Kliniken zu weiteren Abklärungen eingewiesen. Eine eindeutige Diagnose konnte nicht gestellt werden. Während seines letzten Klinikaufenthaltes lief er unbemerkt weg und warf sich unter einen vorbeifahrenden Zug.

Eva und Erwin suchten Unterstützung in einer *Regenbogen*-Selbsthilfegruppe, wo sie andere Eltern kennenlernten, deren Kinder sich das Leben genommen hatten. Eva machte den Eindruck einer sehr tapferen, selbstbewußten und willensstarken Frau. Eine weitere Hilfe wurden für sie die regelmäßigen Wettkämpfe im Orientierungslauf, zu denen Erwin seine Frau allerdings erst motivieren mußte. Mit der Zeit war es aber Eva, die Erwin mitriß. Das Laufen in freier Natur und bei jedem Wetter tat ihnen gut. Sie versuchten so gut wie möglich, mit dem Verlust ihres Sohnes fertig zu werden. Mitunter ertappten sie sich beim Gedanken, daß durch den Tod von Erich die große Ungewißheit und Angst, in der sie zuvor oft lebten, vorbei war. Erich war zuweilen tagelang verschwunden gewesen und hatte insgesamt fünfmal probiert, sich das Leben zu nehmen. Auf der anderen Seite war es nun die Endgültigkeit des Todes, die ihnen zu schaffen machte. »Manchmal dachten wir: Wenn es nur vorbei wäre. Und jetzt haben wir ein schlechtes Gewissen, daß wir solche Gedanken haben konnten.«

Als Andenken an Erich und auch zur Verarbeitung des Verlustes stellten Eva und Erwin Gedichte zusammen, die Erich in den Jahren 1991 bis 1994 verfaßt hatte. Auf der letzten Seite der Broschüre steht ein Gedicht von Erichs Schwester Erna:

Ich bewunderte Dich, Du hattest so viele Talente und Fähigkeiten.
Warum mußtest Du so leiden?
Warum hattest Du solche Angst?
Warum Du?
Warum nicht ich?
Warum läßt Du uns zurück mit so vielen Fragen?
Auch Du hattest viele Fragen,
Konntest es nicht ertragen,
Keine Antwort zu wissen.
Deine Angst hat gesiegt.
Auch wir suchen noch immer nach einer Antwort und müssen lernen, dem Leben mit all seinen Fragen zu vertrauen, zu glauben und zu hoffen. In Liebe. Deine Schwester.

Eva, Erwin und Erna hatten geglaubt, daß die Kliniken Erich helfen könnten, sie hatten gehofft, daß eines Tages ein Medikament »anschlägt«, sie hatten Erich geliebt und ihm durch ihre Liebe zu zeigen versucht, daß sie immer zu ihm stehen würden. Als Erich starb, waren sie zur Klinik unterwegs gewesen. Dort war seine Abwesenheit noch nicht einmal festgestellt worden. Seine Eltern begaben sich auf die Suche und erkannten ihn an seinen Kleidern auf dem nahegelegenen Bahndamm. Nach Erichs Tod sagte Eva, sie habe das Gefühl, »eine mißlungene Mutter« zu sein.

Als meine Frau und ich 1996 von den *Regenbogengruppen Suizid* in Bern und in Zürich sowie von anderen Personen, die wir bis dahin begleitet hatten, Abschied nahmen, um zu Fuß nach Betlehem zu pilgern, schrieben uns Ende April Erwin und Eva:

> In Bewunderung von Eurer Pilgerreise möchten wir Euch noch ein Gedicht von Erich mit auf den langen Weg geben:
>
> *Schönheit*
> Verborgen in jedem Herzen
> Liegt eine zauberhafte Schönheit.
> An ihr halten wir uns fest.
> Sie ist des Lebens tiefster Sinn.
> Jeder Weg und alle Zeit ruhen darin.
> Wie der Vogel in seinem Nest,
> Wie der Tod neben dem Dasein hin.
> Es ist die Wurzel der Gemeinsamkeit.

Wegen ihrer organisatorischen Fähigkeiten hatte der Ausschuß von *Regenbogen Schweiz* vorgesehen, Eva in den Vorstand zu wählen. Sie hatte sich auch darauf gefreut, in diesem Gremium mithelfen zu können. Als dann die Vorbereitungen für den 10. Jahrestag von *Regenbogen Schweiz,* der im Februar 1999 stattfand, anliefen, mußte sich Eva entschuldigen lassen. Sie war plötzlich »in ein tiefes Loch gefallen«. Ein paar Monate zuvor war sie noch im Schweizer Fernsehen zusammen mit anderen Betroffenen aufgetreten, um andere an ihrem Schicksal teilhaben zu lassen, den Suizid zu enttabuisieren und zu zeigen, daß ein Weiterleben nach einem solchen Verlust möglich ist. Ich besuchte Eva in der Klinik. Während langer Gespräche versuchte ich herauszufinden, was der Auslöser für die Krise gut drei Jahre nach dem Tod von Erich gewesen sein könnte. Ich befürchtete, daß es etwas mit ihrem »coming out« am Fernsehen zu tun gehabt haben könnte. Eva versicherte mir aber, daß dem nicht so sei. Ihr sei es nach diesem Auftritt, obwohl sie sich »dort nicht so gut gefühlt« habe und »ein wenig enttäuscht« gewesen sei, sogar besser gegangen. Es seien unter anderem Erbschaftsprobleme gewesen, die ihr zu schaffen gemacht hätten.

Eva freute sich auf die kurz bevorstehende Entlassung, nach der sie mit Erwin ins Berner Oberland in die Ferien fahren wollte. Doch diese Ferien konnte Eva nicht so recht genießen, sie trat danach in eine andere Klinik ein, aus der sie nach relativ kurzer Zeit entlassen werden konnte. Am vierten Todestag von Erich telefonierte ich mit ihr. Sie sagte mir, daß ihr der letzte Klinikaufenthalt »sehr gut getan« habe. Die Medikamente seien »umgestellt« worden und sie fühle sich jetzt viel besser. Die furchtbare Angst sei weg. Beim Mittagessen erzählte sie Erwin von meinem Anruf und sagte ihm, daß sie sich gefreut habe, daß an diesem Tag noch jemand an sie denkt. Außer einer Freundin hatte sich sonst niemand gemeldet – auch nicht aus der Familie. Am gleichen Nachmittag hat sich Eva im Dachstock der Wohnung erhängt. Über der Todesanzeige stand:

> In der Stille meines Hauses finde ich mich
> In der Stille eines Gesprächs finde ich dich
> Und in der Stille der Natur tröstet uns Gott

Eva hat sich in der Stille ihres Hauses gefunden, hat im stillen Zwiegespräch ihren geliebten Erich wiedergefunden. Schweigend hat sie sich von uns verabschiedet, uns der Stille überlassen und der Zuversicht, daß uns Gott tröstet.

Jörg

Jörg wuchs als drittes Adoptivkind der Familie Jenni auf. Da Jörg wie seine drei Geschwister im frühesten Kindesalter adoptiert worden war, waren für ihn seine Geschwister »wirkliche« Brüder und Schwestern und seine Eltern die »wirklichen« Eltern. Das Problem der eigentlichen Herkunft spielte für keines der Geschwister eine Rolle. Jörgs »Vater« war leitender Angestellter einer großen Firma und konnte seiner Familie ein komfortables Zuhause in einem Eigenheim bieten.

Auf Grund einer früh erkannten Dyslexie hatte Jörg in der Schule größere Schwierigkeiten als seine Geschwister. Ansonsten war er sehr aufgeweckt, von äußerst heiterer Natur und musikalisch sehr begabt. Im Verlaufe seiner Jugend entgleiste Jörg jedoch verschiedentlich. Nach und nach geriet er in die Drogenszene und beging Kleindelikte. Dann schien es, daß sich Jörg wieder aufgefangen hatte. Seine Lehre als Baumaschinenführer bereitete ihm große Freude und die Lehrfirma war wegen seines Talentes des Lobes voll. Trotzdem holte ihn die Sucht wieder ein. Auf dem Heimweg von einem Freund setzte er sich auf einer einsamen Anhöhe bei einem Baum nieder und erschoß sich. Jörg wäre zwei Wochen später 20 Jahre alt geworden. Er hinterließ verschiedene Abschiedsbriefe, unter anderem auch einen an diesen Freund:

Salü Kurt

Ich habe einen riesigen Knall im Kopf, denn ich habe mir Kokain gespritzt. Ich habe einfach genug von diesem Leben. Wenn ich zurückdenke, habe ich fast nur Scheiße gebaut. Und jetzt hat mir der Vorfall mit Paula den Rest gegeben. Ich kann nicht mehr, und vor allem: Ich will nicht mehr. Ich habe die Nase voll. Wenn man nicht genau so tanzt, wie die Gesellschaft es verlangt, wirst du als Außenseiter, Taugenichts und noch viel Schlimmeres bezeichnet. Nimmst du noch Drogen, bist du sowieso abgeschrieben.

Bis jetzt hat mir der Mut gefehlt, doch nun bin ich soweit, daß ich sagen muß: Es ist besser so. Klar, für meine Mutter, meinen Vater und vielleicht auch für meine Geschwister wird es hart. Aber ich kann nicht zurück. Ich bin genug lang gegen den Strom geschwommen.

Ich möchte Dir danken für alles, was Du für mich getan hast. Du warst neben Priska und auch Sandro der einzige Mensch, dem ich alles erzählen konnte, ohne Hemmungen zu haben. Ich wünsche Dir für Deine Zukunft alles Gute. Bleib so, wie Du bist, denn Du bist ein super Typ.

Dein Freund Jörg

Kurt hat sich etwa ein Jahr nach Jörgs Tod das Leben genommen.

Einem anderen Freund schrieb Jörg:

Lieber Sandro

Ich habe großen Respekt vor Dir und ich möchte Dir auch danken, denn die Freundschaft mit Dir ist auf Vertrauen und Respekt aufgebaut. Als Kurt von hier weggezogen ist, habe ich es sehr geschätzt, daß ich so viel bei Dir sein durfte und daß Du mich fast immer nach Hause gefahren hast. Ich hoffe, daß Du in Deinem Leben glücklich wirst und Deine Ziele erreichst. Denn auf dieser Welt braucht man sehr viel Kraft zum Überleben. Jedoch glaube ich, daß Du die Kraft hast und vor allem einen starken Willen. Ich möchte Dir im Prinzip nur sagen, daß ich Dich sehr gut mag, denn bei Dir hatte ich immer das Gefühl von Geborgenheit. Vor allem konnte ich offen mit Dir diskutieren, obwohl ich sagen muß: An Rückendeckung hat es mir nie gefehlt. Vor allem meine Eltern bewundere ich. Denn was ich alles geboten habe, ist mehr als daneben: Ich habe unser eigenes Haus ausgeraubt. Ich bin am Zoll mit Kokain und Haschisch erwischt worden... Ich habe eben schon viel zuviel Mist gebaut.

[...] Ich habe gemerkt, was Liebe heißt, und kann es einfach nicht verkraften, daß ich wieder enttäuscht wurde. Ich passe einfach nicht in diese Welt. Doch Paula fehlt mir. Du kannst Dir vielleicht vorstellen, wie ich empfinde. Jedoch muß ich noch mehr erzählen.

Das Ganze begann an dem Samstag, als wir zu Kurt fuhren. Im Zug ging es ihr plötzlich schlecht und ich konnte keine Wärme mehr spüren von ihr, obwohl wir nie Krach hatten. Und doch fing sie plötzlich an zu reden. Zwar begriff ich das Ganze nicht. Sie sagte mir, daß die Gefühle für mich nicht mehr so stark wären wie am Anfang, sondern eher wieder bei ihrem Ex-Freund (namens Ernst) und daß sie nicht wisse, was sie tun solle. Sie liebe ihn so sehr. [...] Ich konnte ihr nur sagen, daß ich sie über alles liebe und sie einfach nicht verlieren möchte. Na gut. Es wurde dann Sonntag und da lief es im Prinzip sehr gut. Sie strahlte wieder etwas Wärme aus. Ich hoffte, es werde besser, und war voller Zuversicht und Hoffnung. Jedoch im Verlaufe des Tages ging ihre gute Stimmung wieder weg. Sie wurde wieder zu Eis. Auf der Heimreise probierte ich, mit ihr ins Gespräch zu kommen. Jedoch wollte sie gar nicht richtig reden oder konnte es nicht. Alles, was ich probierte, ging schief. Am Sonntag, als wir in der Stadt waren, hatte sie Patrick angerufen und etwas abgemacht mit ihm, um mit ihm zu reden. Ich ging in der Zwischenzeit nach Hause. Wir trafen uns am Abend wieder in der Stadt, um miteinander zu reden. Sie war jedoch stockbetrunken. Sie sagte mir, ich solle diese Nacht bei ihr übernachten. Wir gingen zu ihr. Am Bahnhof hatten wir es lustig, obwohl ich ganz nüchtern war, denn ich hatte die Grippe aufgelesen. Ich wurde wohl durch dieses ganze Theater krank. Am Montag hatte sie frei und ich mußte das Bett hüten. Auf jeden Fall haben wir uns am Abend entschlossen, zu mir nach Hause zu fahren. Dieser Abend war der letzte, an dem wir zusammen waren. Was mich eben so stutzig macht, ist, daß sie manchmal mit mir schlafen wollte und dann sagte: »Jetzt hast Du mich gefangen!« Und am Mittwochabend, als wir zu Dir kamen, war sie wieder wie aus Eis. Ich weiß einfach nicht, wo ich stehe. Zur Zeit hänge ich in der Luft. Ich habe den Überblick total verloren, weiß nicht, wo oben und wo unten ist. Ich habe nur noch einen Gedanken: Ein Ende setzen und meinen Frieden finden. Oder man kann auch sagen: Vor den Problemen davonlaufen.

Du wirst Mühe haben, mich zu verstehen. Aber ich hoffe, daß es Dir besser geht und daß Du Dich im Griff hast. Vielleicht sehen wir uns noch einmal. Wer weiß, was alles geschehen kann. Sage Deiner zukünftigen Lebensgefährtin, daß sie eine liebe – und ich glaube, das kann ich sagen –, eine verständnisvolle Frau ist. Werdet glücklich!

Zum Abschluß möchte ich Euch danken für alles, was Ihr mir gegeben habt: Euer Vertrauen und Verständnis, Wärme und Geborgenheit. Jeder muß seinen Weg gehen. Ich gehe jetzt meinen.

Obwohl ich Euch, meine Eltern, Kurt, Priska und natürlich Paula sehr gerne mag und Euch vertraue, habe ich gar keine Lust mehr, zu leben.

Jetzt hätte ich fast Deinen Bruder vergessen. Grüße ihn von mir. Er soll bleiben, wie er ist, denn er ist ein toller Typ.

Respektiere Deine Mitmenschen, so wie sie sind, und probiere sie nicht zu ändern, denn das gelingt nie. Dein Freund Jörg

Die ältere Schwester schrieb ebenfalls einen Abschiedsbrief an ihren Bruder, den sie bei der Abdankung vorlas:

Ich möchte gerne zum Tode meines Bruders etwas loswerden.

Ich erinnere mich: Ich war etwa fünfjährig, als Jörg zu uns kam.

Meine Eltern waren glücklich, nun drei Kinder zu haben. Jörg war ein kleiner Sonnenschein, ständig in Bewegung, und wo er war, ging es meistens froh und lustig zu. Seine Augen strahlten. Schon früh spielte er Fußball. Er war offen, spontan, hatte viele Freunde und konnte auf seine Art viel geben. Dann kam die große Welt der Entscheidungen, der Verantwortung, der Verführung, des Leidens und der Einsamkeit. Jörg kämpfte dagegen an. Es gab Zeiten, wo er es schaffte. Unsere angebotene Hilfe konnte oder wollte er aber nicht annehmen. Immer öfter verfiel er der Sucht. Die Welt schien dann für ihn schöner zu sein: Kein Krieg, keine Verzweiflung, keine Probleme. Jörg kämpfte. Er klammerte sich an die Freunde, an die Erfolge, an seine Arbeitsstelle. Er erlebte in der letzten Zeit vieles, was ihn aufstellte. Die Anerkennung, das Lob und die Zufriedenheit seiner Vorgesetzten taten ihm gut. Wir hatten wieder Hoffnung. Er freute sich auch auf seinen 20. Geburtstag und plante mit meiner Mutter, wen er alles einladen sollte. Ich bin so wütend, daß die Sucht mir meinen Bruder genommen hat, daß er keinen Weg und Sinn im Leben mehr sehen konnte, daß sie ihn in die Einsamkeit und Verzweiflung getrieben hat. Sein Tod bringt viel Leid über unsere Familie, macht uns hilflos und ohnmächtig.

Ich kann nur hoffen, daß sein Tod ein Zeichen setzen wird, wohin die Sucht führen kann. Wenn jemand von Euch Hilfe braucht, nehmt sie an, denn sie ist etwas sehr Schönes und bedeutet nicht Abhängigkeit, sondern Liebe und Leben.

Eine griechische Tragödie

In der Bibel wird berichtet, daß sich Jesus im Alter von zwölf Jahren von seinen Eltern davonmachte. Als sie ihn nach dreitägigem Suchen wieder fanden, waren sie immer noch ganz außer sich. Seine Mutter fragte ihn: »Kind, warum machst du uns solchen Kummer? Dein Vater und ich haben dich ganz verzweifelt gesucht!« Die Antwort von Jesus: »Habt ihr nicht gewußt, daß ich im Haus meines Vaters sein muß?«, läßt aufhorchen. Wer ist nun sein Vater?

In einer anderen biblischen Geschichte vernehmen wir, wie Jesus umherzog und Vorträge hielt. Der Erzählung gemäß war Jesus dermaßen gefragt, daß er und seine Gefolgschaft kaum Zeit fanden, zu essen. Als dies seine Angehörigen erfuhren, wollten sie ihn mit Gewalt zurück in seine Familie holen. Sie meinten, er sei »verrückt« geworden. Als er gerade wieder bei einem Vortrag war, schickten seine Mutter und seine Geschwister jemanden zu ihm, der ihm sagen sollte, daß seine Mutter und seine Brüder draußen warteten und ihm offenbar etwas Wichtiges zu sagen hätten. Jesus fuhr darauf den zu ihm geschickten Boten an und fragte ihn: »Wer sind meine Mutter und meine Brüder? Hier sind meine Mutter und meine Brüder.«

Als Jesus dabei war, Jünger zu rekrutieren, wollte einer – bevor er sich Jesus anschloß – noch seinen gerade verstorbenen Vater bestatten und bat Jesus deshalb um einen kleinen Aufschub. Jesus lehnte diese Bitte mit den Worten ab: »Geh mit mir! Überlaß es den Toten, ihre Toten zu begraben!«

Obwohl diese kurzen Ausschnitte aus den Evangelien aus ihrem Zusammenhang gerissen sind und ihnen über die vordergründigen Darstellungen hinaus ganz andere Anliegen zugrunde liegen, können sie doch dazu veranlassen, über Abstammung und Zugehörigkeit nachzudenken.

Eine andere – den hier interessierenden Anliegen entsprechend zum Teil verfremdete – »Familiengeschichte« soll zu weiterem Nachdenken anregen (auf der Innenseite des hinteren Buchdeckels befindet sich ein »alternativer Stammbaum« und das »Genogramm der Kadmäer«. Es ist hilfreich, die Schilderung des »Eboistos« anhand dieser Stammbäume zu verfolgen):

> Ich, Eboistos, Sohn des Eteokles, wollte eines Tages wissen, wer genau meine Vorfahren waren. Ich wußte schon einiges, aber vieles war mir zu ungenau, zu vage. Es gab da Dinge, über die niemand so recht reden wollte. Auch die verschiedenen Antworten, die ich auf meine gezielten Fragen bekam, waren oft unbefriedigend und stachelten meine Phantasie nur noch mehr an. Ich befragte nicht nur die wenigen Verwandten, die noch lebten, sondern auch Bekannte und Freunde meiner Eltern und Großeltern. Mitunter traten da Sachen zutage, die ich mir nie hätte träumen lassen. Ein geflügeltes Wort sagt, daß man vom Hörensagen lügen lernt. Nun, was sich wirklich zutrug, wird in vielen Fällen wohl für immer im dunkeln bleiben. Hier, was ich an mehr oder weniger Gesichertem und an Mutmaßungen zusammentragen konnte:
>
> Mein Urururgroßvater väterlicherseits, Kadmos, war ein reicher Gutsbesitzer, der Harmonia heiratete. Es war, wie üblich, eine von den Eltern der beiden arrangierte Ehe. Im Gegensatz zu heute hielten damals in der Regel solche Ehen, bis der Tod die Partner schied. Schon damals »gerieten« die Kinder nicht alle gleich, obwohl die Eltern sich bemühten, ihnen dieselbe Zuwendung und Erziehung zu bieten. So gingen aus dieser Ehe vier Töchter und zwei Söhne hervor, die verschiedener nicht hätten sein können. Drei der Töchter ermordeten ihre Erstgeborenen und eine von ihnen, Ino, stürzte sich mit ihrem von ihr getöteten Kind ins Meer. Der älteste Sohn, Polydoros, wurde dazu bestimmt, das elterliche Gut zu übernehmen und weiterzuführen. Wie seine Frau hieß, konnte ich nicht in Erfahrung bringen. Aus dieser Ehe meiner Ururgroßeltern ging Labdakos hervor, der Nyktis heiratete. Diesem Paar wurde Laïos geschenkt, der nicht nur mein Urgroßvater, sondern auch sonst ein ganz besonderer Mensch war. Doch darüber später.

Was meinen Stammbaum mütterlicherseits betrifft, sind die Verhältnisse, milde gesagt, recht kompliziert. Statt »mütterlicherseits« müßte ich eigentlich »großmütterlicherseits« sagen, windet sich doch um meine leibliche Mutter ein bis heute nicht zu lüftendes Geheimnis. Auch die Namen der Ururgroßmutter und der Urgroßmutter konnte ich nicht herausfinden. Spätestens hier fiel mir auf, daß es immer die Frauen waren, die unbekannt blieben. Im Leben ist es aber doch gerade umgekehrt: Wer die Mutter ist, ist nie die Frage, wer der Vater ist, schon eher. Mein Ururgroßvater mütterlicherseits Oklasos, zeugte einen Sohn namens Menoikeus. Diesem wurden vier Kinder geschenkt, nämlich die Großtanten Hippomene und Perimede sowie Iokaste, meine Großmutter, und Kreon, mein Großonkel. Als Iokaste und Kreon erwachsen waren, brach im Land die Pest aus. Mit allen Mitteln versuchten die hilflosen Menschen dieser Seuche Herr zu werden. Es kursierte ein Gerücht, wonach die Pest von Gott geschickt worden sei. Schon immer glaubten meine Vorfahren – und viele meiner Mitmenschen von heute glauben das ja noch immer – durch Befragung von allerlei Orakeln und Wahrsagern, den Willen Gottes und damit ihre Zukunft erkunden zu können. Damals soll der befragte »Wahrsager« gesagt haben, daß das Unheil eingedämmt werden könne, wenn ein »gesäter« Mann sich opfere. Mein Urgroßvater Menoikeus soll zur Überzeugung gekommen sein, daß er dieser »gesäte« Mann sein müßte. Ihm war nämlich erzählt worden, er sei der Erde entsprungen, nachdem Kadmos (der Gründer der »Dynastie« der Kadmäer und mein Ururururgroßvater väterlicherseits!) »Zähne von Schlangen in die Erde gestreut« habe. Offenbar hat mein Urgroßvater diese Sage nicht hinterfragt. Ich dagegen frage mich heute, ob durch diese sagenhafte Ausschmückung der Herkunft nicht schon weit zurück in meinem Stammbaum inzestuöse Verhältnisse verdeckt werden sollten. Wie dem auch sei, mein Urgroßvater opferte sich in der Hoffnung, durch diesen Suizid die Pest zu stoppen. Er stürzte sich von einem das Dorf umgebenden Schutzwall in den Tod. Von diesem Opfertod wird noch heute in der Familie mit einem gewissen Stolz geredet.

Mein Urgroßvater Laïos heiratete meine Großmutter Iokaste, wodurch er mein Stiefgroßvater wurde. Wie ich schon andeutete, war Laïos jemand besonderes. Noch bevor er Iokaste kennenlernte, hatte er an Chrysippos, dem Sohn seines Freundes Pelops, Gefallen gefunden und ihn sexuell mißbraucht. In seiner Pubertät wurde Chrysippos mit diesem Mißbrauch nicht fertig und stürzte sich in sein Schwert. Pelops war über die Schandtat seines Freundes empört und durch den Suizid seines Sohnes verzweifelt. Er verfluchte darauf den ruchlosen Laïos. Er wünschte ihm, daß er eines Tages von seinem eigenem Sohn getötet würde. Auf Grund der Verwünschung durch Pelops und nach der Befragung eines Orakels, das nicht nur die Erfüllung der Verwünschung bestätigte, sondern dazu noch prophezeite, daß sein Sohn seine Mutter heiraten würde, verweigerte sich Laïos seiner Frau Iokaste. Laïos hatte offenbar diese Verwünschung wie eine Selbstprophezeiung aufgenommen und wagte es deshalb nach seiner Heirat nicht, mit meiner Großmutter Iokaste Kinder zu zeugen. Iokaste, die von der Päderastie ihres Gemahls nichts wußte, machte Laïos eines Nachts trunken, so daß er ihr beiwohnte. So wurde mein Großvater Ödipus gezeugt. Als Laïos sah, daß ihm ein Sohn geboren worden war, ließ er ihm die Füße durchbohren und weitab von zu Hause aussetzen. Das Kind wurde jedoch von einem kinderlosen Ehepaar einer benachbarten Gemeinde gefunden, das es wie seinen eigenen Sohn aufzog. Ödipus wuchs zu einem prächtigen jungen Mann heran. Auch er hatte gelernt, daß man Wahrsager über seine Zukunft befragen konnte. Deshalb machte er sich eines Tages zu einem Orakel auf, von dem er die Weissagung bekam, daß er seinen Vater töten und seine Mutter heiraten würde. Von dieser Nachricht erschreckt, und um dieses Schicksal abzuwenden, verließ er sein vermeintliches Elternhaus. Unterwegs versperrte ihm Laïos mit seinem in entgegengesetzter Richtung fahrenden Wagen in einer hohlen Gasse den Weg. Laïos beschimpfte Ödipus und befahl seinem Kutscher, ihn zu schlagen. Im sich darauf entwickelnden Kampf tötete Ödipus den Kutscher und Laïos, ohne zu ahnen, daß es sein Vater war. Er setzte seinen Weg ins Nachbardorf, das sein Heimatdorf war, fort. Dieses Dorf wurde schon seit vielen Jahren von einem Banditen, der sich Sphinx nannte, terrorisiert. Dieser Bandit verlangte von jedem Fremden einen hohen Preis, es sei denn, er könne ein bestimmtes Rätsel lösen. Der Bandit schreckte nicht zurück, die sich wehrenden oder zahlungsunfähigen Besucher zu töten. Als es Ödipus als erstem Menschen gelang, das Rätsel zu lösen, geriet der Bandit, die »Sphinx«, außer sich und war so gekränkt, daß er/sie sich vom Felsen stürzte, von dem aus er/sie den Zugang zum Dorf bewacht hatte. Die Kunde vom Suizid des Banditen verbreitete sich schnell und die Dorfbewohner drängten die verwitwete Bürgermeisterin

Iokaste, den Befreier Ödipus zu heiraten. Aus der inzestuösen Ehe des Ödipus, Stiefbruders meines Vaters und zugleich mein Großvater, mit seiner Mutter Iokaste gingen neben meinem Vater Eteokles sein Zwillingsbruder Polyneikes und die beiden Schwestern Antigone und Ismene hervor. Auch Ödipus hatte wegen der Pest Rat bei einem Wahrsager gesucht. Gemäß dem Orakelspruch dieses Wahrsagers würde die Vertreibung desjenigen, der Laïos getötet hat, die Befreiung von der Seuche bringen. Darauf sprach Ödipus über diesen Unbekannten einen Fluch aus, ohne zu ahnen, daß er sich selbst verfluchte.

Eines Tages bekam Ödipus von einer bzw. einem gewissen Teiresias Besuch. Über diese zwielichtige Person kursierten die wildesten Gerüchte. Die einen wollten wissen, daß sie in einer entfernten Stadt eine berühmte Hure war, andere behaupteten, sie sei eine Lesbe und wieder andere wollten wissen, daß sie oder er ein Transvestit sei, der junge Männer verführe. Jedenfalls ist es im bewegten Leben Teiresias' zu einer heftigen Auseinandersetzung gekommen, bei der Teiresias die Augen ausgestochen wurden. Bei seinem Besuch bei Ödipus erzählte ihm Teiresias – ich weiß nicht, was er oder sie sich davon versprach –, daß seine Frau Iokaste seine Mutter sei. Ödipus war durch diese vermeintliche Verleumdung zutiefst empört und zugleich zu Tode erschrocken und wollte sie nicht wahrhaben. Kurz darauf aber erhielt Ödipus einen Brief von seiner Pflegemutter aus dem Nachbardorf, die er bis dahin für seine Mutter gehalten hatte. Darin teilte sie Ödipus mit, daß ihr Mann, sein vermeintlicher Vater, gestorben sei und daß sie sich nunmehr vom Geheimnis der Herkunft von Ödipus entbunden fühlte. Dieser Brief ließ keinen Zweifel mehr offen. Ödipus war von Schande und Scham am Boden zerstört. Er ging zu Iokaste, erzählte ihr, was er vernommen hatte, entnahm ihrem Gewand eine Nadel und stach sich damit die Augen aus. Meine Großmutter Iokaste konnte den ihr zugefügten seelischen Schmerz nicht ertragen und soll sich aus Kummer und Scham erhängt haben. Anderen Berichten zufolge habe sie sich, wie die Sphinx, von dem Felsen vor dem Dorf zu Tode gestürzt. Wie dem auch sei, sie beging jedenfalls Suizid. Unsere Familie war durch diese Ereignisse in ihren Grundfesten zutiefst erschüttert. Da mein Großvater es auch blind nicht mehr ertrug, weiter in unserem Dorf zu leben, brachten ihn meine Tanten Antigone und Ismene in die entfernte Stadt, wo er nach deren Rückreise in unser Dorf zu Tode gejagt worden sein soll.

Nach einem weiteren, unbestätigten Gerücht soll meine Großmutter Iokaste ein weiteres Kind mit ihrem Mann Laïos gezeugt haben. Diesmal sei es eine Tochter, Eniocha, gewesen, die ihnen geboren wurde. Niemand wußte so recht zu sagen, warum, aber jedenfalls wurde auch sie nicht zu Hause aufgezogen. Ihre Pflegeeltern hatten ihr den Namen Eurydike gegeben. Ich glaube, daß Eniocha, genannt Eurydike, nie von ihrer Herkunft erfuhr. Jedenfalls heiratete sie meinen Großonkel Kreon, Bruder meiner Großmutter Iokaste und Sohn jenes »berühmten« Menoikeus, der sich in Selbstaufopferung zu Tode gestürzt hatte. Sollte das Gerücht über die Herkunft Eniochas/Eurydikes stimmen, dann ehelichte sie ihren leiblichen Onkel, bzw. er seine Nichte. Dem Paar Eurydike-Kreon wurden zwei Töchter (Megara und Glauke) und zwei Söhne geschenkt. Den Erstgeborenen nannten sie in dankbarer Erinnerung an seinen Großvater ebenfalls Menoikeus, während der Jüngste den Namen Haimon erhielt.

Nachdem durch die Selbstverstümmelung und Selbstverbannung des Ödipus und den Suizid seiner Mutter und Frau Iokaste die Verwaltung des Dorfes erneut verwaist war, beanspruchte mein Großonkel Kreon in selbstherrlicher Weise diesen Posten. Meinem Vater Eteokles und seinem Zwillingsbruder Polyneikes war von ihren Eltern immer gesagt worden, daß sie nach deren Tod die Verwaltung übernehmen sollten. Ich weiß nicht, welches Spiel mein Onkel Polyneikes im Schilde führte, als er sich mit Kreon zusammentat und auf diese Art die Verwaltung mit übernahm. Mein Vater war jedenfalls über diesen Vertrauensbruch sehr erbost und forderte seinen Bruder zum Duell heraus. Dabei verletzten sich beide tödlich. Kreon war nicht nur über diesen Bruderkrieg außer sich geraten, sondern wollte auch den als illoyal diskriminierten Herausforderer, meinen Vater Eteokles und dessen Anhänger, noch im Tode bestrafen, indem er sowohl seine Bestattung als auch aller, die mit ihm gestorben waren, verbot. Dieses Edikt stand nun im krassen Widerspruch zum uralten Gebot, die Toten zu bestatten. Meine Tante Antigone, Schwester meines Vaters, und, weil mit Haimon verlobt, zukünftige Schwiegertochter Kreons, befand sich in einem schweren Loyalitätskonflikt. Sie brachte es schließlich nicht übers Herz, ihren Bruder öffentlich der Verwesung ausgesetzt zu sehen, und setzte deshalb seinen Leichnam in einer Grabkammer bei. Kreon erfuhr davon, ließ Antigone verhaften und lebendigen Leibes in das Grab ihres Bruders einmauern. Antigone wollte nicht elend in dieser Kammer neben der verwesenden Leiche ihres Bruders verhungern und erhängte sich deshalb. Haimon, jüngster Sohn von Kreon, wollte aber seine geliebte Antigone nicht grausam verenden lassen und faßte deshalb den Plan, sie zu befreien und dann mit ihr zu fliehen. Nach Einbruch der Nacht verschaffte er sich Zutritt zum Grab seiner Verlobten. Als er sie tot vorfand, stürzte er sich in sein Schwert.

Mein Vater Eteokles habe sich auch einmal an jenen zwielichtigen Teiresias gewandt, um ihn um Rat zu fragen, wie das Dorf in aller Zukunft vor fremden Ansprüchen geschützt werden könne. Teiresias soll meinem Vater geantwortet haben, daß das nur durch eine Selbstopferung eines Familienmitgliedes möglich sei. Mein Vater habe diese Weissagung im Familienkreis mitgeteilt, sie aber als völlig töricht abgetan. Menoikeus, ältester Sohn des Kreon, fühlte sich jedoch davon betroffen und verpflichtet, dieser »Wahrsagung« Folge zu leisten. Ohne jemanden ins Geheimnis gezogen zu haben, stürzte er sich – wie zuvor schon sein Großvater gleichen Namens – außerhalb des Dorfes in die Tiefe.

Eurydike/Eniocha, die Mutter von Menoikeus und Haimon, konnte den Schmerz über den Suizid ihrer beiden Söhne und den Suizid von Antigone, die sie schätzte und gerne als Schwiegertochter gesehen hätte, nicht verkraften und nahm sich darauf das Leben.

Man könnte meinen, daß mit dieser unglaublichen Serie persönlicher Tragödien die Möglichkeiten der Motive zu Selbsttötungen erschöpft sind. Die nachstehende Begebenheit, die sich in der Folge dieser verworrenen Familiengeschichte ereignet hat, zeigt jedoch, daß es noch andere Motive geben kann.

Hier nun, was sich im Streit um die Verwaltung des Dorfes weiter zutrug: Das Edikt meines Großonkels Kreon, Menschen, die sich gegen ihn aufgelehnt hatten und gestorben waren, nicht zu bestatten, hatte in weiten Kreisen Empörung hervorgerufen. Ein aus der Stadt herbeigeeilter Regierungsstatthalter ließ Kreon verhaften und ins Gefängnis werfen. Die durch sein Edikt unbestattet gebliebenen Verstorbenen durften nun von ihren Angehörigen gemeinsam beigesetzt werden. Unter den Toten befand sich auch Kapaneus, bei dem man aber nicht mit Sicherheit wußte, ob er durch einen Blitzschlag oder durch eine andere äußere Gewalt ums Leben gekommen war. Da es sich hier um einen sogenannten »außerordentlichen Todesfall« handelte, zu dessen Abklärung von Gesetzes wegen gerichtsmedizinische Untersuchungen notwendig waren, konnte der Leichnam von Kapaneus nicht seiner Gemahlin Euadne ausgehändigt und zur Verbrennung freigegeben werden. Euadne war darüber so verbittert, daß sie ihrem Gemahl in den Tod folgte, indem sie sich auf den Scheiterhaufen warf, mit dem die anderen Verstorbenen eingeäschert wurden.

Ich habe diese Familiengeschichte erzählt, damit vielleicht andere auch über ihre Abstammung nachdenken und Konsequenzen daraus ziehen.

Zum Schluß möchte ich noch folgendes zu bedenken geben und komme damit auf die eingangs erwähnten namenlosen Frauen zu sprechen: Wer meine leibliche Mutter war, wurde und wird mir bis heute verheimlicht. Auch darüber zirkulieren die wildesten Gerüchte. Hatte mein Vater gar nie eine Frau oder hat er ein Kind gezeugt und dann die Frau verstoßen? War ich der Sohn einer in die Vergessenheit verdammten Mutter und eines unbekannten oder totgeschwiegenen Vaters? Denn wenn meine Mutter beispielsweise bei meiner Geburt gestorben wäre, dann gäbe es ein Grab von ihr und ich hätte auch etwas über ihre Herkunft in Erfahrung bringen können. Daß die Namen der Frauen von sehr weit entfernten Vorfahren nicht lückenlos überliefert wurden, kann eventuell mit der patriarchalen Struktur unserer Gesellschaft zu erklären versucht werden. Aber meine Mutter… Da muß noch etwas anderes im Spiel sein, daß ich hier auf meine Fragen keine Antwort bekomme. Mein Vater Eteokles starb wie gesagt im Duell mit seinem Zwillingsbruder Polyneikes, als ich noch klein war. Polyneikes' Frau Aigaia nahm mich darauf zu sich und zog mich zusammen mit ihrem Sohn Thesander auf. Aber weder meine Tante Ismene noch Aigaia, die ich Mutter nannte, konnten oder wollten mir etwas über meine leibliche Mutter sagen. Unter den erwähnten Gerüchten über die »unbekannten Mütter« scheint mir eines recht wahrscheinlich zu sein: In Zeiten der Diktatur wurden Feinde der totalitären Herrschaft gefangengenommen und gefoltert, um eventuelle weitere »Verschwörer« auszumachen und in der Folge auszuschalten. Dieses »Ausmachen« und »Ausschalten« bestand darin, daß die Männer nach der Folterung getötet wurden – egal, ob ihnen die vermeintlichen Geheimnisse entrissen werden konnten oder nicht. Befanden sich unter den gefangengenommenen Frauen solche, die schwanger waren, wurden sie erst nach der Entbindung getötet. Die Kinder wurden jenen Offizieren gegeben, die selbst zeugungsunfähig waren. Gesunde junge Frauen wurden von den Offizieren, deren Gemahlin unfruchtbar war, vergewaltigt. Auf diese Weise stimmte sogar der Vater, die leibliche Mutter aber mußte verschwinden. Bin ich vielleicht der Sohn einer solchen instrumentalisierten, namenlosen Mutter?

Soweit die Familiengeschichte »Eboistos«, die eher eine Familientragödie ist. Anhand dieser Geschichte sollen im folgenden ein paar Verhaltensmuster untersucht werden. Auch weitere Ausschnitte aus realen Familiengeschichten lassen mitunter an die vorstehende Tragödie anknüpfen. Immer wieder werden urmenschliche, quasi archetypische Verhaltensmuster (kulturunabhängige, allgemeinste seelische Grunddispositionen überpersönlicher Natur) und deren Folgen aufgezeigt, wie sie C. G. Jung mit dem Begriff des »kollektiven Unbewußten« zu umschreiben versuchte.

Der (blut)roten Spur entlang

»Alle Personen und Handlungen sind frei erfunden. Jeder Bezug zu lebenden Personen oder Situationen ist rein zufällig.« So oder ähnlich lauten Hinweise in Medien, wenn dem sogenannt fiktiven Stoff reale Begebenheiten zugrunde liegen. Mit dem Vorspann »frei erfunden« und »rein zufällig« wollen sich die Geschichtenerzähler vor rechtlichen Verfolgungen schützen. Aber gerade, wenn ein solcher Hinweis der Schilderung einer Geschichte vorangeht, ist der Ausbreitung intimer Details der Dargestellten, auch wenn sie nur entfernt mit der Realität übereinstimmen, meist großer Publikumserfolg sicher. Auch die vorstehende Geschichte ist gewissermaßen »frei erfunden«. Aber außer dem Ich-Erzähler Eboistos stammen die übrigen Personen aus der griechischen Mythologie, wie leicht festzustellen ist. Ob sie wirklich lebten, ist hier nicht so wichtig, sondern der Umstand, daß in den griechischen Sagen Urmuster menschlichen Verhaltens geschildert werden, deren Bedeutung für die Nachwelt mitunter noch gar nicht recht wahrgenommen worden ist.

Für Eboistos ist das »sein« Stammbaum, sein Genogramm, dem da nachgegangen wird. Er ist in dieser Erzählung die »jüngste Frucht« einer langen Generationenfolge, deren Ursprung bei Kadmos und Oklasos gefunden wurde. Aus der Sicht dieser Ahnen handelt es sich um »ihren« Stammbaum und sie sind die »Wurzeln« dieses Baumes. Solche Stammbäume werden deshalb gern auch nach den Namen der Gründer solcher Dynastien benannt. Auf der einen Seite waren es im vorliegenden Fall die »Kadmäer« und auf der anderen Seite die »Oklasäer«. Jede und jeder von uns hat einen leiblichen Vater und eine leibliche Mutter. Und jede Mutter und jeder Vater entstammen wiederum einem Elternpaar. Diese Reihe kann beliebig lang fortgesetzt werden. Aber nur wenigen wird es möglich sein, ihre Abstammung über mehr als zwei oder drei Generationen zurückzuverfolgen. Oft verlieren sich schon die Großeltern und deren Geschwister im dunkeln.

Ein afrikanisches Sprichwort besagt, daß der Mensch zweimal stirbt. Das erste Mal, wenn sein Herz zu schlagen aufhört, und das zweite Mal, wenn er aus der Erinnerung der Hinterbliebenen verschwindet. Aus dieser Sicht kann es für die Lebenden wünschenswert sein, nach dem eigenen Tod nicht allzu schnell aus der Erinnerung ihrer Kinder und Kindeskinder zu »verschwinden«. Eine solche Überlegung könnte dazu beitragen, sich vermehrt mit den Lebenden zu beschäftigen, damit sie sich nach unserem Tod noch lange an uns erinnern und vielleicht das Gedenken an uns weitergeben. Aber auch für jene, die nicht unbedingt danach streben, im Andenken von Nachfahren weiterzuleben, kann die Kenntnis ihrer Abstammung und Herkunft interessant sein. Manche oder mancher von uns möchte gern wissen, »von wem« oder »woher« sie oder er »das« hat. Mit dem »das« sind nicht nur körperliche Merkmale (wie zum Beispiel Haut-, Haar- und Augenfarbe), sondern auch Verhaltensmuster, getreu der Redensart »der Apfel fällt nicht weit vom Stamm« gemeint. Dadurch wird eingestanden, daß wir nicht losgelöst von jeder Wurzel ein eigenes unabhängiges Individuum werden können. Wir sind vielmehr das Resultat unserer Abstammung, Herkunft und persönlichen Entwicklung auf Grund zwischenmenschlicher Beziehungen und Einflüssen aus unserer Um- und Mitwelt. Im angelsächsischen Sprachraum spricht man diesbezüglich verkürzt von »nurture and nature«, wobei mit »nature« die stammesgeschichtliche Abstammung und die Herkunft im weitesten Sinne und mit »nurture« die Erziehung und die erlebte Umwelt gemeint sind.

Wird ein Mensch von einer Krankheit heimgesucht, von der man weiß, daß sie erblich ist, wird er bald einmal wissen wollen, »von wem« er sie hat. Obschon dieses Wissen nichts an der Tatsache der Erkrankung ändert, kann es doch für ihn von großer Wichtigkeit sein zu wissen, ob gegen dieses Merkmal angegangen werden kann und ob seine eventuellen Kinder Gefahr laufen, eines Tages auch von dieser Erbkrankheit heimgesucht zu werden. Dank genetischer Untersuchungen kann heute die Abstammung zweifelsfrei nachgewiesen werden. Bei solchen genetischen Vorsorgeuntersuchungen hat sich in der Zwischenzeit herausgestellt, daß etwa zehn Prozent der Untersuchten nicht mit allen Mitgliedern ihrer Familie verwandt sind. Abstammung und Zugehörigkeit sind zwei verschiedene Sachen. Aber: auch wenn ich nicht von den Vorfahren der Familie abstammen sollte, in der ich aufwuchs, gehöre ich doch zu ihr. Meine Abstammung (auch wenn ich sie nicht rekonstruieren kann) und meine Zugehörigkeit haben mich geprägt. Aus meiner Zugehörigkeit kann ich ausbrechen, meiner Abstammung kann ich nicht entfliehen.

Wenn wir auch nichts über die Körpermerkmale der Kadmäer und Oklasäer wissen, so ist uns doch einiges über ihr fremd- und selbstaggressives Verhalten überliefert. Die blutrote Spur durch die Generationen scheint bei Ino, einer der Töchter des Kadmos, anzufangen. War es eine Kindbettdepression, eine sogenannte »postnatale Depression«, die Ino dazu veranlaßte, ihr erstes Kind zu ermorden (sie warf es in siedendes Wasser) und sich dann zusammen mit dem toten Kind ins Meer zu stürzen? »Woher« kam diese Depression, wenn sie »schuld« an solchem Handeln war? Wir wissen es nicht. Die wirklichen Gründe für ihr Verhalten sind mitunter auch den Menschen unbekannt, die sich das Leben nehmen. Uns steht es jedenfalls nicht zu, sie zu verurteilen oder unbedingt ihr »Geheimnis« ergründen zu wollen.

Auf der Seite der Oklasäer wird die Serie von Selbsttötungen von Menoikeus angeführt. Wie die Sage berichtet, stürzte er sich von einem Felsen, um die Pest, die die Stadt heimgesucht hatte, zu stoppen. In der Menschheitsgeschichte werden uns viele Beispiele von der Hingabe des eigenen Lebens zur Rettung anderer (man spricht von altruistischen Opfertod) geschildert. Aber in der überwiegenden Mehrzahl der Fälle ließen sich diese Menschen anstelle anderer oder für andere hinrichten. Menoikeus hingegen legte selber Hand an sich, in der Überzeugung, dadurch andere vor dem Tod zu retten. Was bewog ihn, so zu handeln? Wir wissen es nicht. Im Falle der Vergewaltigung von Chryssipos durch Laïos scheint es »klar« zu sein, warum sich Chryssipos in der Folge das Leben nahm. Aber ist das wirklich so »klar«? Ist die Vergewaltigung die Ursache für den Suizid? Wie viele Menschen »müßten« sich dann wohl das Leben nehmen? Warum tun sie es (Gott sei dank!) nicht, obwohl ihnen Gleiches oder Schlimmeres widerfuhr als Chryssipos? Von Ödipus haben wir erfahren, daß er bei Pflegeeltern, die selber keine Kinder haben konnten, aufwuchs. Ödipus wußte nicht, daß Polybos und Merope nicht seine leiblichen Eltern waren. Durch eine Indiskretion kamen ihm Zweifel über seine Abstammung. Die Befragung eines »Wahrsagers« ergab, daß er seine Heimat meiden solle, da er sonst seine Mutter heiraten und seinen Vater erschlagen würde. Da er dem Orakelspruch glaubte, ist es verständlich, daß er, von Panik erfaßt, seine vermeintliche Heimat verließ. Nichts lag ihm offenbar ferner, als seine Mutter zu heiraten und seinen geliebten Vater zu töten. Und dann kam es genau so, wie es ihm das Orakel prophezeit hatte. Aber wie ist es möglich, kann man berechtigterweise fragen, daß ein in geschütztem und ordentlichem Elternhaus aufgewachsener und von seinen »Eltern« geliebter Jüngling sich wegen eines verweigerten Vortrittsrechtes dazu hinreißen läßt, den Wagenlenker und dessen Mitfahrer zu erschlagen? War es der psychische Schock, der Ödipus auf Grund des Orakelspruchs so »außer sich« geraten ließ? Wie steht es dann mit der Schuldfrage? An Intelligenz scheint es Ödipus jedenfalls nicht gefehlt zu haben. Sonst hätte er wohl nicht das Rätsel der Terroristin und Wegelagerin »Sphinx« lösen können. Des Rätsels Lösung muß der Sphinx allerdings so unmöglich erschienen sein, daß sie keine Möglichkeit mehr sah, nach dessen unerwarteten Auflösung »in Ehren« weiterzuleben. War der »Gesichtsverlust« aber wirklich die Ursache oder lediglich der Auslöser für den Suizid?

Iokaste konnte nicht wissen, daß der Jüngling, der die Gemeinschaft von der Sphinx befreit hatte, ihr Sohn war, so wenig wie Ödipus erahnen konnte, daß diese Frau die Witwe seines Vaters und seine Mutter war. Für Ödipus war es bestimmt eine Ehre, die Gebieterin über eine größere Gemeinschaft heiraten zu können. Diese Ehe scheint auch glücklich gewesen zu sein und lange gedauert zu haben, wofür die drei Schwangerschaften von Iokaste ein Indiz sein können. Neben den Zwillingen Eteokles und Polyneikes wurden dem Ehepaar noch die Töchter Ismene und Antigone geschenkt. Da die Pest durch den Suizid von Iokastes Vater Menoikeus nicht eingedämmt worden war, befragte Ödipus das Orakel. Dabei bekam er zur Antwort, daß ein Inzest und ein Vatermord, die sich innerhalb des Gemeinwesens zugetragen hätten, zuerst gesühnt sein müßten, bevor die Pest weiche. Ödipus war erbost über den nicht genannten Frevler und schwor ihm Rache. Dabei konnte er nicht ahnen, daß er sich damit selbst verfluchte.

Wiederum war es eine Indiskretion, die Ödipus erneut aufschrecken lassen sollte. Es wurde ihm zugetragen, daß er der Frevler sei. Als ihm dann seine vermeintliche Mutter Merope in einem Brief mitteilte, daß ihr Mann und sein vermeintlicher Vater gestorben sei, brach für Ödipus eine Welt zusammen. Er beichtete seine »Untat« seiner Frau und Mutter, blendete sich und ließ sich von seinen Töchtern außer Landes führen. Aber auch Iokaste verzweifelte. Sie sah keinen anderen Ausweg, als sich zu erhängen. Wer oder was ist schuldig an diesen selbstzerstörerischen Handlungen? Doch: haben wir hier nicht irgendwie Verständnis für dieses Handeln? Warum hier mehr als bei den vorhergehenden Suiziden?

Durch diese Geschehnisse war die Verwaltung des Gemeinwesens wieder verwaist. Da die Zwillinge Eteokles und Polyneikes offenbar noch zu jung waren, um die »Thronfolge« zu übernehmen, und da es wegen der Zwillingsschaft von Eteokles und Polyneikes nicht geregelt war, wer die Macht übernehmen solle, eignete sich Iokastes Bruder Kreon vorübergehend diese Macht an. Nachdem sich dann Polyneikes zum Ärger von Eteokles mit Kreon arrangiert hatte, bekämpfte dieser mit seiner Gefolgschaft seinen Onkel und seinen Bruder. Eteokles hatte in gewohnter Weise ein Orakel befragt, um in Erfahrung zu bringen, wie ihm der Sieg über die Angreifer sicher sein könnte. Dabei kam heraus, daß sich ein Mitglied der Verwandtschaft opfern müsse. Nachdem dieser Orakelspruch bekannt geworden war, bezog ihn Menoikeus, Enkel des gleichnamigen Großvaters, auf sich und stürzte sich wie dieser in die Tiefe. Was ließ Menoikeus glauben, daß er es sein müsse, der sich zu opfern habe? War es das Vorbild seines Großvaters, das ihn zur Nachahmung der Selbstopferung animierte? Oder war es eine Familienstrategie, Probleme (scheinbar) dadurch zu lösen, daß man sich das Leben nimmt?

Beim Kampf um die Macht kamen schließlich beide Brüder ums Leben. Das gab Kreon die Legitimation für seine Herrschaft. Doch wütend über die Tatsache, daß ihm die Rechtmäßigkeit seiner Machtausübung über das Gemeinwesen von einem seiner Neffen und dessen Gefolgschaft streitig gemacht worden war, verbot Kreon, die gegnerischen Gefallenen zu bestatten. Ein solches Bestattungsverbot war gegen jegliche Sitte und »göttlichen Gebote«. Antigone, Schwester der gefallenen Zwillingsbrüder, brachte es nicht übers Herz, einen ihrer Brüder im Freien unbestattet verwesen zu lassen. Sie brachte ihn deshalb heimlich in eine Grabkammer, wurde aber dabei von Kreon ertappt und von ihm dazu verurteilt, ins gleiche Grab lebendigen Leibes eingemauert zu werden. Kreon war auf der Höhe seiner Macht und glaubte sich über alle Gebote, Gesetze und Konventionen erhaben. Auch die Tatsache, daß sein Sohn Haimon mit Antigone verlobt war, konnte ihn nicht von seinem grausamen Vorhaben abhalten. Als Haimon seine Geliebte im Schutz der Nacht aus ihrer Todeskammer befreien wollte, fand er sie erhängt vor. Daraufhin stürtzte er sich in sein Schwert.

Auch diese beiden Suizide scheinen uns »nachvollziehbar«. Wer nähme es wohl auf sich, in einem Grab neben einer verwesenden Leiche elend zu verhungern? Von welcher Hoffnung und welchem Glauben muß ein Mensch beseelt sein, eine solche Folter vertrauensvoll auf sich zu nehmen? Kann in solchem Verhungern ein Ziel gesehen werden? Antigone jedenfalls zog es in dieser für sie scheinbar aussichtslosen Lage vor, ihrem Sterben ein schnelles Ende zu bereiten. Der nachhaltige Entzug von Nahrung führt ja unweigerlich zum Tod. Diese Tatsache zu instrumentalisieren, hat nur dann einen Sinn, wenn aus solchem Handeln Vorteile erhofft werden, die ein Weiterleben »lohnend« oder lebenswert erscheinen lassen.

Eines der bekanntesten Beispiele solchen Handelns stammt aus dem 14. Jahrhundert und ist das selbst auferlegte (Ver-) hungern der Catharina von Siena. Sie wurde 1347 als 23. Kind eines Färbers geboren. Schon in frühester Kindheit erkannte sie, daß sie als Frau gewissermaßen zur »untersten Kaste« ihres Volkes gehörend keine Chance für einen sozialen Aufstieg hatte. Sie wandte sich deshalb mit Fanatismus dem Glauben zu und zog sehr bald die Aufmerksamkeit sowohl ihrer Familie als auch der Geistlichkeit durch ihre Askese und Leibfeindlichkeit auf sich. Ihre Suche nach einem Ideal und dem Absoluten, wobei sie die ganze Welt verändern wollte, wurde zur Sucht. Die Magersucht ist eine Sucht, die versucht, die Übel der ganzen Welt abzuspecken. In diesem Streben, alles besser zu machen, liegt auch ein Streben nach Macht, dem die Mitmenschen oft ohnmächtig gegenüberstehen. Wie im Mittelalter sind es auch heute noch vorwiegend Mädchen und junge Frauen, die (meist unbewußt) durch solches Handeln etwas in ihrem Umfeld ändern wollen. Es handelt sich um eine oft unbewußte und mitunter perfide Art der Erpressung, wobei der Tod in Kauf genommen wird. Solche Menschen sind aber insgeheim von der Hoffnung beseelt, daß sich die Dinge infolge ihres Verhaltens doch noch zum Besseren wenden. Nicht der Tod ist hier das

Ziel, sondern eine Änderung der Umstände. Diesem (fälschlich) mit »Anorexie« (Appetitlosigkeit; Verlust des Triebes, Nahrung aufzunehmen) bezeichneten Krankheitsbild liegt die Suche nach einem Ausweg im Leben zugrunde. Hat ein solches Verhalten aber einmal »Besitz« von der Person ergriffen, wird es zu einem regelrechten Suchtverhalten, weshalb die Bezeichnung »Magersucht« treffender als »Anorexie« ist. Wie jede Sucht ist allerdings auch die Magersucht ein selbstzerstörerisches Verhalten, ein Suizid auf Raten. Was geht in diesen Menschen vor, daß sie so handeln? Warum ist es so schwierig und fast umöglich, sie »zur Vernunft« zu bringen? Im Gegensatz zu einer Entgleisung und Fehlentwicklung des Verhaltens, wie das bei der Instrumentalisierung der Nahrung im Falle einer Magersucht oder einer Freß-/Brechsucht (»Bulimie«, Heißhunger, Gefräßigkeit) der Fall ist, wurde und wird die bewußte und konsequente Nahrungsverweigerung zur Durchsetzung politischer Ziele eingesetzt (wohl berühmtestes Beispiel ist der Hungerstreik Ghandis). Hier handelt es sich nicht um ein Suchtverhalten, sondern um eine Erpressung, der oft altruistische Motive zugrunde liegen.

Für Haimon gab es nichts mehr zu hoffen, als er seine geliebte Antigone erhängt in der Grabkammer vorfand. Für ihn war der Tod der einzige »Ausweg« aus der Tyrannei seines Vaters. Vielleicht war sein Tod auch Nachfolge auf dem Weg, den seine Geliebte ihm vorausgegangen war. Vielleicht wollte er sich mit seinem Suizid auch an seinem Vater und dessen Grausamkeit rächen. Der möglichen Motive gibt es viele. Aber genügen sie, um in den Tod zu gehen?

Als Eurydike vernimmt, daß auch ihr letzter Sohn sich das Leben genommen hat, zerbricht sie und nimmt sich ebenfalls das Leben. Wieder können wir es irgendwie »nachvollziehen«, daß Eurydike angesichts des furchtbaren Leides, das ihr widerfuhr, und als Gemahlin eines tyrannischen und größenwahnsinnigen Mannes nicht mehr weiterleben wollte. Vielleicht wollte sie endlich Ruhe vor so viel Leid und Elend haben, vielleicht wollte auch sie ihren Söhnen einfach »nachfolgen«. Ihre zwei weiteren Töchter Megara und Glauke konnten sie ebensowenig von ihrem Tod abhalten wie Sthenelos seine Mutter Euadne von ihrem Suizid abhalten konnte. Euadne lehnte sich mit ihrer öffentlichen Selbstverbrennung gegen Unrecht auf, wie es bis in unser Jahrhundert Jan Palach, Pfarrer Brüsewitz und buddhistische Mönche taten. Damit ist der Kreis zurück zur Selbstopferung Menoikeus geschlossen. Was bleibt, ist die Frage nach der wirklichen Ursache solchen extremen menschlichen Verhaltens.

In einer aus dem Mittelalter stammenden Legende werden die Ödipuserzählung und verschiedene biblische Geschichten (Adam und Eva, Kain und Abel, Josef, Moses, Weinberg von Nabot, Jesus und Judas), insbesondere das Geschehen mit Judas Iskariot, auf eine überraschende Art und Weise miteinander verknüpft. In dieser sogenannten »Judas-Legende« wird ein psychologischer Zusammenhang zwischen Liebe und Verrat – sowohl des Judas als auch des Ödipus – geschildert. Diese Erzählung ist Teil einer klassischen Legendensammlung des Mittelalters, die 1264 vom Dominikanermönch und späteren Erzbischof von Genua, Jacobus a Voragine, redigiert wurde. Dort wird berichtet:

> Zu Jerusalem lebte ein kinderloses Ehepaar, Cyborea und Ruben, aus dem Stamme Dan oder Issachar. Der Frau träumte eines Nachts, sie werde einen Sohn gebären, der ihr ganzes Volk verderben werde. Deshalb setzten die Eltern den Knaben, nachdem sie ihm die Unterschenkel zerschlagen hatten, in einem Binsenkörbchen im Meer aus. Der Säugling ging aber nicht zugrunde, sondern wurde an den Strand der Insel Iskarioth getrieben. Dort fand ihn die Königin, nahm ihn auf und gab ihn als ihr eigenes Kind aus. Später gebar sie noch einen leiblichen Sohn. Judas vertrug sich nicht gut mit seinem jüngeren Bruder und stritt sich oft mit ihm. Als er schließlich erfuhr, daß er selber nur ein Findelkind sei, das das Meer ans Ufer getrieben habe, ermordete er seinen Bruder. Auf der Flucht gelangte er nach Jerusalem an den Hof des Pilatus, und da dieser Gefallen an ihm fand, wurde er dessen Hofmeister.
>
> Eines Tages sieht Pilatus in einem Garten einen Baum voll reifer Früchte; die stechen ihm in die Augen; er will sie haben. Judas geht,

> sie für ihn zu stehlen. Dabei wird er vom Besitzer des Gartens überrascht, gerät mit ihm in Streit und erschlägt ihn. Das geschieht ohne Zeugen, und auch als der Tote entdeckt wird, vermutet niemand einen Mord. Pilatus gibt dem Judas das Gut des Erschlagenen zu eigen und verheiratet ihn mit der Witwe. Der Besitzer des Gartens war aber Ruben, seine Frau Cyborea. Ohne es zu wissen und zu wollen, hatte Judas den Vater erschlagen und die Mutter geheiratet. Aufgedeckt wird das erst, als eines Tages Cyborea dem Judas von ihrem Kind erzählt, das sie einst in einem Binsenkörbchen im Meer ausgesetzt hat. Judas ist erschüttert; auf den Rat seiner Frau bzw. seiner Mutter schließt er sich Jesus an, um Buße zu tun.

Selbst wenn man annimmt, die Geschichte versuche nur, das Unheil des Judas damit zu begründen, daß ihm alle nur denkbaren Sünden angelastet werden, kann nicht erklärt werden, warum es gerade der Ödipus-Mythos ist, mit dem sich die Judas-Geschichte verbindet. Will diese Geschichte vielleicht auf die fatalen Familiengeheimnisse aufmerksam machen, die seit Adam und Eva bis in unsere Tage »gepflegt« werden und die Mord, Verrat und Suizide »zudecken« sollen? Stellen sie den »(blut)roten Faden« dar? Ist vielleicht der rote Faden durch die zwei phantastisch ineinander verwobenen Geschichten das Blut von Abel?

Was kann ich tun, nachdem ich weiß, was ich weiß?

Auch wenn ich mir das Leben nehme, bleibe ich Teil des Ganzen, in das ich hineingeboren wurde. Mein Leben und Sterben bleibt ebenso in diesem Ganzen verankert, hat Folgen für meine Nachkommen und kann Folgen für die ganze übrige Verwandtschaft haben. Umgekehrt kann ich meinem Stammbaum entnehmen, ob eventuell eine gewisse Suizidgefährdung besteht. Wenn sich einer meiner Vorfahren das Leben genommen hat, will das allerdings noch lange nicht heißen, daß auch ich in einer ähnlichen situationsbedingten Einengung gleich handeln würde.

Sich das Leben zu nehmen kann nicht als »Merkmal« vererbt werden. Nur stammesgeschichtliche »Angepaßtheit« wird »angeboren« und ist allen Menschen in gleicher Weise eigen. Stammesgeschichtlich »angepaßt« sind bestimmte Verhaltensweisen und Wahrnehmungsleistungen eines »Organismus«. Sie sind in den Entwicklungsanweisungen des Erbguts in der Art und Weise festgelegt, daß unser Körper sich zu dem entwickelt, was wir sind und als »Mensch« bezeichnen. Der menschliche Organismus hat im Verlaufe der Millionen von Jahren dauernden stammesgeschichtlichen Entwicklung »Normen« herausgebildet, nach denen er sein Verhalten richten kann. Solche Normen legen auch fest, was der Mensch als »gut« oder »böse« erlebt. Im Falle von Konflikten und Auseinandersetzungen liegen diese Normen dem »schlechten Gewissen« zugrunde.

Der Mensch hat im Laufe dieser langen stammesgeschichtlichen Entwicklung gelernt, sich den sich ändernden Umweltbedingungen anzupassen. Diese Anpassung seines Verhaltens (man spricht von »adaptiver Modifikabilität«) setzt komplizierte Vernetzungen im Gehirn voraus. Dort wurde festgelegt, wie auf eine bestimmte Wahrnehmung zu reagieren ist und was als »Belohnung« gilt. In diesen »Programmen« ist verankert, wie auf Gefahren reagiert werden soll (z. B. durch Flucht oder sich totstellen). Es handelt sich hier um angeborene Reflexe bzw. Auslösemechanismen, die nicht durch Willensanstrengungen unterdrückt werden können. Insgesamt kann von vorprogrammierten angeborenen Bewegungs- und Verhaltensformen gesprochen werden.

Obwohl das Erbe bei der Differenzierung von Verhaltensweisen eine wichtige Rolle spielt, besteht immer eine Wechselwirkung von Erbe und Umwelt. Jede Angepaßtheit ist die Abbildung einer Vorlage. Um diese Vorlage zu kopieren, verfügt der Organismus über zwei grundsätzlich verschiedene Arten von Informationsspeichern: Den genetischen Code und das individuelle Gedächtnis. Dazu gehören in gewissem Sinne noch unsere Sprache, die Schrift und elektronische Informationsspeicher. Unsere Wahrnehmung ist immer selektiv, um eine Reizüberflutung einzudämmen. Hervorgehoben werden charakteristische Merkmale eines Ereignisses, weniger wichtige verdrängt. Das erlaubt eine Vereinfachung der Mitteilung von Erlebtem. In der Wechselbeziehung von Wahrnehmen und Handeln erlebt der Mensch Emotionen, die grundsätzlich zu seinem Sein gehören.

Zu den stammesgeschichtlich eingeprägten Urtrieben gehört der Selbsterhaltungstrieb. Dieser Trieb sollte eigentlich verhindern, daß ein Mensch sich das Leben nimmt. Auf Grund dieses Triebes scheint es auch unverständlich, daß die Einsicht gewonnen werden kann, sein Leben »für andere« hinzugeben. Hier muß unter Umständen der »Selbsterhaltungstrieb« in erweiterter Form gesehen werden: Wenn sich ein Mensch opfert, kann gegebenenfalls in dieser Selbsthingabe oder Selbsttötung »für« Kinder, Verwandte, ja, für eine ganze Sippe, ein altruistisches Bestreben gesehen werden, die weitere Verbreitung der eigenen Gene sicherzustellen. Unter diesem Aspekt wäre es Eigennutz, der zur Selbstopferung treibt, wogegen auf der Ebene des erlebten und beobachteten Handelns die Selbsttötung als uneigennützig gesehen wird. Schließlich werden bei solch tragischem Geschehen immer Mitgefühl, Sympathien und Betroffenheiten erlebt und beobachtet und liegen auch wirklich vor. Solche »altruistischen« Verhaltensweisen laufen wahrscheinlich in den meisten Fällen unbewußt ab und können ein Resultat der stammesgeschichtlichen Entwicklung sein.

Ich möchte in diesem Zusammenhang an die altruistischen Suizide von Menoikeus, dem Vater von Iokaste, und Menoikeus, dem Sohn von Kreon erinnern. Dabei darf nicht außer acht gelassen werden, daß der Mensch das Bedürfnis hat, sein Familienethos auf die Gruppe auszudehnen. Seine emotionale und verhaltensmäßige Ausstattung erlaubt es ihm, sich mit anderen zu geschlossenen Gruppen zu vereinen, die als Einheit handeln und damit auch als solche in der Selektion handeln. Die Indoktrinierbarkeit, das Kriegsethos und das Ethos des Teilens können dazu führen, daß der einzelne seine Interessen hinter jene der Gruppe zurückstellt. Auch diese Überlegungen drängen sich bei der Analyse der geschilderten Familientragödie aus der griechischen Mythologie auf. Selbst ein anderes »altruistisches« Muster von Selbsttötung ist in diesem Zusammenhang denkbar. Ein Mensch, der zur Überzeugung gelangt ist, daß sein »genetischer Rucksack« mit zu viel Negativem gefüllt ist, kann durch seine Selbsttötung verhindern wollen, daß diese negative Auslese fortgepflanzt wird. Es ist schwer zu entscheiden, ob ein solches »rationales« Denken möglich ist, oder ob derartige Argumente nur zur Verschleierung eines gestörten oder fehlenden Selbstwertgefühls dienen sollen.

Was Suizide infolge sexuellen Mißbrauchs oder infolge von Inzest betrifft, kann davon ausgegangen werden, daß Vergewaltigungen schwere seelische Wunden schlagen. Das traumatisierende Ereignis hat sich unauslöschlich im Hirn eingeprägt. So wie ein blankes Metallstück durch einen wuchtigen Schlag »geprägt« und dadurch beispielsweise zu einer Münze wird, so hinterläßt eine Vergewaltigung seine Prägung im Gehirn. Das Verhalten eines solchen Menschen kann von dem Moment an dauerhaft verändert werden. So wie die Prägung eines Metallstückes eine gewisse Plastizität des Metalls voraussetzt, so besitzen auch die Vernetzungen im Gehirn die Fähigkeit, durch äußere Einflüsse umgeprägt werden zu können. Man spricht hier von »neuronaler Plastizität«. Nach der Vergewaltigung von Chryssipos durch Kreon wäre es denkbar, daß diese Verletzung ihn so prägte, daß er damit nicht mehr weiterleben zu können glaubte. Der Suizid der Iokaste kann die Konsequenzen des Inzests mit ihrem Sohn nicht tilgen und entbehrt von daher gesehen einer rationalen Erklärung. Stellte die Aufdeckung der Wahrheit einen genügend großen psychischen Schock dar, um sich das Leben zu nehmen? Oder war eher eine »erbliche Veranlagung« beim Suizid von Iokaste im Spiel?

Um die Erblichkeit irgendeines Merkmals ein wenig zu illustrieren, will ich als Beispiel die Haar- und Augenfarbe zweier Ehegatten zum Ausgangspunkt nehmen. Nehmen wir an, daß Hans blond ist und blaue Augen hat, seine Frau Heidi schwarze Haare und schwarze Augen hat. Vor der Geburt eines Kindes dürfte das junge Paar »gespannt« sein, »wie« denn ihre Nachkommen aussehen würden. Da wir nichts über die Eltern von

Hans und Heidi wissen, sind alle Hypothesen offen. Jedes Kind kann sowohl in Bezug auf Haar- als auch auf Augenfarbe ganz der Mutter oder ganz dem Vater gleichen. Daneben sind alle erdenklichen Kombinationen möglich. Je mehr wir jedoch über die Haar- und Augenfarbe der Vorfahren der Eltern von Hans und Heidi wissen, um so größer ist die Wahrscheinlichkeit, daß die Ausprägung dieser Anlagen bei ihren Kindern vorausgesagt werden kann. Die Grundlage für solche Berechnungen wurde Mitte des 19. Jahrhunderts durch den Augustinermönch Mendel gelegt. Die Vererbung von Merkmalen folgt zwar bestimmten Regeln, ist aber sehr komplex. Sie kann verschiedenen Mustern (»autosomal dominant«, »autosomal rezessiv«, »X-chromosomal«) folgen und durch sogenannte Kopplungen und Rekombinationen sowie durch zufällige Fluktuationen beeinflußt werden.

An die Stelle von Wahrscheinlichkeitsrechnungen auf Grund eindeutiger Merkmale in den Stammbäumen treten deshalb mehr und mehr genetische Analysen, die, sofern das krankmachende Gen bekannt ist, eine sichere Prognose erlauben. Gegenwärtig können nur ganz wenige erbliche Krankheiten durch aufwendige molekulargenetische Untersuchungen sicher diagnostiziert und ihrem Ausbrechen vorbeugend entgegengewirkt werden. Therapien, die auf der Basis der Reparatur der defekten Gene beruhen, stehen noch aus oder sind in Versuchsstadien. Es bestehen jedoch berechtigte Hoffnungen, daß in absehbarer Zeit – wenn auch noch nicht eigentliche Genreparaturen – doch Verfahren möglich werden, durch die genetisch veränderten Zellen am Zielort jene Substanzen zur Verfügung gestellt werden können, die für ein wieder normales Funktionieren des gestörten Stoffwechsels notwendig sind. Erste erfolgversprechende Erfahrungen konnten beispielsweise bei der gezielten Unterdrückung der »Entladungsgewitter« (einer erregenden Neurotransmission) im Gehirn bei Epilepsie gesammelt werden.

Suizidalität kann als solche nicht vererbt werden, wohl aber eine gewisse Prädisposition oder Veranlagung dazu. Bei der Untersuchung von Gehirnen von Menschen, die sich das Leben genommen hatten, wurde oft festgestellt, daß bestimmte Botenstoffe (insbesondere Serotonin) deutlich, ja, mitunter bis zur Nachweisgrenze vermindert waren. Gezielte Forschungen kamen zum Schluß, daß suizidales Verhalten ein eigenes spezifisches Verhalten mit spezifischen neurochemischen Charakteristiken darstellt. In den Augen dieser Forscher handelt es sich also um eine besondere »neuropsychische Pathologie«.

Aus dem Genogramm der Kadmäer ist lediglich die inzestuöse Verbindung von Iokaste mit Ödipus (Mutter/Sohn) ersichtlich. Wahrscheinlich liegt aber auch eine Verbindung von Kadmos mit der Frau von Oklasos vor. Dieser Schluß ist zulässig, weil in der Sage die Rede davon ist, daß Menoikeus der »Erde entsprungen« sei, nachdem Kadmos »Zähne von Schlangen in die Erde gestreut« habe. Dabei kann der Penis von Kadmos als die Schlange, die Spermien als die Zähne und die namenlose Frau von Oklasos als die Erde gesehen werden. Wenn das der Fall sein sollte, wäre Menoikeus nicht der Sohn von Oklasos, sondern neben Polydoros ein weiterer Sohn von Kadmos. Iokaste wäre dann die Stieftante von Laïos, was die inzestuöse Verbindung Tante/Neffe ergäbe. Weniger wahrscheinlich – aber nicht auszuschließen – ist zudem die Möglichkeit, daß Eurydike eine Tochter von Iokaste und Laïos ist. Sowohl die Verwünschung von Laïos durch Pelops als auch das delphische Orakel verhießen ja Laïos nur Unheil durch einen Sohn. Es ist nun denkbar, egal, ob Eurydike vor oder nach Ödipus geboren wurde, daß sie wie Ödipus ausgesetzt worden war. Erstgeburten »sollten« schon damals »Stammhalter« – also männlich – sein. Wurde sie nach Ödipus geboren, wäre sie, da ihr Bruder ja schon ausgesetzt worden war, gleichwohl einziger Nachkomme gewesen, was wiederum nicht annehmbar war – weil eben weiblich. Es macht den Anschein, daß Kinderlosigkeit als ehrbarer angesehen worden sein könnte, als »nur« eine Tochter gezeugt zu haben. Um dieser »Falle« zu entrinnen, ist es denkbar, daß eben Eurydike, falls sie Tochter von Iokaste und Laïos gewesen sein sollte, weggegeben und bei Pflegeeltern aufgezogen wurde. Die doppelte Namengebung – einmal Eniocha und einmal Eurydike – könnte ein Hinweis dafür sein, daß Eurydike vor ihrer Aussetzung den Namen Eniocha erhielt, dann aber von den Pflegeeltern Eurydike genannt wurde. Sollte diese Hypothese zutreffen, dann hätte Kreon eine Nichte geheiratet.

Solche verworrenen Familienverhältnisse gibt es bis heute. Die genetischen Vorsorgeuntersuchungen, die heute immer öfter bei Trägerfamilien schwerer Stoffwechseldefekte durchgeführt werden, ergaben, daß in rund zehn Prozent aller untersuchten Familien ein Kind nicht vom vermeintlichen Vater abstammt...

Damit ich »etwas tun« kann, muß ich vorerst sicher sein, daß meine Abstammung stimmt. Auf Grund der Vererbungsgesetze werden Merkmale bei inzestuösen Verbindungen (Blutsverwandtschaft, Konsanguinität) um so mehr weitergegeben, je enger der Verwandtschaftsgrad ist. Man spricht dabei von sogenannten »Inzuchtkoeffizienten«. Dieser beträgt bei Eltern-Kinder-Verbindung und bei Geschwisterverbindung 0,5, bei Onkel-Nichten-Verbindung 0,125 und bei Cousinen-Verbindung ersten Grades 0,0625. Mit anderen Worten ausgedrückt besteht ein um 50% höheres Risiko der Vererbung von Merkmalen bei Blutsverwandtschaft ersten Grades (Eltern/Kinder und Geschwister), ein um 12,5% größeres bei Blutsverwandtschaft zweiten Grades (Tanten/Neffen, Onkel/Nichten) und ein um 6,25% größeres Risiko bei Blutsverwandtschaft dritten Grades (Cousins und Cousinen). Für den Fall, daß Suizidalität tatsächlich eine vererbbare »neuropsychische Pathologie« darstellt, kann die Häufung der Suizide in der Dynastie der Kadmäer unter einem neuen Gesichtswinkel gesehen werden. W. Morgenthaler schrieb angesichts solcher Auffälligkeiten 1945:

> Hier ist ein Wort über die Heredität zu sagen: Es ist äußerst merkwürdig, daß eine auf sehr verschiedenartigen psychischen Grundlagen aufgebaute, aus den verschiedensten Motiven entstehende und zuletzt so stark individuell zugespitzte Einzeltat, wie der Selbstmord es ist, familienweise vorkommen oder nicht vorkommen und durch Generationen vererbt werden kann. Sicher mag dabei das Psychische etwas ausmachen, die Suggestion, das davon Sprechen-

hören, der Gedanke, der und die, auf denen man doch viel hält, hat's ja auch gemacht usw. Doch tritt dies sicher stark zurück im Vergleich zur Vererbung im eigentlichen Sinne, einer Vererbung natürlich nicht von Selbstmordideen oder -tendenzen als solchen, sondern der Vererbung einer Persönlichkeitsstruktur oder besser einer Legierung von Anlagen zu Spannungen, Erregungen, Angst, Enthemmungen, Kurzschlußhandlungen, Mangel an Widerstandsfähigkeit usw. Dabei können die Motive scheinbar ganz verschieden sein.[21]

Es darf, sowohl bei erblicher Veranlagung von Verhalten als auch bei körperlichen Merkmalen wie Gesichtsspalten oder Neuralrohrdefekten, nicht vergessen werden, daß eine vorhandene Veranlagung nicht zwingend zur Ausbildung eines bestimmten Defektes oder Verhaltens – hier einem Suizid – führen muß. Das Wissen um eine eventuell »geerbte« Suizidalität kann im Gegenteil dazu verhelfen, Vermeidungsstrategien zu entwickeln oder medizinische Hilfe zu suchen. Es bleibt zu bedenken, daß genetisch bedingte Krankheiten keine Randgruppe der Medizin sind, sondern einen wesentlichen Anteil aller Krankheitsursachen darstellen. Jeder Mensch ist Träger von fünf bis sechs schwerwiegenden genetischen Defekten, die sich nicht bemerkbar machen, aber bei Nachkommen auftreten können. Zwischen rein endogenen (genetischen) und umweltbedingten Ursachen von Krankheiten gibt es ein breites Spektrum von genetisch bedingter Prädisposition und auslösenden Faktoren (multifaktoriell bedingte Erkrankungen). Viele relativ häufige, chronisch verlaufende Erkrankungen gehören zu dieser wichtigen Kategorie (z. B. erhöhter Blutdruck, erhöhte Blutfette, Zuckerkrankheit, Gicht, psychiatrische Erkrankungen und bestimmte angeborene Fehlbildungen). Genetisch bedingte Krankheiten treten auf Grund der Mendelschen Gesetzmäßigkeiten und neuer Mutationen meist nicht familiär gehäuft auf, zu mehr als 90 Prozent sogar nur isoliert in einer Familie.

Bewältigungsversuche

Ich möchte im folgenden auf einige Vorgehensweisen eingehen, die erfahrungsgemäß wesentlich dazu beitragen können, einen Verlust zu verarbeiten. Es hat sich allerdings immer wieder gezeigt, daß das, was für die einen das richtige war, für die anderen überhaupt nicht stimmte. Dieser Tatsache muß also Rechnung getragen werden, wenn jemand in den verschiedenen nachstehenden Beispielen kein »Modell« findet, nach dem sie oder er zur Bewältigung seiner Probleme infolge des Suizids eines Nächsten vorgehen könnte.

Mitarbeit in einer Selbsthilfegruppe

Auf dem Weg durch die Trauer können Selbsthilfegruppen wie *Regenbogen* (Eltern- und Geschwistertrauer) oder *Refugium* (Partnerverlust) Ausgangspunkt für »Oasen« sein, in denen man/frau wieder aufleben können. Das durch diese Gruppen entstehende Netz von Beziehungen mit Menschen, denen es »genau gleich« (schlecht) geht, kann Ausgangspunkt für regelmäßige Zusammenkünfte, gemeinsame Ausflüge, Museumsbesuche oder ein gemeinsames Projekt sein. *Dort* ist plötzlich ein Platz für jene da, die sonst nirgends mehr einen Platz hatten. *Dort* kann das Wochenende wieder zu jenem Erholungsraum werden, der neue Kräfte für die kommenden Tage spendet.

Es geht mir bei den »Hausaufgaben«, die ich gegen Schluß einer jeden Zusammenkunft in den Selbsthilfegruppen *Refugium* gebe, eigentlich nicht um Bewältigungsstrategien an sich. Sie machen nur einen Teil der Trauerarbeit aus, der zur Bewältigung des Verlustes beitragen kann. So wie ich das jeweils in den Selbsthilfegruppen ausdrücklich sage, möchte ich aber auch an dieser Stelle betonen, daß Trauerarbeit eine sehr schwere Arbeit ist, aber im Gegensatz zum herkömmlichen Begriffsinhalt nichts mit »Leistung« zu tun haben darf, auch wenn sie »geleistet« werden muß. Ich stelle es jeder bzw. jedem frei, die vorgeschlagenen »Übungen« bis zur nächsten Zusammenkunft, zu einem späteren Zeitpunkt oder aber auch gar nicht zu tun. Jene, die eine solche Übung nicht machen konnten oder wollten, sind aber immer eingeladen, ihre Gründe dafür mitzuteilen – ein Mitteilen immer im Sinne von »teilen« seiner eigenen Gefühle und Befindlichkeiten mit den anderen.

Schon allein dieses Wenige kann viel bewirken. Denn nicht die Übungen an und für sich sind wichtig, sondern der gemeinsame Erfahrungsaustausch in der Gruppe. Dabei wird – wie sonst kaum – der Prozeß der Selbsthilfe deutlich. Wenn jemand eine der Aufgaben lösen möchte, ohne in einer Gruppe eingebunden zu sein, fehlt ihm zwar die Möglichkeit, über seine Erfahrungen zu berichten und aus den Erfahrungen der anderen zu lernen, das heißt aber nicht, daß für den einen oder die andere einzelne dieser Übungen nicht gleichwohl hilfreich sein können. Da es also durchaus möglich ist, daß die Lösung der einen oder der anderen »Aufgabe« doch zur »Loslösung« vom allzu gegenwärtigen Verlust beitragen kann, möchte ich einige davon hier vorstellen:

Sich ein Bild machen

Nach den ersten Zusammenkünften, bei denen es um Gruppenregeln, Termine und eine erste oberflächliche Begegnung geht, werden die Teilnehmenden aufgefordert, das, was ihnen widerfuhr, so gut als möglich mitzuteilen. Als Klammerbemerkung sei hier unterstrichen, daß es selbstverständlich zu den Regeln gehört, absolute Diskretion über alles zu bewahren, was in den Gruppen von anderen eingebracht wird. Damit bei der Vorstellung der eigenen Leidensgeschichte die Hemmschwelle etwas gesenkt werden kann, beginne ich jeweils mit meiner Biographie, wobei ich besonders auf die »Brüche« in meinem Leben eingehe, zu denen unter anderem Suizide von nahen Bezugspersonen gehören. An einem Abend haben zwei bis höchstens drei solcher Schilderungen Platz. Die Hausaufgabe für die, die ihre Lebensgeschichte erzählt haben, besteht dann darin, für die nächste Zusammenkunft das Gesagte entweder kurz schriftlich zusammenzufassen oder aber eine Kopie des Lebenslaufes des oder der Verstorbenen, eine Kopie des Abschiedsbriefes, der Abdankungsrede, der Todesanzeige, der Danksagung und – vor allem – ein Foto mitzubringen. Diese Dokumente erlauben den anderen Betroffenen, sich »ein Bild« von der Person zu machen, von der sie bisher nur gehört haben. Diese Unterlagen werden dann in einem *Refugium*-Ordner gesammelt, der immer vor Beginn der Zusammenkünfte zur Einsichtnahme aufliegt. Darin wird das Mitgeteilte für alle »faßbar«. Dieser Ordner wird mit der Zeit zum Zentrum der Begegnungen und liegt in der Mitte der Runde neben brennenden Kerzen. Mit jeder neuen Geschichte wird eine neue Kerze angezündet. Nach Abschluß der regelmäßigen Zusammenkünfte, die rund ein Jahr dauern, erhalten alle Teilnehmenden eine Kopie dieses schicksalschweren Dokumentes, was eine dauernde Anteilnahme am Schicksal der anderen Betroffenen, die inzwischen zu Freunden geworden sind, ermöglicht.

Das Sammeln dieser Berichte ist auch für mich hilfreich. Ich kann in den folgenden Zusammenkünften jene Themen aufnehmen, auf die aufgrund der Erfahrung der Gruppe besonders eingegangen werden sollte. Dadurch kann ich vermeiden, daß etwas theoretisch abgehandelt wird, das niemanden der Anwesenden betrifft.

Themen, die immer anstehen, sind die Fragen nach dem Warum, der Schuld, dem Umgang mit Wut und Haß auf die Verstorbenen, der Begegnung mit anderen Menschen, den Bildern im Kopf, den Suizidmethoden, den ersten Schritten zurück ins Leben und den Perspektiven einer eventuellen neuen Beziehung. Sehr häufig interessieren aber auch Fragen über Depression, spirituelle Erfahrungen (Medien, Meditationen usw.), der Austausch über gelesene Bücher, Berichte über Teilnahmen an anderen Gruppen oder Seminaren und nicht zuletzt Erfahrungen mit Einzeltherapien bei Psychologen, Psychiatern oder anderen Therapeuten.

Tage- und Nachtbuch
Von der ersten Zusammenkunft an sind alle Teilnehmenden aufgefordert, ein »Tagebuch« über die Zusammenkünfte zu führen. Da es nicht jeder oder jedem liegt zu schreiben, besteht die Minimalanforderung darin, mindestens das Datum der Zusammenkünfte einzutragen. Dieses Tagebuch ist eigentlich ein »Gedanken-Notizbuch«. Hier sollen all jene Einfälle, Einwände, Fragen, Klagen usw. festgehalten werden können, die vielleicht in der Gruppe keinen Platz haben, aber durch die Begegnungen aufgebrochen sind. Nur wer möchte, kann daraus vorlesen. Nur wer möchte, kann nach den Zusammenkünften festzuhalten versuchen, »worum es ging«. Mitunter wurde dieses Tagebuch zu einem »Nachtbuch«, das mit der Zeit viele Hefte füllte und in einigen Fällen sogar zu einem Buchmanuskript führte.[22]

Sinn?
Eine weitere »Hausaufgabe« besteht darin, der Sinnfrage des eigenen Lebens nachzugehen. Es ist wichtig, die Frage nach dem »Sinn des Verlustes« zu stellen, selbst wenn dafür im Moment oder vielleicht noch lange nicht oder gar nie eine Antwort gefunden werden kann. Ansätze einer Antwort werden aber gleichwohl langsam keimen, um nach und nach die Frage an sich ganz zurückzudrängen. Durch das Verlassenwerden mußten die Verlassenen neue Aufgaben übernehmen, die sie wachsen ließen, auch wenn sie noch so gerne darauf verzichtet hätten. In einigen Fällen war dieses »sinnlose« Ereignis Anlaß zu einer neuen Identitäts- und Sinnfindung. Manche Witwe mit kleinen Kindern fühlte sich durch die unbegreifliche Tat so aufgerüttelt, daß sie »beweisen« konnte, woran sie »vorher« selbst nie zu glauben gewagt hätte. Sie schaffte es zum Beispiel, nicht nur sich und ihre Kinder »über Wasser« zu halten und das angeblich aussichtslose Geschäft zu »retten«, sondern zu einem blühenden Unternehmen zu machen. Die anfänglichen Fragen nach dem Sinn und dem Warum machten mitunter im Laufe der zielstrebigen Arbeit an der eigenen Persönlichkeit auch einen Wandel durch: Sein (ihr) Leben und Sterben WAR, UM uns in Erinnerung an ihn (sie) zu entfalten.

Abschiedsbrief an die Toten

Neben solchen »spekulativen« Aufgaben gibt es aber auch ganz konkrete:

Bei dieser geht es darum, sich möglichst genau an die Umstände einer Meinungsverschiedenheit mit dem Partner oder der Partnerin zu erinnern und den damaligen Streit nochmals ganz zu durchleben. Wenn dabei erkannt wird, daß ihm oder ihr Unrecht getan wurde, dann soll das ganz klar zugegeben und um Vergebung gebeten werden. Da die Person, der Unrecht getan wurde, nicht mehr lebt, ist diese Bitte um Vergebung schriftlich festzuhalten. Dieses Papier ist dann auf den Friedhof mitzunehmen und am Grab laut vorzulesen. Anschließend ist eine Kerze anzuzünden und das Papier an der Flamme dieser Kerze zu verbrennen und die Asche einzugraben.

Wenn die oder der Verstorbene im Unrecht war, ist ihr oder ihm das ganz sachlich zu sagen. Die durch dieses Unrecht zugeführten seelischen Wunden soll man in Gedanken durchaus nochmals hochkommen lassen, soll man zulassen, »anschauen« und dann ohne Werturteil »gehen lassen«. Auf ein Stück Papier ist dann niederzuschreiben, daß das, was einem angetan wurde, wohl nicht vergessen werden kann, aber daß ihr oder ihm vergeben wird oder daß vielleicht daran gearbeitet wird, Vergebung zu ermöglichen. Falls eine solche »Vergebung« möglich wird, ist sie wieder schriftlich zu formulieren und wie vorstehend geschildert am Grab »abzulegen«.

Etwa in die gleiche Richtung – aber doch in einer etwas anderen Art – geht es bei der Übung, Sachen, die man sich Zeit seines Lebens ihm oder ihr nie zu sagen getraute, nun mitzuteilen (»hinauszukotzen«) und sich dann »in seine (oder ihre) Haut zu versetzen« und sich aus »seiner (oder ihrer) Sicht« zu antworten. Hierher gehören auch all die wutbeladenen »Warum-Fragen«, die im Grunde eine Anklage an die Verstorbenen darstellen:

»Warum hast du mich so plötzlich verlassen?« »Warum hast du nicht gesehen, wie ich auf dich angewiesen war?« »Warum hast du mir nicht schon viel früher von deinen Ängsten erzählt?« »Warum hast du mir nicht die Möglichkeit gegeben, dir zu helfen?« »Warum hat dir – hat uns – Gott nicht geholfen?« »Warum hat Gott so etwas überhaupt zugelassen?« »Warum hat Gott mich verlassen?«

Da es während des Trauerprozesses immer wieder zu Vorwürfen oder gar Wutanfällen gegen den verstorbenen Partner kommt, ist es wichtig, diese in der nachfolgend beschriebenen Übung zu kanalisieren und zu verarbeiten. Denn oft wird versucht, diese Wut an jemand anderem auszulassen. Dabei wäre es sinnvoller, diese Wut auch im nachhinein wirklich an den Partner, die Partnerin zu adressieren, der einen »sitzenließ«. Dieses »Im-Stich-gelassen-worden-Sein« hat eine tiefe seelische Verletzung zur Folge und ruft darum unweigerlich Aggressivität hervor. Diese Gefühle der Wut, der Aggression, ja des Hasses, sind normal – selbst wenn man bereits eingesehen hat, daß es nicht »seine (oder ihre) Schuld« war, daß er oder sie »gehen mußte«. Aus falsch verstandener Pietät heraus bringen es Hinterbliebene mitunter nicht fertig, dem oder der Verstorbenen in Gedanken oder laut hinausschreiend zu sagen:

Ich bin wütend auf dich, daß du mich einfach so sitzenließest, daß du nur noch an dich gedacht hast. Daß ich (daß wir) dir offenbar »sch...egal« waren. Ich habe einen richtigen Haß auf dich, wenn ich denke, in welch unmögliche Situation du mich gebracht hast. Du hast mich in meinem Innersten zutiefst verletzt, hast mich auf mich allein zurückgeworfen. Ich muß nicht nur noch deinen Teil übernehmen, sondern muß für den Rest meines Lebens mit der Schmach der (oder des) Verlassenen leben. Ich muß alleine sehen, wie ich über die Runden komme. Ich hasse dich!

Es besteht nämlich durchaus die Gefahr, daß die aufkommenden Aggressionen gegen sich selbst gerichtet werden, zu Selbstverstümmelungen (als »Sühnehandlung« für die vermeintliche »Verfehlung«) oder gar zum Suizid führen. Es ist darum besonders wichtig, daß Möglichkeiten aufgezeigt werden, sich »abzureagieren«. In ihren Verlassenheitsgefühlen machen sich die Hinterbliebenen dazu oft Selbstvorwürfe. Anklagende innere Stimmen zwingen sie, sich zu fragen:

»Warum habe ich ihm dieses und jenes nicht noch gesagt, bevor er (sie) ging?« »Ich hätte ihm (ihr) viel öfters sagen sollen, daß ich ihn (sie) liebe.« »Warum habe ich nicht die Möglichkeit gefunden, mich mit ihm (ihr) auszusprechen?« »Ich hätte ihm (ihr) gegenüber aufmerksamer sein sollen, mich besser um ihn (sie) kümmern sollen!«

Sich auseinandersetzen

Eine Übung zur Verarbeitung aufgestauter Fragen oder Aggressionen stammt aus der Gestalttherapie. Dazu werden zwei sich gegenüberstehende Stühle verwendet. Auf einem der Stühle wird ein möglichst großes Foto der oder des Hinterbliebenen postiert und auf dem anderen ein Foto der oder des Verstorbenen. Nun kann auf dem »eigenen Stuhl« Platz genommen und begonnen werden, ihm oder ihr »seine Meinung« zu sagen. Daraufhin wird der Stuhl gewechselt, d. h. man setzt sich an »seinen (oder ihren) Platz« und antwortet nun »aus seiner (bzw. ihrer) Sicht« auf das, was ihm/ihr »vorgeworfen« wurde. Diese Übung ist fortzusetzen, bis es zu der Auseinandersetzung gekommen ist, die zu Lebzeiten unterblieben, aber wünschenswert gewesen wäre. Es kann wertvoll sein, diese Auseinandersetzung mit einem Tonbandgerät aufzuzeichnen und die Aufnahme öfters abzuhören. Veränderungen in der Wahrnehmung oder Ergänzungen können dann eventuell im Tage- oder Nachtbuch festgehalten werden.

Der Strafprozeß

Eine große »Hausaufgabe«, die nicht leicht oder gar leichtfertig »erledigt« werden kann und die eine enge, individuelle Begleitung während der ganzen Dauer der regelmäßigen Zusammenkünfte erfordert, ist der »Prozeß der Schuldfindung durch einen Prozeß«. Es geht dabei darum, daß die oder der sich schuldig Fühlende aufgefordert wird, nach allen Regeln der Rechtsfindung eine Anklage im Sinne des Strafgesetzbuches gegen sich selbst zu erheben. Die oder der sich Beschuldigende versetzt sich dabei in die Rolle des Anklägers (Staatsanwalt). Nachdem er oder sie eine ausführliche Anklageschrift verfaßt und das geforderte Strafmaß genannt hat, übernimmt die gleiche Person dann die Rolle der Verteidigung und setzt eine umfassende Verteidigungsschrift auf. Ein Augenschein am Ort des Geschehens soll in der Folge – eventuell zusammen mit Angehörigen, Freunden und/oder den Begleitern – die Umstände des Ereignisses nochmals genau vor Augen führen. Nachdem also die beiden sorgfältig erarbeiteten Schriften vorliegen, wird von derselben Person nun in der Rolle des Richters, die Urteilsfindung erarbeitet. Für den Fall, daß echte Schuld zutage tritt, muß auch eine »Strafe« vorgesehen werden, die »weh« tut und dadurch einen schuldtilgenden Charakter haben kann. Eine solche »Strafe« kann von »ehrenamtlicher Mitarbeit« in Hospizen, über die Betreuung suchtkranker oder sterbender Menschen bis hin zur Bezahlung einer größeren Geldsumme an ein gemeinnütziges Werk reichen. Dazu kann sich je nachdem die seelsorgerliche Verarbeitung der Schuld und der von Gott verheißenen Vergebung als notwendig aufdrängen. Es hat sich wiederholt gezeigt, daß ein solcher Prozeß zu einer nachhaltigen *Entschuldigung* und damit echten Befreiung führen kann.

Im Regen gehen

Weniger dramatisch sind andere Hausaufgaben wie zum Beispiel das geforderte Spazierengehen bei »schlechtem« und bei »guten« Wetter. Allerdings steht auch hier die Verarbeitung des »Verlassen-worden-Seins« im Vordergrund: Die Hinterbliebenen werden aufgefordert, mindestens eine halbe Stunde ohne Regenschirm oder Hut bei Regenwetter in freier Natur spazierenzugehen. Dabei müssen sie sich vergegenwärtigen, wie sie vom Verstorbenen »im Regen« stehengelassen wurden, dürfen ihren ganzen Frust über diesen Zustand am Körper erfahren und laut die oder den Verstorbenen anklagen. Sie können mit den Fäusten gegen Bäume oder Gegenstände, vielleicht auch auf das Grab, schlagen, sich hinwerfen und ihren Gefühlen von Wut, Verachtung, Hilflosigkeit und Sehnsucht freien Lauf lassen. Nach dieser halben Stunde sollen sie nach Hause zurückkehren, ein warmes Bad nehmen, sich gut einkleiden, sich vielleicht ein gutes Essen bereiten oder ins Theater, Kino oder ein Konzert gehen. Dabei sollen sie sich zum Beispiel – und je nach den Umständen – sagen: »Du hast mich verlassen, mich im Regen stehengelassen, aber ich lebe. Ich will Sorge zu mir tragen und mir etwas Gutes tun, es genießen, ganz ohne dich, denn du wolltest ja nicht mehr bei mir sein. Ich will leben und das Leben genießen. Und wenn du gegangen bist, indem du mir sagtest, daß du mich liebst, dann willst du sicher nicht, daß ich für den Rest meines Lebens traurig bin.«

In die gleiche Richtung zielt der längere Spaziergang bei schönem Wetter: »Ich will diesen Tag genießen. Schade, daß du nicht dabeisein kannst. Aber du wolltest ja nicht mehr leben. Damit hast du dir auch die schönen Seiten dieses Lebens verwehrt. Ich will sie genießen. Ich hoffe allerdings, daß du nun dort, wo du bist, deinen Frieden, deine Ruhe gefunden hast. Und wenn du mich so liebst, wie du es mir zuletzt schriebst, dann wirst du Freude an meiner Freude haben, wirst mich begleiten und alles, was ich sehe und erlebe, auch ein wenig mit deinen Augen sehen lassen.« Während beim »schlechten Wetter« Wut, Aggressionen und Tränen »selbstverständlich« ihren Platz hatten, kann es sein, daß während des Schön-Wetter-Spaziergangs immer wieder Wehmut aufkommen will. Hier geht es nun darum, diese Gedanken wieder zuzulassen, anzuschauen und gehen zu lassen. Es geht darum, sich immer wieder aktiv zu sagen, daß ich dankbar bin, zu leben, meinen Körper bewegen zu können und mit meinen Sinnen aufzunehmen, was die Natur mir schenken will.

Eine andere wichtige Hausaufgabe besteht in der Erarbeitung des Stammbaumes des oder der Verstorbenen. Hier geht es nicht zuletzt um die Aufdeckung von Familiengeheimnissen. Diese Arbeit ist um so wichtiger, wenn die oder der Verstorbene Kinder hinterlassen hat. Bei der Besprechung dieser Stammbäume in der Gruppe wird dann darauf hingearbeitet, wie den Kindern diese familiären Eigenheiten klargemacht werden können und wie wichtig es für sie ist, in bestimmten Lebenssituationen vom »herkömmlichen Muster« abzuweichen. Hier wird Vorsorge konkret.

Meditation – Tat in der Mitte seiner selbst

Nach eingehender Einführung kann auch die Durchführung von Meditationsübungen aufgetragen werden:

a) Sich bequem hinsetzen (Kissen, Schneidersitz, Meditationsstuhl, gewöhnlicher Stuhl) und sich »bewußt« »erden«, d. h. spürbaren Bodenkontakt mit den Füßen oder den Beinen herstellen.

b) Augen schließen und in Gedanken Schritt für Schritt vom Scheitel bis zur Sohle den Körper hinabsteigen. Jeden Körperteil bewußt fühlen, dankbar sein, daß er funktioniert, daß er nicht weh tut, daß es mir körperlich eigentlich gut geht. Diesen Zustand »genießen«.

c) Auf die Atmung achten: Nicht ich atme – »es« atmet in mir: Ob ich wache oder schlafe – seit ich geboren wurde, atmet es in mir. Solange es in mir atmet, lebe ich. Habe ich dies je aktiv beachtet? Ich will einen Moment auf meine Atmung achten: Atme ich durch die Nase? Durch den Mund? Atme ich mit dem Brustkorb? Mit dem Zwerchfell? Der Atem kommt, der Atem geht – unablässig, zuverlässig. Er kommt und geht wie die Wellen am Meer. Ich stelle mir einen ruhigen, schattigen Platz am Meeresstrand vor. Ich sitze an diesem Sandstrand ganz entspannt und achte auf die Wellen. Die Wellen kommen und gehen – wie mein Atem. Ich kann sie sehen, ich kann sie hören. Ich schließe meine Augen und atme im Rhythmus der kommenden und wieder gehenden Wellen. Jetzt stelle ich mir vor, meine Atemluft trete beim Einatmen durch meine Füße in den Körper ein und durch die Nase aus. Ich spüre, wie die »Luft« mich von unten nach oben »durchströmt« und genieße dieses völlig neue Gefühl.

d) Plötzlich kommen Gedanken in mir hoch. Ich lasse sie vor meinen geschlossenen Augen aufsteigen und betrachte sie – ohne sie zu beurteilen oder zu vertreiben. Sie gehen, wie sie kamen und machen anderen Gedanken Platz. Es gibt keine guten oder schlechten Gedanken, die da in mir aufsteigen. Es sind einfach Gedanken, die ich zulasse. Sie sind weder positiv noch negativ. Ich lasse sie zu – und lasse sie dadurch auch wieder vergehen.

e) Ich »komme wieder zu mir« – d. h. ich steige aus meiner »Versenkung« wieder ins Hier und Jetzt: Ich hebe meine Augen und meine Arme gegen den Himmel, verschränke meine Hände und »ziehe mich« nach »oben«. Dann schüttle ich meine Hände und Arme aus und »gehe zum Alltag« über – bedachter als vorher.

Ich half dir, so gut ich konnte, weil ich nicht wußte, was ich jetzt weiß

Eine weitere Hausaufgabe besteht darin, sich an die Zeit vor dem Tod des Partners zu erinnern: Ich schreibe auf, was ich alles unternommen habe, um ihm oder ihr zu helfen. Dabei kann mir bewußt werden, daß ich alles tat, was ich konnte, von dem ich damals überzeugt war, daß es das beste für ihn oder sie war. (»Ich habe mein Möglichstes getan...«, »Ich wußte in der damaligen Situation nicht, was ich hätte anders machen können...«, »Ich würde heute, wäre nicht passiert, was passiert ist, noch einmal genau gleich reagieren...«) Wenn ich heute mehr weiß, ist das eben heute, und war damals für mich nicht möglich zu wissen. Deshalb muß ich mir sagen (und eventuell schriftlich festhalten): »Ich akzeptiere, daß ich in der sich anbahnenden Tragödie hilflos war. Ich akzeptiere, daß ich mich angesichts dieses Verlustes immer noch hilflos fühle.« Es kommt immer wieder vor, daß hinterbliebene Partner sich schwere Vorwürfe machen, zum Beispiel nicht gewußt zu haben, daß vielleicht eine medikamentöse Stützung oder Dauerbehandlung den Suizid in jenem Moment oder vielleicht sogar auf Dauer hätte verhindern können. Dann versuche ich ihnen am Beispiel eines unaufgeklärten (»unschuldigen«) Mädchens aufzuzeigen, daß es nicht gewußt haben konnte, was mit ihm passieren kann, wenn es mit einem Mann schläft. Alles Wenn und Aber nützt im nachhinein nichts mehr. Wegen der nicht erfolgten Aufklärung und der nicht erfolgten vorsorglichen Verhütung wurde es schwanger. In seinem Fall ist das Resultat der Unwissenheit vom Leben gewolltes Leben. In analoger Art und Weise kann das Nichtwissen um »Verhütungsmittel« bei Stoffwechselstörungen zum Zusammenbruch führen. Das Resultat des Nichtwissens kann hier der Tod sein. Aber beide Male sind die »Unwissenden« unschuldig.

Dem oder der Verstorbenen schreibe ich nach dem Überdenken des Vorstehenden einen lieben Brief. Dazu zünde ich eine Kerze an und stelle ein Foto von ihm oder ihr vor mir auf. Ich lasse beim Schreiben meinen Assoziationen freien Lauf und lese das Geschriebene nicht durch. Diesen Brief stecke ich dann in ein Kuvert, das ich an mich selbst adressiere und werfe es in den nächsten Briefkasten. Den Brief lese ich erst dann durch, wenn ich ihn mit der Post erhalten habe und mich dazu fähig fühle. Dann lege ich ihn entweder ab, werfe ihn weg oder verbrenne ihn.

Bewältigungsversuche außerhalb von Gruppen

Lesen und Schreiben

Für Menschen, die ihre Partnerin, ihren Partner durch Suizid verloren haben, sind die Wochenenden besonders schwer. Immer wieder muß ich vernehmen, wie sie sich an diesen Tagen von allen ausgeschlossen fühlen: Sie sind kein Paar mehr, keine »intakte« Familie. Dieses Gefühl des Ausgeschlossenseins ist auf die Dauer unerträglich. So kommen besonders an Wochenenden und Feiertagen in ihnen Ideen hoch, diesem Zustand zu »entfliehen«. Der Tod als »Ausweg« kann mit der Zeit immer naheliegender werden. Zu dieser Suche nach »Auswegen« gehört oft ein großer »Hunger« auf einschlägige Literatur.

Das Lesen von Büchern über Erfahrungen anderer, nachdem diese einen Nächsten durch Suizid oder einen anderen plötzlichen Tod verloren haben, erweist sich dabei für die, die in dieser schweren Zeit zu lesen vermögen, in der Regel als außerordentlich hilfreich. Ich bin Betroffenen begegnet, die fast suchtartig nach immer mehr guter Literatur suchten, die von anderen Betroffenen geschrieben worden ist. Bald aber genügen diesen Menschen bloße Erfahrungsberichte nicht mehr. Sie verlangen nach mehr, insbesondere nach »Erklärungen« aus der Sicht sogenannter »Spezialisten«. Ich konnte dabei das Phänomen beobachten, daß die erzählten Berichte, die bereits viele Fragen indirekt beantworteten, es später erlaubten, die »einschlägige Literatur« immer besser zu verstehen. Das beruht auf der Tatsache, daß man nur erkennt, was man kennt. Und mit jedem neuen Erkenntniszuwachs, wird ein kleines Steinchen gefunden, das dazu beiträgt, das Mosaik zusammenzusetzen, das es eines Tages ermöglicht, »sich ein Bild« von dem zu machen, was in ihr oder in ihm vorgegangen sein könnte, als sie/er nur im Tod die Erlösung von ihren/seinen Problemen zu finden meinte.

Ein Buchantiquar, dessen Frau es nach vielen Suizidversuchen schließlich gelang, sich das Leben zu nehmen, begann bald einmal alle ihm angebotenen Bücher über Sterben, Tod und insbesondere Suizid zu sammeln und eingehend zu studieren. Ihm gelang es dadurch, seine geliebte Frau »zu verstehen« und damit seine Trauerarbeit zu leisten. Das lange Leiden seiner Frau und die Erlösung, die ihr seiner Überzeugung nach durch den Tod zuteil wurde, drückte er in einem Rundschreiben an die Trauergemeinde in eindrücklicher Art und Weise aus:

Zum Freitod von...

Vor einer Woche schied meine Frau... nach Einnahme von Barbituraten freiwillig aus dem Leben.

Das traurige Ende einer Entwicklung, welche zu untersuchen an dieser Stelle nicht unternommen werden kann, und in Anbetracht der Unabänderlichkeit des Geschehenen auch keinen Sinn mehr hat.

Als Ehemann fühle ich mich aber doch verpflichtet, denjenigen Angehörigen und Freunden, welche die traurige Nachricht mit größter Überraschung und Bestürzung aufgenommen haben, diesen Weg ins Freie, den... gewählt hat, etwas verständlicher zu machen.

»Der Freitod ist eine schreckliche, aber völlig natürliche Reaktion auf die gespannten, drückenden und unnatürlichen Zwangslagen, in die wir uns manchmal selber hineinmanövrieren«, schreibt A. Alvarez in seinem Werk über den Suizid. Er muß weder Krankheit sein, noch viel weniger Sünde, sondern ist, wie Jean Améry sagt, »ein Privileg des Humanen«.

Nach jahrelangem Beschäftigen mit dem Tod und seinen Interpretationsformen in den verschiedenen Religionen, nach mehreren zum Teil nur ganz knapp gescheiterten Versuchen, diese Welt zu verlassen, stundenlangen Diskussionen mit Ärzten und Therapeuten, kurz vor einer weiteren kräfteraubenden Operation, war ... nicht mehr bereit, ihrem Todeswillen etwas entgegenzustellen.

In bester psychischer Verfassung begann sie eine Woche zuvor mit den Vorbereitungen. Freunde wurden verabschiedet, Abschiedsgeschenke gemacht, Administratives in Ordnung gebracht, die Hunde dem von ihnen geliebten Schwiegervater übergeben, derart daß niemand Verdacht geschöpft hätte.

Die langen Abschiedsbriefe sind ohne Groll. »Ich fühle mich frei und werde jetzt die große Reise antreten, nicht böse sein!«, schreibt sie ihrer besten Freundin, und genau diesen Wunsch wollen wir ihr zu erfüllen versuchen.

Nur so können wir das scheinbar Unfaßbare verstehen, und nur aus dieser Sicht bringen wir die Kraft auf, mit der Tatsache zu leben, daß... nicht mehr unter uns weilt.

Auf der Todesanzeige stand von Shakespeare: *Ist's denn Sünde, zu stürmen ins geheime Haus des Todes eh' Tod zu uns sich wagt?* Und auf dem Grabstein ließ er den Spruch aus dem Traktat von Ludwig Wittgenstein einmeißeln: *Die Welt des Glücklichen ist eine andere als die Welt des Unglücklichen.*

Nur in wenigen Fällen dürfte es möglich sein, die Entwicklung zum Tode hin in so eindrücklicher Weise wahrzunehmen, zu verarbeiten und weiterzugeben, wie das im vorstehenden Beispiel der Fall war. Deshalb wird der Tod durch Suizid auch nur selten als »befreiend«, als »Freitod« empfunden. Viel häufiger steht das Gefühl des Verlassenseins im Vordergrund, das Gefühl der Ratlosigkeit im Alltag und des Ausgestoßenseins an Frei- und Feiertagen.

Ursula Käufeler, Mutter zweier Kinder im Alter von fünf und acht Jahren, als ihr Mann starb, drückte ihr Gefühl des »Nicht-mehr-dazu-Gehörens« zu der Welt der »intakten Familien« auf eindrückliche Art durch folgendes Gedicht aus:

Ich war mit Dir verheiratet
Wir waren ein Paar
Wir trafen uns mit anderen Paaren

Es kamen die beiden Kinder dazu
Wir waren eine Familie
Wir trafen uns mit anderen Familien

Du bist gestorben
Ich habe keinen Mann mehr
Die Kinder haben keinen Vater mehr
Wir sind kein Paar mehr und auch keine Familie mehr

Wer sind wir, wer?

Wir haben Dich verloren und damit auch uns.

Uns als Paar gibt es nicht mehr
Also gibt es dort, wo wir Jahre Platz hatten,
keinen mehr für uns

Uns als Familie mit Vater, Mutter und Kind gibt es nicht mehr
Also gibt es dort, wo wir Jahre Platz hatten,
keinen mehr für uns

Mit deinem Weggehen hast du auch unseren Platz mitgenommen
Wo gehöre ich jetzt hin?
Wo gehöre ich jetzt mit meinen Kindern hin?

Weißt Du, was du uns genommen hast?
Weißt Du, wie es ist, einen Platz zu haben aus Mitleid?
Weißt Du, wie es ist, einen Platz zu haben als Lückenbüßer?
Weißt Du, wie es ist, einen Platz zu haben als fünftes Rad?

Mitleid brauchen wir nicht!
Lückenbüßer müssen wir nicht sein!
Das fünfte Rad sind wir nicht!

Ich muß mich allein auf den Weg machen
Ich muß mich allein mit den Kindern auf den Weg machen
Wo finden wir unseren Platz?

Ich bin ich
Meine Kinder sind meine Kinder
Wir sind ich und meine Kinder!

Wo ist der Platz für mich?
Wo ist der Platz für meine Kinder?
Wo ist unser Platz?
WO?

So wie sich Ursula Käufeler allein auf den Weg machen mußte, so müssen sich Jahr für Jahr viele tausend Witwen und Witwer allein auf den Weg machen. Dieser Weg ist steinig, voller Dornen und tränennaß. Auf diesem Weg leuchteten ihre Gedanken in Bildern auf, die sie in solche Wortmalereien faßte. Annelise Schmid Weissert sammelte andere künstlerische Verarbeitungen in Trauerprozessen. Neben der Sprache als künstlerische Umsetzung von Trauer listet sie bildnerisches Gestalten, Musik, Körper/Bewegung/Tanz und Theater auf.

Dienen und Übernahme von Verantwortung

Als Mitarbeitende im Pflege-, Begleitungs- oder Besucherdienst alter, kranker oder behinderter Mitmenschen oder als Betreuer oder Betreuerin der Kaffeestube eines Kranken- oder anderen Heimes kann eine (ehrenamtliche) Dienstleistungsarbeit übernommen werden, die sowohl andern als einem selbst dienen kann. Gerade in diesen Bereichen wird Personal für die Wochenenden benötigt. Hier kann direkt erfahren werden, wie eine solche Mitarbeit von allen Seiten geschätzt wird, man/frau kann wieder zu jenem vertrauten Gesicht werden, das man/frau z. B. beim Besuch des Restaurants nicht missen möchte. Es kann wohltuend erfahren werden, wie die persönliche leidvolle Erfahrung anderen Menschen helfen kann. Sie merken schnell, daß da ein Mensch ist, der zuhören kann, der für ihre Nöte »ganz Ohr« ist.

Als sehr wertvoll hat sich auch die Einbindung in Familien erwiesen, wo entweder nur ein Ernährer da ist oder beide Eltern arbeiten, um dort als »Tagesmutter«/«Tagesvater« oder als

»Ersatzgroßeltern« zu fungieren. Was von so betreuten Kindern zu den Betreuern zurückkommt, lohnt sich, auch wenn dafür kein Lohn bezahlt werden kann.

Eine andere »Strategie«, die sich bewährt hat, ist die »Adoption« bzw. die Übernahme der »Patenschaft« eines Hundes. Viele Witwen oder Witwer scheuen sich davor, für sich selbst einen Hund anzuschaffen. Sie fürchten (mitunter zu Recht) dieser neuen Verpflichtung (noch) nicht gewachsen zu sein. Ein Inserat, in dem man/frau anbietet, den Hund von jemand anderem »auszuführen«, kann zu einer dankbaren Aufgabe und wohltuenden Strukturierung des Alltags werden. Als »Nebenwirkung« kommt die körperliche Betätigung in freier Natur dazu. Das Tageslicht und die Bewegung, die Verantwortung für das anvertraute Tier und die Zuwendung, die von ihm empfangen werden darf, kann »Wunder« wirken.

An diesen Beispielen wird deutlich, wie das Dienen den Dienenden wertvolle Dienste leisten kann. Bei diesen »Bewältigunsstrategien durch Dienen« handelt es sich nicht um punktuelle »Beschäftigungen« mit dem Verlust, um ihn zu »verarbeiten«. Es geht um langdauernde Projekte, welche die Hinterbliebenen dazu führen sollen, eine neue Aufgabe in der Gesellschaft zu übernehmen, sich wieder (oder vielleicht das erste Mal) zu »ermächtigen«, wieder »jemand« zu sein. Einzelne können sich für diesen Neuentwurf ihres Lebensplanes auch hochgesteckte Ziele setzen: Beginn einer Ausbildung oder eines Studiums, was bis anhin als Hausfrau oder als Verdiener, kurz als Partnerin oder Partner in dem ursprünglichen Lebensplan keinen Platz (mehr) hatte. Aber auch viel kleinere oder bescheidenere Projekte oder Ziele können sich gesteckt werden.

Jede und jeder einzelne muß für sich herausfinden, was ihr oder ihm am meisten hilft. Das kann vom Schreiben eines Tagebuches, Besuchen von Trauerkursen und Seminaren, Inanspruchnahme von Therapeuten, von Kursen für Gestaltung, Kunst- oder Maltherapien bis hin zu esoterischen Praktiken gehen. Für mich ist wichtig, daß alles, was die Betroffenen als »hilfreich« empfinden, für sie hilfreich ist.

Internet-Seelsorge

Als ich das erste Mal von der Möglichkeit hörte, im Internet Seelsorge anzubieten, sah ich auf der einen Seite die Möglichkeit, Menschen anonym zu begegnen, ihnen Anteil an meinem Glauben haben zu lassen, und war auf der anderen Seite sehr skeptisch, ob über dieses elektronische Medium wirklich Hilfe geboten werden könnte. Jemand, der sich das Leben nehmen will, ruft vielleicht noch an, zum Beispiel die Notfallseelsorge oder die *Dargebotene Hand*. Aber sich hinsetzen und etwas in den Computer tippen und dann warten, ob überhaupt etwas zurückkommt, das schien mir unwahrscheinlich.

Mit diesen ambivalenten Gefühlen gelangte ich an Pfarrer Jakob Vetsch, der 1995 von sich aus diese Dienstleistung und damit die erste Internet-Seelsorge im deutschsprachigen Raum schuf. Er konnte mich auf Grund seiner Erfahrungen vom Nutzen eines solchen Angebotes überzeugen: Während die offiziellen Vertretungen der Kirchen immer noch mit Selbstdarstellungen in verschiedenster Form, mit Bibelauslegungen und anderen Sachen beschäftigt sind, wurde dort das erste Mal das angeboten, was von den Menschen am ehesten von der Kirche erwartet wird, nämlich Seelsorge. Durch das Internet kann die Kirche dort *dasein*, wo sie gebraucht wird, nämlich beim Menschen in seelischer oder existentieller Not, so wie es in »der guten alten Zeit« von Seelsorgern praktiziert wurde, als es noch kein Telefon gab und dem Pfarrer zugetragen worden war, daß es jemand anderem schlecht ging. Neben der Telefonseelsorge, die vor Jahrzehnten ebenfalls auf private Initiative hin ins Leben gerufen wurde, dürfte der Seelsorge im Internet mit der Zeit ein vergleichbarer Erfolg beschieden sein.

Die Jugend des neuen Jahrtausends wächst mit diesem Medium auf. Wenn die Kirche diese jungen Menschen nicht dort abholt, wo sie sind, dürfte sie je länger je mehr Schwierigkeiten bekommen, christliche Gemeinden aufzubauen und ihre Kirchen zu füllen. Ein weiterer entscheidender Vorteil gegenüber der telefonischen Beratung besteht meiner Ansicht nach darin, daß die Hilfe Suchenden, solange sie es wünschen, immer die gleiche Ansprechperson haben.

Da ich mir schon seit vielen Jahren die Begleitung Hinterbliebener nach einem Suizid eines Nächsten zur Aufgabe gemacht hatte und mir seit 1993 ein entsprechendes Mandat von der Landeskirche übertragen worden war, bot mir Jakob Vetsch innerhalb der von ihm ins Leben gerufenen Internet-Seelsorge die Begleitung Trauernder an. Meine vor dem Theologiestudium gesammelten Erfahrungen als Lehrling, Arbeiter, Student, Angestellter und schließlich Unternehmer auf dem Gebiet der Klinischen Chemie kamen mir bei meinen Begleitungen sehr zu Hilfe. Insbesondere waren es die Einblicke in die Pathophysiologie und in die Genetik, die mir Einsichten vermitteln, die bei der Verarbeitung von Trauer hilfreich sein können. Deshalb war es für mich von Anfang an klar, daß zur Begleitung der Personen, die sich an mich wenden, der Einbezug des familiären Netzes, in das sie hineingeboren worden sind, sehr wichtig ist. Die eingehende Betrachtung des Stammbaumes eines oder einer Verstorbenen läßt oft genetisch angelegte Prädispositionen erkennen, was die Frage nach der »Schuld« am Tod in einem neuen Licht erscheinen läßt. Depressive oder meiner Ansicht nach suizidale Hilfesuchende versuche ich auf Grund dieser Einsichten zu motivieren, einen Arzt zu konsultieren.

Seelsorge im Internet hat vieles mit den seelsorglichen Bemühungen via Telefon gemeinsam und unterscheidet sich doch in verschiedener Hinsicht sehr stark davon. In beiden Fällen wird durch die Anonymität eine Nähe geschaffen, die bei der realen Begegnung zweier Menschen nur selten auf Anhieb möglich ist. Doch während bei der Telefonseelsorge Gemütsregungen herausgehört und aufgenommen werden können, besteht beim Internet diesbezüglich eine zusätzliche Schranke. Wenn jemand weint, während er sein Herz ausschüttet, muß er mir das schreiben. Ich kann die Spuren seiner Tränen nicht auf meinem Bildschirm sehen. Andererseits verklingen die gesprochenen Worte, wenn am Telefon der Seele Luft verschafft wird, ohne bleibende Spur. Wird vom Zuhörer etwas falsch verstanden, kann das vom Klagenden als mangelnde Empathie ausgelegt werden. Umgekehrt bleiben die Äußerungen der Angerufenen ohne Möglichkeit der Nachkontrolle oder einer eventuellen eingehenden Würdigung. Das Rede- und Antwortspiel hat den Vorteil der Unmittelbarkeit. Der Nachteil liegt in der unmittelbaren Vergänglichkeit. Es mag sein, daß die Hemmschwelle, seinem Kummer schriftlich Ausdruck zu geben, noch größer ist, als zum Telefonhörer zu greifen. Es mag aber auch sein, daß das Ablegen von Verzweiflung in den Computer eine unerwartete Erleichterung bringt. Mitunter wird nicht einmal eine Antwort erwartet. So schrieb mir eine junge Frau, daß sie, nachdem sie ihr Elend in den Computer getippt hatte, ganz erstaunt war, eine Antwort zu erhalten, wie »vom lieben Gott…«

Ich möchte auf einige wenige konkrete Beispiele eingehen und dabei auch die Grenzen und Gefahren von seelsorglicher Begleitung am Computer aufzeigen.

Albert war 22 Jahre alt, als seine 43jährige Mutter plötzlich starb. Er schrieb, daß er diesen Tod nicht zu verkraften wisse, da diese Frau seine wichtigste Bezugsperson gewesen sei: Mutter, Vater und Vertraute in einem. Kurz zuvor war sein bester Freund durch Suizid aus dem Leben geschieden. Er stand zum Zeitpunkt des Todes seiner Mutter vor wichtigen Examen, war nunmehr unfähig, sich zu konzentrieren, und bat um Rat, wie es weitergehen könne.

Ich weilte gerade in einem Kurs, als dieses Mail kam. Meine Frau übermittelte es mir per Fax. Ich verfaßte eine Antwort und faxte sie an meine Frau, die sie dann ins Netz speiste. Eine Rückmeldung kam nie. Waren die mitgeteilten Worte genügend oder ungenügend gewesen oder hatte die Antwort für Albert zu lange auf sich warten lassen? Soll bei solchem Kommunikationsabbruch nachgefragt werden?

Markus hatte kurz nacheinander Mutter und Vater verloren. Er fand sich plötzlich als Vollwaise wieder und war völlig hilflos. In dieser Not gelangte er übers Internet an uns, nachdem er »per Zufall« auf unsere Adresse gestoßen war. Nach wenigen, aber ausführlichen Mails schrieb er zurück: »Danke, daß du für mich da warst.« Ein Dankeschön tut bestimmt gut. Aber manchmal möchte ich darüber hinaus gern wissen, wie es ihm jetzt geht, ob er seinen Weg hat finden können. Doch er hat ja die Adresse. Und falls er in neue schwierige Lebenssituationen kommen sollte, dann dürfte er wohl nicht zögern, wieder »anzuklopfen«.

Sehr bald kamen auch Anfragen nach Adressen für Selbsthilfegruppen, in die sich Hinterbliebene einbinden möchten. Hier ist meiner Ansicht nach eine wichtige Arbeit zu leisten. Alle Adressen, die Trauernden Hilfe bieten könnten, sollten zentral gesammelt und laufend aktualisiert werden. Diese Adressen sollten direkt auf der Webseite abrufbar sein. Darunter verstehe ich nicht die Adressen von Psychotherapeuten und kommerziellen Trauerbegleitern, sondern lediglich solche von begleiteten oder offenen Selbsthilfegruppen.

So gelangte beispielsweise der Freund eines Verstorbenen an mich. Er fragte, wie er der Witwe seines verstorbenen Freundes beistehen könne, die mit ihrem zweiten Kind schwanger war, als ihr Mann plötzlich starb. Das erste Kind war gerade dreijährig und die junge Mutter wußte weder, wie sie ihm den Tod des Vaters mitteilen sollte, noch konnte sie mit ihren Eltern und ihrem Bruder über den Verlust reden. Sie wehrte sich dagegen, einen Psychologen oder Therapeuten zu konsultieren und hatte sich in ihrem Schmerz völlig abgekapselt. Der Freund fragte unter anderem auch, ob es im Raum des Wohnorts der jungen Witwe eine Selbsthilfegruppe gäbe.

Sehr oft gilt es auch, unsere Hilflosigkeit als Helfer auszuhalten. Gerhard (17) schrieb mir nach eingehender Auseinandersetzung mit seiner Situation:

> Danke für deinen Trost. Die Analyse meiner Situation hat mir sehr geholfen. Es ist sehr schwer, etwas zu sehen, das genau vor einem steht. Dennoch empfinde ich den Tod als endgültige Lösung für alle Probleme als guten Ausweg, der einen vielleicht auch nur beim Leben hilft. Das Wissen um diese Option ermöglicht mir zur Zeit, mein Leben überhaupt zu ertragen. Meine Hoffnung ist dabei, daß nach dem Tod nichts mehr kommt, daß alles vorbei ist. Diese Hoffnung bleibt mir, um Ruhe zu finden.

Während hier auf ein Nichts gehofft wird, kann die christliche Verheißung eines ewigen Lebens nach dem Tod, wo es kein Leid und keine Tränen mehr gibt, sogar die Todessehnsucht nähren, wie das schon im frühen Christentum wiederholt in beängstigenden Ausmaßen vorkam. So schrieb mir eine junge Frau:

> Es ist kalt auf unserer Erde. Früher hatte ich Angst vor dem Tod, weil ich nicht wußte, was nachher kommt. Heute weiß ich, daß ich zu meinem Herrn komme. Ist es da nicht erstrebenswert, schnell zu sterben? In unserer Gesellschaft darf man darüber nicht reden. Entweder fühlen sich die Menschen unter Druck gesetzt, erpreßt oder sie bekommen Angst. Aber ist das nicht eine normale Frage? Wenn das Leben doch zu schwer ist, nach dem Tod etwas Wunderbares kommen wird, warum soll ich noch länger leiden und weiterleben?

Hanna, eine Sozialpädagogin und Erzieherin schrieb:

> Hallo, ich habe meinen Lebenspartner verloren und damit den Boden unter den Füßen. Da ich noch nie einen geliebten Menschen verloren und auch nicht über den Tod nachgedacht habe, fällt es mir sehr schwer, mich mit dieser Endgültigkeit abzufinden. Seit drei Monaten versuche ich irgendwie meinen Weg zu gehen, aber immer wieder werde ich zurückgeworfen. Geht es je wieder vorwärts oder überlebe ich bloß? Wenn ich glaube, mich ein bißchen aufgefangen zu haben, wirft mich die kleinste Kleinigkeit wieder aus der Bahn. Ich bin sehr müde. Einfach kaputt. Durch Bücher weiß ich inzwischen, daß der Trauerprozeß ein langer ist. Alle Empfindungen, die ich erlebe, alle Gedankengänge sind anscheinend »normal« und sollen zum Heilungsprozeß gehören. [...] Vielleicht hilft mir der Gedankenaustausch hier.

Hanna wußte aus der reichhaltigen Literatur recht viel über Partnerverlust, Trauer, Trauerphasen und Trauerverarbeitung. Aber erst das Erleben und Durchstehen aller ihrer Gefühle und Nöte verhalfen ihr dazu, wieder Lebensmut zu fassen.

Anfang Februar dieses Jahres gelangten kommerzielle Anbieter von virtuellen Friedhöfen in einer recht aggressiven Art auch an das Seelsorgeteam der Internet-Seelsorge, um uns für die Betreuung Hinterbliebener zu gewinnen, denen sie gegen Bezahlung eine Gedenkstätte für ihre Verstorbenen auf dem Internet einrichten wollten. Wir sollten jeden Abend während zwei Stunden diesen Betroffenen für »live chats« auf dem Internet zur Verfügung stehen. An eine finanzielle Gegenleistung für diesen Dienst (schließlich macht die Kirche ja alles gratis) wurde nicht einmal gedacht. Ich widersetzte mich solchem Ansinnen vehement und konnte auch die übrigen Team-Mitglieder davon überzeugen, hier nicht mitzu«helfen«.

In der Zeit dieser bewegten Auseinandersetzung kam ein Mail eines völlig verzweifelten Vaters, dessen 13jährige Tochter Anna ohne jegliche Vorwarnung und ohne ein Wort des Adieus oder des Warums mit Tabletten aus dem Leben geschieden war. Ihre Eltern waren gerade für drei Stunden auf einer Geburtstagsparty. Aus der kurzen Mitteilung

> Kann mir jemand helfen? Meine Tochter (13) nahm sich soeben ohne Grund und ohne Adieu das Leben. Ich bin am Boden zerstört. Wie kann Gott so etwas zulassen?

ergab sich eine intensive Korrespondenz.

Da dieses Mail wenige Stunden nach dem Tod von Anna bei mir eintraf, konnte ich mit dem Vater den Weg durch seine Wut, Verzweiflung, Ablehnung, sein Nicht-wahr-haben-Wollen, seine Schuldgefühle, Zweifel und existentiellen Nöte gehen und ihn dazu bewegen, all diese Gefühle niederzuschreiben. Auf jedes Detail ging ich ein, fragte nach, erklärte ihm, was jetzt mit der Toten geschieht, klärte ihn über seine Rechte auf, ermöglichte die Einkleidung der geliebten Tochter in deren bevorzugte Kleidung, ließ ihn einen Abschiedsbrief an seine Tochter schreiben und diesen, zusammen mit anderen Gaben, in den Sarg legen. Auch über die Abdankung, die Benachrichtigung von Mitmenschen und über alles, was »nachher« auf ihn zukommen würde, führte ich mit ihm eine ausgedehnte Korrespondenz. Ich ging mit ihm seine Genealogie und die seiner Frau durch, um eventuelle Anhaltspunkte für familiäre Belastungen oder Prädispositionen zu gewinnen. Ich ging auf Grund meiner Ausbildung als Biochemiker und neuester Erkenntnisse in der Hirnphysiologie ausführlich auf Stoffwechselstörungen (Mangel an Botenstoffen oder an Rezeptoren dafür) sogenannt psychisch labiler oder kranker Menschen ein. Dieser Mailwechsel mit dem Vater von Anna umfaßt bereits über 60 A4-Seiten.

Internet-Seelsorge in Trauersituationen ist anstrengend. Jene, die sich dieser Arbeit widmen, müssen nicht nur über eine lange Erfahrung und hinreichende Empathie verfügen, sie müssen vor allem *dasein.* Der gemeinsame Weg durch die Trauer mit der oder dem anderen ist oft eine Gratwanderung. Grenzüberschreitungen können schlimme Folgen haben. Anders als bei der Telefonseelsorge liegt hier ein schriftliches Dokument vor. Obwohl alles, was geschrieben wird, unter dem Siegel des Seelsorgegeheimnisses liegt, bleibt das Problem des Postgeheimnisses. Wie kann ich sicher sein, daß meine Mails nicht von Unberechtigten gelesen werden? Was geschieht, wenn mir auf Grund von Indiskretionen ein Prozeß ins Haus steht?

Wir bewegen uns auf gefahrvollem Gelände. Es bleibt zu hoffen, daß wir nie aufs Glatteis geraten, das uns in den Abgrund reißt. Er würde viele andere, deren Urvertrauen schon verlorenging, mit hineinreißen.

Zum Schluß komme ich nochmals auf die virtuellen Friedhöfe zurück. Ich bin froh und dankbar, daß es sie gibt. Ich bin auch der Überzeugung, daß sie in Zukunft Hinterbliebenen die Möglichkeit bieten werden, andere Menschen am Gedenken ihrer Verstorbenen teilhaben zu lassen. Der Vater von Anna schickte mir per E-Mail ein Foto von ihr. Ich kann mir gut vorstellen, daß er dankbar wäre, wenn viele Menschen sich »ein Bild« von Anna machen könnten. Welcher Ort wäre da geeigneter als eine Gedenkstätte auf dem Internet? Ich habe deshalb vor, in meinen Trauerbegleitungen auf dem Internet nach einem bestimmten Abschnitt des mit den Hinterbliebenen zurückgelegten Weges die Errichtung einer Gedenkstätte, eines »Memorials«, vorzuschlagen. Bis das jeweils spruchreif ist, sind aber andere Menschen und Sachen für die Hinterbliebenen viel wichtiger.

Wenn Menschen trauern, dann steht nicht ein Grabstein im Zentrum ihrer Gedanken, sondern ein Mensch, der ihnen vorausgegangen ist, sowie ihr eigenes Leben, das sie ohne ihn meistern müssen. Erstaunlicherweise wird immer wieder vergessen, daß die ersten Menschen, die mit den Toten zu tun haben, die Angehörigen der Bestattungsfirmen sind. Was diese in den ersten Stunden nach einem Todesfall an tröstlicher Zuwendung leisten, wird noch oft übersehen. Ich bin deshalb der Meinung, daß es sowohl für die Bestatter als auch für viele Hinterbliebene gut wäre, zu wissen, daß es *www.seelsorge.net* gibt.

Sehr anspruchsvoll und heikel ist die Begleitung von Menschen, die beabsichtigen, sich das Leben zu nehmen. Wenn sie sich aber in ihrer – und trotz ihrer – Verzweiflung hinsetzen und »ins Internet« schreiben, ist das ein Hilferuf, dem ich aber hilflos und ohnmächtig gegenüberstehe. Dabei hilft mir die Ohnmacht Jesu angesichts der Macht der Mächtigen. Seine bis in seinen Tod ausgehaltene Ohnmacht war es schließlich, die aufzeigte, daß Sein Reich nicht von dieser Welt ist und daß das, was ist, nicht alles ist. Jesus hat nie jemanden zu etwas überredet oder verpflichtet. Bis in den Tod hat er seinen Mitmenschen den Spiegel vorgehalten; in seinem Leiden hat er seinen Vater angefleht, den bitteren Kelch an ihm vorübergehen zu lassen – allerdings nicht ohne zu betonen: »Nicht mein, sondern Dein Wille geschehe!«

Nora schrieb mir in zwei kurz nacheinander gesendeten Mails:

Hallo, ich denke schon, daß ich trauere. Mein Freund hat vor einem halben Jahr Selbstmord begangen. Ich war fünf Jahre mit ihm zusammen. Wir waren immer ein Team, also immer füreinander da. Diesmal war ich aber nicht für ihn da. Irgendwie ist wohl auch die Schuldfrage sehr groß bei mir. Aber hauptsächlich vermisse ich ihn sehr. Er fehlt mir. Es tut so weh. Eigentlich wäre er vor kurzem gerade 24 geworden und kurz vorher hatte ich Geburtstag. Diesmal konnte ich nicht feiern. Selbst lachen kann ich nicht. Es tut so weh. Ich weiß nicht, wie ich das verarbeiten soll. Nora.

Ode für Yves
Mich nie allein zu lassen,
hast du mir versprochen,
doch du hast es gebrochen.
Wenn wir gehen, dann zusammen,
doch du bist ohne mich gegangen.
Wo auch immer du jetzt bist,
höre: Da ist jemand, der dich vermißt.
Ich frag mich, was du gerade machst,
ob du vielleicht über mich lachst?
Du bist nicht mehr hier,
doch du lebst weiter in mir.
Yves, deine Ferne,
sie tut weh, ich hatte dich so gerne.
Eines Tages werd' ich dir folgen,
aber erst muß ich hier mein Leben vergeuden.
Bis dahin – ich vergeß' dich nicht – Nora

Auf diese zwei Mails antwortete ich:

Liebe Nora,

Ich möchte Dir vorerst mein ganz herzliches Beileid für den Tod von Yves aussprechen. Was Dir da widerfahren ist, kann niemand verstehen, dem nicht dasselbe passierte. Ihr liebtet Euch, Ihr verspracht einander, beieinander zu bleiben und nun ist Yves doch von Dir gegangen, hat Dich irgendwie hintergangen. Die Frage nach Deiner Mitschuld an seinem Tod, und die Frage, ob Du etwas hättest machen können, damit er diesen Schritt nicht tut, erdrücken Dich fast. Du hast bisher ein halbes Jahr »überlebt«, nachdem Ihr fünf Jahre lang zusammengelebt habt. Daß er Dir fehlt und daß Dir das so weh tut, ist der Beweis dafür, daß Du ihn liebtest. Du liebtest ihn so, daß Du Dir gar nie vorstellen konntest, ihn einmal zu verlieren. Und je größer die Liebe, um so größer ist der Schmerz, wenn das Unvorstellbare Wirklichkeit geworden ist. Es ist schön, daß Du Yves in Dir weiterleben läßt und der Gewißheit Ausdruck gibst, daß Du ihm eines Tages folgen wirst. Nur hoffe ich, daß Du bis dahin Dein Leben nicht »vergeudest«, wie Du in Deiner schönen »Ode für Yves« schreibst.

Liebe Nora, was kann ich für Dich tun?

Was Du mir noch mitteilen könntest, wenn Du möchtest, wäre das genaue Geburts- und Todesdatum von Yves. (Ich mache keine Horoskope. Diese Daten sind für mich wichtig, damit ich an ihnen der Verstorbenen gedenken und für sie beten kann). Du schriebst mir, daß Du vor kurzem Deinen Geburtstag hattest. Könntest Du mir ihn verraten? Denn Yves kann Dir nun nie mehr schreiben an jenem Tag. Ich möchte es gern tun.

Mit ganz lieben Grüßen. Ebo.

Nora ging nicht auf meine Anfragen ein, sondern schrieb wieder ein Gedicht:

Dunkelheit
Das Leben hat keinen Sinn,
für den es sich zu kämpfen lohnt.
Ich frage mich warum.
Sitze in einem Loch
und kann nicht heraus.
Überall Dunkelheit.
Fühl' mich einsam,
fühl' mich ungeliebt.
Gibt es einen Menschen,
der meine Schreie hört?
Wenn ja – dann hilf mir!

Und meine Antwort darauf lautete:

Liebe Nora,

Wieder schriebst Du mir ein schönes Gedicht. Es endet mit der Frage, ob es einen Menschen gäbe, der Deine Schreie hört und weiter mit der Aufforderung, wenn es einen solchen gäbe, solle er Dir helfen.

Ich kann Dir bestimmt nicht helfen in dem Sinn, wie Du Hilfe bräuchtest. Das Internet ist ein Medium, indem man Hilfeschreie entgegennehmen und in schriftlicher Form darauf antworten kann. Ich kann Deine Schreie nicht hören, Deine Tränen nicht sehen. [...] Für mich ist das Internet auch kein Medium, über das Ratschläge erteilt werden sollten. Ratschläge in Situationen wie der Deinen sind Schläge, die die Hilfesuchenden nur noch ratloser werden lassen.

Ich sagte Dir schon in meinem ersten Mail, daß ich gerne mit Dir in Kontakt bleiben möchte. Dabei wäre mir wichtig, ein wenig mehr über Yves und Dich zu erfahren. Wenn Du mir noch mitteilen könntest, in welcher Landesgegend Du wohnst, könnte ich auch versuchen, Adressen von Selbsthilfegruppen in Deiner Nähe ausfindig zu machen. Es hat sich immer wieder gezeigt, daß die Teilnahme an solchen Selbsthilfegruppen heilsam sein kann: Hier triffst Du Menschen, denen das genau gleiche widerfahren ist wie Dir. Diese Menschen können Dich verstehen, Dir zuhören, ohne Dich zu unterbrechen, auch wenn Du hundertmal dasselbe erzählst. Von diesen Menschen kannst Du auch lernen, wie sie mit ihrem Verlust umgegangen sind und vielleicht noch umgehen.

Mit ganz lieben Grüßen Ebo.

Nora schrieb zurück:

Hallo, was soll ich tun? Ich weiß, daß ich Hilfe brauche. Doch ich möchte nicht in ein Krankenhaus, wie man es mir schon so oft geraten hat. Auch eine Tagesklinik kommt für mich nicht in Frage. Dort war ich bereits, das hat mir nichts gebracht. Dann wäre dort noch die Psychologin, aber da bin ich bereits gewesen und gebracht hat es mir nichts. Ich weiß nicht, wie lange ich noch durchhalte. Zur Zeit stehe ich an der Klippe, und wenn sich nicht bald etwas ändert, dann springe ich. Ich möchte doch einfach nur, daß man mich in Ruhe läßt und daß der Schmerz in mir aufhört. Ist das zu viel verlangt?

Nora

Meine Antwort auf dieses Mail war eine Aufforderung an Nora, mit ihren Nächsten über ihre Suizidgedanken zu reden und ihre Angelegenheiten (bis hin zur Anordnung, was mit ihr geschehen solle, wenn sie gestorben ist) zu regeln. Über längere Zeit erhielt ich keine Antwort. Ihre erneute Kontaktaufnahme ließ darauf schließen, daß in ihrem Denken eine Wende stattgefunden hatte: In einem mehrere Seiten langen Mail beginnt sie »einfach mal etwas über Yves« und sich »zu erzählen«. Diese Auseinandersetzung mit ihrem und Yves' Leben war in gewissem Sinne heilsam. Nora läßt sich jetzt fachärztlich behandeln und wir korrespondieren seither regelmäßig.

Da manche Menschen nicht wissen, wie wichtig es ist, daß es sie gibt, nicht wissen, wie gut es tut, sie zu sehen, und wie tröstlich ein Lächeln von ihnen sein kann, da sie vielleicht nie realisiert haben, wie wohltuend ihre Nähe ist und wie viel ärmer wir ohne sie wären, kann der unsichtbare Bote auf dem Internet ihnen schreiben, daß sie ein Geschenk des Himmels sind. Diese Botschaft kann immer wieder gelesen werden und vielleicht dazu beitragen, sich so anzunehmen, wie man ist, auf andere zuzugehen und sein Leben zu meistern.

Für eine solche Botschaft braucht es wenig. Deshalb kann es sein, daß sich neben dem Internet auch der »short message service« (SMS) nach und nach für Hilfestellungen etabliert. Jedenfalls ist es wieder der Initiative von Jakob Vetsch zu verdanken, daß seit Anfang 1999 via Handy (cellular phone, Natel und andere Bezeichnungen für netzunabhängige tragbare Telefongeräte) kurze schriftliche seelsorgliche Beratungen angeboten werden können. Die zur Zeit auf 160 Anschläge begrenzten Mitteilungen zwingen sowohl die Hilfe suchende Person als auch die Beantworter zu klaren Formulierungen. Wieder war meine Skepsis gegenüber dieser Idee sehr groß. Diesmal war es meine Frau, die den Ball aufnahm und sich für die Beantwortung von Anfragen aus dem französischsprechenden Sprachraum zur Verfügung stellte. Obwohl für diesen SMS-(»save my soul«)-Botendienst kaum Reklame gemacht wurde, erhielt Monique innerhalb eines Monats weit über hundert Anfragen. Hier als Beispiel eine Frage vom 27. September 1999, 21:59: »Warum liebt mich niemand?« Antwort: »Ich kann nicht glauben, daß dich niemand liebt. Liebe dich, so wie du bist, und habe Vertrauen in dich und die andern! Herzlich monebo.« Die Antwort darauf ließ nicht lange auf sich warten: »Danke!«

Ende 1999 standen in der Schweiz folgende Nummern für diesen *SMS-Seelsorge-Service* zur Verfügung: +4176 333 00 35 auf deutsch, +4176 333 00 45 auf französisch und +4176 547 25 86 auf italienisch.

Günther

Günther hatte gerade Brot geholt, als er im Hausgang seiner Mutter begegnete, die dabei war, das Haus zu verlassen. Sie trug einen Koffer und kümmerte sich nicht weiter um Günther. Günther war damals sieben und hatte keine Ahnung, was das bedeuten sollte. Seine drei Schwestern waren ziemlich viel älter als er und verliessen eine nach der anderen das Domizil. Günther wuchs in der Folge bei seiner Großmutter auf, die er »Mami« nennen mußte und die mit seinem Vater in einer ehelichen Beziehung lebte, ohne ihn jedoch heiraten zu können.

Günther litt in seiner Jugend unter schweren Albträumen, in denen er sich als verantwortlich für das Weggehen seiner Mutter sah. In diesen Albträumen versicherte er flehend seiner Mutter: »Mami, ich will lieb sein...«. Von seiner leiblichen Mutter hörte Günther bis ins Erwachsenenalter nie mehr etwas.

1983 lernte Günther Gerda kennen, die er bald darauf heiratete. Die Verbindung zu seinen Schwestern war nicht sehr eng, so daß er sich mit Leib und Seele seiner Familie verschrieb. Er kümmerte sich vorbildlich um seine drei Kinder, wozu ihn seine Ausbildung als Lehrer und seine musische Begabung besonders prädestinierten. Sport war etwas, womit er sogar seinen jüngsten Sohn begeistern konnte, der gerade fünf war, als Günther starb. Die eher lose Verbindung zu seiner Herkunftsfamilie wurde weitgehend durch die engen Bande der eigenen Familie aufgewogen.

Günther liebte Musik über alles und verbrachte jede freie Minute mit Musizieren oder Komponieren. Die Liebe zur Musik ließ ihn auch die sicheren Anstellungen beim Staat als Lehrer und bei einer großen Musikfirma zugunsten eines eigenen

Musikgeschäftes aufgeben. Zusammen mit Gerda baute er ein Haus und erfüllte sich und seiner Familie damit einen lange gehegten Traum, auch wenn die Mittel wegen der nicht besonders sicheren Einkommenslage eher knapp waren. Günther verliebte sich circa ein Jahr vor seinem Tod in eine etwa gleichaltrige Chorleiterin. Diese Frau war auch in der Familie gut eingeführt, erteilte sie doch dem ältesten Sohn Klavierunterricht. Als Gerda von diesem Verhältnis erfuhr, brach für sie eine Welt zusammen. Sie mußte Medikamente nehmen, um mit der Situation einigermaßen zurechtzukommen. Mit seiner Freundin machte Günther Ferien an einem Ort in Südfrankreich, wo er jahrelang mit Gerda hingefahren war, was sie zusätzlich verletzte. Sie kämpfte trotzdem um ihren Mann – für sich und für ihre Kinder.

Am 24. April 1997 suchten Gerda und ihr ältester Sohn den Vater. Dabei bemerkten sie sein Fahrrad am Bahnhof. Es stellte sich heraus, daß Günther mit dem Zug nach Frankreich gefahren war, wo er sich nach Einnahme von Tabletten von einem Felsen gestürzt hatte. Gerda fuhr, zusammen mit Günthers Freundin in deren Auto, nach Frankreich, um ihn zu identifizieren. Nach der Rückkehr weilte die Freundin bis zur Abdankung mehrheitlich im Haus der Familie, wo sie laut über den für sie unerträglichen Verlust klagte. Auch bei der Abdankung war es Gerda, die viele Betroffene trösten mußte...

Für Gerda bedeutete Günthers Tod auf der einen Seite einen unendlichen, schmerzlichen Verlust, auf der anderen Seite spürte sie auch eine Art Erleichterung darüber, daß die lange Demütigung nun zu Ende war. Diese Empfindung verursachte in ihr Schuldgefühle. Für Gerda waren die 15 Jahre, die sie mit Günther zusammenleben konnte, so reich, daß sie sie nicht nur nicht missen möchte, sondern den gleichen Weg mit ihm noch einmal gehen würde. Zwei Jahre nach seinem Tod bedauerte sie, daß sie Günther nicht hatte »freigeben« können. Sie meinte, das wäre das größte Zeichen von Liebe gewesen, das sie ihm hätte schenken können. Vielleicht würde er dann heute noch leben. Jedenfalls wäre er den Kindern »erhalten« geblieben...

Zum Jahreswechsel 1997/98 schrieb Gerda einen Rundbrief an Verwandte, Bekannte und Freunde, der einen kleinen Einblick in die schwere Zeit nach einem solchen Verlust gibt:

> Ein schicksalsschweres Jahr ist zu Ende; wir wurden geschüttelt, geprüft und für unser weiteres Leben gezeichnet. Es war Günthers Entscheid, den Weg mit uns nicht mehr weiterzugehen, ein unbegreiflicher Entschluß nach 15 Jahren intensiven, erlebnisreichen und glücklichen Zusammenseins. Für diese Zeit sind wir dankbar. Jetzt gehen wir unsere Wege ohne ihn; doch wir fühlen uns nicht alleine gelassen. So viel Zeitraubendes ist dazu gekommen und das kann ich mit niemandem teilen: Verhandlungen mit Behörden, Versicherungen, Bank, Treuhänder, Notar, Schulen und die Geschäftsliquidation. Dies alles und meine beruflichen Tätigkeiten sowie meine Rolle als Mutter und Hausfrau fordern mich oft mehr als genug. Eine Operation, die mich für zwei Wochen »ausfallen ließ«, hat unsere Situation auch nicht gerade erleichtert.
>
> Hilfe kommt, wenn sie nötig ist; das haben wir erfahren dürfen. Viele Freunde und meine Familie waren und sind uns eine liebevolle und hilfreiche Unterstützung. Der älteste Sohn kann bei meinem Bruder die Schule besuchen und gewinnt so die nötige Distanz zu der belastenden Situation. An den Wochenenden kommt er lockerer nach Hause, was sich unüberhörbar darin ausdrückt, wenn er das Schlagzeug bearbeitet und seine Schwester bei einem Blues-Rock begleitet bzw. den Takt angibt. Ihre Keyboardkünste entfalten sich dank einer humorvollen Klavierlehrerin, was auf den Jüngsten überschwappt. Wer Günther gekannt hat, begegnet ihm wieder in der unbändigen und kreativen Spielfreude der drei Kinder an Piano, Gitarre und Schlagzeug.
>
> Meine Kinder in ihrer Entwicklung zu erleben, gibt mir sehr viel Kraft zum Weitergehen. Unser Leben erfährt gewaltige Veränderungen, und zu diesen hat ein guter Freund viel beigetragen. Seine große Hilfsbereitschaft, seine handwerklichen Talente, sein Optimismus haben fast keine Grenzen.
>
> Für das Vergangene – Dank
> Für das Kommende – Ja Dag Hammerskjöld
>
> In herzlicher Verbundenheit wünsche ich alles Gute zum neuen Jahr.

Gudrun, die Freundin von Günther, erinnerte sich mit folgenden Worten an ihn:

Günther und ich kannten uns seit 1989. Die Musik führte uns zusammen. Er war Musiklehrer und betrieb zusätzlich noch ein kleines Musikgeschäft. Er war verheiratet und Vater von drei Kindern.

Daß anfangs Juni 1996 die Liebe wie ein Blitz bei Günther und mir einschlug, konnte kaum jemand begreifen. Sogar wir selber konnten es kaum fassen. Verständlich, daß uns viele Menschen verurteilten. Doch wir beide waren zu schwach, um uns gegen unsere Gefühle zu wehren. Zusätzlich glaube ich, daß sowohl Günther als auch ich schon seit einiger Zeit auf der Suche gewesen waren, vielleicht auf der Suche nach unserer eigentlichen Bestimmung, nach dem Sinn in unserem Leben. Während der Zeit unserer Beziehung lebten Günther und ich eine Gefühlsintensität, die uns beiden in all den Jahren offenbar abhanden gekommen war; möglicherweise wurde sie vorher gar nicht richtig ausgelebt. Im Dezember 1996 beschlossen wir, unsere Beziehung abzubrechen – seiner Familie zuliebe. Es gelang nicht: Unsere Gefühle waren zu tief, und wir selbst zu schwach. Für Günthers Frau war es sehr schwierig. Sie konnte unsere Beziehung – begreiflicherweise – nicht akzeptieren. Sie setzte Günther permanent unter Druck, bombardierte ihn mit massiven Schuldzuweisungen. Ich habe versucht, sie zu verstehen. Zu alledem kam hinzu, daß Günther auch beruflich sehr gefordert (überfordert) war. Und das war auch ich: Obwohl ich dies nie im Leben wollte, war er vielleicht auch durch mich unter Druck gesetzt, nicht absichtlich und bewußt, einfach durch meine bloße Existenz und das Wissen um meine Gefühle. Wie oft habe ich mich deswegen später selbst mit Schuld überhäuft! So geriet Günther wohl physisch und psychisch an seine Reserven. Dies scheint die plausibelste von diversen möglichen Erklärungen zu sein. Ein Streit mit seiner Frau (Aussage von ihr selbst) löste an jenem verhängnisvollen Donnerstag vermutlich Günthers Abreise nach Frankreich aus. Höchstwahrscheinlich am Donnerstagabend (um ca. 18.00 Uhr) stürzte er sich dort von einem Felsen – nach dem Konsum von über 50 Schlaftabletten und Alkohol.

Am Freitagabend fuhren Günthers Frau Gerda und ich nach einem telefonischen Hinweis der Polizei mit dem Auto nach Frankreich. Von einem »petit malheur« war am Telefon die Rede gewesen. Nach unserer Ankunft wurde uns mitgeteilt, was geschehen war. Dieser Moment war für uns beide ein Schock. Dazu kam der Moment der Identifikation... Die Polizei überreichte mir einen Abschiedsbrief, von dem ich leider nur eine Kopie mit heimnehmen durfte.

Hier ein Ausschnitt daraus:

Liebe Gudrun,

Ich habe mein Versprechen nicht halten können. Ich habe dich nicht hintergehen wollen – bitte vergib mir. Ich liebe dich, ich liebe dich, dein Günther

Ich weiß noch heute nicht, wie ich es schaffte, Gerda und mich sicher zurückzufahren. Wahrscheinlich bewirkte dies die gleiche Macht, die mich in der folgenden Zeit davor bewahrte, mich ebenfalls umzubringen. Dieser göttlichen Kraft habe ich es hauptsächlich zu verdanken, daß ich das vergangene Jahr überlebt habe. Zwei Wochen nach dem Unglück stieg ich wieder in einen Langzeit-Fortbildungskurs ein, den ich kurz zuvor angefangen hatte. In jenem Kursblock ging es um die Erhöhung der eigenen Selbstkompetenz, somit also um eine Art Selbstfindung. Niemand ging wohl dieses Thema so realitätsnah an wie ich. Ich fühlte mich in jener Zeit trotz des gewaltigen Schmerzes gut aufgehoben und begleitet – immerhin bestand die Kursleitung gleich aus vier Psychologen. Auch außerhalb des Kursgefäßes gab es viele liebe Menschen, die sich um mich kümmerten und mir ihre Zuwendung zeigten. Einer davon war Ebo. Ihm habe ich besonders viel zu verdanken; er hat es verstanden, mir in scheinbar aussichtslosen Phasen Trost und neuen Mut zu vermitteln. Sehr geholfen hat mir auch die von ihm geleitete Selbsthilfegruppe für Partnerverlust durch Suizid, *Refugium*. In diesem Zufluchtsort und geschütztem Raum konnte ich mich mit Gleichbetroffenen austauschen, mit Menschen, denen gleiches widerfahren war wie mir.

Neben all dem Stützenden gab es aber auch Verletzendes. Beispielsweise bekam ich von sogenannt frommen Leuten zu hören, daß Günther – falls er nicht zu Lebzeiten Jesus »in sich aufgenommen« hätte – aufgrund seines Handelns auf ewig verdammt sei. Auch die spätere Haltung von Gerda und ihren Kindern verletzte mich sehr. In ihren Augen bin ich an allem schuld: Ich bin in eine intakte Ehe und Familie eingebrochen. Zum einen verstehe ich diese Haltung. Andererseits aber frage ich mich: Bin ich tatsächlich an allem schuld? Ich weiß, daß ich meine »Schuldanteile« habe, und dies einzugestehen ist bei Gott nicht einfach. Ich komme aber immer mehr zu dem Standpunkt, daß ich nicht noch zusätzlich die Anteile anderer übernehmen kann. Alle Menschen handeln und leben schließlich in Eigenverantwortung; dies galt auch für Günther. Trotzdem bitte ich in meinen Gebeten immer wieder um die Vergebung meiner Schuld. Ich habe gelernt – u. a. mit Hilfe meines Glaubens – einen Weg zu gehen, mit all dem Schmerz und dem Leiden, im Vertrauen darauf, daß alles Leiden irgendeinmal ein Ende findet. Ich bin dankbar für jeden weiteren Schritt – und sei er noch so klein – auf diesem Weg, der mir hilft, mich zunehmend besser kennenzulernen, und mich lehrt, zu mir, meinen Schwächen und Stärken zu stehen. Trotz Günthers Tod fühle ich mich mit ihm weiterhin tief verbunden. Ich spüre die Gegenwart seiner Seele, was mir Kraft gibt.

Heute lebe ich nach dem Motto, das im Buch Kohelet Kapitel 3 in den Versen 1 bis 8 in der Bibel beschrieben ist:

Alles, was auf der Erde geschieht, hat seine von Gott bestimmte Zeit: geboren werden und sterben, einpflanzen und ausreißen, töten und Leben retten, niederreißen und aufbauen, weinen und lachen, wehklagen und tanzen, Steine werfen und Steine aufsammeln, sich umarmen und sich aus der Umarmung lösen, finden und verlieren, aufbewahren und wegwerfen, zerreißen und zusammennähen, schweigen und reden. Das Lieben hat seine Zeit und auch das Hassen, der Krieg und der Frieden.

Gudrun lud ihre Freunde und Bekannten in einem speziellen Schreiben zur Teilnahme am Abdankungsgottesdienst ein, wobei sie aus Korrespondenz von ihr mit Günther zitierte:

Jetzt ist es doch passiert. Mir ist das Liebste auf der Welt genommen worden. Ich bin so unsäglich traurig und verzweifelt! Ich muß versuchen, ohne Günther weiterzuleben. O Gott, gib mir die Kraft, daß ich das schaffe! Günther, Du hast in Deinem Abschiedsbrief an mich ganz fest gewünscht, daß ich Dir verzeihen möge. O ja, ich verzeihe Dir – im Sinne unserer tiefen Liebe. Ich hoffe, daß es Dir dort, wo Du jetzt bist, gut geht, daß Du Deinen inneren Frieden gefunden hast. Wer weiß, vielleicht sind wir doch nicht voneinander getrennt, sondern auf eine neue Art auf ewig miteinander verbunden. Günther, ich vermisse Dich! In tiefer Trauer Deine Gudrun.

> Von guten Mächten wunderbar geborgen, erwarten wir getrost, was kommen mag. Gott ist mit uns am Abend und am Morgen und ganz gewiß an jedem neuen Tag. Laß warm und still die Kerzen heute flammen, die Du in unsre Dunkelheit gebracht, führ, wenn es sein kann, wieder uns zusammen! Wir wissen es, Dein Licht scheint in der Nacht. Dietrich Bonhoeffer

Gudrun war in einem sogenannt »frommen« Elternhaus aufgewachsen. Sie erfuhr nie irgendwelche Gefühle der Zuneigung oder Liebe von ihrem Vater, sondern wurde im Gegenteil häufig von ihm geschlagen. Obwohl Gudrun sich vegetarisch ernähren wollte, wurde sie von ihren Eltern gezwungen, Fleisch zu essen. Die Bibel empfand sie als eine einzige Drohbotschaft. Mit ihrer Mutter hatte sie ebenfalls größte Probleme. Gudrun fühlte sich weder als Kind noch in ihrer Pubertät ernst genommen, sondern stets fremdbestimmt. Durch ihre repressive Art unterdrückten ihre Eltern die Persönlichkeitsentwicklung von Gudrun. Erziehung und Erscheinungsbild nach außen waren stets darauf ausgerichtet, »Vorbild« zu sein.

Cécile

Als einen Höhepunkt seiner Karriere betrachtete Claudio den Bau eines Eigenheimes. Zu jener Zeit war er sowohl beruflich als auch militärisch sehr stark belastet, zudem war er riskante Liegenschaftsgeschäfte mit großen finanziellen Verpflichtungen eingegangen, die er seiner Frau verschwieg. Zwei Wochen nach dem Einzug in das neue luxuriöse Haus zog die Tochter Maria im Alter von 17 Jahren von der Familie weg. Ein Jahr später wurde während einer Ferienabwesenheit durch das Mißgeschick eines Handwerkers das Haus durch Rußeinwirkung vorübergehend unbewohnbar. Drei Jahre danach deckte ein Unwetter einen Teil des Daches ab. Nachdem sich ein weiteres Jahr später seine Frau Cécile im Weinkeller dieses Hauses erhängt hatte, bemerkte Claudio bei unserer ersten Begegnung resigniert: »Dieses Haus hat uns kein Glück gebracht.«

Claudio stammt aus einer einfachen Arbeiterfamilie, in der er mit drei weiteren Brüdern aufwuchs. In seiner Jugend litt er sehr unter der Strenge seines Vaters, der ihn oft schlug und in den Keller einschloß. Er arbeitete sich beruflich bis zum Prokuristen einer großen Transportfirma empor. Cécile wuchs zusammen mit einem älteren Bruder auf. Ihr Vater war Feinmechaniker und sehr auf Perfektion bedacht. Sie eiferte ihrem Vater sowohl im Beruf als kaufmännische Angestellte als auch im Privatleben in diesem Perfektionismus nach. Claudio sah Cécile das erste Mal, als er 21 Jahre alt war. Zwei Jahre später begann ihre Beziehung. Claudio und Cécile wurden eine Tochter, Maria, und ein Sohn, Maurice, geboren.

Die Familie litt unter Problemen, die ihnen Maurice seit frühester Kindheit bereitete, und auch unter den häufigen, beruflich bedingten Abwesenheiten Claudios. Als Maria drei Jahre alt war, verliebte sich Cécile in deren Kinderarzt. Claudio wußte um dieses Verhältnis, wollte sich aber nicht von Cécile trennen, da er sehr an ihr hing. Allerdings kam eine Auflösung der Ehe erstmals zur Sprache. Cécile mußte in der Folge für drei Monate in eine psychiatrische Klinik. Als Cécile vier Jahre nach der Geburt von Maria wieder schwanger wurde, warf sie ihrem Mann vor, daß das »seine Schuld« sei, und trug Maurice nur widerwillig aus. Nach einer schweren Geburt interessierte sie sich kaum für ihn. Wenn er nachts schrie, mußte Claudio sich um Maurice kümmern. So kam es, daß das Verhältnis von Sohn und Vater immer enger, das zur Mutter immer gespannter wurde. Diese entwickelte mit der Zeit sogar Haßgefühle gegenüber Maurice. Als er etwa fünfjährig war, ging Cécile ein Verhältnis mit einem Mitarbeiter Claudios ein und wurde schwanger. Claudio wußte davon. Das Paar kam überein, abtreiben zu lassen. Eine Trennung von seiner Frau kam aber auch diesmal für Claudio nicht in Frage: »Sie war jemand Besonderes. Ich verehrte sie. Ich brauchte sie, und auch sie brauchte mich.«

Maurice mußte schon als Kind in psychiatrische Behandlung. Als Jugendlicher litt er unter anderem darunter, daß sein Vater Schlafmittel in immer höheren Dosen nahm und wünschte sich einmal zu Weihnachten nichts anderes als die Erlösung seines Vaters von dieser Abhängigkeit ... Erst in ihren letzten Lebensjahren begann Cécile unter der Abneigung zu leiden, die ihr Maurice auf immer perfidere Art entgegenbrachte, und begann regelrecht, um seine Zuwendung zu betteln. Claudio seinerseits litt unter der gefühlsmäßigen Kälte, die ihm seine Frau seit Jahren zeigte. Sie hatten schon lange nicht nur keine sexuellen Beziehungen mehr, sondern schliefen bis zum Einzug in das neue Eigenheim auch getrennt. Claudio übernachtete Abend für Abend im Hobbyraum, wo auch der Hund schlief. Am Morgen brachte er sein Duvet wieder nach oben. Die Kinder bekamen »das Theater« aber mit und litten sehr darunter: »Daß ich Nacht für Nacht im Keller schlief, berührte Cécile überhaupt nicht. Ich machte das ja nicht gegen sie. Ich hoffte vielmehr, sie sage mir einmal: ›Bleib doch oben!‹ Das war hart, auch die ›Bekanntschaften‹ waren hart für mich.«

Als Cécile sich in den Kinderarzt verliebte, war sie 25. Sie sah in ihm den »Prinzen«, der ihr mehr bieten konnte als Claudio. Bei der zweiten Affäre war sie 31. Claudio meint, daß sie »das« [Sex] nicht gesucht habe. Sie habe sich lediglich von ihm lösen wollen, »weil sie zu abhängig von mir war«. Cécile hat ihren Mann wiederholt aufgefordert, sich eine Freundin zu suchen oder sich selber zu befriedigen. Trotzdem hing Claudio an seiner Frau: »Ich warb um sie, machte auch Fehler. Aber ich hätte in Anbetracht ihres Charakters anders mit ihr umgehen sollen.«

Während sechs Jahren lief eine von Claudio eingereichte Scheidungsklage, die er dann aber wieder zurückzog. Claudio und Cécile vereinbarten in der Folge eine Gütertrennung.

Im neuen Eigenheim richtete es Claudio immer so ein, daß Cécile schon vor ihm ins Bett ging. Er las im Wohnzimmer noch Zeitung, nahm ein Schlafmittel und ging erst dann zu Bett. Wenn Cécile noch nicht schlief, vermied sie peinlich jegliche Berührung mit ihrem Mann und drehte ihm den Rücken zu. Cécile war daneben eine sehr gute Hausfrau. Nach außen schien die Familie intakt. Claudio und Cécile machten zusammen einfache Wanderferien und bedurften auch sonst nicht des Luxus, den sie sich hätten leisten können: »Cécile war aber zutiefst in ihrem Inneren unglücklich. Sie suchte sich selbst.«

Bei dieser Suche kam sie in Verbindung mit esoterischen Gruppierungen verschiedenster Schattierungen. Sie verschlang große Mengen einschlägiger Literatur und verkehrte zunehmend in Kreisen, wo »Rückführungen«, »Wiedergeburten« usw. praktiziert wurden. Sie strebte die »Selbstverwirklichung« an und löste sich zusehends von ihrer Mutter, ihrem Bruder, ihren Kindern und ihrem Mann. Dagegen umarmte sie öffentlich jede Person herzlich, die sie in den esoterischen Kreisen mehr oder weniger gut kennengelernt hatte: Cécile entrückte immer mehr der Wirklichkeit. In diesem Stadium ihres völligen Aufgehens in der Esoterik gelangte Claudio an den befreundeten Anwalt Meier. Claudio hatte schon mehrere Jahre geschäftlich mit Meier zu tun gehabt und viel für ihn getan. Meier riet Claudio, erneut die Scheidung einzureichen, und übernahm das entsprechende Mandat. Claudio und seine Frau lebten weiter im gleichen Haus.

Ein Jahr später wurde Claudio von einer Konkurrenzfirma die Leitung eines Geschäftes mit über 100 Mitarbeitern angeboten. Claudio fühlte sich aber wegen der ungelösten Probleme (Scheidung, Esoterikabhängigkeit und psychische Desorientierung von Cécile) außerstande, dieses verlockende Angebot anzunehmen. Er hätte für eine solche Aufgabe eine voll zu ihm stehende und ihn stützende Gattin gebraucht. Cécile zog in dieser Phase von zu Hause aus und nahm eine Wohnung in der Stadt. Allerdings brach dabei für sie – entgegen ihren Erwartungen – eine Welt zusammen. Zwei Monate vor ihrem Tod machte Cécile einen Suizidversuch mit Schlafmitteln und mußte in Spitalbehandlung. Nach einem weiteren Suizidversuch wurde sie stationär in eine psychiatrische Klinik aufgenommen. Als Claudio seine Frau in der psychiatrischen Klinik leiden sah, und nachdem Cécile ihn inständig gebeten hatte, sie wieder zu sich nach Hause zu nehmen, gelangte er mit diesem Anliegen an seinen Anwalt. Dieser wies Claudio jedoch zurück und sagte ihm, er habe von ihm ein »ganzheitliches Mandat«, und die Scheidung müsse jetzt »durchgezogen« werden. Übrigens gäbe es wahrscheinlich sowieso »einen biologischen Abgang«. Claudio war sehr verletzt, brachte aber den Mut nicht auf, sich ihm zu widersetzen. Claudio nahm Cécile nach ihrer Entlassung aus der Klinik – trotz der gegenteiligen Ratschläge seines Anwaltes und des Psychiaters – zu sich nach Hause. Drei Tage nach dem Austritt Céciles aus der Klinik fand in der Firma von Claudio ein Personalfest statt, bei dem er nicht fehlen konnte. Cécile war allein zu Hause. Als Maurice am Abend heimkam, hatten die beiden eine Auseinandersetzung. Sie ging daraufhin in den Weinkeller, wo sie wenig später von Maurice tot aufgefunden wurde.

Seit Céciles Tod sind mehrere Jahre vergangen. In der ersten Zeit kam ich mehrmals pro Woche mit Claudio zusammen. Oft weinte er auch am Telefon und gab seiner Trauer und seiner

Wut Ausdruck. Er suchte in seinem Umfeld Schuldige am Tod seiner geliebten Frau und hatte große Mühe, seiner Arbeit nachzugehen. Er begab sich in psychiatrische Behandlung, bei der ich an einigen Sitzungen teilnahm. Sowohl sein Psychiater als auch er selbst wollten »es ohne Medikamente schaffen«. Es bedurfte langer Bemühungen, bis Claudio schließlich in »einen Versuch« mit Medikamenten einstimmte und auch der Psychiater zur Überzeugung kam, daß »ohne nichts zu wollen« war.

Trauerarbeit, die verschiedenen Formen und Etappen

Im Buch des Jesus Sirach (38,16–23) ist ein Verhaltenskodex bei einem Todesfall überliefert. Mag manches jetzt auch fremd anmuten, so ist doch das Grundanliegen bis heute das gleiche geblieben:

> Mein Sohn, wenn jemand stirbt, dann weine und klage über ihn wie einer, der einen schweren Verlust erlitten hat. Gib ihm das Begräbnis, das ihm zusteht, und vernachlässige sein Grab nicht! Klage laut über seinen Tod und vergieß heiße Tränen! Halte die Trauerzeit ein, die ihm zukommt, [...] um das Gerede der Leute zu vermeiden. Dann aber fasse dich wieder in deinem Schmerz! Die Trauer kann dir alle Kraft nehmen und dir sogar den Tod bringen. Bei großer Not ist auch die Trauer da, und ein Leben im Elend empfindet man als Fluch. Darum überlaß dich nicht deiner Trauer, schüttle sie ab und denk daran, daß auch dein Ende kommt. Vergiß nicht, daß du den Toten nicht zurückholen kannst. Ihm kannst du nicht mehr nützen, aber dir selbst kannst du schaden! Erinnere dich daran, daß sein Schicksal auch deines ist: Gestern er, morgen du! Wenn einer zur letzten Ruhe gelegt worden ist, dann laß auch die Erinnerung an ihn zur Ruhe kommen! Wenn der Lebensgeist ihn verlassen hat, tröste dich über den Verlust!

Verena Kast definiert Trauer als die »Emotion, durch die wir Abschied nehmen«. Ich möchte ihr zustimmen, wobei ich angesichts der Komplexität des Geschehens aber lieber von »Emotionen« sprechen möchte.

Der Verlust eines geliebten Menschen ist für jeden Betroffenen die dramatischste Nötigung zur Trauer, stürzt ihn in ein unabsehbar schmerzvolles Leiden, macht ihn »todtraurig« und untröstlich: Beim Tod eines geliebten Menschen *erfahren* wir, was Tod ist. Neben dieser Todeserfahrung, die die Hinterbliebenen emotionell aus dem Gleichgewicht wirft, finden im Körper der Betroffenen physiologische Veränderungen statt, die zu Erkrankungen, ja zum Tode führen können.

Es gibt wohl kaum Hinterbliebene, die sich nicht in irgend einem Moment nach dem Tod eines ihnen nahegestandenen Menschen fragen, wie sie mit diesem einschneidenden Verlust fertig werden können. Nicht selten machen sie sich in der Folge Vorwürfe und fühlen sich zum Teil mitschuldig am Geschehen. Dies trifft besonders bei plötzlichen Todesfällen zu und hier wiederum insbesondere dann, wenn der Tod »durch eigene Hand« erfolgte. Diese Besonderheit läßt sich aus der Theorie des »symbolischen Interaktionismus« ableiten, wonach unsere Wahrnehmungen auf erlernten Deutungen beruhen.

Es ist bekannt, daß alle Verluste nach einer adäquaten Verarbeitung suchen, und es ist wahrscheinlich, daß insbesondere die Trauer um den Verlust eines Menschen durch den Tod zu den Ur-Verhaltensmustern gehört. Deshalb ist es um so erstaunlicher, daß sich die Forschung mit dem Phänomen Trauer erst relativ spät zu beschäftigen begann. Auch die Psychologie befaßte sich bis 1960 kaum mit den Themen Tod und Trauer. In der Theologie gar wurde die Trauer erst Mitte der 70er Jahre wieder zu einem Thema. Dabei wurden die bis dahin gewonnenen sozialpsychologischen und philosophischen Erkenntnisse ziemlich unvermittelt in die pastoralen Überlegungen übernommen. Welche Bedeutung der Trauer von alters her zukommt, erhellten bereits die in der Bibel vorkommenden zahlreichen Stichworte, angefangen von Trauerbrauch über Trauerbrot, Trauerfeier, Trauergesang, Trauergewand, Trauerhülle, Trauerkleid, Trauerlied, »Trauertuch« bis hin zur »Trauerzeit«.

Etymologisch ist das Verb »trauern« wahrscheinlich vom gotischen *druisan* abzuleiten, was dort so viel wie »fallen« bedeutet. Das altenglische *dreosan* hat die Bedeutung »[nieder]fallen« und das ebenfalls altenglische *druisan* die von »sinken, matt, kraftlos werden«. Aus diesen Herleitungen wird deutlich, daß mit dem Trauern körperliche Ausdrucksweisen oder Gebärden einhergehen, wie »den Kopf hängen lassen« oder »die

Augen niederschlagen«. Eine trauernde Person wirkt – infolge ihres Leidens an einem Verlust – als ganze »niedergeschlagen«. Wird dieses an sich »normale« Leiden unterdrückt, die Trauer »in-sich-hineingefressen«, kann es zu pathologischer Chronifizierung des Trauerprozesses mit zerstörerischen Somatisierungen (körperlichen Ausprägungen) kommen. Solche nicht gelebten Gefühle machen uns zu einer »wandelnden Bombe«.

Im Innenleben von Trauernden spielen sich sehr komplexe Prozesse ab, angefangen beim Schock (Betäubung, Abgestumpftheit) und Verleugnung (Unglaube, Nicht-wahrhaben-Wollen) über Wut, Zorn, Protest, Klage, Verwirrung, Angst, Halluzinationen, Freude, Schmerz, Auflehnung, Gefühle der Ablehnung und des Ausgestoßenseins, Weltentfremdung, Sinnlosigkeit, Sehnsucht, Hilflosigkeit, Ruhelosigkeit, Klage, Schuldgefühle, Niedergeschlagenheit, Depressionen, Lethargie, Isolation und anderen bis hin zur schließlichen (befreienden) Integration des Geschehenen. Die Gesamtheit dieser innerpersönlichen Prozesse wird als »Trauerarbeit« bezeichnet und besteht im Aufbau einer neuen Welt ohne die Mitwelt des oder der Verstorbenen. Angesichts des mitunter an die Grenzen menschlicher Möglichkeiten führenden Gefühlschaos handelt es sich dabei tatsächlich oft um eine Schwerstarbeit für Leib und Seele. Nicht selten kann sie nicht bewältigt werden und führt selbst zum Tode. G. Engel hat deshalb die Trauer in gewissem Sinne doch nicht ganz zu unrecht als eine Krankheit bezeichnet und der Soziologe Werner Fuchs sah den Status der Trauernden in verschiedener Hinsicht nicht mehr ganz der Welt der Lebenden zugeordnet, sondern dem der Toten angenähert. Das wurde wohl schon zu biblischen Zeiten erkannt, weshalb in den *Sprüchen Salomos* ermahnt wurde: »Ein frohes Herz macht Wunden gut verharschen, ein geknickter Mut dörrt das Gebein.« Und wenn in der *Bergpredigt* den Trauernden Trost zugesprochen wird, entspringt dies einem »heilenden« Anliegen.

Ohne eine adäquate Verarbeitung des erlittenen Verlustes durch die Trauer kann nicht zu eigentlichem Leben zurückgefunden werden. Die Trauer muß dazu verhelfen, die verstorbene geliebte Person loszulassen, um einen Neubeginn wagen zu können. Ansonsten bleiben die Betroffenen in Fixierungen, einengendem Sicherheitsstreben und »bornierter Selbstsucht« hängen. Die Trauer darf nicht in eine Abkapselung hineinführen, in der exklusiv nur noch mit den Verstorbenen kommuniziert wird. Daß die Hinterbliebenen den Verstorbenen verbunden und treu bleiben, hat damit nichts zu tun.

Zur Trauerarbeit gehört das »Aufarbeiten« von Gefühlen der Leere, der Verzweiflung, der Hoffnungs-, Mut-, und Sinnlosigkeit und der Schuld. Diese Arbeit ist kräftezehrend und bedarf einer gewissen inneren Stärke. Es ist nicht selbstverständlich, zu solchen Gefühlen stehen zu können. Es ist auch nicht möglich, all diese Gefühlsaufbrüche auf einmal zu bewältigen. Die Aufarbeitung dieser Fragen, die einen selbst in Frage stellen, bedarf geraumer Zeit. Nur durch systematisches Hindurchgehen durch die aufwühlenden Gefühle kann mit der Zeit die oder der Verstorbene angemessen in das weitere Leben eingeordnet und dieses weitere Leben erst wieder ermöglicht werden. Allerdings stimmt das geflügelte Wort, wonach die Zeit alle Wunden heilt, hinsichtlich des Verlustschmerzes nach dem Tod eines geliebten Kindes, Partners oder Geschwisters nicht – oder zumindest nur beschränkt. Es kann sogar sein, daß der innerseelische Druck im Laufe der Jahre zu- statt abnimmt. Die Zeit lehrt aber, mit der Narbe zu leben.

Die Trauerarbeit ist eine überlebensnotwendige Klärungsarbeit. Sie läßt die Trauernden realisieren, daß sie inskünftig mit der verstorbenen Person leben müssen, wie ein Amputierter lernen muß, ohne sein Bein zu leben. Die Phantomschmerzen des oder der amputierten Geliebten können die Hinterbliebenen bis in ihr eigenes Grab begleiten.

Die zahlreichen biblischen Wortverbindungen mit »Trauer« deuten auf eine gute gesellschaftliche Einbindung der Trauernden in biblischen Zeiten hin. So war nicht zuletzt das »Trauergewand« das äußere Zeichen, das die Mitmenschen wissen ließ, daß sich darunter eine zerbrochene Seele befand. Noch bis Mitte dieses Jahrhunderts wurde auch in unseren Breitengraden »Trauer getragen«. Das schwarze Gewand war bis dahin in gleicher Weise Zeichen und Bitte um Nachsicht. Das deutlich sichtbare Zeichen wurde in der Folge der Tabuisierung des Todes zum »Ab-Zeichen« – bei Männern vorerst in Form einer schwarzen Armbinde und dann eines schwarzen »Trauerflors« oder eines »Trauerknopfes«. Letzterer wurde diskret am Revers von Anzügen getragen. Es ging bei solchem »Tragen der Trauer« eigentlich um die Kenntlichmachung einer sozialen Rolle, die mit bestimmten Verhaltensnormen, Handlungs- und Verhaltensanweisungen und Verhaltenserwartungen einherging. Unterdessen ist auch dieser letzte diskrete Hinweis auf die innere Verletzung und die Verletzlichkeit des Trägers verschwunden. Mit dem Verschwinden der äußeren Hinweise auf die innere Not wuchs gleichzeitig die Isolation der Betroffenen. Wer kann noch erahnen, wem es wie zumute ist?

Auch die Frage nach dem Befinden wurde zur unverbindlichen Floskel degradiert, so daß sich niemand mehr traut, einem andern mitzuteilen, wie es wirklich um ihn steht. Die Verunsicherung in Verhalten und Sprechen ist fast allgemein im Umgang mit Tod und Trauer festzustellen. Das sonst vielbeschworene »soziale Netz« in Bezug auf das Auffangen von Personen, die durch ihre Trauer verletzt sind, scheint zerrissen. Nur mühsam werden Versuche unternommen, geschützte Räume zu schaffen, wo sich die Trauernden fallen lassen, wo sie ihren Tränen freien Lauf lassen können. Dieses Loch im Netz wurde schließlich als »Marktlücke« entdeckt und führte zur Spezialisierung psychologischer Praxen zur »Trauerverarbeitung«. Dazu werden (von sogenannten Spezialisten gehaltene) »Trauerseminare« angeboten. In der Schweiz wurde eine »Stiftung ›Begleitung in Leid und Trauer‹« gegründet und der in Deutschland lebende und lehrende griechischstämmige Jorgos Canacakis gründete eine »Internationale Akademie für Menschliche Begleitung IAMB«. »Diplomierte Trauerbegleiter IAMB« gründen »Trauerbegegnungszentren«, in denen sie »Einzelbegleitung, Gesprächskreise, Trauergruppen, Beratung, Öffentlichkeitsarbeit (Vorträge), Weiterbildung und Tagungen« anbieten. Hier werden Trauerabläufe und Verhaltensmuster in ritueller Form geübt, um den Trauernden zu ermöglichen, durch ihre

Trauer hindurchzugehen – ganz nach dem Wahlspruch von Jorgos Canacakis: »Kein Weg führt an der Trauer vorbei, nur durch sie hindurch.«

Auch Verena Kast weist darauf hin, daß »neue Rituale« gefunden werden müßten, um »dem Bedürfnis des Trauernden oder der Trauernden« entgegenzukommen. Sie erlebte ein solches »Ritual« z. B. anläßlich eines größeren »ernsthaften« Gruppengesprächs »über Tod, Verlust, Angst vor dem Tod, Angst vor dem Verlust, Mut angesichts des Todes«. Auch das Sprechen von »viele(n) Menschen tagelang [...] miteinander über die Verstorbene« wertet sie als neues rituelles Verhalten, wobei sie betont, daß es »viele Mittrauernde [gibt], wenn wir sie an uns heranlassen«.

Was früher die Gesellschaft als ganze leistete, wird so im Zuge der zunehmenden Spezialisierungstendenz jeglicher menschlicher Handlung kommerzialisiert. Ein kollektives Wissen ging verloren und wird mühsam, flickwerkartig wieder erarbeitet. Solange dieses in speziellen Kreisen in therapeutisches Handeln umgewandelte wiedergewonnene Wissen nicht wieder Allgemeingut wird, werden weiterhin ungezählte leidgeprüfte Mitmenschen durch die Maschen fallen.

Bevor die neuen Trauerbewältigungsspezialisten auftraten, erwarteten Hinterbliebene von den Seelsorgern eine angemessene Begleitung. Bot die katholische Kirche mit ihren verschiedenen Riten noch einen gewissen Halt, waren die reformierten Christen auch in dieser Hinsicht weitgehend im Stich gelassen, um in der brutal einsetzenden Tragödie ihre jeweils eigene Rolle und ein angemessenes Verhalten zu finden. Dabei sollte doch gerade die Religion den Trauernden eine Chance bieten, ihren Gefühlen freien Lauf zu lassen.

> Religion ist die Erlaubnis, sich mit dem Verlust eines Lebewesens nicht einfach abfinden zu müssen, ja Religion ist die Aufforderung zu Trauer, Schmerz, Klage und Protest über die Not und den Untergang eines Menschen. Die christliche Religion zumal legt Christen darauf fest, Menschen über den Tod hinaus verbunden und

treu zu bleiben, Gottes Verheißung ernst zu nehmen und sein rettendes Handeln einzuklagen, um sich als Gott aller Lebenden zu erweisen, weil niemand bei ihm verloren ist.[23]

Allerdings fragt der Autor dieses Textes, Norbert Copray (Philosoph, Theologe und Therapeut), unmittelbar nach diesen Ausführungen: »Kann das ein Trost sein?«, um dann zu bekennen: »Trost ist für mich der Kern des Christentums: nicht ablassen von der Verbundenheit und Treue zu den Verlorenen, Untergegangenen und Gestorbenen.«

Aber wer verhilft den Theologen dazu, von diesem Kern aus zu handeln? Dabei gehört »Trauernde zu trösten« zur zentralen Mitte der sieben geistigen Werke der christlichen Barmherzigkeit. Leider ließ und läßt die Trauerseelsorge an sich in beiden Konfessionen sehr zu wünschen übrig. Oft genug werden die Hinterbliebenen »ver-tröstet«, das Unabwendbare »tapfer zu tragen«. Mit den Hinterbliebenen zu beten, wird immer häufiger als Peinlichkeit empfunden, obwohl kaum etwas tröstender wirkt als das Gebet. Sogar der Kirche Entfremdete erinnern sich in der akuten Trauer der in der Kindheit erlernten Gebete. Statt dessen werden sie in ihrer seelischen Not nicht selten mit einem Wirrwarr religiöser Deutungen und theologischer Formeln konfrontiert, die oft das Gegenteil von dem bewirken, was beabsichtigt war. Die häufig zu glatten Antworten von Theologen auf existentielle Fragen in tiefster seelischer Not können dann dazu führen, daß sich Betroffene von der »Kirche« verlassen fühlen – und sie schließlich enttäuscht verlassen. Hier, wie in der Seelsorge im allgemeinen, brachten die Erkenntnisse und Bemühungen der Psychologie eine notwendige Bereicherung.

In der Bemühung, die seit den 70er Jahren erarbeiteten Ansätze zur Bewältigung der Trauer zu streifen, möchte ich nachfolgend auf einzelne Gemütszustände und spontane Reaktionen, die sich in der Regel bei plötzlichem Verlust einstellen, sowie auf einige notwendige Praktiken zur Trauerverarbeitung eingehen. Ich vermeide es dabei, von *Trauerphasen* oder *-stadien* zu sprechen. Die Reihenfolge der verschiedenen geschilderten Gemütszustände, Gefühlsausbrüche usw. erhebt keinerlei Anspruch auf eine irgendwie zwingende Abfolge. Auch durchleben Trauernde weder alle hier dargelegten Emotionen oder Reaktionen noch tun sie es in der geschilderten Intensität. Außer den aufgelisteten Möglichkeiten des Erlebens eines Trauerfalls gibt es noch andere, die mitunter ebenso belastend oder helfend empfunden werden.

Der Schock

Die Nachricht vom Suizid eines geliebten Menschen bewirkt in der Regel einen Schock. Mit dem Verlust geht eine wichtige Bezugsperson verloren, mit der auch die gemeinsame Daseinswelt ein abruptes und definitives Ende findet und die Betroffenen gleichsam selbst zusammenbrechen läßt. Eine extreme Emotionalität steigt auf, bei der die Nachfolge in den Tod eher im Vordergrund steht als die Idee, allein (d. h. ohne den Verstorbenen) weiterleben zu müssen oder zu wollen. Es handelt sich um eine abnorme Erlebnisreaktion aufgrund der momentan nicht bewältigbaren seelischen Belastung, die in der Regel wieder abklingt.

Während dieser Schockphase geht die normale Kontrolle über die Gefühle verloren. Panikreaktionen mit Weinkrämpfen, lautem Schreien, Selbstbeschuldigungen, Um-sich-Schlagen oder Bewußteinsverlust können ebenso auftreten wie eine scheinbare Gefaßtheit. Bei letzterer handelt es sich um eine Versteinerung der Gefühle, was durch eine völlig ausdruckslose, maskenhafte Mine und oft auch durch eine ruhige, gedämpfte Stimme deutlich wird. Unter dieser Maske können die Betroffenen scheinbar ganz normale Fragen stellen, können sich z. B. danach erkundigen, wie sich die verstorbene Person das Leben genommen hat, ob sie leiden mußte, ob zu einer eventuellen Rettung alles Mögliche unternommen worden ist, ob sie sie sogleich sehen könnten usw. In scheinbar unüberbietbarer Gelassenheit können sie alle notwendigen Formalitäten und Vorkehrungen zur Bestattung erledigen, als ob dies das Normalste der Welt wäre. Diese scheinbare Gefühlskälte, Empfindungslosigkeit und zur Schau getragene Ruhe kann sogar den Betroffenen selbst unheimlich erscheinen. Sie sehen sich »wie von außen« bei ihren widernatürlich anmutenden Handlungsweisen zu. Ihre Unfähigkeit, ihren Gefühlen Ausdruck zu geben, erschreckt sie dabei selber. Gleichzeitig weigern sie sich, den Tod der geliebten Person zu akzeptieren.

Während des Schocks ist auch die Ansprechbarkeit meist stark herabgemindert. Die Betroffenen vermögen das, was um sie herum geschieht, gar nicht richtig zu erfassen. Sie fühlen sich wie benommen und unfähig, klar zu denken. Ihre Reaktionen sind verlangsamt. Sie empfinden alles um sich herum, ja sich selber, als irreal. Ein »Derealisation« genannter Prozeß der Kommunikationsstörung, eine Unterbrechung der Interaktion zwischen dem Ich und der Umwelt, setzt ein. Die oder der Betroffene fühlt sich leer und minderwertig. Mit dem Verlust der geliebten Bezugsperson ist deren Liebeszuwendung sowie die damit einhergehende Stärkung des Selbstwertes abgebrochen. Der oder die Betroffene fühlt sich selbst zerbrechen und auseinanderfallen. Oft meint er oder sie, »verrückt« zu werden.

Der Schock ist gleichermaßen – wie das Koma – eine Ausblendung der Gefühle, eine natürliche Schutzreaktion gegen übermäßigen Schmerz, eine Anästhesie der Psyche.

In seltenen Fällen kann aus der an sich »normalen« Schockreaktion allerdings eine abnorme Entwicklung mit vorübergehender oder dauernder Persönlichkeitsveränderung mit Krankheitswert resultieren. Der Schock ließ die Betroffenen »überschnappen«. Sie sind »nicht mehr bei Trost«.

Es hat sich von alters her als hilfreich erwiesen, unter Schockerlebnis stehende Menschen durch diskrete, aber bestimmte Anwesenheit zu begleiten. Während die einen in ihrer Empfindungslosigkeit scheinbar normal »funktionieren« und so den täglichen Verrichtungen nachzukommen vermögen, sind andere dermaßen erstarrt, daß sie dazu nicht mehr fähig sind. Hier ist eine einfühlsame Begleitung gefordert, die die alltäglichen Arbeiten übernimmt. Es geht um eine Zuwendung menschlicher Wärme, um ein Dasein, daß den Trauernden spüren läßt, daß er nicht allein ist, ohne ihn aber in seinem Bedürfnis nach zeitweisem Alleinsein einzuschränken. Das richtige Verhältnis von

Nähe und Distanz zu finden ist sehr schwierig. Die oder der Trauernde muß aber zu spüren bekommen, daß das *Da*sein des Begleiters oder der Begleiterin sie oder ihn in keiner Weise in ihrem Empfinden oder seiner Empfindungslosigkeit einschränken möchte. Sie oder er darf so sein, wie sie oder er sich im Moment fühlt.

Vom Verleugnen

Dem Schock kommt anfangs eine gewisse Schutzfunktion zu. Durch den wilden Ausbruch der Gefühle oder die vollständige Unterdrückung jeder Gefühlsäußerung wird die qualvolle Nachricht nicht zu ihrem Vollwert zugelassen. Tauchen dann Anflüge von Realitätsbezug auf, will der Kopf die schreckliche Wirklichkeit nicht zuzulassen. Die Todesnachricht wird als ein Irrtum abgetan, der einen selbst gar nicht betreffen kann. Was nicht wahr sein darf, kann nicht wahr sein. Das Nicht-wahrhaben-wollen nimmt von den Betroffenen Besitz. Das ganze Sein sträubt sich gegen die Idee des unwiederbringlichen Verlustes. Es will seine Integrität durch die Verleugnung des Geschehenen schützen. Das Vorstellungsvermögen ist eingeschränkt. Es wird auf Verhaltensweisen zurückgegriffen, die als unangemessen oder irrational verstanden werden können, die aber von der vom Verlust betroffenen Person selbst als sinnvoll, als rational angesehen werden. Komplexe Zusammenhänge werden auf monokausale Ereignisse vereinfacht. Die Gesamtheit alles Geschehens wird als Interaktion einzelner Personen verstanden. Auch die aufbrechenden Aggressionen, Hilfeerwartung und Ersatzsuche werden personalisiert. Bereitwillig wird als für andere zutreffend gesehen, was am Selbst nicht gesehen werden will oder nicht zu sehen gewagt wird. Die konkrete Gegenwart, das *nunc stans,* dieses

> kleine, zeitlose Gebiet mitten im Herzen der Zeit [. . .] die eigentliche Heimat, die einzige Heimat von Geist, Seele und Kunst [. . .], der einzige Punkt, an dem Vergangenheit und Zukunft zusammengeführt und das Muster und die Bedeutung des Ganzen klarwerden,[24]

wird gemäß dem Psychiater Oliver Sacks aus der Erlebniswelt ausgeblendet. Das Ganze zu sehen käme der (verfrühten) Erkenntnis gleich, fortan mit einer unsichtbaren Amputation leben zu müssen. Das Nicht-wahrhaben-wollen ist im Grunde anfangs ein Nicht-wahrhaben-können.

Die scheinbar stoische Beherrschung während der Schockphase und die (nach außen nicht gezeigte) Verleugnung der Tatsachen, läßt die Trauernden als »tapfer« erscheinen. Sie haben scheinbar die Kontrolle über sich und das, was um sie herum geschieht, nicht verloren. Aber für sie ist das ein Funktionieren wie im Traum oder in Trance. Auch was um sie herum geschieht, empfinden sie wie ein großartig inszeniertes Theater, in dem sie zugleich Hauptdarsteller und Zuschauer sind. Als weitere »Schauspieler« werden die Polizei, der Arzt, der Untersuchungsrichter, die Bestattungsbeamten, die Angehörigen, die Freunde und die Geistlichen gesehen.

Zur Empfindung, es handle sich um ein phantastisches Theater, tragen auch die festgelegten Rollen- und Sprachverhalten bei. In einer irgendwie unwirklich erscheinenden Szenerie mit mehr oder weniger erwarteten oder festgeschriebenen Ritualen wird »kondoliert«, »Beileid« ausgesprochen, »viel Mut und Kraft«, ja »alles Gute« gewünscht. Die Erwartungshaltung der übrigen Akteure bewirkt eine Art Außenkontrolle, die ihrerseits zur Verdrängung von Gefühlen beiträgt, die eventuell hervorbrechen wollen. Damit eine solche »Entgleisung«, ein solches »Aus-der-Rolle-fallen« der Hauptdarsteller möglichst nicht passiert, wird diesen unter Umständen nahegelegt, die »natürliche« Anästhesie durch die Einnahme entsprechender Psychopharmaka zu verlängern. Gestützt durch einen solchen »seelischen Gipsverband« dauern diese phantastischen Vorstellungen bis zur Bestattung. Alles, was geschieht, geschieht dann irgendwie unwirklich, wie in einem bösen Traum, aus dem die oder der Trauernde zu erwachen hofft.

Neben dieser Derealisation erleben die Betroffenen auch eine Depersonalisation, eine Entfremdung von sich selbst. Sie erfahren ihr befremdendes Handeln wie das eines Automaten oder Roboters – egal ob es in völliger Erstarrung, in unproduktiver

Hyperaktivität oder in der Verrichtung von »Leerlaufhandlungen« geschieht. Denn diese scheinbare, zur Schau getragene Betätigungswut vermag nicht darüber hinwegzutäuschen, daß die Trauernden die Kontrolle über die alltäglichen Verrichtungen – angefangen von der Körperpflege bis zur regelmäßigen Nahrungsaufnahme – verloren haben. Dauert solches Verhalten an, ist Hilfe von außen nötig. Der Seelsorger kann bei einem seiner Nachbesuche vielleicht zuerst darauf aufmerksam werden und sollte die Hinterbliebenen (meist sind es Männer!) darauf ansprechen.

Nicht selten befleißigen sich Hinterbliebene aber einer sehr starken Selbstkontrolle. Keine »Schwächen« dürfen gezeigt, keine Tränen geweint werden. Heroisches Verhalten wird zur Tugend – und diese Tugend zu einer selbstzerstörerischen Gefahr. In dieser Situation ist die Seelsorgerin oder der Seelsorger noch mehr gefordert, da in unserer Gesellschaft wohlkontrolliertes Verhalten als tapfer gewertet und »Tapferkeit« als Tugend gesehen wird. Deshalb kann die Gesellschaft krankheitsverstärkend auf die Trauernden wirken.

Verena Kast schreibt:

> Es gilt ja in unserer Gesellschaft oft als Merkmal der Stärke, wenn es gelingt, Trauer sehr schnell zu »überwinden«. [...] Immerhin scheint erwiesen, daß es eben der besonders »tapfere« Mensch ist, der die Trauer verdrängt und dann von ihr eingeholt wird, durch Depression meistens [...][25]

Und da wir alle zu dieser Gesellschaft gehören, ist es höchste Zeit, daß eine jede und ein jeder von uns an der Korrektur dieser kollektiven Verkennung mitarbeitet.

Von der Wut und vom Zorn

Zur Abwehr der niederschmetternden Nachricht über das »unsinnige Geschehen« kann die vom plötzlichen Tod eines gliebten Menschen betroffene Person in eine »sinnlose«, »schreckliche«, »rasende«, »himmelschreiende«, »große«, »wilde«, »tierische«, »bestialische« Wut ausbrechen – alles Worte, mit denen Menschen schon in der Bibel ihre Befindlichkeit schilderten. Wehe dem, der das Gegenüber bei solchen Gefühlseruptionen ist. Er muß sich sogar auf ein Trommelfeuer von Schlägen – mitunter auch physischen – gefaßt machen. Es bedarf großer innerer Stärke, solchen Stürmen standzuhalten, sie abzufangen und zu neutralisieren. Meist folgt ihnen eine tiefe Erschöpfung, die ebenfalls eine Prüfung für die Begleiter darstellt.

Die an den Tag gelegte »ohnmächtige« Wut ist körperlicher Ausdruck der Ohnmacht in Anbetracht des Geschehenen. Sie ist mitunter gegen den Verstorbenen gerichtet (»Warum hast du mir das angetan?«) und wird stellvertretend an einem gerade Anwesenden abreagiert. Ist die Wut gegen den vom Todesfall Betroffenen selbst gerichtet, kann sie autodestruktive Züge bis hin zum Suizid zur Folge haben.

Die Wut hat nicht selten ihre Wurzeln in der vermeintlich durch den Verstorbenen erfolgten Ablehnung der eigenen Person. Sie mindert das eigene Selbstwertgefühl, was wieder zu suizidalem Verhalten führen kann. Das Zulassen der Wutausbrüche kann den Trauernden dazu verhelfen, zum Verstorbenen ein differenzierteres Verhältnis zu finden. Wird die Wut »in sich hineingefressen«, kann sie zu schwer verarbeitbarer Trauer führen, die eventuell nur durch angemessene Therapie wieder in Gang gebracht und überwunden werden kann. Dabei muß bei der nicht zugelassenen Wut angesetzt und auf ihre (nachträgliche) Freisetzung hingearbeitet werden.

Eine weniger brutale Gefühlsäußerung ist der »Zorn«. Sein Bedeutungsspektrum reicht von (alt- und mittelhochdeutsch) »Wut, Beleidigung, Streit« bis zu »Grimm, Kummer, Leid, Elend«. Gott äußert in der Bibel oft seinen Zorn oder Grimm, bricht aber nicht in Wut aus. Er zeigt uns den Unterschied zwischen ohnmächtiger Wut und heilsamem Zorn. Im Gegensatz zu infantiler Wut, die zu Isolation, Zerstörung und Zersetzung führt, ist Zorn Ausdruck ungebrochener Anteilnahme angesichts von Unrecht und Kälte. Zorn bewahrt vor Apathie, Resignation und Zynismus. Zorn steht der Trauer nahe, weil auch er leidenschaftlicher Ausdruck von Betroffensein und Mitgefühl ist. Ohne Fähigkeit zum Zorn gibt es keine Zivilcourage, keinen Widerstand, keine Solidarität. Zorn und Trauer werden aus Hoffnung geboren und streben in unterschiedlicher Weise Veränderung an. Sicher sind Weichlinge nicht fähig zum Zorn, und Feiglinge kennen nur Wut, die verraucht und nichts ändert. Heilsamer Zorn nährt sich aus dem Hunger nach Gerechtigkeit und nicht aus »bornierter Selbstsucht«.

Die mildeste Form wütender Gefühlsäußerung ist die Klage als affektgeladene Rede. Wut, Zorn und laute Klage werden in der Regel in der ersten Zeit der Trauer geäußert, können aber noch über lange Zeit und mitunter aus scheinbar nichtigen Anlässen hervorbrechen.

Vom Klagen

> Wer auf dem Hintergrund biblischer Klagepraxis hofft, das[s] wenigstens die Praktische Theologie die Klage gebührend aufgenommen habe, wird enttäuscht. Die einschlägigen Handbücher führen den Begriff ›Klage‹ in ihren Stichwortverzeichnissen gar nicht. Das gilt auch für nahezu alle Fachbücher der Seelsorge, wo man die Klage wohl noch am ehesten erwarten würde.

So lautet das vernichtende Fazit des Theologen Philipp Roth-Steiner, der es sich zur Aufgabe machte, der Praxis der Klage von früher und von heute nachzugehen.

Klagen darf nicht mit Jammern verwechselt werden, obwohl im *Duden Herkunftswörterbuch* die Bedeutung von Klagen mit »vor Trauer oder Schmerz schreien«, »jammern« angegeben wird. Das Schreien vor Schmerz oder Trauer hat aber nicht zum Ziel, selbst »beklagt« zu werden, sondern vielmehr Gehör zu finden. Schmerz und Schrei sind sowohl dem Menschen als auch den meisten Tieren eigen. Der Schrei ist bei letzteren die spontane Äußerung des Leidens. Bei Tier und Mensch ist der Schrei somit Klage, Anklage und Hilferuf. Daraus ergibt sich der appellative Charakter. Somit sind die, die einen solchen Klageruf hören, in die Pflicht gerufen, der klagenden Person beizustehen, ja vielleicht sogar anwaltschaftlich für sie zu handeln, da sie momentan in tiefster Verwirrung steht und dadurch selbst handlungsunfähig ist – ähnlich dem Bedeutungsumfang von Klage als »Begehren auf Erlangung des [...] Rechtsschutzes in Form eines dem Kläger günstigen Urteils« *(Das Neue Fischer Lexikon)*.

Nach Dorothee Sölle besteht

> der erste Schritt der Überwindung [darin][...], eine Sprache zu finden, die aus dem unbegriffenen und stumm machenden Leiden herausführt, eine Sprache der Klage, des Schreies, der Schmerzen, die wenigstens sagt, was ist.[26]

Zwei Dinge sind also angesichts der Klage gefordert: Hören und Handeln. Die Klage setzt ein Gegenüber voraus, seien es Menschen oder sei es Gott, in das vertraut werden kann und von dem Hilfe erwartet wird – Hilfe, die nicht mehr aus eigener Kraft erlangt werden kann. Klage ist Suche nach Wiederherstellung, nach Reparatur des Verlustes, nach Wiedergutmachung. Wenn keine Wiederherstellung des alten Zustandes – wie im Falle des Todes eines Menschen – möglich ist, hilft die Klage doch, mit der neuen Situation wieder leben zu lernen.

Der Möglichkeit, der Klage Ausdruck zu geben, wohnt aber auch eine läuternde Wirkung inne. Zunächst trägt die Klage durch ihre Entkrampfungswirkung dazu bei, den Schmerz zu ertragen. Philipp Roth-Steiner erkannte:

> Die Klage als Schrei ist also in hohem Maße affektgeladen, sie drückt Schmerz, Verzweiflung, Hilflosigkeit und Angewiesensein aus und hat damit kathartische Wirkung für den Klagenden selbst und Appellcharakter für die Hörer der Klage. [...] der Leidende [kann] erst in der Klage [...] das Minimum an Distanz gewinnen, das ihm erlaubt, die Gründe und die verschiedenen Aspekte seiner Situation zu erkennen.[27]

Die biblische Klage ist vom Glauben an einen barmherzigen Gott geprägt. Sie richtet sich deshalb in der Sprache des Glaubens direkt an Gott. Im gottesdienstlichen Gebrauch dient sie aber unmittelbar zur Wahrnehmung des Leides der klagenden Person durch die Mitbetenden. Wie häufig und vielfältig solche

Klage formuliert wurde, kommt am besten in den Psalmen zum Ausdruck. Alle Gefühle von Verbitterung, Haß und Wut können so in geschütztem Raum vorgetragen werden. Stellvertretend für das unmittelbare Leid, das der klagenden Person widerfuhr, kann sie sich mit vorformulierten Schreckensbildern ihre Bitterkeit von der Seele reden, wie z. B.: »Du magst sie zerschlagen mit eisernem Stabe« (Psalm 2,9); »Du zerschlägst all meinen Feinden den Backen« (Psalm 3,8); »In Kraft deines Namens zertreten wir unsre Gegner« (Psalm 44,6); »Er wird unsere Bedränger zertreten« (Psalm 60,14); »Gott zerschmettert das Haupt seiner Feinde« (68,22); »Du wirst zertreten Löwen und Drachen« (Psalm 91,13); »Wohl dem, der deine Kindlein zerschmettert!« (Psalm 137,9)

Aber gleichzeitig wird dem Vertrauen Ausdruck gegeben, daß Gott den Klagenden erhört. Auf die Feststellung »Kraftlos bin ich und ganz zerschlagen« (Psalm 38,9) kommen Worte der Zuversicht, wie »Der Herr hilft denen, die ein zerschlagenes Gemüt haben« (Psalm 34,19) oder »Ein zerschlagenes Herz wirst du nicht verachten« (Psalm 51,19).

In der Bibel enthalten vier Bücher vornehmlich Klagen: Deuterojesaja, die Psalmen, Hiob und die Klagelieder. Diese Klagelieder enthalten Klagen einzelner und des Volkes und sind im Prinzip von der Totenklage zu unterscheiden. Klagelieder sind eigentlich Gebete, die sich an Gott richten, und haben ihren Ursprung im kultischen gottesdienstlichen Geschehen. In diesen Gebeten wird Gott um Hilfe zur Befähigung angerufen, die Verluste wiederherzustellen. Beim Klagelied geht es vornehmlich um einen an sich wiederherstellbaren Verlust, wie Besitz, Freiheit, Frieden, Gesundheit, usw. Wurde die vor Gott getragene Klage erhört, erfolgt der wiederum im Kult eingebettete Lobgesang.

Anders als in den Klageliedern verhält es sich mit der Totenklage. Sie kommt als solche in der Bibel etwa zwanzigmal vor, angefangen bei Abraham, der Sara betrauert (Genesis 23,1–4), bis hin zur Jerusalemer Urchristengemeinde, die angesichts der Ermordung von Stephanus zu einer »großen Totenklage« anhob (Apostelgeschichte 8,1–2). Der rituelle Hergang mag am

Beispiel der Klage über den Tod von Abner (2 Samuel 3,31–33a) illustriert werden:

> David befahl Joab und allen seinen Männern: »Zerreißt eure Kleider, hüllt euch in grobes Tuch und haltet die Totenklage für Abner!« Der König selber ging hinter der Bahre her, als man Abner in Hebron begrub. Er weinte laut am Grab, und alle weinten mit ihm. Dann sang er für Abner ein Klagelied.

Anders als beim herkömmlichen Klagelied wird bei der Totenklage der Unwiederbringlichkeit Ausdruck gegeben. Im Alten Testament waren der Tod und Gott einander ganz und gar entgegengesetzt. Der Tod war außerhalb des Herrschaftsbereiches Gottes, ja die Abwesenheit Gottes an sich. Deshalb kann Gott in den anläßlich des Todes erhobenen rituellen Klageliedern auch nicht um Hilfe angerufen werden und jede Hoffnung fehlt. In diesen Totenklageliedern geht es also vielmehr um das Beklagen des endgültigen Verlustes, mit dem nun inskünftig gelebt werden muß. Aber es wird klar gezeigt, wie die Betenden des Alten Testaments in ihrem Leid mit Gott gerungen haben.

Die Psalmbeter verarbeiteten ihr Leid auf einer unmittelbaren, bildhaften Ebene. Schon zu biblischen Zeiten wurde erkannt, daß das Klagen befreiend wirkt und damit in der Verarbeitung der Trauer hilfreich ist. Allerdings gehört das Schweigen Gottes anläßlich des Todes zu den wohl schmerzhaftesten Erfahrungen des Gottesvolkes im Alten Testament. Der einzelne bittet deshalb, daß Gott ihn nicht verlassen möge, mit Worten wie: »Du mein Beschützer, stell dich nicht taub! Wenn du mich schweigend von dir weist, dann ist für mein Leben keine Hoffnung mehr« (Psalm 28,1b); »Du, Herr, du hast alles gesehen! Schweig nicht länger, bleib nicht fern von mir!« (Psalm 35,22); »Herr laß mich nicht im Stich, bleib nicht fern von mir, mein Gott!« (Psalm 38,22); »Gott, den ich preise, schweige nicht! (Psalm 109,1). Am eindrücklichsten kommt diese Angst vor der Gottverlassenheit angesichts des Todes wohl im 22. Psalm zum Ausdruck: »Mein Gott, mein Gott, warum hast du mich verlassen?« (Psalm 22,1; Matthäus 27,46; Markus 15,34)

> Hier schreit ein gequälter Mensch sein Leid heraus, das er nicht mehr ertragen kann – und er schreit zu seinem Gott. Mein Gott – ich laß dich nicht, auch wenn ich dich nicht verstehe. [...] Jesus hat dieses »Warum« im Abgrund letzter Sinnlosigkeit durchlitten und uns damit die Freiheit gegeben, auch unser ureigenes »Warum« Gott entgegenschreien zu dürfen.[28]

Mit diesen Worten kommentiert der Dogmatiker Johannes Brantschen in seelsorglicher Reflexion den Schrei und die (An)Klage Jesu am Kreuz. Hier schlägt die Klage tatsächlich in eine Anklage um. Gott wird angeklagt, nicht zu hören. Er wird aufgefordert, zu antworten, Partei zu ergreifen. Der aufs äußerste Verzweifelte stellt nicht die Existenz Gottes an sich, »sondern ein bestimmtes Gottesverhältnis in Frage«, wie Eberhard Jüngel darlegt. Es geht aber auch um die Infragestellung von Gottes Gnade und Barmherzigkeit, das heißt um die Infragestellung eines bestimmten Gottesverständnisses. Wenn Gott sich vom Menschen abwendet, ihm »den Rücken zukehrt« statt sein Angesicht, ist für den Hilfesuchenden auch jede Aussicht auf Leben und Erhörung abgewendet. Dadurch ist ihm die Lebensgrundlage verlorengegangen.

Wie damals die Psalmenbeter, so beten auch heute noch Menschen in Not. So betete beispielsweise der von der Militärdiktatur in Peru gefolterte Tito de Alencar Lima in äußerster Verzweiflung zu Gott:

> Wende deinen Geist nicht von mir,
> entferne ihn nicht von meinem Blick.
> Laß mich dich sehen.
> Zeig mir dein Antlitz, so lieblich
> wie ein Wiegenlied für ein Kind,
> das sich ganz geborgen fühlt
> in deinen Armen voller Trost und Frieden.

An Leib und Seele zerbrochen, nahm er sich nach seiner Freilassung in Frankreich das Leben – im Vertrauen darauf, daß ihm nunmehr Gott sein Antlitz zuwendet.

Es gehört meines Erachtens zu den Aufgaben der Seelsorger, die Befindlichkeit der Hinterbliebenen, die durch den Tod eines geliebten Mitmenschen existentiell erschüttert worden sind, zu erfassen und gegebenenfalls in die Sprache der Klagepsalmen zurückzuübersetzen, so wie es 1985 Ferdinand Ahuis aufzeigte:

Mein Gott, warum entziehst du dich?
Denke doch daran, daß du mich geschaffen hast.
Du hast mir meine Lebenszeit gegeben, daß ich sie nutze.
Aber jetzt fühle ich mich bedroht.
Dämonen, namenlose Mächte, umgeben mich.
Du selbst bedrohst mich.

Das Buch Hiob illustriert in eindrücklicher Weise, wie Klage vor Gott getragen, ja Anklage gegen Gott selbst erhoben werden kann. Die Einwände der drei Freunde gegen solches als gotteslästerlich betrachtetes Handeln weist Hiob als unverständiges, unnützes und von völlig falschen Vorstellungen ausgehendes Geschwätz zurück. Durch die »weisheitlichen Belehrungen« der drei Freunde gewinnt die Klage Hiobs noch an Vehemenz, Schärfe und Bitterkeit. Trotz der Falschheit der Argumente der drei Freunde, trotz der Gewißheit, daß Gott ihm Unrecht widerfahren ließ, weiß Hiob um die Barmherzigkeit Gottes:

Hör mich, du Erde, deck mein Blut nicht zu,
damit sein Schreien nicht zur Ruhe kommt.
Im Himmel muß doch einer für mich aufstehn,
der dort mein Recht vertritt und für mich bürgt.
Von meinen Freunden hab ich nichts als Hohn,
doch unter Tränen blick ich hin zu Gott.
Gott, der mein Freund ist, muß mir Recht verschaffen
und Gott, den Feind, in seine Schranken weisen. (Hiob 16,18–21)

Hier kommt ein ambivalentes Gottesbild zum Ausdruck, zwei einander entgegengesetzte Herzen, die in der Brust Hiobs kämpfen. Aber schließlich siegt die Gewißheit: »Ich weiß, daß Gott, mein Anwalt lebt« (Hiob 19,25a); und der Wunsch, ihn von Angesicht zu Angesicht zu sehen, greift Platz: »Jetzt möchte ich ihn sehn mit meinen Augen, ihn selber will ich sehen, keinen Fremden!« (Hiob 19,27)

Unter dem Gesichtspunkt der Zuwendung von Gottes Antlitz kommt auch der Heilszusage des aaronitischen Segens ihre besondere Bedeutung zu, und es wird deutlich, wie es dem Psalmbeter wichtig war, daß Gott sich ob des »Geschreis« nicht »abwendet«, sondern den »Hilferuf erhört« (Numeri 6,24–26 und Psalm 22,25 b).

Die drei wichtigsten Merkmale der Klage sind meines Erachtens:

- Die Klage als Hilferuf ist in ein Beziehungsverhältnis eingebettet. Je tragfähiger sich die Beziehung in der Vergangenheit erwies, um so größer ist einerseits die Hoffnung auf Erhörung und um so tiefer ist anderseits die Trauer über den erlittenen Verlust.
- Die Klage denunziert das Auseinanderklaffen zwischen Gottes Verheißung und erlebter Wirklichkeit.
- Die Klage fordert anwaltschaftlichen Beistand ein.

Die Klage dient also der von einem plötzlichen Todesfall betroffenen Person zur Sprachgewinnung. Nachdem die Todesnachricht ihr »die Sprache verschlug«, sie »sprachlos« machte, kann das Hinausschreien des hereingebrochenen Unheils die erste Befähigung sein, sich mitzuteilen, auf seine tiefe Verletzung aufmerksam zu machen. Dabei steht implizit oder explizit auch Gott auf der Anklagebank: Wie konnte er ein Liebesverhältnis auseinanderreißen? Wie konnte er, der selbst Liebe (»und sonst nichts«) ist, es zulassen, daß die Liebe, die doch nach Unendlichkeit verlangt, endgültig zerstört wird? Im Gegensatz zur durchdachten Berichterstattung darf die Klage bruchstückhaft und in ihrer Abfolge unzusammenhängend, von einem Subjekt zum andern springend sein. Die Wiedergewinnung der Sprachfähigkeit geht über unkoordinierte Etappen. Es darf »hinausgespien« werden, was gerade »hochkommt«. Dadurch wird eine Abkapselung vermieden. Bei diesen spontanen Klagen können unvermittelt auch härteste Anklagen formuliert werden, die von den Adressaten nicht leicht auszuhalten sind. Solche Anklagen verlangen aber gar nicht nach einer Rechtfertigung. Sie sind Teil der ungebändigten Energien, die sich wie ein Vulkanausbruch vorerst einmal »Luft verschaffen« müssen.

Im Verlaufe der Trauerverarbeitung weicht die Klage mehr und mehr einer Erinnerungsarbeit. Immer und immer wieder werden – in sich nur unmerklich abschwächender Form – die Vorwürfe wiederholt, die Probleme durchgearbeitet, wird die Klage versachlicht. Es ist von größter Bedeutung, daß das scheinbar immer wieder gleiche vom Begleiter, der Begleiterin aufmerksam und geduldig angehört wird. Nur von hörenden Ohren fühlen sich die Klagenden ernst genommen. Und nur in dem Maß, wie sie »Gehör finden«, können sie den unwiederbringlichen Verlust verarbeiten.

Was die Anklage gegen Gott betrifft, haben sich in unserer Zeit zwei Strömungen herausgebildet. In der einen wird die Existenz Gottes radikal verleugnet. Gott scheidet damit als Hypothese im ganzen Seinsgeschehen aus. Klage und Dank verlieren damit ihren Adressaten. Es ist allerdings nicht auszuschließen, daß in Anbetracht grenzenlosen Unglücks andere Adressaten gesucht werden, was zum Teil den Erfolg aller möglicher neuer Heilslehren (Esoterik, New Age, fernöstlich verbrämte neue Religionen) erklärt. In einer anderen Strömung scheint die Meinung aufgekommen zu sein, daß es nicht angeht, seine Klagen vor Gott zu tragen. Die Klage an Gott wird mit der Anklage Gottes ob des zugelassenen Unheils gleichgesetzt. So denkende Menschen sind der Meinung, daß es den Geschöpfen nicht ansteht, Klagen vor den Schöpfer zu tragen, ganz zu schweigen davon, ihn anzuklagen. Nicht Widerstand, sondern Ergebung wird als das dem Christenmenschen angemessene Verhalten angesehen. Dieser Strömung liegt ein Gottesbegriff zugrunde, der dem Anliegen der Bibel als »Guter Nachricht« nicht gerecht wird.

Im Alten Testament wird Gott verschiedentlich als erbittlicher, barmherziger Gott geschildert, als ein Gott, der mit seinen Geschöpfen leidet. Er wird damit seiner Selbstdarstellung als »der, der ich bin/ der, der ich sein werde« (Exodus 3,14) gerecht – oder wie Eberhard Jüngel es im Titel eines seiner Bücher treffend prägt: *Gottes Sein ist im Werden.* Als Inkarnation dieses Gottes verkündigte Jesus einen gütigen, barmherzigen und gnädigen Gott und lebte dies den Menschen seiner Zeit vor. Er wies einen Tun-Ergehen-Zusammenhang ausdrücklich zurück (Lukas 13,1–5 und Johannes 9,1–7). Damit kann eine gottgewollte »Heimsuchung« des Menschen ausgeschlossen werden.

Aber sogar als Gottes Sohn erschien dem Menschen Jesus die Vorsehung Gottes – seines Vaters – als schwer annehmbar. Auch er versuchte, das ihm vorbehaltene Leiden abzuwenden. Auch er vermochte als leidender Mensch das Kreuz nicht als Weg zum Heil zu erkennen. Dem Gebet als therapeutische Hinwendung ließ Jesus die Klage des 22. Psalms folgen. Das Gebet genügte nicht, damit Jesus das Kreuz gelassen auf sich nehmen konnte. Der klagende Schrei nach dem Warum der vermeintlichen Gottverlassenheit vermochte dem Leiden erst durch die Auferweckung – als Erhörung der Klage – Sinn zu geben.

Die Klage und Anklage Jesu am Kreuz setzt die menschliche Klage in ihr volles Recht. »So wird der Auferstandene zum Bürge für die Erhörung der Klage«, meint Philipp Roth-Steiner. Und weiter schreibt er:

> Christliche Theologie [...] muß deshalb immer wieder nach Golgotha zurückkehren, zum Schrei des Gottverlassenen, zur Qual des am Galgen Hängenden, zur Ohnmacht des zum Tode Verurteilten. Sie muß durch die Nacht der Klage gehen und von dort her den Morgen erflehen, ersehnen, erhoffen – und erleben.

Die Klage Jesu am Kreuz war geprägt von Angst vor Gottverlassenheit. So dient auch menschliche Klage nicht zuletzt dem Zur-Sprache-bringen der Angst, womit ihr bereits ein Teil der beklemmenden Kraft genommen wird.

Von der Angst

Bei Suiziden, die gewissermaßen voraussehbar waren, beginnt die Angst bereits vor dem vollendeten Suizid. Es ist eine Angst angesichts der Ohnmacht des sich anbahnenden Geschehens, begleitet von Wut und Aggressionen. Die Aggressionen und die Wut können sich dabei gegen den Suizidgefährdeten selbst richten. Bei Geschwistern kann das bei einer besonders leidvollen Vorgeschichte bis zu Haß und Todeswunsch gegenüber dem Verursacher der Angst führen. Kommt es dann zum Suizid, wird das zurückbleibende Geschwister von Schuldgefühlen übermannt, die erneut Angst auslösen. Jetzt kommt die Angst vor der Realität des Todes und vor dem vermeintlichen Grund, der zum Tod führte, dazu. Kann es sein, daß der Hinterbliebene an derselben »Krankheit« leidet, die ihn schließlich dazu treibt, auch seinem Leben ein Ende zu setzen? Was war der Grund, der wirkliche Grund, der den anderen in den Tod trieb? (Denn wenn ich den Grund wüßte, könnte ich mich so verhalten, daß mir das nicht passiert.) Es kann aber auch Angst aufkommen, daß andere Familienmitglieder sich in der Folge töten könnten oder daß der Hinterbliebene sein Leben nun nicht mehr zu meistern imstande ist.

Von Schuld, Schuldgefühlen und Schuldphantasien

Nach dem Tod eines geliebten Menschen durch Suizid werden die Hinterbliebenen oft von schweren Schuldgefühlen geplagt. Gemäß dem amerikanischen Psychiater und Suizidforscher Edwin Shneidman hinterläßt der Suizident

> den Überlebenden sein düsteres Seelengeheimnis: Er verurteilt die Hinterbliebenen zur Auseinandersetzung mit vielen negativen Gefühlen und überdies zu Zwangsgedanken, die darum kreisen, inwieweit sie selber tatsächlich oder möglicherweise dazu beigetragen haben, daß es zum Selbstmord kam, oder ob sie ihn nicht hätten verhindern können. Das kann eine schwere Belastung sein.

Nur in wenigen Fällen tragen Hinterbliebene am Geschehenen objektiv eine gewisse Mitschuld. Die trotzdem praktisch stets aufkommenden Schuldgefühle sind besonders dann problematisch, wenn dem Suizid unmittelbar vorher eine Auseinandersetzung mit einem Hinterbliebenen vorausging. Für Außenstehende ist es wegen der subjektiven Identität des Schulderlebens sehr schwierig, zwischen echter Schuld, Schuldgefühlen und (neurotischen) Schuldphantasien zu unterscheiden. Schuldgefühle können einzelne Hinterbliebene zu einem Bedürfnis nach Bestrafung treiben, z. B. durch bewußtes deliktäres Verhalten, durch fahrlässigen Umgang mit der eigenen Gesundheit, durch leichtsinniges Verhalten oder durch mißbräuchlichen Konsum von Medikamenten, Alkohol oder Drogen.

Quasi als Sühnehandlung kann bei starken Schuldgefühlen ein übermäßiger Totenkult aufbrechen. Die Bestattung wird dann mit viel Musik besonders prunkvoll gestaltet. Ein Meer von Blumen und Kränzen, ein teurer Sarg und eine kostspielige Grabstätte sollen die vermeintlichen oder tatsächlichen Versäumnisse oder das Schuldig-geworden-Sein sühnen. Damit beginnt meist eine Glorifizierung der oder des Verstorbenen, im Zuge derer alles Negative verdrängt oder ausgeblendet wird.

Die Quelle des Schuldgefühls führt mitunter aber auch zur Verdrängung des Schuldanlasses oder zur Projektion auf andere Menschen oder Umstände (die dann stellvertretend zu »Sündenböcken« werden). Auch die Folgen neurotischer Schuldgefühle können von Verlust des Selbstwertgefühls über Alkohol- oder Medikamentenmißbrauch und Depressionen bis hin zur Fremdaggression (Mord) oder Eigenaggression (Selbsttötung) reichen. Unter solchen Schuldgefühlen leidende Menschen sind der Meinung, daß niemand außer ihnen so leiden müsse. Diese Menschen sind krank. Ihre Schuldgefühle sind Symptome dieser Krankheit, die einer entsprechenden ärztlichen Behandlung bedarf.

In jeder zwischenmenschlichen Beziehung werden Menschen aneinander schuldig. Keine ist dauernd frei von Ambivalenzen. Kommt es nach impliziten oder expliziten Haßgefühlen einem Menschen gegenüber zum Suizid desselben, liegt es auf der Hand, daß der Überlebende sich als (mit)schuldig am nicht wiedergutmachbaren Geschehen betrachten kann. Nimmt sich beispielsweise ein Kind das Leben, nachdem es kurz vorher von einem Elternteil gemaßregelt wurde, ist es unvermeidlich, daß sich der Vater oder die Mutter, die »strafte«, schwere Selbstvorwürfe macht und unter der vermeintlichen Schuld am Tod des Kindes fast zerbricht. Dabei wird außer acht gelassen, daß vielleicht andere in derselben Familie lebende Geschwister die gleichen Maßregelungen erfuhren, ohne sich deswegen das Leben genommen zu haben. Im Falle eines solch tragischen Umstandes ist es den vermeintlich Schuldigen aber nicht möglich, rational zu denken. Übermächtig werden sie vom Gefühl der Schuld am Tod des (doch geliebten) Kindes beherrscht. Das Schuldgefühl wird noch verstärkt durch das Mitwissen anderer Familienmitglieder über das Handeln, von dem angenommen wird, daß es für den Tod verantwortlich ist. Gefühle ohnmächtiger Wut und Selbstaggressionen können ebenso die Folge sein wie eine tiefe Depression.

Aber auch ohne daß dem Suizid ein scheinbar so einleuchtender Tun-Ergehen-Zusammenhang vorausging, können Schuldgefühle übermächtig werden: Hat man dem oder der Verstorbenen nicht insgeheim Schlechtes, oder – ohne es wirklich zu meinen – sogar den Tod gewünscht? War man nicht irgendwann neidisch auf seine oder ihre Leistungen, Eigenschaften, Fähigkeiten, Freundschaften oder sogar Gebrechen? Auch hier hat der Verstand keinerlei Macht über die empfundenen Gefühle. Diese Schuldgefühle können so stark sein, daß die einzig mögliche Sühne darin zu bestehen scheint, dem Verstorbenen in den Tod zu folgen. Da praktisch jeder Mensch im Verlaufe seines Lebens die Möglichkeit schon erwogen haben mag, gegebenenfalls aus freiem Entschluß aus dem Leben scheiden zu können, kann die lediglich gedachte Möglichkeit nun plötzlich in die Tat umgesetzt werden. Dazu kann nicht unwesentlich das gerade demonstrierte Beispiel des Verstorbenen dienen, der seine Probleme durch den Tod »löste«. Besonders gefährdet sind überlebende Geschwister, die in einem Haß-Liebe-Verhältnis zum Verstorbenen lebten. Des weiteren treten Schuldgefühle auf, wenn damit gerechnet werden mußte, daß der Verstorbene einen Suizid begehen könnte oder wenn dem vollendeten Suizid bereits Suizidversuche vorausgingen. Hier richten sich die Selbstvorwürfe vor allem gegen die vermeintlich mangelnde Aufmerksamkeit, Betreuung oder Überwachung. Aber auch das Gefühl, über den erlitten Verlust »nicht richtig traurig« zu sein, kann zu irrationalen Schuldkomplexen führen.

Obwohl im Neuen Testament nicht immer eindeutig zwischen Sünde und Schuld unterschieden wird, ist mit »Sünde« eigentlich die Trennung von Gott gemeint. »Sühne« geschieht durch »Umkehr«, durch erneute Zuwendung zu Gott, der dann »vergibt«. »Sünde« ist das Getrennt-Sein von Gott oder das »Nicht-teilhaftig-sein« an Gottes Barmherzigkeit aufgrund der Macht, die die Sünde über den Menschen hat. Es geht also quasi um eine Seinsqualität des Menschen vor Gott. Schuld als Ausdruck von Sünde liegt also immer dann vor, wenn ein Mensch gegen Gott, d. h. gegen seine uns geschenkten Leitsätze, gegen sein »Zehnwort von Sinai« – wie Martin Buber die Zehn Gebote nennt – verstößt. Außerdem gibt es die moralische Schuld durch den Verstoß gegen die Nächstenliebe und die »existentielle Schuld als Zurückbleiben hinter dem, was sein soll«, wie es Helga Lemke ausdrückt.

Daneben oder zusätzlich dazu kann ein Mensch durch Übertreten staatlicher Gesetze Schuld auf sich laden, durch Übertreten von gesetzten Maßstäben, die der Schuldiggewordene anerkennt. Solche Schuld kann gewissermaßen »objektiv« festgestellt werden. Entstehen Schuldgefühle aufgrund derartiger Vergehen, können sie nicht zur Ruhe kommen, bis die Schuld gesühnt ist, d. h. bis die Spannung zwischen Sein und Sollen wieder aufgehoben ist. Das Sühnen solcher Schuld ist eigentlich nur möglich durch Versöhnung mit dem Menschen, dem Unrecht angetan wurde. Ist es aber der Verstorbene, an dem ein Hinterbliebener schuldig geworden ist, ist eine Wiedergutmachung nicht mehr möglich. Gerade hier ist seelsorglicher Beistand wichtig. Durch Entgegennahme der aufrichtigen Reue kann eine Entlastung von der begangenen Schuld erzielt werden, was den geplagten Hinterbliebenen zu neuem Leben befähigt. Diese stellvertretende »Entschuldigung« geschieht in besonderer Weise in der Beichte, dem Sakrament der Buße. Daraus wird ersichtlich, daß es sich im Falle von an einem Mitmenschen begangener Schuld um eine verletzte Beziehung handelt.

Von echtem Verschulden und von Schuldgefühlen – die im seelsorglichen Gespräch immer ernst zu nehmen sind – sind die

Schuldphantasien zu unterscheiden. Hier handelt es sich um innerpsychische Vorstellungen, die unabhängig von einer normgebenden Instanz entstehen. Vor allem Menschen mit einem geringen Selbstwertgefühl werden von solchen schuldhaften Vorstellungen geplagt. Es handelt sich um einen Gefühlskonflikt zwischen den eigenen Bedürfnissen und vermeintlichen Ansprüchen, die andere an den unter Minderwertigkeitskomplexen leidenden Menschen stellen oder gestellt haben. Nur wenn wieder den eigenen Bedürfnissen und Wünschen ohne eine Zuwendung Dritter entsprochen werden kann, ist die Überwindung von Schuldphantasien gegeben.

Schuldgefühle, die auf Schuldphantasien beruhen, sind sehr schwer anzugehen. Hier darf nicht voreilig Vergebung zugesprochen werden, da sonst der Leistungs- und Leidensdruck nur noch größer wird. Die an sich selbst gestellten Ansprüche wachsen ins Unermeßliche, was zu Selbstverurteilung und Selbstvernichtungsphantasien führen kann. Helga Lemke hat diese Zusammenhänge wie folgt dargestellt:[29]

	Schuldbewußtsein	**Schuldphantasie**
Schuldgefühle	normorientiert auf Grund des Tuns	bedürfnisgeleitet als Folge von Angst
Beziehung	normgebende Instanz	Anspruch an sich selbst
individueller »Filter«	Verbindlichkeit der Norm	Grad der Abhängigkeit von Anerkennung
Auslöser	Verletzung der Norm (eher aktiv entscheiden und handeln)	unerfüllte Forderungen (eher passiv: abhängiges, reaktives Verhalten)
begleitende Angst	vor Beziehungsverlust von der Instanz	vor Beziehungsverlust von Menschen

	Schuldbewußtsein	Schuldphantasie
Überwindung	1. bekennen 2. Vergebung durch den andern, Versöhnung 3. Wiederherstellung der Beziehung	1. erkennen 2. sich selbst neu sehen 3. Selbstsicherheit
Ergebnis	Schuldbewußtsein angenommen Gewissen getröstet	Schuldphantasie verarbeitet Gewissensangst aufgelöst

Für die Verarbeitung dieser quälenden Schuldzuweisungen benötigt es ein nicht wertendes Gegenüber. Entlastung kann nur erfolgen, wenn die Schuld oder die vermeintliche Schuld »von der Seele geredet« bzw. dazu gestanden werden darf. Nur so kann heilsame Wandlung und Wiederherstellung des seelischen Gleichgewichts erreicht werden. Zum Teil konnte und kann dies das Sakrament der Buße leisten. Aber auch in diesem Bereich haben sich die Erkenntnisse der Psychologie als hilfreich erwiesen, sei es, indem sie zu einer besseren Empathie bei den »Beichtvätern« beigetragen haben, sei es durch eine Erhellung dessen, was unter Schuld verstanden wird, oder sei es als Ergänzung der Entlastung, die durch Psychologen oder Psychiater geboten wird. Die Auseinandersetzung mit Schuld – effektiver oder vermeintlicher – kann für die weiteren Beziehungen der Hinterbliebenen auch eine Hilfe darstellen. Psychotherapeuten haben im Umgang mit scheinbar oder offensichtlich schuldig gewordenen Zurückbleibenden oft Schwierigkeiten, weil sie der Meinung sind, »Schuld« sei in jedem Fall ein normatives Problem, das sie nicht weiter angeht.

Grundlegende Überlegungen zu Schuld, Schuldgefühlen und Sühne stellte kurz nach dem Zweiten Weltkrieg Martin Buber an. Er versuchte dabei das Verhältnis von Psychologen/Psychotherapeuten und Theologen, bzw. deren jeweiligen möglichen Umgang mit Schuld, zu bestimmen. Dabei kam er zur Erkenntnis, daß die Verarbeitung bewußter und »unbewußter« Schuldgefühle in den Aufgabenbereich des Psychotherapeuten gehören:

> Aber innerhalb eines umfassenden Dienstes um Erkenntnis und Hilfe muß er der Schuld selber gegenübertreten, als einem ontisch charakterisierten Etwas, dessen Ort nicht die Seele, sondern das Sein ist. [...] Der Psychotherapeut [...] wird nicht mehr vermeinen dürfen, er könne seiner Aufgabe als Arzt schuldiger Menschen durch das bloße Hinwegräumen von Schuldgefühlen gerecht werden. [...] Existentialschuld, d. h. Schuld, die eine Person als solche und in einer persönlichen Situation auf sich geladen hat, kann nicht durch Kategorien der analytischen Wissenschaft, wie Verdrängung und Bewußtmachung, erfaßt werden. [...] Der Psychotherapeut ist kein Seelsorger und kein Seelsorgerersatz. Niemals hat er ein Heil zu vermitteln, immer nur eine Heilung zu befördern. [...] der Therapeut [...] muß [...] unverbrüchlich wissen [...]: Es gibt wirkliche Schuld. [...] Die personhafte Schuld [...] läßt sich nicht auf Vergehen gegen ein mächtiges Tabu reduzieren.[30]

Nach diesen grundsätzlichen Überlegungen zeigt Buber drei »Sphären« auf, in denen sich »Schuldsühnungen« vollziehen können: Die Sphäre des Rechts, die des Glaubens und die des Gewissens. Nur auf die Sphäre des Gewissens kann und darf nach Meinung Bubers ein Psychotherapeut in gewissem Maße Einfluß nehmen. Die vom Gewissen geforderte Handlung vollzieht sich in den Vorgängen »Selbsterhellung«, »Beharrung« und »Sühnung«. Buber meint damit die Erhellung des Dunkels, das »rings um die Schuld webt«, wodurch ein neues und demütiges Wissen um die Identität der jetzigen mit der damaligen Person erworben wird, in dem es zu beharren gilt. Nun erst kann die »Sühnung« der von der Person verletzten Seinsordnung an ihrem Ort und nach ihrem Vermögen durch eine aktive Hingabe an die Welt erfolgen. Was im Bereich des Gewissens die »Erhellung« ist, dem »entspricht auf der Ebene des Rechts das Geständnis, auf der Ebene des Glaubens das Sündenbekenntnis«. Martin Buber illustrierte seine Überlegungen anhand der Figuren Nikolaj Stawrogin in Dostojewskijs Roman *Die Dämonen* und Josef K. in Franz Kafkas Erzählung *Der Prozeß*.

[Stawrogin ist ein vom Hochmut des Nichts besessener Mensch, der den Sinn des Daseins leugnet und alles, was ihm unter die Hände kommt, zerstört – bis hin zur Selbstzerstörung. Dieser Stawrogin sucht einen heiligen Mann auf und gesteht ihm die Vergewaltigung eines kleinen Mädchens]: Er beschreibt darin den Verlauf seiner Untat mit grauenhaftiger Genauigkeit, aber auch im Erinnern und Niederschreiben bleibt er der Selbsterhellung unfähig. Er ermangelt des Lichtleins Demut, das allein den Abgrund des schuldigen Selbst in breiter Welle zu erhellen vermag. Er sucht nach irgendeinem, noch so not-dürftigen Halt, dann gibt er es auf und tötet sich.

Für Stawrogin gilt es als erwiesen, daß es wirkliche Schuld gar nicht geben kann, sondern nur Schuldgefühle und Schuldkonventionen. Josef K. in Kafkas *Prozeß* dagegen ist der Meinung, daß ein Mensch gar nicht schuldig sein kann, weil alle anderen ja auch Menschen sind, einer wie der andere. Damit leugnet er den »ontischen Charakter« der Schuld. Die Weigerung, Schuld einzugestehen, verunmöglicht die Versöhnung mit Gott. Eine solche Versöhnung setzt neben dem Schuldbekenntnis die Reue und die Wiedergutmachung bzw. das Bußopfer voraus. Zu einer solchen Erhellung des Dunkels in einer Person kann nur ein Mensch führen, »den der Schuldige als einen Hörer und Sprecher anerkennt, der die von ihm, dem Schuldigen, geglaubte Transzendenz vertritt« – also kaum ein Psychiater.

Fast ein halbes Jahrhundert später untersuchte Josef Imbach anhand ausgewählter Texte zeitgenössischer Literatur (wobei auch er auf Dostojewskij und Kafka eingeht), wie komplex Schuld – sowohl aus der Sicht des Suizidenten als auch aus der der Hinterbliebenen – betrachtet wurde bzw. betrachtet wird. Nach ihm gehört es zur »Grundbefindlichkeit des Menschen – inmitten von Schuld zu leben, noch bevor er selbst persönlich schuldig wird«. Diese Grundbefindlichkeit »meint die kirchliche Lehre mit der Erbsünde oder Erbschuld«. Imbach geht anhand der Texte der Schuldproblematik in Verbindung mit der Frage nach der persönlichen Verantwortung nach. Juristische Unschuld will noch keineswegs heißen, daß Schuldlosigkeit vorliegt. Aus dieser Erkenntnis heraus zitiert Imbach den Schriftsteller Hermann Broch:

> Schuld ist [...] eine ethische Kategorie, und ihr Gegengewicht, ihre Auslöschungsmöglichkeit, ist die Sühne [...] Sühne ist an den Begriff der Läuterung gebunden [...].

Befreiung von Schuld kann also nie durch Selbstrechtfertigung, sondern nur durch deren Annahme erfolgen. Dorothee Sölle gibt in Form einer theologischen Reflexion zu bedenken:

> Es gibt einen Maßstab für Schuld [...] nämlich die Liebe. [...] wer immer sich auf ihn einläßt, der findet sich als Schuldigen vor. Wir haben nie genug geliebt.

Edward von Stein hielt in diesem Sinne schon fest:

> Schuld beginnt mit Liebe, ist unmöglich ohne Liebe und wird paradoxerweise auch durch Liebe geheilt. Schuld ist die schlimmste und zugleich eine der hoffnungsvollsten Gegebenheiten für den Menschen.

Nach ethischen Maßstäben resultiert Schuld nicht nur aus der Übertretung gesellschaftlicher oder religiöser Normen, sondern eben auch aus Lieblosigkeit, aus Gleichgültigkeit und Indifferenz. Die Verarbeitung von vermeintlicher oder effektiver Schuld ist ein wesentlicher Bestandteil der Verarbeitung des Verlustes und der Trauer. Hier ist der Seelsorger sowohl als Mitmensch als auch als beauftragter Vertreter des Transzendenten gefordert.

Nicht selten wird in einschlägiger Literatur das eventuelle Vorliegen von Schuld ganz einfach geleugnet oder es wird geraten, auf Schuldgefühle zu verzichten:

> Schuld ist im Gegensatz zu anderen menschlichen Gefühlen [...] kein reines Gefühl. Schuld ist eine List, ein Vorwand, ein Anstatt-Mechanismus, den wir willentlich heraufbeschwören. Schuld ist das großartigste kleine, nützlichste Vermeidungswerkzeug, das je erfunden wurde. Wenn Sie hinter die Schuld sehen, werden Sie feststellen, daß sie aus Angst und/ oder Wut besteht; aber wer will schon unter die Bettdecke schauen? [31]

Da Literatur wie die hier zuletzt zitierte eine breite Öffentlichkeit erreicht, ist die Gefahr groß, daß durch solche saloppe Darlegungen mehr Schaden als Nutzen erzielt wird.

Von der Hilflosigkeit

Die Trauernden bemächtigt im Verlaufe ihres Weges ein Wechselbad von Gefühlen. Sie sind diesen Gefühlsschwankungen und Ausbrüchen von Emotionen machtlos ausgeliefert. So fühlen sich diejenigen, die vom plötzlichen Verlust eines Menschen betroffen sind, vorerst verlassen und hilflos. Sie können sich gar nicht vorstellen, wie ein Leben ohne die Verstorbene oder den Verstorbenen weitergehen kann. Sie haben lähmende Angst vor der Zukunft, werden von panischer Angst um die eigene Existenz gepackt, führt doch der hereingebrochene Tod der geliebten Person die eigene Sterblichkeit in dramatischster Weise vor Augen. Noch mehr aber als der eigene Tod ängstigt z. B. Eltern, daß sich das eine oder andere weitere Kind auch noch das Leben nehmen könnte. Sie sind völlig verunsichert. Sie fragen sich, was sie wohl falsch gemacht haben und was sie machen sollen, damit sich das Schreckliche nicht wiederholt. Sie fragen sich, ob sie überhaupt als »Eltern« noch mitreden dürfen, ja, sie fragen sich – wenn es sich um ein Einzelkind handelte –, ob sie sich überhaupt noch als »Eltern«, als »Mutter«, als »Vater« »bezeichnen« dürfen, oder ob sie durch den Suizid ihres Kindes vielmehr dauerhaft »gezeichnet« sind.

Heute scheint weniger die Sorge darum im Vordergrund zu stehen, wie es dem Verstorbenen jetzt wohl (im Jenseits) ergehen möge, als die Frage, wie selber nach dem Verlust durchzukommen ist. Eine reale Flucht angesichts dieser Gefühle ist nicht möglich. Es bleibt lediglich die Flucht in Apathie. In der Tat handelt es sich hierbei um den Wunsch, sich (in ein imaginäres Schneckenhaus und in eine Art amnestische Pause) zurückzuziehen und abzukapseln, von niemandem gestört zu werden. Die Trauernden wollen – wie die Winterschläfer – versuchen, auf einem stark zurückgestuften Energieniveau wenigstens ihre psychische Organisation einigermaßen aufrechtzuerhalten. Der Rückzug in sich selbst kann dabei helfen, sich ganz mit dem oder der Verstorbenen auseinanderzusetzen und ihn oder sie in sich weiterleben zu lassen.

Diese »Inkorporation« des oder der Toten gehört zu den Aufgaben, die in der Trauer zu bewältigen sind. Dabei geht es nach Verena Kast nicht zuletzt darum, »soviel als möglich von der Beziehung und von den Eigenheiten [des oder der Verstorbenen] integrieren« zu können. Es besteht in einem solchen Fall allerdings die Gefahr, daß der reale Tod weiterhin verleugnet und dem Toten durch die »Inkorporation« eine »innere Auferstehung« gewährt wird. Und das kann zu einer weiteren Entfremdung führen. In dieser Regression entscheidet sich, ob sich der Lebens- oder der Todestrieb durchsetzt. Im letzteren Fall kann das Sich-Abkapseln in ein reales Sterben übergehen oder zum Entschluß führen, dem oder der Verstorbenen aktiv (Suizid) oder passiv (lebensbedrohliches Verhalten) in den Tod nachzufolgen. Hier entscheidet sich, ob die Depression (»Melancholie, Trübsinn«) die Oberhand gewinnt oder ob der Kampf zugunsten des Lebens entschieden wird. Neben einer nicht wertenden, stützenden Begleitung und einem immer offenen Ohr ist es unter Umständen angezeigt, der trauernden Person nahezulegen, medizinische Hilfe und gegebenenfalls Medikamente in Anspruch zu nehmen. Bei der medikamentösen Stützung geht es um mehr als einen »seelischen Gipsverband«. Zu biblischen Zeiten waren die Gefahren, die eine Depression mit sich bringt, wohlbekannt. Aber mehr als exhortative Beschwörungen standen damals wohl kaum zur Verfügung:

> Gib dich nicht dem Trübsinn hin, quäl dich nicht selbst mit nutzlosem Grübeln! Freude und Fröhlichkeit verlängern das Leben des Menschen und machen es lebenswert. Überrede dich selbst zur Freude, sprich dir Mut zu und vertreibe den Trübsinn! Der hat noch nie jemandem geholfen, aber viele hat er umgebracht. (Sirach 30,21–23)

Vom Bestattungswesen

Schock, Wut, Verleugnung, Schuldgefühle und Hilflosigkeit mischen sich, brechen nach dem völlig aus dem Gleichgewicht werfenden Todesfall in unterschiedlicher Reihenfolge auf oder werden unterdrückt. All diese Gefühle oder nur einzelne von ihnen können in der Zeit bis zur Bestattung in mehr oder weniger ausgeprägter Form und in unterschiedlicher Stärke vorliegen. Diese Zeit ist in der Regel kurz – zu kurz, um auch nur einen Ansatz von Ordnung in das Gefühlschaos zu bringen.

Im Zuge der Tabuisierung des Todes wurden die Erscheinungsbilder, die sich um und bei einem Todesfall ergaben, zunehmend aus dem Alltagsleben verdrängt. Damit wurden auch die Betroffenen marginalisiert. Es macht fast den Anschein, als ob man in unserer Zeit von der christlichen Sicht, wonach ein Toter durch den Tod Jesu in gewisser Sicht geheiligt ist, wieder zu mosaischen Vorstellungen zurückgekehrt ist, in denen den Menschen eine starke Abscheu vor der Berührung von Leichnamen eingeflößt wurde. Machte nach damaligem Glauben das Berühren eines Toten unrein, so scheint heute das ganze Geschehen um einen Todesfall herum suspekt geworden zu sein.

Wird bekannt, daß jemand durch Suizid aus dem Leben geschieden ist, kommt eine zusätzliche Dimension der Abscheu hinzu. Hinter vorgehaltener Hand wird über die »Selbstmörderfamilie« gesprochen und statt den solchermaßen Betroffenen noch mehr Zuwendung entgegenzubringen, wird oft ein Bogen um sie gemacht. Alter Geisterglauben scheint sich im modernen Menschen einzunisten und sagenhafte Vorstellungen wieder heraufzubeschwören, wonach Suizidenten keine Ruhe finden und ihr Geist umherirrt. Es wird z. T. wieder geglaubt, die Begegnung mit Hinterbliebenen könnte einen so in den Machtbereich des Verstorbenen bringen. Dazu kommen eine Fülle ambivalenter Gefühle.

Läßt eine Todesanzeige einen eventuellen Suizid vermuten, ist es nicht zuletzt eine Art Neugier, die gewisse Menschen an der Abdankung teilnehmen läßt. Danach kehren diese stillschweigend in ihren Alltag zurück und teilen höchstens anderen – ebensowenig Berührten – mit, daß sie »es« doch irgendwie vermutet hätten. Echte Anteilnahme wird zur Ausnahme. Die Isolation der schwergeprüften nächsten Hinterbliebenen ist auf diese Weise gewissermaßen vorprogrammiert. Neben der

Neugier spielt aber auch noch ein anderes Moment mit. Hat sich die Vermutung bewahrheitet, daß eine Person durch Suizid aus dem Leben geschieden ist, wird die Spannung, unter der unser aller Leben steht, offensichtlich, und es wird zum Nachdenken darüber angeregt. Das selbst herbeigerufene Ende des biologischen Lebens entreißt es der Beherrschung durch die medizinischen Wissenschaften und scheinbar der alleinigen Verfügungsgewalt Gottes. Das Sterben drängt »wieder in den sozialen Zusammenhang und ruft nach einer neuen Ritualisierung des endgültigen Abschieds«, wie es der französische Soziologe Patrick Baudry ausdrückt. Vielleicht wird über diesen Bewußtwerdungsprozeß auch die notwendige Anteilnahme am Schicksal der Hinterbliebenen wieder möglich.

Nur in einigen ländlichen und relativ schwer zugänglichen Gegenden sind noch Überreste früherer Trauerkultur erhalten geblieben. Der als kollektiv empfundene Verlust kann kollektiv verarbeitet werden. Aber auch dort wird immer weniger zugelassen, daß sich der Schmerz bis zur vollständigen Sättigung austoben kann. Auch dort werden die gesellschaftlichen Bande immer lockerer und umsorgende Pflege der Hinterbliebenen seltener, die es ihnen erlaubt, dem Schmerz sein Recht zu lassen und sich nach und nach an den Verlust zu gewöhnen. Dort trug einst – und trägt heute leider nur noch zum Teil – einer des anderen Last. Ganz ähnlich den Klagefrauen aus biblischen Zeiten oder den Klageweibern Griechenlands (die auch dort unterdessen längst verschwunden sind und deren Praktiken Canacakis wiederaufzunehmen versucht) fand noch im letzten Jahrhundert und anfangs dieses Jahrhunderts verschiedenenorts in der Schweiz ein »Trauerweinen« statt. Im Gegensatz dazu hat die kollektive Gefühlskälte heute derart um sich gegriffen, daß Weinen eher als peinlich empfunden wird. »Schön« war eine Abdankung insbesondere dann, wenn sich die Angehörigen »tapfer« zeigten.

Die Trauerfeier stellte wohl immer schon die Zelebration eines Übergangsritus dar, sowohl für den Verstorbenen (Übergang aus der Welt der Lebenden in die der Toten) als auch für die Hinterbliebenen (Übergang von einer alten Familienstruktur in eine neue). Das nunmehr in dieser neuen Konstellation weitergehende Leben steht dabei im Zentrum. Dem Übergangsritus kommt die Funktion zu, Anschluß an das neue Leben in einer neuen Rolle zu ermöglichen und dadurch zu trösten. Das gestörte Verhältnis zu Gott, zu sich selbst und zu den Mitmenschen soll wieder heil werden. Die Hinterbliebenen haben nunmehr einen neuen Status als Witwe, Witwer, Halbwaisen, Waisen oder als »verwaiste Eltern« bzw »verwaiste Großeltern«.

Nachdem die traumatisierende Botschaft vom Suizid eines geliebten Menschen überbracht worden ist und die polizeilichen, untersuchungsrichterlichen und gerichtsmedizinischen Abklärungen abgeschlossen wurden (oder während sie auch noch im Gange sind), stellen sich im Zusammenhang mit der Bestattung viele Fragen und Probleme, die die Betroffenen entweder überfordern oder in einen ungewöhnlichen Aktivismus verfallen lassen. Wurden früher die nunmehr notwendigen Schritte von einer »Leichenbitterin« oder von nahen Verwandten oder Bekannten übernommen, so wurde auch hier schon bald eine »Marktlücke« erkannt, die heute mehr und mehr von professionellen Bestattern ausgefüllt wird. In Deutschland und in der Schweiz scheinen die Bestattungsunternehmen ursprünglich aus Tischlereien (»Schreinereien«), Fuhrunternehmen, Begräbniskassen, Lebensversicherungen, Gärtnereien und Grabbildhauereien hervorgegangen zu sein. Als eigentliche Unternehmen haben sie sich zuerst in den Städten herausgebildet, wo viele Menschen angesichts eines Todesfalles am ehesten überfordert und verunsichert waren. An allzuviel muß da auf einmal gedacht werden: Benachrichtigung der Angehörigen und des Geistlichen, Gänge zum Zivilstands- und/oder Bestattungsamt, Aufgeben der Todesanzeige, Schreiben von Adressen, Sargwahl, Herrichtung des Toten und Einsargen, Aufbahrung, Überführung des Toten, Wahl der Bestattungsart, Bestellung von Musikern, Reservationen von Lokalitäten für das Leidmahl, Transporte von Blumen und Kränzen, Bestellung von Sammeltaxis u. a. m.

Mit dem Aufkommen kommerzieller Bestatter entwickelte sich auch eine Vielfalt im entsprechenden »Dienstleistungsangebot«. In großen Städten haben sich »Bestattungsinstitute« durchgesetzt, die einen möglichst umfassenden »Service« zu leisten imstande sind. Wie in jedem Bereich des Lebens waren und sind auch hier große Kämpfe um »Marktanteile« im Gang. Gingen diese Machtkämpfe mit mitunter nicht sehr noblen Praktiken vor sich, so haben sie in letzter Zeit doch zu Einrichtungen geführt, die kaum mehr wegzudenken sind. Dank externen Drucks seitens enttäuschter Hinterbliebener und einer internen Besinnung auf würdige und pietätvolle Handlungsweisen haben sich die Bestattungsfirmen zu Institutionen gemausert, die heute betroffenen Angehörigen die beste Begleitung in den ersten Stunden nach dem schmerzlichen Verlust bieten. Sie übertreffen vielerorts damit bereits die Rolle, die eigentlich von den Geistlichen erwartet wird und wahrgenommen werden müßte. Was hier im Schatten der Kirche und zum Wohle vieler Betroffener geleistet wird, ist von der Kirche mitunter noch gar nicht richtig wahrgenommen worden.

Die kurze Zeit bis zur Bestattung ist geprägt von so viel Aktivitäten und Umtrieben, daß für die Trauer gar kein richtiger Platz bleibt. Die oft noch unter dem Schock des Ereignisses stehenden Angehörigen können die Wichtigkeit einer angemessenen »Trauerfeier« auch zur persönlichen Bewältigung des erlittenen Verlustes noch gar nicht richtig ermessen. Sie fürchten sich vor dem auf sie zu kommenden »Rummel« und meinen nicht selten, daß es besser sei, das Ganze recht unauffällig »hinter sich zu bringen«. Deshalb wird oft eine »Beisetzung im engsten Familienkreis« oder »in aller Stille« ins Auge gefaßt und Bekannte werden vom Geschehenen per Todesanzeige im nachhinein informiert. In solchen Todesanzeigen wird nicht selten auch noch darum gebeten, »von Kondolenzbesuchen abzusehen«. In anderen Todesanzeigen heißt es: »Bitte keine Beileidsbekundungen am Grab.« Es mag sein, daß in solchem Handeln auch eine gewisse Scham über das Geschehene mitspielt. Sicher ist jedenfalls, daß *Ab*stand statt *Bei*stand erwünscht ist und offenbar dadurch die schnellstmögliche Entlastung erwartet wird. Bei solchem Vorgehen wird aber die wichtige Rolle des öffentlichen Abschiednehmens völlig verkannt. Eine Isolation der nächsten Hinterbliebenen ist vorprogrammiert und eine schwierige Verarbeitung des Verlustes ist zu erwarten.

Es darf bei der Beurteilung solcher Verabschiedungen in kleinem und kleinstem Kreis allerdings nicht unbeachtet bleiben, daß das soziale Gefüge, in dem einzelne heutzutage leben, zuweilen recht klein geworden ist – so klein, daß eine öffentliche Bekanntmachung über die amtliche hinaus sinnlos ist. Das Beziehungsnetz des oder der Verstorbenen kann sich im Verlaufe der Jahre so verkleinert haben, daß von regelrechter Vereinsamung gesprochen werden muß. Es ist deshalb in gewissen Situationen gar nicht damit zu rechnen, daß noch Angehörige oder Freunde da sind, die vom Tode eines Menschen betroffen sein könnten. Entscheidet sich ein vereinsamter Mensch, seinem Leben ein Ende zu setzen, sind es vielleicht nur wenige »Fremde«, die den Verstorbenen vorher begleiteten oder pflegten, die »betroffen« sind. Dann wird die Beisetzung nicht einmal mehr zu einem innerfamiliären Ereignis, sondern zu einer amtlichen Entsorgung. So klein wie der Verlust ist dann auch die Trauer.

Von der Abdankung

Die Abdankungsriten haben sich mit der Zeit schleichend verändert. Es kann allerdings behauptet werden, daß sich im Falle eines Suizids – insbesondere beim Suizid eines jungen Menschen oder einer Amtsperson – in der Regel eine überaus große Trauergemeinde einfindet. Haben die unmittelbaren Angehörigen in ihrer Schockphase oft das Anliegen, die Beisetzung so schnell und »schmerzlos« wie möglich hinter sich zu bringen, sind gerade sie es, die rückblickend die große Anteilnahme und die würdige Abdankung als sehr hilfreich einstufen – auch wenn sie sich kaum an Einzelheiten zu erinnern vermögen.

Sind »große« Abdankungen – sowohl in katholischen als auch in protestantischen Gebieten – auf dem Lande die Regel und auch möglich, so liegen die Verhältnisse in den Städten eher im argen. Mit der Schaffung von »Abdankungshallen« auf den an der Peripherie der Städte gelegenen Friedhöfen wurden die Kirchen der Städte einer zentralen Funktion beraubt. Die »Vorteile« dieser Dezentralisation liegen auf der Hand: Abdankungs- und Beisetzungsort liegen unmittelbar beieinander. Die Abdankungshalle ist – wie früher die Kirche – von den Gräbern umgeben. Die Kirche steht quasi wieder mitten im Dorf und alle Gemeindeglieder versammeln sich dort – unabhängig davon, welcher (christlichen) Konfession die Verstorbenen angehörten und in welchem Stadtteil oder Kirchkreis sie wohnten. Hier geschah – ohne daß sie als solche wahrgenommen wurde – staatlich verordnete Ökumene. Diese staatliche Verwaltung des Bestattungswesens brachte es aber mit sich, daß der zur Verfügung stehende Abdankungsraum im »Stundentakt« genutzt wird. Für die eigentliche Abdankungsfeier stehen 35 bis bestenfalls 45 Minuten zur Verfügung. Anschließend müssen der Sarg, die Kränze und der Blumenschmuck hinausgebracht und der nächste Sarg aufgebahrt werden. Die nächste Trauergemeinde wartet unterdessen vielleicht schon in der Vorhalle. Eine gebührende Würdigung der Verstorbenen ist unter solchen Bedingungen oft kaum möglich und die Feier der Eucharistie schlichtweg unmöglich.

Aber nicht nur in den Städten wurden die Toten aus den Kirchen verbannt. Im Zuge der Tabuisierung des Geschehens um die Toten kamen – vornehmlich in protestantischen Landgemeinden – die Kirchgemeinderäte bzw. die Kirchenpflege (die Exekutive, der die Anstellung der Geistlichen, das Friedhofwesen usw. unterstehen) zur Überzeugung, daß »Särge nicht in die Kirche« gehören. Damit setzte sich auch die Praxis durch, zuerst die Grablegung vorzunehmen und erst anschließend einen Abdankungsgottesdienst in der Kirche zu halten. Eine Rechtfertigung dieser Praxis war die, daß es »tröstlicher« sei, von der Kirche weg nach Hause zu gehen als vom offenen Grab. Wie wenig stichhaltig eine solche Argumentation ist, wird tagtäglich dadurch belegt, daß es in den Städten mit ihren Abdankungshallen und Gräberfeldern praktisch nie zuerst zur Beisetzung und dann zur Abdankung kommt.

Bei all diesen Praktiken wurde die theologische Bedeutung der Totenliturgie in den Hintergrund gedrängt. Während es im Protestantismus meist keine verbindliche Liturgie für die Abdankung und die Bestattung gibt, gab und gibt es eine solche in der katholischen Kirche. Diese hat allerdings seit dem Zweiten Vatikanischen Konzil bedeutsame Modifikationen erfahren. Dem neuen Beisetzungsritus liegt anstelle des früheren Aktes der Zelebration der Fürbitte und Absolution nunmehr die Auferstehungshoffnung zugrunde. Nicht nur die Bedürfnisse der Verstorbenen, sondern auch der Trost für die Hinterbliebenen stehen im Mittelpunkt. Die Verstorbenen werden Gott empfohlen und es wird für sie ein gnädiges Urteil, die Vergebung der Sünden und ihre Teilhabe an der endgültigen Auferstehung der Toten erbeten. Insbesondere ist die Eucharistiefeier der Akt, durch den die Kirche die Toten – und zwar ohne jegliche moralische Wertung auch im Falle eines Suizids – Gottes Gnade anempfiehlt. Im Sinne der gemeinsamen Suche nach den uns unbegreiflichen Wegen Gottes kann die Gemeinde im Falle eines Suizids die Anweisung des neuen *Ordo Exsequiarum* folgen, wo es heißt:

> Gedenkt des Toten und der Umstände seines Lebens und Todes und kümmert euch auch um die Trauer der Verwandten und ihre christlichen Bedürfnisse.

David Power interpretiert diese Anweisung im Falle einer Selbsttötung wie folgt:

> Bei der Erinnerung an den Toten ist es notwendig, sich an den Kampf mit dem Leben zu erinnern und an seinen Sinn, der zu seinem endgültigen Spannungspunkt im Tod durch Selbstmord kam. Die Beerdigungsliturgie dient bei solchen Anlässen [...] der Erinnerung an den Tod Jesu Christi und an sein Ringen mit den Mächten des Todes während seines ganzen Auftretens und Wirkens und zum Zeitpunkt seiner Erfüllung.

Da dieser Ritus einen letzten Abschied darstellt, mit dem die christliche Gemeinde eines ihrer Mitglieder ehrt, bevor der Körper begraben wird, ist die Anwesenheit der Verstorbenen –

oder im Ausnahmefall zumindest der Urne – inmitten der versammelten Trauergemeinde zwingend.

Wenn unter »wirklich leben« der Umstand verstanden wird, in Beziehung zu sein, dann kann »tot sein« verstanden werden, als in Beziehungslosigkeit eingegangen zu sein. Die Vorstellung, daß ein geliebter Mensch ins Nichts eingegangen ist, kann vernichtend wirken. Außer der Inkorporation des oder der Verstorbenen ins eigene Herz und vielleicht noch einem ausgeprägten Totenkult bleibt wirklich nichts, bis die oder der Hinterbliebene selber in dieses Nichts eingeht. Christen dagegen darf Hoffnung durch die Osterbotschaft zukommen, wonach auch nach dem Tod eine unauflösbare Beziehung bestehen bleibt, wie sie Paulus in seinem ersten Brief an die Thessalonicher (4,13) verheißt:

> Wir wollen euch nicht im unklaren lassen, Brüder, wie es mit denen steht, die gestorben sind. Dann braucht ihr nicht traurig zu sein wie die anderen, die keine Hoffnung haben. Wir glauben, daß Jesus gestorben und auferstanden ist. Ebenso gewiß wird Gott auch die, die im Vertrauen auf Jesus gestorben sind, mit Jesus zusammen zu sich holen.

Vielen Hinterbliebenen ist es wichtig, einen Ort zu haben, wo sie der sterblichen Überreste ihrer geliebten Verstorbenen gedenken können: eine Grabstätte. Dabei ist es oft weniger wichtig, ob in dem Grab ein Sarg oder eine Urne beigesetzt wurden. Wichtig ist das Grab als der symbolische Ort, wo sich zwei Welten begegnen: Die Welt der Lebenden und die Welt, in die die jetzt noch Lebenden einmal eingehen werden. Dies in Erinnerung zu rufen war wohl auch das Anliegen jener verschiedenerorts an Friedhofseingängen angebrachten Ermahnung: »Wir sind, was Ihr einmal sein werdet – Ihr seid, was wir einmal waren.« Aber auch das Gedenken der Verstorbenen in Kirchen, Tempeln oder anderen Gotteshäusern kann den Platz des Grabes einnehmen, begegnen sich doch hier Jenseits und Diesseits, Himmel und Erde, in ganz besonderer Weise.

Speziell für Kinder ist es überaus schwierig, z. B. den Verlust eines Elternteils oder eines Geschwisters zu verarbeiten, wenn sie – »um sie zu schonen« – von den Begräbnisfeierlichkeiten ferngehalten wurden und dann die »Beisetzung« der Asche durch Zerstreuen in einen Fluß o. ä. erfolgte. Ganz im Gegenteil zu den Vorstellungen Erwachsener hat ein Kind normalerweise keine Angst vor einem verstorbenen Menschen. Was ein Kind vielmehr beängstigt ist der Ort, wo die oder der Verstorbene aufgebahrt ist. Dieser Ort ist fremd – nicht die oder der Geliebte. Kinder bedürfen Ritualen, die sie nachvollziehen können. Das beginnt schon bei den Fragen um die Einkleidung des oder der Verstorbenen. Hier – wie auch bei allen weiteren zu treffenden Entscheidungen – sollten sie mitreden dürfen, wenn zum Beispiel ein Geschwister oder ein Elternteil verstorben ist. Kleinen Kindern kann es viel bedeuten, wenn sie eine Zeichnung, ein Kuscheltier oder einen anderen für das Kind wertvollen Gegenstand oder ein Spielzeug in den Sarg legen können. Größeren Kindern und Jugendlichen kann es helfen, dem oder der Verstorbenen ein anderes Andenken oder Liebeszeichen in den Sarg zu legen, z. B. Blumen, einen an gemeinsame glückliche Tage erinnernden Gegenstand oder eine Fotografie. Als sehr hilfreich hat sich auch erwiesen, dem oder der Verstorbenen einen Brief zu schreiben, ein Gedicht zu verfassen, ein Lied zu komponieren oder ebenfalls eine Zeichnung anzufertigen. Besonders wertvoll kann es sein, dem oder der Verstorbenen seine Dankbarkeit mitzuteilen, ihn oder sie um Vergebung für bewußte und unbewußte Verfehlungen zu bitten.

Neben diesen Gesten, auf die Kinder und Jugendliche aufmerksam gemacht werden sollten, ist es für sie von bleibender Bedeutung, in die Gestaltung der Abdankungszeremonie einbezogen zu werden. Sie sollten mitreden dürfen bei der Auswahl der Lesungen, der Lieder, des Blumen- und Grabschmukkes. Bei der Abdankung selbst können die Reaktionen der Kinder und Jugendlichen stark vom Verhalten abweichen, das sie bis zu diesem Moment gezeigt haben. Sie können von Angst befallen werden, vor ihren Klassenkameraden zu weinen, können sich davor fürchten, »offiziell« neue Verantwortungen übernehmen zu müssen – insbesondere wenn z. B. nach dem Tod des Vaters der halbwüchsige Sohn an der Seite seiner Mutter die Beileidsbezeugungen entgegennehmen muß. Diese Beispiele mögen die Wichtigkeit einer guten Vorbereitung der Abdankung unter Einbezug der Kinder illustrieren.

Vom Abschiednehmen

Neben dem »öffentlichen« Abschiednehmen, worunter heute in der Regel die Abdankung bzw. die Trauerfeier verstanden wird, ist das persönliche Abschiednehmen der nächsten Angehörigen von größter Wichtigkeit. Mit der Tabuisierung des Todes in unserem Jahrhundert wurden nicht zuletzt die Toten wieder zu jenen »Unreinen« degradiert, wie das zur Zeit vor Jesu Wirken und Sterben und in anderen verschiedenen Religionen der Fall war und zum Teil bis heute noch ist.

Schon allein die Unsicherheit bei der Feststellung des genauen Todeszeitpunktes läßt erkennen, daß der Übergang vom lebendigen Menschen zum toten Körper kein Ereignis ist, das die Toten irgendwie »unrein« und somit »unberührbar« werden läßt. Entweder litt der Mensch an einer hochinfektiösen Erkrankung (Pocken, Pest, Ebola-Virus u. a.) und eine Berührung war schon vor seinem Tod ohne besondere Schutzvorkehrungen nicht angezeigt, oder er kann nach seinem Ableben in gleicher Weise berührt werden wie vorher – vorausgesetzt, daß der Verwesungsprozeß noch nicht fortgeschritten ist. Die Angestellten der Bestattungsfirmen berühren die Toten meist nur in Schutzkleidung und Handschuhen. Angesichts solcher Vorkehrungen können Angehörige zur Überzeugung gelangen, daß ihr Toter nun nicht mehr ohne weiteres berührt werden darf. Aber tragen Ärzte und Pflegepersonal bei der Untersuchung und Pflege von Kranken nicht meist ebenso »Schutzkleidung«? Trotzdem käme es Angehörigen kaum in den Sinn, ihre Kranken nicht zu berühren.

Fast nur noch in ländlichen Gegenden – und auch dort immer seltener – werden die Verstorbenen zu Hause gewaschen, eingekleidet und aufgebahrt. Wo dieser Brauch stattfand, wurden die Toten bis zur Bestattung nicht allein gelassen und es wurde Tag und Nacht an der Bahre »gewacht«. Diese »Totenwache« war eine ehrenvolle Aufgabe nächster und naher Verwandter und Freunde. Im Gebet, im Weinen und Klagen angesichts des Verstorbenen oder in stiller Andacht konnte so bereits ein wichtiger Teil der Trauerarbeit geleistet werden. Damit begann die Integration der Toten in das Leben der Hinterbliebenen.

Eine weitere wichtige Etappe war das Verschließen des Sarges. Es geht hier schließlich um den letzten Anblick eines geliebten Menschen. Mit dem Abtransport des Sarges in die Kirche erfolgte das Wegziehen aus dem Haus der Menschen in das Haus Gottes. Dabei wurde der Sarg von nächsten Angehörigen der Familie (Kinder, Geschwister, Cousins, Enkel) oder den besten Freunden (es waren immer Männer) getragen. Auch beim Gang von der Kirche zur letzten Ruhestätte auf den Friedhof wurde der Sarg feierlich getragen, wobei die anderen Angehörigen zu Fuß nach einer genauen »Rangordnung« folgten. Wie bedeutungsvoll solche Bräuche und Riten sind, wurde in eindrücklicher Weise bei der Beisetzung von Lady Diana nach ihrem tödlichen Unfall im Sommer 1997 deutlich. Es ist nicht auszuschließen, daß durch dieses Beispiel öffentlicher Anteilnahme und Ehrerbietung einer Verstorbenen gegenüber noch vor wenigen Jahrzehnten weitverbreitete und als selbstverständlich angesehene Bräuche wieder in ihr Recht gesetzt werden.

Mit dem Verschwindenlassen solcher Bräuche hat sich die Gesellschaft einer wesentlichen Bewältigungsmöglichkeit des Verlustes geliebter Mitmenschen beraubt. Die Trennung der Lebenden von den Toten wurde bis zur Errichtung von Glastrennwänden zwischen dem Sarg und der »Aufbahrungszelle« nahezu perfektioniert. Ruedi Weber spricht von einer »perversen Situation« bezüglich dem heute vielerorts »üblichen Umgang mit den Toten«:

> Den Angehörigen wird ihr Toter weggenommen. Sie können ihn nicht mehr pflegen, ihm ihre Zuwendung nicht mehr geben. Wohin sollen ihre Gefühle für ihn, wenn er nicht mehr da ist? Angehörige werden oft aufgefordert, ihre Gefühle der Trauer zuzulassen. Aber wenn ihr Toter nicht mehr da ist, gehen sie ins Leere, und man schämt sich, ich meine zu Recht. [...] Wir können unsere Gefühle

für unsere Toten nicht leben, wenn unsere Toten nicht mehr da sind. Wir Angehörigen brauchen unsere Toten, und wir brauchen all diese Verrichtungen, die heute die Pflegenden und die Bestatter machen. Dann kann fließen, was sonst als Trauer sich in uns staut und zu Schmerz erstarrt.[33]

Das persönliche Abschiednehmen ist insbesondere dort von großer Wichtigkeit, wo der Tod plötzlich und unvorhersehbar eintrat – wie das beim Suizid meist der Fall ist. Aber nur selten werden die Angehörigen über ihre Möglichkeiten in Zusammenhang mit den Vorkehrungen vor der Bestattung aufgeklärt. Mitunter wissen sie nicht einmal, wo sich im Augenblick die oder der Verstorbene befindet und was mit ihr oder ihm geschieht. Es ist keine Ausnahme, daß sie am Aufbahrungsort vor einem verschlossenen Sarg stehen, in dem die sterblichen Überreste des geliebten Menschen liegen. Sie fühlen sich dann beim Anblick dieses Sarges nicht selten völlig überwältigt – und verunsichert. Sie sind wie gelähmt und unterdrücken auch noch den letzten leisen Wunsch, sie oder ihn noch einmal berühren oder wenigstens sehen zu dürfen. Im nachhinein kann das zu schweren Selbstvorwürfen bis hin zur Zwangsvorstellung führen, daß sie oder er gar nicht in jenem Sarg lagen. Wenn eine Mutter oder ein Vater ihr Kind oder ein Ehepartner seine Frau oder ihren Mann noch einmal zu sehen wünscht, ist diesem Wunsch – wenn immer möglich – nachzukommen. Beim Vorliegen schwerer Verstümmelungen oder Entstellungen ist es wichtig, vorher genau darauf aufmerksam zu machen und eventuell vorgängig eine Fotografie zu zeigen. Besteht der Wunsch der persönlichen Begegnung weiter, ist eine Begleitung der Angehörigen angezeigt. Begleitet dabei der Seelsorger, die Seelsorgerin die Angehörigen, so ist es unabdingbar, daß er oder sie schon vor dem gemeinsamen Gang den Toten gesehen hat, um wirklich Beistand in diesem dramatischen Augenblick leisten zu können. Es kann hilfreich sein, die am schwersten entstellten Körperpartien abdecken zu lassen und die Angehörigen zum Beispiel nur eine noch intakte Hand oder einen Fuß sehen oder berühren zu lassen. Ruedi Weber erkannte richtig:

> Die meisten »wohlmeinenden« Ratschläge sind für uns Angehörige falsch, weil sie gegen unsere persönliche Beziehung zu unserem Toten gerichtet sind. – Eine Frau möchte zu ihrem Freund, der sich zu Tode gestürzt hat. Polizei, Arzt und auch Freundinnen raten ihr dringend davon ab. Sie zerstöre dadurch ihre schönen Erinnerungen. Man läßt sie allein und niemand geht mit ihr. Es sei gut für sie gewesen, sagt sie danach, nichts Schreckliches. [...] Einer Mutter will man verwehren, zu ihrem bei einem Zugsunglück getöteten Sohn zu gehen. »Ich habe ihn gesehen, wie ich ihn geboren habe. Warum sollte ich ihn nicht sehen, wenn er tot ist?« sagt sie.

Findet die Grablegung nach der Kremation des oder der Verstorbenen statt, so muß auch dieser Augenblick Anlaß zu einer würdigen Beisetzung der Urne bzw. der Asche im Beisein mindestens der nächsten Angehörigen werden. Dies dem Friedhofgärtner oder »Totengräber« zu überlassen, kann später zu schweren Selbstvorwürfen führen.

Von der Regression

Nachdem die verstorbene Person bestattet worden ist, beginnt eigentlich die schwierigste Zeit für die nächsten Hinterbliebenen. Das »große Theater« um die Bestattung ist vorbei und die verschiedenen »Darsteller« sind von der Bühne abgetreten – oft ohne sich je wieder zu melden. Der hinterbliebene »Hauptdarsteller« kommt erst jetzt nach und nach zu sich. Das Korsett konventionellen Funktionierens ist gelöst. Aber statt den Gefühlen nun freien Lauf zu lassen, läßt die plötzlich empfundene Leere oft ein Gefühl vollständiger Sinnlosigkeit aufkommen. Verena Kast gibt angesichts dieses Gefühls von Sinnlosigkeit zu bedenken:

> Gerade bei Menschen, die »vor ihrer Zeit« gestorben sind, stellt sich die Frage nach dem Sinn des Lebens [...] Es gehört [...] zur Trauer, diese Abwesenheit von Sinn auszuhalten und trotzdem weiterzuleben.

Trugen vielleicht Psychopharmaka dazu bei, die Betriebsamkeit um die Bestattung herum zu ertragen und »Haltung zu bewahren«, so läßt das eventuelle Absetzen von Beruhigungs-

und Schlafmitteln die vorübergehend so Abgeschirmten in ein »tiefes Loch fallen«. Die vielleicht gar nicht zu ihrem richtigen Nennwert wahrgenommene Begleitung durch Nahestehende bis zur Bestattung ist nun auch weg. Erst jetzt tritt die durch den plötzlichen Tod aufgerissene Wunde in ihrem vollen Ausmaß in Erscheinung: Ein ganzes Weltbild ist zusammengebrochen. Die oder der Hinterbliebene fühlt sich unendlich allein gelassen und verlassen. In dem nun aufbrechenden verzehrenden Leiden wird häufig die Frage gestellt, ob das Leben überhaupt noch lebenswert ist. Dorothee Sölle schreibt:

> Das Leiden kann uns dazu bringen, daß wir wünschen, daß die Welt nicht sei, daß Nichtsein besser ist als Sein, es kann uns verzweifeln machen und unsere Fähigkeit zur Affirmation zugrunde richten. Wir hören dann auf, Gott zu lieben.

Jetzt besteht die Gefahr, daß ein Rückfall in kindliche Verhaltensweisen beginnt, der in der Psychologie mit »Regression« bezeichnet wird. Die in frühen Entwicklungsphasen als hilfreich erlebten Strategien zur Konfliktbewältigung werden wiederholt. Es handelt sich um eine »Dedifferenzierung«, also um eine Rückkehr vor die Zeit des Herausbildens differenzierten Verhaltens. Die einfachsten Vorkehrungen für das Gelingen der täglichen Verrichtungen werden vernachlässigt. Einzig und allein das Verhältnis zu dem oder der Verstorbenen zählt. Der Verlust wird personalisiert. Krampfhaft wird nach einem Sündenbock für das Geschehene gesucht. Der Sündenbock kann ein Berater (Arzt, Anwalt, Psychiater, Seelsorger, Sozialarbeiter oder eine andere Vertrauensperson) sein, der vor dem Suizid der geliebten Person beigezogen wurde. Die Aggressionen können sich aber auch gegen Gott, ein Familienmitglied – oder gegen sich selbst richten.

Im Verlaufe der Zeit kann die Zielscheibe der Aggressionen wechseln. Es können auch mehrere Personen als für den Tod verantwortlich angesehen werden. Mit Akribie werden alle erdenklichen Daten gesammelt, die Auskunft über eigenes oder fremdes Fehlverhalten geben könnten. Die Tage und Stunden vor dem Tod werden in Gedanken immer und immer wieder durchlebt und auf unscheinbarste Begebenheiten durchforscht, die einen Anhaltspunkt für die verschiedensten »Warum-Fragen« geben könnten. Der Lauf der Dinge wird durch moralische Prinzipien bestimmt. Allerdings werden jegliche moralischen Überlegungen hinsichtlich des oder der vermeintlichen externen »Verantwortlichen« für den Tod ausgeklammert. Die Palette der Rachepläne gegenüber den als verantwortlich angesehenen Personen reicht von gerichtlichen Anstrengungen über Verleumdungen und Sabotageakten bis hin zu Mordplänen. Auch das Weltbild wird in der Regression auf eine magische Vorstellungswelt zurückgestuft. Alle noch so komplexen Zusammenhänge werden auf ein kindliches, aufs Extremste vereinfachtes Tun-Ergehen-Muster reduziert.

In der Regression werden die Trauernden vom Aufbruch heftigster Gefühlsregungen geradezu überschwemmt. Philipp Roth-Steiner schrieb hinsichtlich dieser beängstigenden und angstbegründeten Reaktionen:

> Der Tod des geliebten Menschen reißt Abgründe auf. Oft werden die Trauernden von einer großen Angst gepackt, Angst um die eigene Existenz, Angst vor der Zukunft, vor dem Tod. Sie fühlen sich gegenüber dem Geschehenen ohnmächtig. Ihre Angst mischt sich mit einem unbändigen Zorn und einer Wut gegenüber allen, die aus der Sicht des Trauernden die Verantwortung tragen: gegen die Repräsentanten der Familie, des Spitals, der Kirche usw. und gegen Gott. Diesem Zorn wird oft in heftigen Klagen, Anschuldigungen und Vorwürfen Luft gemacht. Ungeahnte aggressive Energien werden freigesetzt und machen das Zusammensein mit dem Trauernden fast unerträglich.

Die chaotische Gefühlslawine kann aber auch zu einem Zusammenbruch führen, der eine ärztliche Behandlung und anschließende psychologische oder psychiatrische Beratung und Begleitung notwendig macht. Im allgemeinen ist die Regression aber ein Verteidigungsmechanismus, der es den vom Verlust Betroffenen erlaubt, das traumatische Widerfahrnis zu bewältigen. Die Regression steht dann im Dienste des Ichs.

Die Zeitspanne, in der die Trauernden die Regression durchleben, ist für das Gelingen der Trauer entscheidend. Es ist deshalb von größter Wichtigkeit, daß den regressiven Tendenzen intellektuell und emotional genügend Raum gewährt wird. Denn hier entscheidet sich, ob all die unerkannt schweren Gefühlsausbrüche eingeordnet und durchgestanden werden können. Hier entscheidet sich, ob im Sinne einer Aufarbeitung aller Emotionen durch die Trauer hindurchgegangen werden kann oder ob die oder der Betroffene im Gefühlschaos versinkt.

Jede Trauer führt durch dieses »finstere Tal« mit »Schlangen, Raubtieren, Treibsand, Feuersbrünsten und reißenden Strömen«, wie die Bibel es in eindrücklichen Bildern zu schildern versteht. Erst das Bestehen all dieser Gefahren und Anfechtungen läßt den Aufbruch zu neuen Ufern zu.

Vom Weinen

Im biblischen Buch Kohelet (3,1.4) wird darauf aufmerksam gemacht, daß »alles [...] seine von Gott bestimmte Zeit [hat]: [...] weinen und lachen, wehklagen und tanzen«. Wenn ein geliebter Mensch stirbt, ist es an der Zeit zu weinen. Wenn es auch nicht in so direktem Sinne zutrifft, kommt es nicht von ungefähr, daß mitunter die Entstehung einer Krankheit, wie Krebs, als durch »nicht zugelassene« oder »verschluckte« Tränen interpretiert wird. Sicher ist jedoch, daß Tränen den emotionalen Streß zu mindern vermögen. Ein Mensch, der lange Zeit unfähig war zu weinen, kann regelrecht spüren, wie der »Dammbruch« der Tränen Druck von seiner Seele abläßt. Oft kommt der eigentliche Trauerprozeß erst in Gang, wenn Tränen fließen können. Es ist deshalb nicht unbedenklich, wenn die scheinbare »Tapferkeit« der Hinterbliebenen mit Psychopharmaka gestützt wird.

Stellt ein Trauerbegleiter fest, daß die nächsten Betroffenen nicht weinen können, so gehört es zu seinen Aufgaben, ihnen gegebenenfalls das Weinen zu ermöglichen. Dies widerspricht ganz dem landläufigen Bild vom »Tröster«, der eher als eine Person gesehen wird, die die Tränen trocknet. Aber nur zu leicht kommen angesichts überschwenglichen Tränenflusses

»Trostformeln« wie »weine, nicht – es kommt schon wieder gut« oder Ähnliches. Viel zutreffender ist die Erkenntnis Shakespeares »To weep is to make less the depth of grief«, die Peter Neysters und Karl Heinz Schmitt sagen läßt:

> Wenn wir weinen, fühlen wir uns im nachhinein erleichtert. Tränen erlösen und befreien. Sie sind eine Wohltat! Sie sind keine Schande! Unserer Tränen müssen wir uns nicht schämen! Um einen Menschen zu weinen, ist eine ehrenvolle Angelegenheit. Jede Träne zeigt an, was der andere mir bedeutet (hat). Wer weint, gibt zu, daß er schwach ist, hilflos und erschüttert. Wer mit anderen weint, nimmt teil an dessen Schwäche und stärkt ihn zugleich, statt ihn noch schwächer zu machen, indem er den Starken spielt.[32]

Daß Weinen in Anbetracht des Todes eines Nächsten weder eine Schande noch unmännlich ist, belegte schon David, der sowohl seinen ermordeten Sohn Amnon als auch den Tod seines Sohnes Absaloms, der Amnon getötet hatte, beweinte (2 Samuel 13,36; 19,1 f). Jesus schämte sich am Grab seines Freundes Lazarus (Johannes 11,35) seiner Tränen nicht. Aber auch ein Mann wie Goethe ermahnte seine Freunde: »Laßt mich weinen, das ist keine Schande! Weinende Männer sind gut!«

Und Dorothee Sölle ermahnt alle:

> Weinen Sie ruhig. Es ist keine Schande, sich nicht trösten zu lassen mit Krims und Kram, mit Ersatz und Kommtsonnenschein, haben Sie keine Angst, sich dem Schmerz zu geben, bei ihm sind Sie nicht schlechter aufgehoben als bei anderen. Offen stehen alle seine Türen, er nimmt Sie, ohne viel Fragen. Weinen Sie, schonen Sie sich nicht. Nicht die Gesundheit und nicht die Volkswirtschaft und nicht der Zuschnitt Ihres Lebens und nicht die zweieinhalb Zimmer Ihrer Wohnung sollten Sie dazu bringen, sich zu sparen. Weinen Sie, sparen Sie nicht Tränen, wer weiß, ob Sie morgen noch Zeit haben, noch Herz haben, noch Mut haben, noch Tränen haben ... Im Lande Uz saß Hiob in der Asche und weinte, im Tempel lag David und weinte, und im Gefängnishof stand Petrus und weinte bitterlich. Petrus weinte, weil es zu spät war. Er hatte Treue geschworen und sie verraten, schneller als üblich, er wollte ausharren und da-

> beibleiben bis zum Ende und fiel sofort um bei der ersten bis dritten Gelegenheit... Weinend stand er da im Hof, weinend lief er hinaus in die Nacht, die schon grau wurde, weinend lief er hinter seinem Leben her, das verschwunden war, das zerstört war, wie bei dem in der Asche im Lande Uz, wie bei dem auf dem Fußboden im Tempel zu Jerusalem.[51]

Allerdings ist es möglich, daß in der ersten Zeit nach dem plötzlichen Verlust der Schock so tief sitzt, daß nicht geweint werden kann. Der Gefühlsschock ließ die Tränen »einfrieren«, »erstarren«. Da es aber wichtig ist zu weinen, braucht es auch hier ein verstehendes Begleiten. Herzenswärme ist gefragt, die die »eingefrorenen Tränen« der oder des Trauernden zum »Schmelzen« bringen können. Es mag hilfreich sein, wenn die Helfer ihren Gefühlen keinen Zwang antun und weinen, wenn es ihnen ums Weinen ist.

Von der Integration des Geschehenen

> Zum Prozeß der Trauer gehört es oft, daß wir von einer alten Identität Abschied nehmen und nach einer ganz neuen Basis für unsere Identität suchen müssen.

Mit der Aufarbeitung der verschiedenartigen existentiellen Anfechtungen ist die Trauer noch nicht zu Ende. Jetzt wird weniger nach der Verantwortlichkeit für die gerissene Wunde gesucht als nach der Möglichkeit, mit dieser bleibenden Verwundung zu leben. Das ganze bisherige Leben und der Rest des Lebens werden von der einschneidenden Zäsur gekennzeichnet. Alles Erlebte wird in ein »Vorher« und ein »Nachher« eingeteilt. Die Zeit »nachher« ist geprägt von der Bemühung, trotz der Amputation der geliebten Person ein gelingendes Leben zu gestalten.

Auf Schritt und Tritt werden sich die Hinterbliebenen klar, daß ein Leben wie »vorher«, wie »früher« nie mehr möglich sein wird. Aber im Maße, wie sie den Verlust in ihr nunmehriges Leben zu integrieren vermögen, werden auch wieder Aktivitäten möglich, die unmittelbar und noch einige Zeit nach dem Verlust einfach undenkbar gewesen wären. Frischbetroffene meinen, nicht nur nie mehr lachen zu können, sondern empfinden Lachen in ihrer Gegenwart angesichts dessen, was ihnen widerfuhr, als unerträglich. Dasselbe gilt für Feste, Feiern, kulturelle Anlässe, Singen, Musizieren, Spielen usw.

Zu den deutlichen Zeichen einer erfolgreich durchlebten Trauer gehört nicht zuletzt auch das Wiedererwachen sexuellen Verlangens. Im Maße, wie Thanatos das Feld räumt, kommt Eros wieder zur Geltung. Das erste sexuelle Erleben »nachher« kann eine befreiende Wirkung sondergleichen erleben lassen. Es besteht aber auch die Gefahr, daß diese Regungen als »Verrat« am Verstorbenen empfunden werden und erneut in eine Krise führen. Deshalb ist vom Sexualpartner besonderes Einfühlungsvermögen angezeigt.

Im Rahmen der Integration können auch wieder Orte »früheren« gemeinsamen Erlebens besucht, persönliche Gegenstände des Verstorbenen gesichtet, geordnet, weggegeben oder gar vernichtet werden. Das Verhältnis zum Verstorbenen wird neu überdacht. Sein Status eines oder einer Heiligen macht einer realistischeren Sicht Platz, bei der auch die übrigen Familienmitglieder im neu geordneten »Mobile« wieder ihr Gleichgewicht erlangen. Der Name des oder der Verstorbenen kann wieder von allen ohne Scheu erwähnt werden. Gemeinsame »frühere« Erlebnisse sind als Gesprächsthema nicht mehr länger tabu.

Auf dem weiteren Lebensweg lauern aber immer wieder Gefahren, die zu einer erneuten Krise führen können. Besonders schwierige Klippen sind Fest- und Gedenktage wie Geburtstage (sowohl der eigene als auch der der anderen Familienmitglieder und insbesondere der Geburtstag des oder der Verstorbenen), Firmung, Konfirmation oder Bar-/Bat-Mizwa, Hochzeitstage, Todestag, Totensonntag. Hier können unvermittelt wieder regressive Impulse aufbrechen. Das geflügelte Wort »Zeit heilt Wunden« müßte für Angehörige von Suizidenten eher lauten: »Zeit lehrt, mit der Verwundung zu leben.« Denn »geheilt« wird die tiefe Verwundung nie, sowenig wie ein amputiertes Bein wieder nachwächst. Nur die Narbe schmerzt im Verlaufe der Zeit immer weniger und wird immer weniger sichtbar.

Diese Zeit der Vernarbung ist individuell. Beständiges »Kratzen« an der Narbe kann ein gutes Vernarben verhindern.

Vom Beten

In Anbetracht des unwiederbringlichen Verlustes eines innigst geliebten und als unentbehrlich empfundenen Menschen scheint das Gebet absurd. Noch nie hat das Gebet einen Verstorbenen zurückgebracht. Die Frischbetroffenen fühlen sich nicht nur vom Verstorbenen, sondern auch von Gott im Stich gelassen. Im Gefühl der Gottesferne ist es sehr schwer zu beten. Das tiefe Leid steht wie ein unüberwindlicher Abgrund zwischen den Trauernden und Gott. Dorothee Sölle schildert das »gegenwärtige« Empfinden gegenüber dem Gebet folgendermaßen:

> Beten gilt dem gegenwärtigen nachchristlichen Bewußtsein als Ersatzhandlung. [...] Gott wird überall dort eingesetzt, wo der Verstand nicht oder noch nicht hinlangt, das Gebet ist überall dort lebendig, wo mit unserer Macht nichts mehr getan ist. An die Stelle autonomen, verfügenden, weltlichen Handelns, das sich selbst verantwortet, tritt in bestimmten Grenzsituationen das Gebet – als Illusion, als Flucht, als Ersatzhandlung dessen, der zu wirksamem Handeln nicht fähig oder nicht willens ist.[53]

Und im Todesfall sind die Hinterbliebenen nicht mehr »zu wirksamem Handeln« in dem Sinne fähig, daß sie den Tod ungeschehen machen könnten. Aber ist damit das Gebet nur »Illusion«, »Flucht« oder »Ersatzhandlung«? Ist das Beten angesichts des Todes sinnlos?

Im Alten Testament sind uns wunderbare Zeugnisse von Menschen überliefert, die in äußerster Bedrängnis und in Anbetracht des Todes beteten. Sie scheuten sich dabei nicht, Gott anzuklagen. Dadurch erwachten sie aus ihrer Gefühllosigkeit zu befreienden Emotionen. Ihr Beten war ein Rufen, Flehen, Verfluchen, Weinen und Klagen bei Leiden und Schmerz – oder ein Loben und Preisen bei Grund zur Dankbarkeit. Die Betenden fragten und bettelten – oder dankten und sangen. Sie brachten ihre unmittelbare Befindlichkeit vor Gott, vor jenen

Gott, ohne den sie sich ein Leben gar nicht vorstellen konnten, vor den Gott, der alles, was ist, ins Sein gerufen hat und dessen Ratschluß sie bei aller Anfechtung zu respektieren versuchten. Das Gebet war getragen vom Vertrauen, daß da einer ist, dem sie nicht gleichgültig sind. Im Gebet rangen sie um die Anwesenheit Gottes, lebten mit Gott und schöpften Kraft, ihr Leben zu meistern. Beten war »Kraft üben«.

Im Neuen Testament lernen wir Jesus als verzweifelten und in seiner Verzweiflung betenden Menschen kennen. Er bat seinen »lieben Vater«, den »Leidenskelch« an ihm vorübergehen zu lassen. Er sträubte sich vor dem Leiden, versuchte Widerstand. Aber gleich darauf ergab er sich dem Willen Gottes, indem er nicht seinen eigenen, sondern Gottes Wille als das Notwendige anerkannte. Widerstand und Ergebung – wie sie fast 2000 Jahre später von Bonhoeffer in ähnlicher Bedrängnis geübt wurden.

Wer könnte sich nicht dagegen auflehnen wollen, wenn ihm ein Kind »genommen« wird? Wer fühlt sich nicht in seinem ganzen Sein zutiefst verletzt und in Frage gestellt, wenn sein Kind sein Leben »hingibt« (»wegwirft«)? Wer ist nicht versucht, in solchen Extremsituationen an Gott zu verzweifeln, der solches »zuläßt« oder sogar »will«? Wer ist nicht versucht, die Existenz Gottes in Frage zu stellen? Und wie steht es mit der »Allmacht« Gottes? Aber solche Fragen, ein solches Auflehnen, solches Hadern mit Gott ist bereits Beten. Solches Beten ist »Kraft üben«. Es kann der Wegbereiter sein für ein Annehmen, das vielleicht erst nach Jahrzehnten möglich wird.

Niemand kann gezwungen werden zu beten. Und keine noch so ausgeklügelte »Gebetsformel« kann Gnade, Anteilnahme oder »Barmherzigkeit« erzwingen. Ein echtes Gebet ist eine aufrichtige Zwiesprache mit Gott. Luther drückte dies folgendermaßen aus:

> Wo ein recht Gebet sein soll, da muß ein Ernst sein, daß man seine Not fühle und solche Not, die uns treibet und drücket, zu rufen und zu schreien.

In diesem Sinne liegt auch für Alfons Benning »[die] tröstende Kraft des Gebetes [...] im kindlichen Sich-Gott-Anvertrauen des Betenden. [...] Für den Tröstenden wie den zu Tröstenden heißt Beten auch, die Dinge beim Namen zu nennen.«

In *Hat Beten einen Sinn?* meint Luise Rinser, daß jemand der frage, »ob es überhaupt einen Sinn habe, sich in Gebeten an die Gottheit zu wenden«, damit verrate, »daß er nicht nur nichts von Gott und dem Wesen des Betens versteht, sondern auch gar nichts vom Menschen«. Solchen Fragern müßte vielmehr gesagt werden: »Betet – und ihr werdet den Sinn des Betens erfahren, und anders als betend werdet ihr ihn nie erfahren.« Für sie macht »der hoffnungsvolle Glaube an die Existenz eines übermenschlichen Wesens, das man anrufen kann« das »Wesen des Betens« aus, d. h. »das Gebet ist: das Sprechen mit der Gottheit«. Und in Anlehnung an die Gedanken Augustinus' schreibt sie: »Wäre der Mensch nicht auf Gott hin angelegt, so fiele es ihm nicht ein, Gott zu suchen.« Wendet sich ein Mensch in einem »gläubig vertrauensvollen Gebet« an Gott, dann

> vollzieht sich im Menschen eine tiefe Veränderung; quälende Sorge, Furcht, Verzweiflung wandeln sich in Gelassenheit; das zuvor rebellisch getragene Schicksal wird angenommen, der Sinn wird ahnungsweise erfahren; nicht der Körper wird geheilt, sondern die Seele. »Dein Wille geschehe« ist die »Zauberformel«, ist das heilende Wort, das wirkliche Hilfe bringt.

In dunkler Zeit, nämlich kurz nach dem Zweiten Weltkrieg, schrieb Karl Rahner *Von der Not und dem Segen des Gebetes.* Die schlichten Worte, in die er seine im Ernstfall erprobten theologischen Gedanken zum Gebet kleidete, können auch heute noch jenen Hoffnung spendenden Sinn aufleuchten lassen, dem ein in tiefster Not vorgebrachtes Gebet innewohnt.

Beten ist ein Akt des Vertrauens, der dem Betenden die Gewißheit gibt, daß das, was wir mit unseren Sinnen feststellen können und daß das, was durch die Naturwissenschaften als unumstößlich erkannt wurde, nicht alles sein kann.

Vom Verlust und von der Beziehung zu Verstorbenen

Der Verlust eines geliebten Menschen reißt nicht nur eine Wunde in die Existenz der nächsten Bezugsperson (Partner, Mutter, Vater, Geschwister), sondern auch in das weitere Beziehungsgefüge, in das dieser Mensch eingebettet war, lebte und arbeitete. In erster grober Annäherung kann gesagt werden, daß die durch den Tod eines Geliebten aufgerissene Wunde um so schmerzlicher und schwerer heilbar ist, als die Beziehung stabil und langdauernd war, als die Lebenspartner in Symbiose lebten. Aus Angst vor der (nunmehr allein zu bewältigenden) Zukunft versuchen der oder die Hinterbliebene in der Symbiose, die etwas Transzendentales im empfundenen Selbsterleben an sich hatte, zu verweilen bzw. sich in sie wieder zurückzuziehen. Dabei entsteht eine Sehnsucht nach dem Tod (Suche der Wiedervereinigung mit den Verstorbenen) statt einer Neuorientierung im Leben. In jedem Falle schafft »die Beziehung zwischen zwei Menschen eine gemeinsame Welt«. Eine enge Beziehung muß dabei allerdings nicht frei von Ambivalenzen sein:

> Tatsächlich ist ja die Ambivalenz der Gefühle weder etwas Außerordentliches noch Krankhaftes, sondern durchaus Normales im Leben von uns allen. Intensive Bindung ist der beste Nährboden für die Ambivalenz der Gefühle. Nicht umsonst sagte man: Wie verwandter, wie verdammter.

Die Heilung der aufgerissenen Wunde hängt zudem aber noch von den übrigen Beziehungen der oder des Verstorbenen und der Rolle(n) ab, die sie oder er innerhalb der Familie, des Freundes- und Bekanntenkreises und der Öffentlichkeit geknüpft hatte bzw. spielte.

Durch den Suizid eines Familienmitgliedes werden mehrere nahe Verwandte tief verletzt. Da jeder um des anderen Verletzung weiß, will und kann er nicht mit seinem Schmerz beim Nächsten Hilfe und Beistand suchen. Es wird vielmehr versucht, seinen Schmerz vor den anderen zu verbergen und sie so vor den eigenen Anfechtungen, dem eigenen Leiden, zu schonen. Der Familientherapeut und Kinderarzt Nahum Frenck vergleicht deshalb die Familie mit einem Mobile. Dessen

Gleichgewicht hängt von der Gewichtung und der Verknüpfung der einzelnen Familienmitglieder ab. Der Stammbaum einer Familie kann gut als Mobile dargestellt werden, wobei die weiblichen Familienmitglieder z. B. die Form von Kreisen und die männlichen die von Quadraten haben. Dabei leuchtet ein, daß durch das Entfernen eines Familienmitgliedes in diesem Stammbaum das ganze Mobile in starke Bewegung und in ein vorübergehendes Ungleichgewicht gerät. Mit anderen Worten: Jedes Familienmitglied wird in ganz spezifischer Weise betroffen. Was das für die Seelsorge schon allein innerhalb dieses Familiengefüges bedeutet, wurde erst in jüngster Zeit aufgenommen.

So wie bei Beziehungsschwierigkeiten, Suchtproblemen, psychischen Krankheiten, Straffälligkeit und anderem mehr schon längere Zeit erkannt wurde, daß nur ein Einbezug möglichst aller Betroffenen zu einer adäquaten Veränderung beitragen kann, so ist es auch im seelsorglichen Bemühen notwendig, einen Einblick in die Familiendynamik zu bekommen. Nur so kann dauerhafte Hilfe zuteil werden. Ansonsten besteht die Gefahr, daß die vielleicht verhärteten Strukturen weiterzementiert werden und der Seelsorger dazu instrumentalisiert, um nicht zu sagen mißbraucht, wird. Christian Morgenthaler spricht von den Gefahren »der Triangulation, Delegation, Bindung oder Ausstoßung« und ruft deshalb zu einem »systemischen Verständnis von Trauer« auf. Den von Yorick Spiegel beschriebenen und für das Individuum geltenden Phasen von »Schock«, »Kontrolle«, »Regression« und »Adaptation« stellt Morgenthaler für die Familie die Phasen der »Zerstörung der Familienstruktur«, »Bewältigungsversuche mit herkömmlichen Regeln und Mitteln«, »Rekalibrierung des Familiensystems, Aktivierung von Ressourcen« und »Neues Gleichgewicht« gegenüber. Frenck vergleicht die einzelnen Symbole im Mobile der Familienstruktur auch mit elektrischen Widerständen. Die Kommunikation innerhalb der Familie ist von der Stärke der einzelnen Widerstände abhängig.

Das statische oder dynamische Gleichgewicht wird jedesmal gestört, wenn innerhalb der Familienstruktur eine Krise eintritt. Solche Krisen können verschiedenster Art sein. In unserem Zusammenhang interessieren vor allem Krisen, die das Mobile verändern, wie z. B. Heirat und Geburt, insbesondere jedoch der Tod.

Das Nichtannehmen dieser Krise auf der Ebene ihrer Auslösung führt zum Ausweichen auf die nächstniedrigere, bewußtseinsfähige (körperliche, persönliche, familiäre oder makrosoziale) Integrationsstufe durch einen Verdrängungsprozeß. Es wird dabei nicht akzeptiert, daß die gewohnte Familienstruktur in eine nunmehr veränderte übergegangen ist. Erst wenn jedes einzelne Familienmitglied seinen Platz und seine Rolle im neuen Mobile wahrnimmt, kann Ruhe in das System zurückkehren. Bei dieser Systemstabilisierung ist der Seelsorger gefordert – und nicht selten überfordert –, zumal auch die verschiedenen familientherapeutischen Ansätze von seiten der Psychologen und Psychiater noch wenig von einer *unité de doctrine* erkennen lassen. Morgenthaler folgert:

> Interventionen, die dem spezifischen Handlungsfeld von PfarrerInnen angemessen sind und auch unter familientherapeutischer Perspektive als wirksam betrachtet werden können, müssen erst noch entwickelt werden.

Der Seelsorger ist ein Helfer, der sich sowohl dem christlichen Glauben als auch dem leidenden Mitmenschen verpflichtet weiß. Ein zu starker Helferimpuls verhindert Partnerschaftlichkeit. Der Helfer muß in einem gewissen Maß sein eigenes Mitleid beiseite drängen und vornehmlich auf das Gelingen der Hilfeleistung achten. Gefühlsüberschwang und helferischer Ehrgeiz beeinträchtigen das eigene Gemütsleben und die Hilfeleistung. Bei selbst nicht hinreichend verarbeiteter Trauer um einen geliebten Mitmenschen besteht die Gefahr des identifikatorischen Mittrauerns.

Die Begegnung des Hilfesuchenden und des Helfers ist selbst eine Krisensituation. Diese Begegnung, das heißt »die Art und Weise, wie [...] sich einer Familie beigesellen«, bezeichnet Morgenthaler als »Joining«. Die Hinführung zur Wahrnehmung der neuen Familienstruktur nennt er »Reframing«:

> Ein wesentliches Element der Familienbeziehungen besteht in der gemeinsam und gegeneinander aufgebauten Wirklichkeitswahrnehmung einer Familie. Familien konstruieren ihre eigene Welt und tendieren dazu, ein Konstrukt der Wirklichkeit zu entwickeln, in der sie als Familie leben. [...] Diese Wirklichkeitswahrnehmung soll durch deutende Intervention in einen neuen Rahmen gestellt werden (»Reframing«).

Zusammenfassend versteht Morgenthaler die

> hermeneutische Aufgabe der Seelsorge und Verkündigung im Trauerfall [...] als Versuch [...] Evangelium und familiäre Wirklichkeitskonstruktion so aufeinander zu beziehen, daß eine neue Deutung des Geschehens von Trennung und Trauer im Beziehungsfeld möglich wird, die Leben eröffnet.[59]

In Anbetracht des seelsorglichen Ist-Zustandes scheinen mir diese (berechtigten) Anliegen leider noch in weiter Ferne zu liegen. Zur Realisierung bräuchte es eine Ausbildung, die nicht nur dem Praxisbezug seelsorgerlichen Handelns im allgemeinen mehr Rechnung trüge, sondern auch bewährte Modelle von Familientherapie vermittelte. In der Praxis hat sich jedoch vielmehr gezeigt, daß Seelsorge an sich nicht zu den vordringlichsten Sorgen der Seelsorger gehört. Und Trauerseelsorge beschränkt sich sehr oft auf ein Gespräch vor der Abdankung.

Da sich in unserer Zeit – und angesichts der tatsächlichen Not – viele Menschen gern in »helfenden Berufen« engagieren möchten, ohne den »Umweg« über eine theologische Ausbildung auf sich nehmen zu wollen, kommt es nicht selten zur Bildung von »Helfern«, deren einzige Basis ein humanistisches Ideal gepaart mit sozialstaatlich gut abgesichertem Beruf und entsprechenden Verdienstmöglichkeiten ist. Wirkliches Helfen beinhaltet Geben und Nehmen. Es setzt Sympathie mit dem anderen voraus, im Gegensatz zum Helfen »von oben herab«, als Abwehr eigener Bedürfnisse. In gleichem Sinne kann Seelsorge nicht »an« jemandem, sondern nur »mit dem anderen« geleistet werden. Statt von »seelsorgerlichen Bemühungen«, »was zur Vorstellung eines einlinigen Geschehens verleitet«, schlägt deshalb Weymann vor, z. B. von »seelsorglichem Trost« zu sprechen.

Der Verlust eines geliebten Menschen führt zu einer inneren Ruhelosigkeit. »Dem Drang, etwas zu tun, auf der Suche nach etwas zu sein, steht ein Mangel an Zielgerichtetheit gegenüber.« Nach Verena Kast gehört es mit zur Trauerarbeit, diese Ruhelosigkeit in dem (unmöglichen) Bemühen zu begreifen, »das ursprüngliche Beziehungsgefüge [...] wiederherzustellen«. In der Regel geht dieses Grübeln so weit, daß auch die Möglichkeit, dem oder der Verstorbenen in den Tod zu folgen erwogen wird:

> Dabei hält die Todesangst [...] suizidalen Ideen die Waage. [...] Suizidale Ideen sind sehr häufig bei einem großen Verlust; der Suizid wäre eine Möglichkeit, die vielen Probleme, die sich einem bei einem Verlust stellen, zu »lösen«.

Beim Verlust eines geliebten Menschen handelt es sich immer um den Verlust eines Stückes von sich selbst, da die Geliebten im Verlaufe der Zeit immer mehr ein Teil von uns selbst geworden sind. »Trifft uns der Verlust eines so mit uns verbundenen Menschen, dann sterben wir in der Tat ein Stück mit.«

> [Diese] Brüchigkeit in unserem Selbsterleben angesichts des Verlustes eines Menschen, den wir lieben, zeigt, wie sehr an unserem Selbsterleben [...] die Beziehungen zu unseren Mitmenschen Anteil haben. [...] Die Erschütterung im Selbstgefühl ist sehr schwer zu ertragen; es scheint, daß aber gerade das Trauern, das Zulassen der verschiedenen Emotionen, die damit verbunden sind, das Sich-überwältigen-Lassen von Sinnlosigkeit, Angst und Wut es möglich machen, daß ein neues Selbsterleben sich wieder einstellen kann.

Angesichts des Verlustes eines geliebten Menschen und angesichts unseres eigenen Todes möchte ich zum Schluß Thornton Wilder zu Wort kommen lassen:

> [Bald] werden wir alle sterben, und alles Andenken [an die Vorverstorbenen] wird dann die Erde verlassen haben, und wir selbst wer-

den geliebt sein für eine kleine Weile und dann vergessen werden. Doch die Liebe wird genug gewesen sein; all diese Regungen von Liebe kehren zurück zu der einen, die sie entstehen ließ. Nicht einmal der Erinnerung bedarf die Liebe. Da ist ein Land der Lebenden und ein Land der Toten, und die Brücke zwischen ihnen ist die Liebe – das einzig Bleibende, der einzige Sinn.[34]

Beamte und Behörden

> Dann fragte er [Haggai] die Priester im Auftrag des Herrn: »Wenn jemand, der einen Toten berührt hat und deshalb unrein ist, etwas von diesen Dingen berührt: wird das Berührte dadurch ebenfalls unrein?«
> Die Priester antworteten: »Ja.«
>
> Hag 2,13

Bei einem »außerordentlichen« Todesfall wie dem Suizid müssen von Amtes wegen verschiedene Organe zur Abklärung beigezogen werden. Dabei geht es in erster Linie darum auszuschließen, daß der Tod durch Dritte verursacht wurde. So kommt es, daß kurze Zeit nach dem Auffinden des oder der Verstorbenen mehrere Personen an den Sterbeort gerufen werden, um die jeweiligen berufsspezifischen Abklärungen vorzunehmen. Diese plötzliche Ansammlung fremder Personen ist nicht nur für die eventuell anwesenden Angehörigen sehr belastend, sondern oft auch für die Helfer und Untersuchungsorgane. Dies ist insbesondere dann der Fall, wenn sich die an den Sterbeort gerufenen Personen nicht persönlich kennen. Auf Grund der auch für diese »Professionellen« immer belastenden Situation und der mitunter in Konkurrenz stehenden zu erledigenden Aufgaben kann es zu zusätzlichen Spannungen kommen. Unter der Ansammlung fremder Personen leiden in erster Linie am Sterbeort anwesende Angehörige.

In der Regel befinden sich mehr oder weniger gleichzeitig oder nacheinander folgende Personen bzw. Dienste am Ort, wo der oder die Verstorbene gefunden wurde:

- Entdecker
- Angehörige
- Rettungsdienste (Sanitätspolizei, Notfallequipe eines Spitals, Feuerwehr, Rettungsflugwacht usw.)
- Polizei
- Untersuchungsrichter
- Wissenschaftliche Dienste (Spurensicherung, Fotografen)
- Amtsarzt (Bezirksarzt oder rechtsmedizinischer Dienst)
- Bestattungs- und Transportdienste

Oft nicht zu vermeiden – und zusätzlich belastend – ist die Anwesenheit von »Gaffern« und immer häufiger von irgendwelchen Journalisten, die dank Mobiltelefon oft schneller vor Ort sind als die »Offiziellen«.

Eine *unité de doctrine* – im Interesse aller Beteiligten – im Umgang mit diesen Situationen wäre dringend notwendig. Ich denke dabei an zwei Möglichkeiten: Zum einen könnte ein Mitglied z. B. des Rettungsdienstes oder der Polizei (die meistens doch zuerst am Ort des Ereignisses eintreffen) die Koordination übernehmen. Zum anderen wäre es sinnvoll, gleichzeitig mit den Rettungsdiensten und/oder der Polizei einen »Notfallseelsorger« aufzubieten. Eine der zuerst am Sterbeort eintreffenden »offiziellen« Personen sollte dann bis zum Abtransport des oder der Verstorbenen zugegen bleiben, um den Gesamtüberblick zu behalten, eventuelle Angehörige über die verschiedenen Anwesenden und deren Aufgaben zu informieren und eine Nachbesprechung des Gesamteinsatzes zu koordinieren. Ein »Notfallseelsorgedienst« wäre zur Bewältigung dieser Aufgabe besonders geeignet, würde die von Amtes wegen an den Ort des Geschehens Beorderten entlasten, ihnen in ihrer oft auch psychisch schwer belastenden Arbeit zur Seite stehen und vor allem dann für eine hinreichende Betreuung der nächsten Angehörigen zur Verfügung stehen.

Polizei

Die Überbringung einer Todesnachricht gehört zu den Aufgaben der Polizei. Diese Aufgabe zählt nach dem Schußwaffengebrauch und dem Umgang mit aggressiven Personen zu denjenigen, welche die Polizeibeamten psychisch am schwersten belasten. Nachdem dieser Umstand erkannt wurde, ist ihm – wohl allerorts – gebührend Rechnung getragen worden. Die Beamten werden psychologisch geschult, um auch diese Aufgabe korrekt lösen zu können. Ein Merkblatt hält dabei fest, wie die Todesnachricht zu überbringen ist: Grundsätzlich immer persönlich, (nie telefonisch) nicht allein / Richtige Adresse? / um Einlaß bitten / Grund offen aussprechen / verschiedene Reaktionen sind möglich / Stabilisierungsphase einleiten / Übergang zu polizeilichen Fragen / Weitere Maßnahmen? (Identifikation) / Person nicht allein lassen / Name und Telefonnummer hinterlassen (Visitenkarte). Dieses Vorgehen gilt für alle außergewöhnlichen Todesfälle außerhalb der Wohnung der Verstorbenen oder bei der Benachrichtigung der nächsten Angehörigen, wenn die Verstorbenen allein wohnten.

In den Fällen, in denen der Tod zu Hause eintritt und die Polizei entweder von Angehörigen, Nachbarn oder von Amtes wegen zugezogen wird, ist das Erscheinen der Polizei für die Nächsten ebenfalls ein traumatisierendes Ereignis. Die Wohnung ist plötzlich mit vielen fremden Menschen gefüllt. Das Geschehen um und mit den Toten wird als sehr belastend und die Erhebung der polizeilichen Abklärungen als diskriminierend, vorverurteilend und stigmatisierend empfunden.

Die Rettungsdienste

Im Falle eines außerordentlichen Todesfalles rücken neben der Polizei die Rettungsdienste (»Sanitätspolizei«) aus. In anderen Landesteilen und anderen Ländern ist es die Feuerwehr, die aufgeboten wird. Während die Polizei rein polizeiliche Abklärungen wahrnimmt, ist es in der Regel Aufgabe solcher Rettungsdienste, die Verstorbenen ins Institut für Rechtsmedizin zu überführen. In unwegsamem Gelände kann der Flugrettungsdienst (»Rettungsflugwacht«) mit der Bergung und der Überführung der Toten beauftragt werden. Bevor den Rettungsdiensten diese Aufgabe übertragen wurde, nahmen die Bestattungsfirmen die Überführungen vor.

Rechtsmedizin

Wird vom Arzt, der den Tod feststellt, ein »außergewöhnlicher« oder »nicht natürlicher Todesfall« (Unfall, Suizid, Delikt, inkl. Spätfolgen davon) vermutet oder ist für ihn die Todesursache unklar, so ist er verpflichtet, die Polizei oder den Untersuchungsrichter zu benachrichtigen. Die »Legalinspektion« des Toten wird entweder durch einen Arzt des Instituts für Rechtsmedizin (IRM, früher auch Gerichtsmedizinisches Institut GMI) oder durch einen (ad hoc durch den Untersuchungsrichter ernannten) Amtsarzt vorgenommen. Unter »Legalinspektion« wird die »amtliche Leichenuntersuchung im Auftrage eines Untersuchungsrichters« verstanden, welche die Erhebung eines formellen schriftlichen Berichtes beinhaltet. Diese Untersuchung setzt die vollständige Entkleidung der verstorbenen Person voraus. Ist die Legalinspektion am Sterbeort nicht möglich oder ist das Ergebnis nicht schlüssig, wird der Körper ins IRM überführt. Dort muß unter Umständen eine Obduktion, d. h. eine eingehende Untersuchung der inneren Organe, vorgenommen werden. Eine Indikation für die Obduktion aus rechtsmedizinischer Sicht ist gegeben bei

1 unklarer Todesart und wenn eine Fremdeinwirkung nicht ausgeschlossen werden kann
2 vermutlich natürlichem Tod eines jungen Menschen nach dem Motto »zu jung, um auf ›natürliche‹ Art zu sterben«
3 vermuteter Fremdbeteiligung
4 «Problemleichen«: Eisenbahnleichen, Wasserleichen, Todesfällen im Badezimmer, Stürzen aus großer Höhe
5 nicht identifizierten Leichen
6 Auseinandersetzungen, Drohungen, Streit, die dem Tod vorausgingen
7 Todesfällen im »Milieu« (Prostitution, Drogen, Sado-Maso usw.)
8 fortgeschrittener Verwesung
9 Tötungsdelikten (eine Ausnahme davon kann je nach Situation ein erweiterter Suizid sein)
10 Unfällen (zur Abklärung eines eventuellen Fahrlässigkeitsdeliktes)

11 Verkehrsunfällen (zur Abklärung z. B. der Anfahrtrichtung und zum Ausschluß z. B. eines Herzinfarktes oder Hirnschlages)
12 möglichem Zusammenhang mit einer vorausgegangenen Gewalteinwirkung (Tod im Spital, nach Unfällen, Schlägereien usw.)
13 Todesfall in möglichem Zusammenhang mit ärztlichen Maßnahmen (Tod in der Praxis, während der Operation)
14 Drogengebrauch
15 plötzlichem Tod im Säuglingsalter (Sudden Infants Death Syndrom, SIDS) zum Ausschluß von Fremdeinwirkungen (z. B. Schütteltrauma)
16 Todesfällen während der Haft und Ausnüchterungen
17 Ausländern, die ohne Kremation überführt werden
18 Flugunfällen
19 Tod im Militärdienst

Dieses von Amtes wegen angeordnete Geschehen um die verstorbene Person herum und an ihr selbst kann in keinem Falle unterlassen oder weggebunden werden. Auch ein noch so eindringliches Begehren der Hinterbliebenen oder der Hinweis auf religiöse Gesetze vermögen dies nicht zu verhindern. Diese Abklärungen und Untersuchungen dienen im Endeffekt dem Schutz der Hinterbliebenen vor Verdacht auf ein Deliktverhalten und der Gesellschaft zur Gewährleistung der persönlichen Sicherheit jedes einzelnen seiner Mitglieder.

Auch im Falle einer Obduktion ist das Aufbahren der Verstorbenen möglich. Bei Entstellungen durch Schußwunden usw. bemühen sich die Angestellten des IRM, ein kosmetisch akzeptables Resultat zu erzielen. Angehörige können den toten Körper aber erst berühren, wenn er vom Untersuchungsrichter freigegeben worden ist, d. h. die rechtsmedizinischen Abklärungen abgeschlossen worden sind. Nach dieser »Freigabe« kann das von den Hinterbliebenen beauftragte Bestattungsinstitut die Überführung an den gewünschten Ort und das Aufbahren vornehmen.

Bestatter

Das Bestattungswesen ist sehr uneinheitlich. Es variiert nicht nur von Land zu Land, sondern auch innerhalb eines Landes von Region zu Region, von Stadt zu Stadt und von Gemeinde zu Gemeinde sehr stark. Der Grund dafür ist in der geschichtlichen Entwicklung und den verschiedenen Konfessionen und Religionen mit ihren jeweils eigenen Bräuchen usw. zu suchen. In Amerika kamen die ersten privaten Bestattungsinstitute anfangs dieses Jahrhunderts auf. In Österreich war bis Mitte 1993 das Bestattungswesen ein (seit mehr als 100 Jahren) konzessioniertes Gewerbe. Seither ist es nicht mehr bewilligungspflichtig. Wer als Bestatter selbstständig arbeiten will, muß jedoch insgesamt fünf Jahre in einem Bestattungsunternehmen gearbeitet haben und eine Prüfung ablegen. In Deutschland besteht seit 1993 die Möglichkeit der Ausbildung zum »Thanatopraktiker«. Eine Verpflichtung zur Ausbildung und Prüfung zum »fachgeprüften Bestattungsmeister« steht noch aus, so daß sich zur Zeit jeder, der einen Gewerbeschein für 20 DM erwirbt, als Bestatter niederlassen kann. In der Schweiz gibt es keine verpflichtende Ausbildung zum Bestatter. Gegen eine solche wenden sich die über 70% der nicht dem *SVB* (siehe unten) angeschlossenen Bestatter, die mitunter auf eine seit mehreren Generationen bestehende Familientradition zurückblicken können. Innerhalb des Landes sind deutliche Unterschiede von Osten nach Westen und von Norden nach Süden feststellbar. Während das Bestattungswesen in der Ostschweiz weitgehend von Amtes wegen geregelt ist, wird es in der Zentral- und Westschweiz deutlich von den Praktiken der lokalen, privaten Bestattungsfirmen geprägt.

Vielerorts sind es noch immer die Bestatter, die bei außerordentlichen Todesfällen zum Abtransport der Verstorbenen aufgeboten werden. Sie nehmen diese Überführung mittels eines Transportsackes oder einer »Unfallbahre« vor.

Während die Polizei, der Untersuchungsrichter und die Rechtsmedizin im Falle eines tödlichen Unfalls, eines Tötungsdeliktes oder eines Suizids nach dem Abschluß ihrer Ermittlungen nicht mehr in Erscheinung treten, sind die Bestatter oft die eigentlichen (und mitunter einzigen) Bezugspersonen der Hinterbliebenen bis zur Beisetzung. Sie haben ein persönliches Interesse, einen »guten Dienst« zu leisten und verrichten daher ihre Arbeit in der Regel umsichtig, sorgfältig und gewissenhaft. In dem Bemühen, die anspruchsvolle Arbeit nicht durch unprofessionelles Handeln einzelner in ein schiefes Licht zu bringen, haben sich in der Schweiz in den 80er Jahren eine Reihe von Bestattern zu einem Verband zusammengeschlossen, dem 1994 noch nicht ganz 30% aller Bestattungsfirmen angehörten. Der Verband hat sich ein hohes Berufsethos zum Ziel gesetzt und eine staatlich anerkannte Ausbildung und Fachprüfung erwirkt. Zum Leitbild des *Schweizerischen Verbandes der Bestattungsinstitute SVB* gehört die Förderung der »Weiterbildung seiner Mitglieder, so daß der Bestatter als sachkundiger Berater und Helfer pietätvoll für die Hinterbliebenen tätig sein kann«. In der Verbandszeitschrift wurden die nachstehenden Verhaltensregeln für Bestatter publiziert:

- Gehen Sie spontan auf Trauernde zu und grüßen Sie normal, sonst würde sich der Trauernde als Außenseiter vorkommen und sich zurückziehen.
- Meistens brauchen Trauernde *keinen Rat,* um ihre Situation bewältigen zu können, sondern verständnisvolle Zuhörer, um deren momentane Befindlichkeit zur Kenntnis zu nehmen.
- Verlangen Sie von Trauernden keine Erklärungen und versuchen Sie nicht, sie zur Befriedigung der eigenen Neugier auszuhorchen.
- Ihre Sicht der Dinge ist von den Betroffenen nicht unbedingt erwünscht. Halten Sie Ihre Meinung zurück, z. B. bezüglich Ihrer Einschätzung der persönlichen Zukunft der Hinterbliebenen.
- Bieten Sie Ihre Hilfe oder Begleitung an, z. B. bei der Erledigung von Formalitäten oder Behördengängen – je nachdem, wie nahe Sie dem Betroffenen menschlich stehen.
- Trauernden begegnen heißt, weder ein Urteil über diese fällen, noch ungefragt Belehrungen erteilen. Bedenken Sie, daß die Trauer eines Menschen unter Umständen mehrere Monate oder Jahre dauern kann. Auch nach der ersten Zeit ist eine liebevolle Zuwendung notwendig (Anruf, Brief, Einladung zum Kaffee, usw.).

Diese Hinweise, wie Trauernden zu begegnen ist, sind meines Erachtens nicht nur für Bestatter gültig. Auf europäischer Ebene existierten seit 1994 die *European Federation of Funeral Services,* die *Association Européen de Thanatologie AET* und die *Europäische Bestatter-Union EBU* nebeneinander, welcher der *SVB* als Mitglied angehört. Die Bemühungen dieser Fachgesellschaften zielen auf eine pietätvolle (menschen- und totenwürdige) Beisetzung der sterblichen Überreste des Menschen ab und tragen damit nicht unwesentlich zu einem besseren Umgang mit unseren Toten und einer besseren Verarbeitung des Verlustes durch die Hinterbliebenen bei.

Bestattungsarten

Die zwei gebräuchlichsten Bestattungsarten in unserem Kulturkreis sind die Beerdigung (Erdbestattung) und die Verbrennung des Leichnams (Feuerbestattung, Einäscherung, Kremation). Sosehr die Bestattung als solche von religiösen Vorstellungen bestimmt ist, sowenig läßt sich allein von der Bestattungsart auf bestimmte religiöse Anschauungen schließen. Den Juden galt die Erdbestattung als gottgewollt, obwohl es in der hebräischen Bibel kein ausdrückliches Verbot der Leichenverbrennung gibt. So wurden die Leichen Sauls und seiner Söhne von Sauls Anhängern im Schutze der Nacht aus den Händen der Feinde von der Stadtmauer von Bet-Schean zurückgeholt und in Jabesch verbrannt. »Die Gebeine begruben sie unter der Tamariske vor ihrer Stadt und fasteten zur Trauer eine ganze Woche lang« (1 Sam 31,10–13). Und König Simri von Israel ließ in aussichtsloser Lage »den Palast anzünden und fand in den Flammen den Tod« (1 Kö 16,18b). Bis in die konstantinische Zeit wurden die verstorbenen römischen Kaiser verbrannt. Die Christianisierung verdrängte dann die Leichenverbrennung und Karl der Große belegte sie mit der Todesstrafe. Die Feuerbestattung steht nicht im Gegensatz zum Auferstehungsglauben oder zu einem anderen christlichen Dogma, und in altchristlicher Zeit findet sich keine Polemik gegen die Leichenverbrennung. Erst als antikirchliche Bewegungen sich durch die Feuerbestattung vom Auferstehungsglauben abheben wollten, wurde von der römisch-katholischen Kirche das Verbot der Feuerbestattung ins Kirchenrecht aufgenommen. Auf dem zweiten Vatikanischen Konzil wurde das Kremationsverbot aufgehoben. Dem wurde im c.1176 § 3 des neuen *Codex des kanonischen Rechts* vom 25. Januar 1983 Rechnung getragen, wo es heißt:

> Nachdrücklich empfiehlt die Kirche, daß die fromme Gewohnheit beibehalten wird, den Leichnam Verstorbener zu beerdigen; sie verbietet indessen die Feuerbestattung nicht, es sei denn, sie ist aus Gründen gewählt worden, die der christlichen Glaubenslehre widersprechen.

Und im c.1184 § 1 n. 2 wird festgehalten, daß (neben offenkundigen Apostaten, Häretikern, Schismatikern und anderen öffentlichen Sündern, die für Gläubige ein öffentliches Ärgernis wären) das kirchliche Begräbnis denjenigen zu verweigern ist, »die sich aus Gründen, die der christlichen Glaubenslehre widersprechen, für die Feuerbestattung entschieden haben«. In der Schweiz wurde die Feuerbestattung 1884 durch eine bundesrätliche Botschaft als »schickliche« Bestattungsart erklärt. Auf Grund eines Bundesgerichtsentscheides von 1919 mußte auch der (vorwiegend katholische) Kanton Luzern die Feuerbestattung zulassen. 1898 erkannten die deutschen evangelischen Kirchenbehörden, daß die Kremation in keiner evangelischen Bekenntnisschrift verworfen wird und ihr deshalb auf Wunsch entsprochen werden muß, obwohl die reformierten Kirchen der Leichenverbrennung lange Zeit ablehnend gegenüberstanden. An die Stelle dieser Haltung ist die Empfehlung getreten, an der »christlichen Sitte der Erdbestattung« festzuhalten. Aber trotz dieser Empfehlungen nimmt der Anteil der Feuerbestattungen stetig zu. In Deutschland wurden 1993 laut Statistik rund 27% der Verstorbenen verbrannt und 73% beerdigt. Dabei besteht aber ein starkes Nord-Süd-Gefälle. Während im evangelischen Flensburg rund 80% kremiert wurden, waren es in Bayern nur etwa 10%. In der ehemaligen DDR wurde die Feuerbestattung aus politischen Gründen forciert, so daß diese heute in den neuen Bundesländern bei rund 50% liegt.

Für Hindi und verschiedene andere Menschen aus dem Fernen Osten ist die Feuerbestattung nicht nur die Regel, sondern auch Gebot. Allerdings stößt die anschließende Eintragung der Asche in fließende Gewässer in europäischen Ländern wegen der Gewässer- und Umweltschutzgesetze auf Grenzen, die von den Angehörigen dieser Kulturen kaum nachvollzogen werden können.

Suizidprävention

Wohl seit den ersten Suiziden, die Menschen zu verarbeiten hatten, kamen Bemühungen auf, Mitmenschen davor zu »schützen«, sich das Leben zu nehmen. Diese Bemühungen nahmen im Verlaufe der Zeit die bizarrsten, ja mitunter unmenschlichsten Formen an.

Als im alten Griechenland Suizide überhand nahmen, wurde von der Regierung die Anordnung erlassen, durch Suizid Verstorbene nackt hinter einem Pferd durch die Straßen zu schleifen. Es soll daraufhin zu einem deutlichen Rückgang von Suiziden gekommen sein. Augustinus befürchtete im 4. Jh. eine Welle von Selbsttötungen unter dem Vorwand des Märtyrertodes. Zur Eindämmung dieser Gefahr verurteilte er den Suizid als Vergehen gegen Gottes Gebot »Du sollst nicht töten«. Es dürfte allerdings kein Zweifel darüber bestehen, daß er den richtigen Wortlaut des fünften (bzw. sechsten) Gebotes, nämlich »Morde nicht!« wohl kannte. Aber durch diesen Kunstgriff konnte er Menschen die Verweigerung der göttlichen Gnade im Falle eines Suizids vorspiegeln. Die Kirche hat in der Folge den Suizid als Todsünde verurteilt. Weltliche Regierungen schlossen sich dieser Sicht an, wurde doch der Suizid auch als Flucht vor den Verpflichtungen dem Staat gegenüber verstanden. Es kam in einigen Ländern so weit, daß als Strafe für den Suizid der Besitz der Suizidenten vom Staat beschlagnahmt wurde. Gestraft wurden damit allerdings die Hinterbliebenen, die dadurch meist in tiefste Armut getrieben wurden.

Es mag sein, daß solche unmenschliche Maßnahmen den einen oder anderen Suizid zu verhindern vermochten. Da der Suizid nicht nur vom »freien Willen« eines Menschen oder seiner »Einsicht und Vernunft« abhängt, konnten ihn auch noch so strenge repressive Maßnahmen nicht verhindern. Um den kirchlichen Sanktionen (Beerdigung außerhalb geweihter Erde, Verbot für die Verstorbenen zu beten usw.) und den weltlichen Bestrafungen zu entgehen, wurden in der Folge die meisten Suizide verheimlicht. Statt zu einer wirksamen Suizidprävention kam es zur Tabuisierung dieser »extremen Variante möglichen menschlichen Verhaltens«.

Auch das Ansinnen, den Zugang zu den Mitteln zu erschweren, um so Suizide einzuschränken und ihnen auf diese Weise vorzubeugen, erwies sich bald einmal als illusorisch. Wird ein »bewährtes« Mittel aus dem Verkehr gezogen, wie zum Beispiel aus Kohle hergestelltes »Leuchtgas«, dann gehen selbstverständlich die mit Gas durchgeführten Suizide nicht nur zurück, sondern verschwinden ganz. Aber schon nach kurzer Zeit pendelt sich die Suizidrate des betreffenden Landes wieder auf die »herkömmliche« Norm ein: Anstatt den Gasherd aufzudrehen, wurde auf »härtere« Suizidmethoden umgestiegen, wie z. B. Erhängen, Sturz aus großer Höhe, Erschießen, Eisenbahnsuizide und andere mehr. Wenn ein schärferes Waffengesetz vielleicht dazu führen kann, daß es weniger suizidwilligen Menschen möglich ist, sich zu erschießen, dann werden diese Menschen auf ein anderes »Mittel« ausweichen. An der Suizidrate wird sich dadurch wiederum nichts ändern. Da es unmöglich ist, alle hohen Gebäude, Brücken oder Felsen mit Fangnetzen zu umgeben, alle Stricke oder Gurte verschwinden zu lassen oder alle Eisenbahnlinien einzuzäunen, werden Suizide mit diesen Mitteln ebensowenig zu verhindern sein wie diejenigen, die mit Autos durch Frontalkollisionen herbeigeführt werden.

In Amerika gründete bereits 1895 ein Pfarrer in New York eine Telefonseelsorge, von der er sich eine präventive Wirkung versprach, und ein englischer Geistlicher machte ein Inserat, in dem er schrieb, daß Lebensmüde ihn doch anrufen sollten, bevor sie zur Tat schritten. Aber auch solche Anstrengungen konnten bis heute nicht zu einer spürbaren Verminderung der Suizidraten beitragen, wie eingehende Studien aus den Jahren

1979 und 1986 belegen. Die 1948 in Wien gegründete *Lebensmüdenfürsorge,* die später ausgebaut wurde und zur Einrichtung eines *Kriseninterventionszentrums* führte, hat nicht zu der erwarteten Senkung von Selbsttötungen in Wien geführt. Auch die Anstrengungen der 1953 vom Theologen Chad Vah in London ins Leben gerufenen persönlichen Begleitung von Suizidenten durch *Samaritans* brachte nicht den erhofften Durchbruch, wie in empirischen Untersuchungen nachgewiesen werden konnte.

Ähnliches dürfte hinsichtlich der vielen, seit den 50er Jahren in den USA gegründeten Suizidpräventionszentren gelten. Da der Druck von Hinterbliebenen besonders auf psychiatrische Dienste schon immer groß war und bleibt, um andere Menschen von einem Suizid abzuhalten oder vor den Folgen eines Suizidversuchs zu bewahren, wurden und werden nach wie vor verschiedenste Modelle von Ambulatorien, Tageskliniken, Interventionszentren und geschützten Wohnheimen für Gefährdete eingerichtet (z. B. *NEUhland* in Berlin, Zentren in Bordeaux und in Genf).

Seit dem Erscheinen von Goethes Roman *Die Leiden des jungen Werther* konnte regelmäßig nachgewiesen werden, daß es bei sensationeller Berichterstattung über Suizide, die noch heute nicht nur in der Regenbogenpresse als »Selbstmorde« hingestellt werden, unter der entsprechenden Altersgruppe zu Folgesuiziden mit dem gleichen Mittel kommt (Werther-Effekt). Daß die Zurückhaltung mit solchen oft sensationell aufgemachten Meldungen eine eindeutige Verminderung von Folgesuiziden mit dem gleichen Mittel zur Folge hat, konnte ebenfalls belegt werden. Aber auf die Suizidrate an sich hat auch das keinen nachhaltigen Einfluß.

Thomas Bronisch kommt auf Grund dieser ernüchternden Tatsachen zum Schluß: »Man kann also zusammenfassend sagen, daß für die Sekundärprävention bis jetzt kein Wirksamkeitsnachweis erbracht werden konnte.«[35]

Der amerikanische Psychiater und Suizidologe Edwin Shneidman folgerte deshalb bereits 1973, daß eine effektive Eindämmung von Suiziden wahrscheinlich nur über die schonungslose Aufklärung der Herkunft und damit des individuellen »genetischen Rucksackes« und der sich in der Folge aufdrängenden psychiatrischen Behandlung gefährdeter Individuen möglich sein dürfte. Er prägte dabei die Wendung *postvention is prevention for the next generation,* oder ein wenig verkürzt: »Nachsorge ist Vorsorge.«

Oft sind es eben Betroffene, die sich nach dem Suizid eines Nächsten in psychiatrische Behandlung begeben, um dem oder der Verstorbenen nicht in den Tod zu folgen. Dabei hat sich gezeigt, daß in den »Familiengeschichten« dieser Betroffenen sich nicht selten bereits mehrere Vorfahren das Leben genommen haben, depressiv oder süchtig waren oder an einer anderen psychischen Erkrankung litten. Was Shneidman erkannte, kann am Genogramm der Kadmäer auf eindrückliche Art und Weise illustriert werden. Familiengeheimnissen, Befragungen von Orakeln und daraus resultierenden Selbstprophezeiungen wohnt ein äußerst zerstörerisches Potential inne. Durch die schonungslose Aufdeckung und adäquate Verarbeitung solcher todesträchtiger Familiengeheimnisse könnten nicht nur Suizide verhindert, sondern noch andere unheilvolle Entwicklungen vermieden werden.

Wenn es zutrifft, daß Suizidalität auf Grund einer eigenständigen »Neuro-psycho-Pathologie« (Gross-Isseroff und Mitarbeiter 1998) zustande kommt, dann muß Prävention dort ansetzen, wo sie greifen kann, nämlich am kranken Gehirn.

Menschen, die aus ihrer Familiengeschichte von psychischen Erkrankungen, Suchtverhalten oder Suiziden wissen, sollten dieses Wissen mit ihrem Arzt teilen. Dieser sollte dann in der Lage sein, solche Patienten entweder hinreichend zu beraten und zu behandeln oder einem entsprechenden Facharzt zu überweisen. Solches vorausschauendes und damit vorbeugendes Handeln von eventuellen Risikopatienten zählt Bronisch zum *kommunikativen Handeln.* Was die Aufklärung von Fachleuten über diese Zusammenhänge betrifft, schreibt er:

> Ebenfalls besteht ein Nachholbedarf an Aufklärung für *Fachleute*, die mit Suizidenten beruflich zu tun haben (Ärzte, Psychologen, Sozialarbeiter), ferner Studenten, insbesondere der Medizin, Psychologie, Sozialpädagogik, Pädagogik, Publizistik, Jurisprudenz. Das bisherige Angebot an Vorlesungen und Lehrbüchern auf dem Gebiet der Suizidologie ist unzureichend.[36]

Das aktive Durchbrechen der Mauer des Schweigens, die infolge der Tabuisierung des Suizids errichtet wurde, ist vordringlich und gehört zur eigentlichen Primärprophylaxe. Dabei geht es darum, Menschen für sich selber und für ihre Mitmenschen durch Diskussionen über Suizid und Suizidalität zu sensibilisieren. Es wäre eine vordringliche Aufgabe der Schulen und der Kirchen, in entsprechenden Unterrichtsblöcken zum Gespräch über diesen jedem Menschen offenstehenden Weg aus dem Leben einzuladen. Die immer noch vorherrschende Meinung, daß jemand durch die Erwähnung einer Selbsttötung erst auf den Gedanken gebracht werden könnte, sich das Leben zu nehmen, ist nicht nur falsch, sondern absurd. Ganz im Gegenteil kann sich ein Mensch erstmals richtig verstanden fühlen, wenn er verständnisvoll gefragt wird, ob er schon einmal daran gedacht habe, sich das Leben zu nehmen. Erstmals sitzt ihm vielleicht jemand gegenüber, der ahnt, was in ihm vorgeht. Es hat sich gezeigt, daß bei entsprechend einfühlsam geführtem Dialog zum ersten Mal über das ganze innere Elend berichtet werden kann, das den Verzweifelten zu sehr erdrückt, um einen gangbaren Weg aus der scheinbar ausweglosen Situation suchen zu können. In der suizidalen Einengung seiner Sichtweise kann er auch nicht wahrnehmen, daß sein *Suizid eine definitive Lösung für ein vorübergehendes Problem ist.*

Es kommt aber auch vor, daß einem suizidal veranlagten Menschen gar nicht bewußt ist, er könnte dazu neigen, scheinbar unüberwindbare Probleme, die sich ihm unerwartet in den Weg stellen, durch die »Kurzschlußhandlung« Suizid zu lösen. Seine Umgebung hat ihn meist sogar bis zu seinem »völlig unerwartetem« Tod als sehr gesellig, mitteilsam und lebensbejahend gekannt. Dabei ist hinreichend bekannt, daß Clowns in ihrem Innern oft nicht nur traurig, sondern »zu Tode betrübt«

sind. Ihr mitreißendes Wesen dient ihnen nicht selten dazu, sich selber aus der Depression herauszuhalten. Mitteilsamkeit, Gesprächstherapien und andere Bemühungen genügen eben nicht in allen Fällen, um eine fatale Entwicklung, der eine organische Erkrankung im Gehirn (z. B. Mangel eines Botenstoffes) zugrunde liegt, aufzuhalten. Zwei Geschichten, die das Leben schrieb und die anscheinend nichts miteinander zu tun haben, mögen das illustrieren:

Lisa, eine junge, schöne Frau aus der Ostschweiz war rundum für ihre gesellige Wesensart, ihre immer gute Laune, ihre Liebenswürdigkeit, aber auch für ihre Schlagfertigkeit bekannt. Auf Grund dieser glücklichen Veranlagungen entdeckte sie eines Tages ihr Talent, Hochzeitsfeiern zu animieren. Schon bald war sie bei vielen Hochzeiten gefragt, als »Tafelmajorin« Leben in die Bude zu bringen, was ihr auch ausnahmslos gelang. Diese Nebenbeschäftigung brachte ihr im Verlaufe der Zeit einen nicht unerheblichen Nebenerwerb ein, was sie zusätzlich motivierte. Eines Samstagmorgens erhielt sie von einem Unbekannten einen Anruf. Er teilte ihr mit, daß der für die an diesem Samstag stattfindende Hochzeit vorgesehene Tafelmajor, der Onkel der Braut, einen Autounfall erlitten habe und mit Verletzungen im Krankenhaus liege. Dieser Onkel habe ihn nun gebeten, mit ihr Verbindung aufzunehmen und sie zu bitten – wenn immer möglich –, an seiner Stelle als Tafelmajorin zu walten. Er habe alles vorbereitet und würde ihr gerne die Trinksprüche, Schnitzelbänke und die vorgesehenen Einlagen im Hotel, wo das Hochzeitsfest am Abend über die Bühne gehen werde, hinterlegen.

Lisa sagte darauf, daß sie leider bei der kirchlichen Trauung, an der sie normalerweise immer teilnehme, um die Leute schon vorher ein wenig kennenzulernen, nicht dabeisein könne, daß sie sich aber gern am frühen Abend vor dem Eintreffen der Gäste anhand der Tischkarten schon ein wenig über die Gesellschaft informieren wolle. Der Handel war nach weiteren kurzen telefonischen Vorabklärungen perfekt. Lisa fuhr mit dem Auto in das etwa 50km von ihrem Wohnort entfernte Dorf und fand alles wie besprochen vor. Nach und nach trudelten die ersten Hochzeitsgäste ein und Lisa führte sie geschickt an ihre entsprechenden Plätze. Etwa gegen sieben Uhr ertönte lautes Stimmengewirr im Hotel, viele Gäste drängten in den Saal und stimmten in ein »Hoch solln sie leben...« auf das eintreffende Brautpaar ein. Lisa erstarrte. Der Bräutigam war ihr Freund, mit dem sie zwei Tage zuvor noch geschlafen hatte. Sie ging zum Fenster und stürzte sich aus dem vierten Stock in die Tiefe. Lisa war sofort tot.

Kornelius studierte an der Universität Bern Ökologie. Er war hager, bleich, großgewachsen und hatte reichlich Pickel im Gesicht. Seit frühester Kindheit war er strenger Vegetarier. Außer Fisch (»auch Jesus aß Fisch«) nahm er keinerlei tierisches Eiweiß zu sich. Auch Milch und Milchprodukte mied er. Wegen seiner Angewohnheit, sogar das Getreide für sein selbstgebackenes Brot einzukaufen und mit Getreidekörnern sein über alles geliebtes »Birchermüsli« selbst zuzubereiten, hatte er den Spitznamen »Körnlipicker« bekommen. Hinter vorgehaltener Hand nannte man ihn auch gern einmal »Körnlipickel«... Kornelius war bei seinen Mitstudenten sehr beliebt. Er schrieb alle Vorlesungen fein säuberlich nach und kopierte sie jedem, der ihn darum bat. Auch bei Prüfungen ließ er sich dazu verleiten, weniger begabten Kommilitonen geschickt kleine Zettel mit den richtigen Antworten auf die Prüfungsfragen zuzuspielen, wodurch zu seinen anderen Übernamen noch die Variante »Körnlispicker« dazukam. Kornelius war entweder in den Vorlesungen, in der Bibliothek oder in seinem Studierzimmer. Er ging weder ins Kino noch sonst mit Kollegen aus. Sie alle bemühten sich aber immer wieder, ihn zu irgendwelchen Veranstaltungen oder Festen einzuladen, um sich für seine große Hilfsbereitschaft erkenntlich zu erweisen.

Eines Tages ließ er sich dazu überreden, einen seiner Freunde, dessen Freundin wegen einer Erkrankung verhindert war, an ein Hochzeitsfest zu begleiten. Kornelius saß dort einer jungen Frau gegenüber, die – trotz der Pickel – sofort Gefallen an ihm fand. Auch Kornelius fühlte sich von dieser jungen Frau seltsam angezogen... Als dann das Essen kam, wagte Kornelius nicht, es wegen seines »Vegetarismus« zurückzuweisen. Er wollte vorgeben, keinen großen Hunger zu haben und nur ganz wenig zu essen. Als Vorspeise gab es Räucherlachs. Na, sagte sich Kornelius, das trifft sich ja gut und aß mit Vergnügen den »Fisch«. Und als dazu Weißwein serviert wurde, ließ er sich auch einschenken (»Jesus trank ja auch Wein«). Beim Essen kommt bekanntlich der Appetit und angesichts seines bezaubernden Gegenübers wagte er kein »Coming out«, sondern aß brav den vorzüglichen Kalbsbraten. Auch der dazu servierte Rotwein schien ihm ausgezeichnet. Vor dem Nachtisch wurde getanzt. Kornelius weigerte sich lange standhaft, auch zu tanzen. Als aber bei der ersten Damenwahl die schöne junge Frau darauf bestand, »es ihm schon beizubringen«, ließ sich Kornelius überreden. Obwohl er seiner Kavalierin mehr auf den Füßen stand als tanzte, schien sie in seinen Armen glücklich.

Auch beim Nachtisch zeigte sich Kornelius nicht als Kostverächter. Er schien alles, was da um ihn herum und mit ihm geschah, sichtlich zu genießen. Wieder wurde getanzt und diesmal standen Kornelius und die junge Frau gleichzeitig auf. Sie drehten sich im Kreise und strahlten sich an. Plötzlich verdrehte Kornelius die Augen und brach mitten auf der Tanzfläche zusammen. Die Bestürzung war groß. Sehr schnell war ein Krankenwagen zur Stelle und Kornelius wurde in tiefer Bewußtlosigkeit ins nahe Universitätsspital gefahren. Als er aus seinem Koma erwachte, sah er verschwommen einen Mann neben seinem Bett, der ihm sagte, da habe er ja noch einmal Glück gehabt. Kornelius begriff überhaupt nichts. Der Mann entpuppte sich als Arzt und fragte Kornelius erstaunt zurück, ob er denn nicht wisse, woran er leide. »Ich, an etwas leiden? Das kann doch gar nicht sein«, sagte Kornelius, der bis dahin nie krank gewesen war. Der Arzt erklärte ihm, daß er ihm in diesem Falle eine gute und eine schlechte Nachricht mitteilen müsse. Die gute Nachricht sei, daß er nur an Diabetes, Zuckerkrankheit, leide. Die schlechte Nachricht sei, daß es sich aber aller Wahrscheinlichkeit nach um einen schweren Diabetes handle und er sich von nun an täglich zweimal Insulin spritzen müsse. Diese Nachricht war für Kornelius wirklich eine schlechte. Er verfiel in eine Depression und der behandelnde Arzt mußte in der Folge einen Psychiater beiziehen. Diesem gelang es, Kornelius von der Notwendigkeit der lebenslangen Behandlung mit Insulin zu überzeugen.

Mit Recht kann man sich fragen, was diese beiden Geschichten (mit Ausnahme der Hochzeit) miteinander zu tun haben. Beiden jungen Menschen, sowohl Lisa als auch Kornelius, fehlte eine Substanz, ohne daß sie es wußten oder merkten. War es bei Kornelius das lebensnotwendige und normalerweise in genügender Menge von der Bauchspeicheldrüse (Pankreas) hergestellte Peptidhormon Insulin, so war es bei Lisa höchstwahrscheinlich ein »Hormon« im Gehirn, das fehlte oder in unzureichender Konzentration vorhanden war.

Kornelius war wahrscheinlich wegen seiner spartanischen Lebensweise bis anhin nie in eine Situation geraten, in der das Stoffwechselsystem streikte oder gar wegen mangelndem Insulin regelrecht zusammenbrach. Er hatte wohl oft großen Durst, den er immer mit reichlich Wasser löschte. Dabei sagte er sich: »Viel trinken ist ja gesund.« Und wenn er oft über die Maßen müde war, schrieb er das der vielen Arbeit zu. Auch Lisa hatte außer hier und da gut versteckten depressiven Verstimmungen keine Beschwerden. Auch sie fühlte sich absolut gesund. Aber offenbar war sie nicht gewappnet, auf einen schweren psychischen Schock angemessen zu reagieren. Eine andere Frau an ihrer Stelle hätte dem betrügerischen Freund und frisch gebackenen Ehemann links und rechts eine runtergehauen, die Schnitzelbänke zerrissen und den Saal verlassen. Das Hochzeitsfest wäre auch so im Eimer gewesen – und Lisa würde noch leben. Diese »normale« Problemlösungsstrategie stand Lisa wegen ihrer Erkrankung nicht zur Verfügung.

Man kann sich auch fragen, warum im Falle von finanziellen Debakeln der eine Mensch sich das Leben nimmt, und der andere hingegen nicht nur Schimpf und Schande, sondern auch eine Gefängnisstrafe erträgt. Auch hier dürfte es ein Mangelzustand im Gehirn sein, der den ersten den Tod wählen läßt, während der zweite durch genügend Botenstoffe im Gehirn gegen eine solche Problemlösungsstrategie gewappnet ist. Mit der Suizidalität ist es wie mit einer geladenen Pistole, die bei sich getragen wird. Fehlt die Sicherung und wird »abgedrückt«, dann kommt es zum tödlichen Schuß. Ist die Sicherung da, dann kann noch so oft »abgedrückt« werden – es passiert nichts.

Suizid wurde in der zweiten Hälfte unseres Jahrhunderts zunehmend als Protest gegen gesellschaftliche Fehlentwicklungen begangen. Ich möchte dabei nur an die Selbstverbrennungen vietnamesischer Buddhistenmönche und die von Jan Palach und Pfarrer Brüsewitz erinnern. Aber auch diesen Menschen fehlte wahrscheinlich ein Botenstoff im Gehirn. Der öffentliche Protest gegen unhaltbare gesellschaftliche Zustände war ihnen vielleicht vordergründig ein willkommener Anlaß, um sich das Leben zu nehmen. Ein 19jähriger Student aus Lille formulierte das in seinem Abschiedsbrief mit dem Satz: »Der Tod ist eine Form des Protests, sofern ein Mensch ihn sich selbst wünscht.«

Seine Hoffnungslosigkeit des Seins drückte ein unbekannter Patient so aus:

> Ich wurde auf einem falschen Planeten geboren, ich passe nicht auf diese Welt. Denn ich stelle zu viele Idealforderungen. Es ist nicht wegen der Schule und nicht wegen der Mädchen und wegen der Umwelt. Es ist wegen mir selbst; ich passe da überhaupt nicht hinein. Die anderen und die Umwelt passen sich nicht an mich an und ich kann und will mich nicht anpassen. Denn ich kann nicht meine Gefühle negieren ... Das ganze Leben ist so sinnlos und so ausweglos und es gibt nichts, woran ich mich halten kann. Und allein bin ich viel zu schwach und weine zu viel. Was soll ich tun?

Keine Gesprächstherapie, welcher Schule auch immer, keine Gestalt-, körperorientierte oder andere Therapie hätte bei all diesen Menschen das, was ihnen wirklich fehlte, ersetzen können. Ohne das ihm fehlende Insulin zu verabreichen, wäre Kornelius gestorben. Die Gesprächstherapie erlaubte ihm, zu akzeptieren, daß er sich lebenslang würde behandeln lassen müssen.

Es mag sein, daß es bei Stoffwechseldefekten oder Mangelleistungen im Gehirn auf Grund der neuronalen Plastizität zu »spontanen« Besserungen oder gar Heilungen kommt. Auch sogenannte paradoxe Handlungen können mitunter zu bleibenden Durchbrüchen führen. Am ehesten ist jedoch eine »spontane« Heilung durch einen »bleibenden Eindruck« im Gehirn, das heißt eine dauerhafte Veränderung durch ein »prägendes Ereignis« erklärbar. Daß solche schockartigen Erlebnisse sich weitgehend unseren Einflußmöglichkeiten entziehen, mag das folgende Beispiel belegen: Martin hatte seit seiner Pubertät unter schweren Depressionen gelitten, die trotz aller erdenklichen Therapien nicht hinreichend gelindert werden konnten. Viele Medikamente wurden ihm von verschiedensten Ärzten und in diversen Kliniken verabreicht, ohne daß es zu einer für ihn zufriedenstellenden und erträglichen Besserung gekommen wäre. Immer wieder und immer häufiger fiel er in »ein tiefes Loch«. Diese schwere psychische Belastung verursachte große Schwierigkeiten an seinem Arbeitsplatz, obwohl verständnisvolle Vorgesetzte ihn immer wieder motivierten, »nicht aufzugeben«, und mit und für ihn hofften, daß »eines Tages dieser Albtraum« vorbei sein würde.

Martin zweifelte aber je länger je mehr daran. Als es ihm eines Tages spürbar besserging, faßte er den Entschluß, sich das Leben zu nehmen, um nicht früher oder später »wieder in diese Hölle hinabzutauchen«. Er war sichtlich erleichtert, sich zu diesem Entschluß durchgerungen zu haben und nutzte die »gute Phase«, um all seinen Verpflichtungen nachzukommen, räumte seine Wohnung auf und verschenkte ihm eigentlich liebe und teure Sachen unter dem Vorwand, sich neue anschaffen zu wollen. In Gedanken war er den verschiedenen Möglichkeiten nachgegangen und zum Entschluß gekommen, seinen Suizid als Unfall zu tarnen. Er wollte seinen Eltern und Geschwistern nicht die »Schande« antun, offensichtlich Hand an sich gelegt zu haben.

Wo er »es« machen würde, hatte er genau geplant: Eine lange gerade Straße verlief unweit eines Brückenpfeilers in eine starke Linkskurve. Auf dieser Geraden wollte er beschleunigen und über die Straße hinaus frontal mit dem Pfeiler kollidieren. Nachdem er »seine Angelegenheiten geregelt« hatte, war er nicht nur für sich, sondern auch für seine Verwandten, Freunde und Bekannten »ein neuer Mensch«. Martin war wieder redselig, zeigte sich interessiert und schmiedete Pläne für die Zukunft. Alle waren überzeugt, daß er nun »über den Berg« sei. An einem schönen Herbsttag stieg er in sein vollgetanktes Auto und machte sich auf seine »letzte Reise«. Der Tag war wirklich schön und Martin war seit langem nicht mehr fähig gewesen, an irgend etwas oder an der Natur Freude zu haben. Deshalb genoß er die Fahrt und fuhr gemächlich durch die Gegend in Richtung der »Todeskurve«.

Plötzlich bemerkte er, daß in einiger Entfernung aus dem Dach eines Bauernhofes Rauch quoll. Dadurch irritiert, lenkte er seinen Wagen bei der nächsten Abzweigung in Richtung dieses Hauses. Als er näher kam, schlugen Flammen aus dem Dachstock. In rasender Fahrt gelangte er zum Hof, dessen Obergeschoß mittlerweile praktisch in Vollbrand stand. Im brennenden Haus hörte er die Schreie eines Kindes. Ohne viel zu überlegen, eilte er durch den Qualm in Richtung der Schreie, sah in einem Bett ein Kleinkind, riß es an sich und rannte mit ihm hinaus. Wenig später trafen Polizei und Feuerwehr ein. Zuerst wurde Martin verdächtigt, das Feuer gelegt zu haben, was sich aber bald als falsch herausstellte. Im praktisch vollständig niedergebrannten Haus wurden die verkohlten Leichen der Eltern des Kindes gefunden. Sie hatten offenbar durch einen »erweiterten Suizid« sich der bevorstehenden Zwangsversteigerung ihres Bauerngutes entziehen wollen.

Martin ist durch dieses »prägende Ereignis« ein »neuer Mensch« geworden. Er hatte seither weder eine Depression, noch hat er je wieder daran gedacht, sich das Leben zu nehmen. Die Rettung des Kleinkindes hat Martin das Leben gerettet. Er wurde gewissermaßen auf dem Weg in den Tod vom Leben überrascht.

Aber auch ein anderer »Zufall« kann den Weg in den Tod versperren: Raoul sprang über eine Brücke. Er verfehlte die Mitte der Schienen. Der heranbrausende Zug fuhr ihm beide

Beine ab. Hatte Raoul vor seinem Suizidversuch »genug von diesem Leben«, so ist er seither ein verwandelter Mensch: Er will sein Leben im Rollstuhl meistern.

Ein Diplomat sprang eines Tages »unvermittelt«, wie er später sagte, über eine Brücke. Dieser Diplomat trug keine lebensgefährlichen Verletzungen davon und arbeitet seither als Botschafter in einem fernen Land. Er fürchtet allerdings, daß »es« ihn eines Tages wieder »einfach so überkommen« könnte. Trotz des dramatischen Ereignisses, das den Diplomaten tief prägte, kam es anscheinend nicht zu einer lebenserhaltenden »Umprägung«.

Wie andere »todsichere« Methoden »daneben« gehen können, kommt eindrücklich in der Lebens- und Leidensgeschichte von Nicole Deck zum Ausdruck: Als Kleinkind in verschiedenen Pflegefamilien aufgezogen und dort alles andere als gehegt und gepflegt, kam sie schließlich in ein Heim, wo sie vom Heimleiter jahrelang sexuell mißbraucht wurde. Von diesen schlimmen Erinnerungen unablässig geplagt, unternahm sie drei Suizidversuche. Schließlich setzte die 20jährige Nicole eine Pistole an ihre Schläfe und schoß. Sie erwachte blind im Universitätsspital: »Als mein Bewußtsein zurückkehrte, war ich bodenlos enttäuscht. Es hatte mich so viel Überwindung gekostet, abzudrücken, und ich habe die Pistole für eine todsichere Methode gehalten. Dann dieses scheußliche Erwachen zurück ins Leben.« Obwohl sie gegenwärtig als »Lebensziel« die Teilnahme als Schwimmerin an den Paralympics 2000 in Sydney anstrebt, ist sie nach wie vor davon überzeugt, sie werde sich eines Tages doch »umbringen«.

Immer wieder taucht die Frage auf, ob nicht durch richtige Interpretation von Andeutungen oder Zeichen lebensmüder Menschen ihr Suizid hätte verhindert werden können. Das Beispiel eines solchen verkannten Anzeichens wird in Martins Geschichte deutlich: Der Mensch, der den Entschluß zum Suizid gefaßt hat, ist von diesem Moment an in »dieser Welt gestorben«. Er lebt bereits in einer »anderen Welt«. Die Probleme sind zwar meist nach wie vor noch da, spielen aber keine Rolle mehr. Dieser Mensch hat sich von der erdrückenden Last durch seinen Entschluß erlöst und wirkt anderen gegenüber entsprechend gelöst. Wie im Falle von Martin meinen alle, er sei »über den Berg«. Ein solches Verhalten kann die sprichwörtliche »Ruhe vor dem Sturm« sein und Zeichen höchster Gefährdung bedeuten.

Das war auch bei Dolores der Fall, die vor ihrem Suizid schon siebenmal probiert hatte, sich das Leben zu nehmen. Unter anderem hatte sie versucht, sich ins Herz zu schießen, und verfehlte es um nur wenige Millimeter. Sie war bei allen Suizidversuchen darauf bedacht gewesen, nach ihrem Tod schön auszusehen, weshalb für sie andere »harte« Methoden nicht in Frage kamen. Aus ihren »negativen Erfahrungen« hatte sie schließlich gelernt und sich hinreichend dokumentiert, so daß ihr letzter Versuch schließlich »gelang«. In bester psychischer Verfassung verabschiedete diese junge Frau ihre Freunde, machte Abschiedsgeschenke, brachte Administratives in Ordnung, übergab die Hunde dem von ihnen geliebten Schwiegervater, derart, daß niemand Verdacht schöpfte.

Der französische Politiker de Villeneuve schrieb während des Zweiten Weltkrieges kurz vor seinem Suizid seinem Freund: »Ich kann Dir nicht sagen wie tröstlich dieser Gedanke (bloß noch einen Augenblick zu leben) ist, wie er die Seele erhebt, wie er den Menschen über all die kleinen Leidenschaften stellt, die ihn herabwürdigen und quälen.«

Nachdem der Entschluß gefaßt ist, sind die bis anhin zu Tode Verängstigten »in bester psychischer Verfassung«, »fühlen sich frei«, »erhebt« sich bereits die »Seele«. Wer vermag solche Zeichen von »normalen« Stimmungsaufhellungen zu unterscheiden? Im Falle solch plötzlich besseren oder gar eine Genesung vorspiegelnden Verhaltens scheint es mir aber doch angezeigt, diesen Menschen die Frage zu stellen: »Bist du nun etwa zum Suizid entschlossen?«

Die Bemühungen, Suizide einzudämmen, das heißt mittels verschiedenster Strategien und Kampagnen »gesellschaftliche Zwänge«, »schulische Belastungen« usw. dergestalt zu beeinflussen, daß keine »Gründe« mehr für einen Suizid bestehen, haben bisher nicht den gewünschten Durchbruch gebracht. Trotzdem gehen die Anstrengungen gerade in dieser Richtung weiter. In den USA kam es im Zuge dieser Bemühungen zu einer regelrechten Beratungswelle, die in eine unüberblickbare Aktivität zum Teil auch staatlich geförderter oder sogar verordneter »Beratungsstellen« ausuferte. James J. Chriss, Professor für Soziologie und Sozialwissenschaften, untersuchte dieses Phänomen und kam zum Schluß, daß die Berechtigung für solche therapeutischen Praktiken in Zukunft stark eingeschränkt werden müsse. Seiner Meinung nach sollten nur noch Ärzte (Psychiater), promovierte klinische Psychologen und Pfarrer/Pfarrerinnen dazu beauftragt werden. Weiter schreibt er:

> ... das Wuchern von Experten in unserer modernen Informationsgesellschaft kann dazu beitragen, die Autonomie unserer wichtigsten sozialen Institution, nämlich der Familie, zu untergraben [...] Diese Einmischung von Experten in die Familien und andere soziale Institutionen [...], diese »Expertokratie«, fällt mit dem Aufkommen des therapeutischen Staates zusammen und stellt eines der dringendsten Probleme dar, welchem sich die moderne Industriegesellschaft angesichts des bevorstehenden Milleniums gegenübergestellt sieht.[37]

Die Betreuung Hinterbliebener nach dem Suizid eines Nächsten ist wenigstens in Europa noch weit von solch staatlich verordneter und mit Recht zu hinterfragender Praxis entfernt. Ich möchte deshalb abschließend auf die Notwendigkeit von Reformen in der bisher und weiterhin praktizierten Krisenintervention und Suizidprophylaxe in der Schweiz an Hand von vier Fallbeispielen und im Vergleich dazu auf die Reaktion bei sogenannten »Großschadenereignissen« eingehen.

Die 30jährige Kindergärtnerin Odile, ledige Mutter eines fünfjährigen Sohnes, erhängte sich im Sommer im Isolierzimmer einer universitären psychiatrischen Klinik (UPD). Sie war bereits im Frühling »freiwillig« in diese Klinik eingetreten, nachdem sie »fast nichts mehr gegessen«, »alle möglichen Medikamente wild durcheinander« eingenommen und »wie ein Schlot« geraucht hatte. Den Aufenthalt in dieser Klinik empfand Odile als so »schrecklich«, daß sie »davonlief«. Nach einer neuen schweren Krise ging ihre Mutter mit ihr zur Notfallaufnahme der psychiatrischen Poliklinik. Nach langer Wartezeit wurde Odile geraten, wieder in die Klinik der UPD einzutreten. Odile fürchtete diese Klinik, weil sie wußte, daß Patienten, die »weggelaufen waren ›zur Strafe‹ in ein Isolierzimmer kamen«. Nachdem Odile zugesichert worden war, sie würde nicht eingesperrt, willigte sie widerwillig in eine erneute Hospitalisierung ein. Einen Monat nach der Aufnahme in der UPD-Klinik lief Odile erneut weg, um über eine Brücke zu springen, aber telefonierte vorher noch mit einer Bekannten. Diese konnte sie dazu überreden, doch wieder in die Klinik zurückzukehren. Als sie sich in der Klinik zurückmeldete, wurde sie »eingesperrt«. Kurz darauf erhängte sie sich im Isolierzimmer mit ihrem Unterrock.

Im Frühjahr des gleichen Jahres warf sich der 19jährige Erich vor einen Zug. Er hatte zuvor schon fünf Suizidversuche gemacht, wobei er einmal beide Fußgelenke brach. Diesmal nun wollte er sicher sein...

Sein Verschwinden aus der psychiatrischen Klinik wurde nicht bemerkt. Als seine Eltern ihn besuchen wollten und ihn nicht fanden, beschwichtigte man sie. Sein Vater war jedoch beunruhigt, machte sich auf die Suche nach seinem Sohn und fand ihn wenig später unweit der Klinik tot auf den Schienen. Drei Jahre nach Erichs Tod traten seine Eltern am Fernsehen auf, um über den Suizid ihres Sohnes und die Verarbeitung dieses Traumas zu reden. Wenige Monate später wurde die Mutter von Erich depressiv. Sie wurde zeitweise stationär behandelt. Nach einem wiederholten Eintritt in die psychiatrische Poliklinik wurde sie nach Hause entlassen, um aber kurz darauf in eine private Klinik einzutreten. Am vierten Todestag ihres Sohnes war sie wieder zu Hause und ich telefonierte mit ihr. Sie sagte mir, daß ihr die in der letzten Klinik verordneten Medikamente besser bekämen. Zwar sei heute ein schwerer Tag für sie, aber sie sei nun wieder etwas zuversichtlicher. Sechs Stunden später hat sie sich in ihrer Wohnung erhängt.

Ulrike, eine 22jährige Frau, war nach einem kurzen Aufenthalt in Übersee psychotisch geworden und mußte von ihrem Vater heimgeholt werden. Sie hatte in kurzer Zeit stark an Gewicht verloren, verweigerte aber nach ihrer Rückkehr hartnäckig jede ärztliche Behandlung. Als ihr Zustand lebensbedrohlich wurde, konnten ihre Eltern sie dazu bewegen, mit ihnen in das Kriseninterventionszentrum der externen psychiatrischen Dienste (EPD) zu kommen. Die diensthabende Ärztin fand einen guten Zugang zu Ulrike, vermochte sie aber nicht von der Notwendigkeit einer stationären Behandlung zu überzeugen. Ulrikes Verhalten wurde immer unerträglicher, so daß ihre Eltern einen fürsorglichen Freiheitsentzug beantragten. Ulrike wurde gegen ihren Willen in einer Klinik interniert. Nach drei Wochen hatte sie wieder etwas an Gewicht zugenommen und konnte sowohl über die Wochenenden nach Hause, als auch halbtags in einem Laboratorium arbeiten. Dort gelang es ihr, ein hochpotentes Gift zu entwenden, das sie in der Klinik zu sich nahm.

Ein geschiedener 49jähriger Mann nahm sich das Leben, nachdem er seine Angelegenheiten bis aufs letzte peinlich genau geregelt hatte. Eine neue Freundschaft war wenig zuvor zerbrochen und seine zwei besten Freunde weilten zur Zeit seines Todes fernab in den Ferien. Auf seiner selbstverfaßten Todesanzeige hatte er geschrieben:

> Ich habe viele Menschen geliebt. Viele haben mich verlassen mit fadenscheinigen Begründungen oder haben sich einfach nicht mehr gemeldet. Niemand hat mir wirklich geholfen. In Liebe Ludwig.

Diese Nachricht wurde mir von einer Frau übermittelt, deren Mann sich vor fünf Jahren erschossen hatte. Sie sagte, daß sie genau gleich empfinde wie der Mann. Die Frau war bei verschiedensten Psychotherapeuten und Psychologen in Behandlung gewesen. Ihr waren nacheinander so ziemlich alle verfügbaren Psychopharmaka verschrieben worden. Subjektiv fühlte sie sich nach wie vor elend. Schließlich setzte sie alle Medikamente ab. Seither ging es ihr nach eigener Aussage »weder besser noch schlechter«. Der Tod des 49jährigen hätte ihr aber »unheimlich zu denken« gegeben, sagte sie. Sie meinte, daß es die »Abwesenheit der anderen« gewesen sei, die ihn in den Tod getrieben hätte, und fragte, ob es nicht »so etwas wie einen Pikettdienst« geben sollte, wo Menschen in ihrem Verlassenheitsgefühl hingehen und »anderen« begegnen könnten.

Der erwähnte »Pikettdienst« (Bereitschaftsdienst) bewegte mich zur Überlegung, ob die bisher geübte Praxis der Krisenintervention und Suizidprophylaxe die richtige ist. Jedenfalls hat der 49jährige Mann von den vorhandenen Strukturen keinen Gebrauch gemacht. Und ob er in seinen Einsamkeits- und Verlassenheitsgefühlen vielleicht »anderen« in einem »offenen Haus« mit »Pikettdienst« zu begegnen versucht hätte (wenn es so etwas gegeben hätte), muß Spekulation bleiben. Im Moment, in dem ein Mensch Suizid begeht, sind die »anderen« immer abwesend, sonst könnte er sich wohl kaum das Leben nehmen.

Als Odile sich mit ihrem Unterrock im Isolierzimmer der Psychiatrischen Klinik erhängte, waren die »anderen« gerade anderweitig beschäftigt. Als Erich unbeobachtet die Klinik verließ, um sich vor einen Zug zu werfen, hatte er die »anderen« getäuscht. Seine Nächsten, seine Eltern, waren auf dem Weg zu ihm, als er ging. Wer oder was hätte ihn davon abhalten können zu gehen? Erichs Mutter erzählte ihrem Mann am Mittagstisch vom Telefongespräch mit mir. Ihr Mann wähnte seine Frau »über den Berg«. Als er wieder zur Arbeit gegangen war, ging seine Frau »ihren Weg«. Es war kein »anderer« da, der sie davon hätte abhalten können. Ulrike hatte ihren Eltern gesagt, daß sie sterben wolle. Auf Grund ihrer bewußten Nahrungsverweigerung war sie bereits in Lebensgefahr, als ihre Eltern im EPD Hilfe suchten. Nachdem die schließlich auf das ausdrückliche Ersuchen der Eltern erfolgte Zwangsaufnahme von Ulrike in der Klinik nach drei Wochen eine scheinbare Besserung gebracht hatte, werfen sie nun dem EPD vor, nicht schon bei ihrem ersten Besuch mit Ulrike eine Zwangseinweisung verfügt zu haben.

Kein Mensch kann rund um die Uhr »betreut« oder »begleitet« werden. Das wäre weder wünschenswert noch »anderen« zumutbar. Suizidprävention kann nicht Dauerüberwachung bedeuten. Sie kann auch nicht darin bestehen, alle »Mittel«, mit denen man sich töten kann, abzuschaffen.

Namhafte Psychiater fragten und fragen deshalb nach wie vor, ob eine effektive Suizidprävention überhaupt möglich sei. Die auffallende Konstanz der Suizidraten über lange Zeiträume hinweg, trotz vielfältigster Bemühungen zur Vorbeuge und Verhinderung von Suiziden scheint ihnen recht zu geben. Suizidprävention kann nicht darin bestehen, solche äußeren Gegebenheiten zu ändern. Nur wenn der Trieb, sich das Leben zu nehmen, gebrochen werden kann, wird es möglich sein, Suizide einzudämmen. Der Trieb, sich das Leben zu nehmen, ist in jedem Menschen mehr oder weniger stark (genetisch) angelegt und erwächst dann aus der subjektiven Einsicht und Überzeugung, daß es besser ist, Hand an sich zu legen, als *so* weiter »leben zu müssen«.

Wenn all die finanziellen Mittel, die bisher in die verschiedensten Suizidpräventionsprogramme gesteckt worden sind, der Erforschung der genetischen Grundlagen für Depressionen, Erkrankungen aus dem schizophrenen Formenkreis und anderen Erkrankungen des zentralen Nervensystems zur Verfügung gestanden wären, darf vermutet werden, daß eine solide biochemische Basis zur Identifizierung dieser Krankheiten bereits existieren würde und dadurch neue Behandlungsmethoden zur Verfügung stünden. Alles Wenn und Aber bringt weder einen der aus dem Leben Geschiedenen zurück, noch hilft es denen, die unter dem Verlust eines geliebten Menschen unsäglich leiden. Es ist aber an der Zeit, die sich neu eröffnenden diagnostischen und therapeutischen Möglichkeiten uneingeschränkt zu fördern und zu nutzen. Nur dann wird es Menschen möglich werden, ihre vorübergehenden Probleme nicht durch einen nicht umkehrbaren Schritt »endgültig« zu lösen.

Ich begegne immer wieder Menschen, die eigentlich nicht

sterben wollen. Nur *so* wollen sie eben nicht mehr weiterleben. Unter diesen Menschen sind mehrere »Psychiatrie-Erfahrene«, das heißt Menschen, die wiederholt in psychiatrische Kliniken eingewiesen wurden, mitunter auch gegen ihren Willen unter Berufung auf einen »fürsorglichen Freiheitsentzug« wegen »Fremd- oder Eigengefährdung«. Ich habe erfahren müssen, daß es Menschen vorzogen, sich »vorsorglich« das Leben zu nehmen, statt noch einmal »fürsorglich« in solchen »geschlossenen« Kliniken »versorgt« zu werden. Dieses Phänomen ist seit langem auch klinischen Psychiatern bekannt. Einige wenige von ihnen versuchten deshalb in Deutschland bereits vor 30 Jahren, dieser fatalen Situation entgegenzuwirken, indem sie Modelle zur »gewaltfreien Psychiatrie« ausarbeiteten. Im Zuge dieser Psychiatriereform wurden in einigen Fällen nicht nur die »geschlossenen Abteilungen« abgeschafft, sondern auch die psychiatrischen Kliniken an sich. Dabei wurde eine Gleichberechtigung psychiatrischer Patienten mit den »körperlich« Kranken angestrebt, um so mehr, da körperliche und psychische Störungen oft nicht voneinander getrennt werden können. Psychiatrische Patienten wurden in der Folge in Allgemeinkrankenhäusern aufgenommen. Dadurch entfiel die Stigmatisierung einer Einweisung in die »Psychiatrie«, die bis heute noch weithin mit einer »Klapsmühle« gleichgesetzt wird.

Angst und Ablehnung gegenüber der Psychiatrie und deren Patienten nehmen um so mehr ab, je weniger sie ausgegliedert sind. Bei der Umsetzung dieser Einsichten befürchteten Außenstehende, vor allem aber das Pflegepersonal, ein Chaos: Vermehrtes Weglaufen und zunehmende Suizide der Patienten. Genau das Gegenteil trat ein. Die Kliniken, die diesen Schritt in der stationären psychiatrischen Versorgung gewagt haben, berichten über eine Abnahme der Suizide, eine Verminderung von Gewalt und Aggressivität und eine eindrückliche Verringerung von Zwangseinweisungen. Dies ist um so wichtiger, als sich die Hinweise mehren, daß Zwangseinweisungen und Einschließen psychische Traumatisierungen mit jahrelangen Nachwirkungen verursachen können. Menschen, die solche Zwangseinweisungen über sich ergehen lassen mußten, schilderten sie wie eine

»Vergewaltigung«. Gegen 90 Prozent von Psychiatrie-Erfahrenen gaben bei einer entsprechenden Befragung an, daß ihre »Menschenwürde in der Psychiatrie nicht geachtet worden« sei. Dazu ist hinlänglich bekannt, daß Angst und Aggressivität ansteckend sind und daher das Zusammenschließen aller akut psychisch erkrankten Menschen besonders problematisch und einem Heilungsprozeß nicht zuträglich ist. Der Saarländer Psychiatrieprofessor Wolfgang Werner sagte 1998 diesbezüglich: »Die klassischen geschlossenen Stationen waren die hochexplosiven Konzentrationen und die Hexenkessel.«

Auf den Stationen eines Krankenhauses, das allen Kranken offensteht, sind neben den »körperlich« Kranken Patienten mit allen erdenklichen psychiatrischen Krankheitsbildern anzutreffen: Verwirrte, alte Menschen ebenso wie junge nach einem Suizidversuch, Depressive, Angstkranke und Drogenabhängige, aggressive Patienten mit temporaler Epilepsie, manisch enthemmte Patienten und freiwillige ebenso wie Beschlußpatienten. Ein weiterer großer Vorteil solcher offener und gemischter Stationen besteht zudem in der stärkeren Selbsthilfe unter den Patienten. Jüngere, z. B. Drogenabhängige, kümmern sich um alte und verwirrte Menschen. Stabilere Patienten, die bald austreten können, geben den gespannten und von Angst überfluteten Neueintretenden Hoffnung und Begleitung. Wolfgang Werner ist in jeder Hinsicht von den Ergebnissen der Behandlung psychiatrischer Patienten in Allgemeinkrankenhäusern positiv überrascht und schreibt:

> Wer die Hoch-akut-Psychiatrie nur von den Akut-Stationen kennt, die ja im allgemeinen geschlossene Stationen waren, kann sich gar nicht vorstellen, wie ruhig und friedlich eine Sub-Sektor-Station ist. Die Sub-Sektor-Station bringt für den Patienten den großen Vorteil, daß er nicht mehr verlegt wird, weil es ihm bessergeht oder weil er plötzlich suizidal geworden ist, daß er nicht sich immer wieder neuen Personen anvertrauen muß, auch im Falle der Wiederaufnahme, daß er weiß, wer oder was auf ihn wartet. Andererseits bringen die Leute von draußen immer wieder Normalität in die Ab-

teilungen, wenn diese Abteilungen im Einzugsgebiet liegen und die Türen offen sind.[38]

Eine breitere Umsetzung dieser Erkenntnisse könnte ein wirksamer Beitrag zur Suizidprävention sein.

Es ist hinlänglich bekannt, daß die Verarbeitung eines Schocks, wie er durch den Suizid eines Angehörigen ausgelöst wird, um so schwieriger ist, je weniger Möglichkeiten bestehen, sich den Schmerz von der Seele zu reden. Die möglichst sofortige Begleitung solch schwergeprüfter Menschen wäre also angezeigt. Hier wäre eine jeweils sofortige Krisenintervention *not*wendig. Die Psychiater, die mitunter ihre Patienten bis zum Tag des Suizids betreuten, werden, wenn überhaupt, erst mit einem Leidzirkular oder eine Todesanzeige über das Ableben ihrer Patientin oder ihres Patienten informiert. Selten nehmen sie an der Bestattung teil. Wohl nie gehen sie aktiv auf die nächsten Hinterbliebenen zu, um sie während vieler Stunden zu allen Tages- und Nachtzeiten an deren Domizil zu betreuen. Auch Gemeindeseelsorger sind in Anbetracht ihrer vielfältigen Aufgaben in der Regel mit der aufwendigen Betreuung zutiefst erschütterter Angehöriger überfordert.

Infolge verschiedener Katastrophen hat sich in jüngerer Zeit gezeigt, daß eine sofortige psychische und seelsorgliche Betreuung für überlebende Opfer und für Angehörige Verstorbener notwendig ist. Schon nach dem verheerenden Unfall anläßlich der Flugschau in Ramstein wurde deutlich, daß rein retterische Maßnahmen unzureichend waren. Physisch und psychisch schwer verletzte Menschen verlangten nach mehr als nur technischen Maßnahmen. Als 1998 ein ICE-Schnellzug in Eschede gegen einen Brückenpfeiler raste, entgleiste und dabei über hundert Menschen in den Tod riß, wurde zum ersten Mal deutlich, wie ein Großaufgebot von Notfallseelsorgern sowohl den traumatisierten Verletzten als auch den Hinterbliebenen von Verstorbenen wertvolle Hilfe und Ordnung in deren seelisches Chaos bringen konnte. Aber nicht nur die Betreuung von Betroffenen, sondern auch der Helfer erwies sich als *not*wendig.

Der Mordanschlag auf Touristen in Luxor war ein weiteres Beispiel, das aufzeigte, daß psychische Sofortbetreuung und Langzeitnachsorge von Betroffenen und Hinterbliebenen unumgänglich waren. Die gute seelsorgliche und psychologische Begleitung der Hinterbliebenen nach dem Flugzeugabsturz in Halifax hat zudem gezeigt, daß es der Strukturen bedarf, die über die bisher üblichen Muster der Katastrophenbewältigung hinausreichen. Der Canyoning-Unfall von Ende Juli 1999 im Berner Oberland stellte die Betreuer der Hinterbliebenen erneut vor die Aufgabe, seelsorgliche Begleitung hinzuzuziehen, wo sich psychologische Betreuung als unzureichend erwies.

Diese Beispiele verschiedenster Katastrophen lassen jedoch die Diskrepanz deutlich werden, die bei der Betreuung von Hinterbliebenen praktiziert wird, je nachdem ob sie einen Nächsten durch einen Verkehrsunfall, einen Mord, einen Suizid oder durch ein solches in der Öffentlichkeit Aufsehen erregendes »Großschadenereignis« verloren. In letzterem Fall werden ohne weiteres alle erdenklichen psychologischen und seelsorglichen Kräfte aufgeboten und den Betroffenen ungefragt zur Seite gestellt. Dieses (richtige) Handeln wird mit der notwendigen psychischen Verarbeitung der bedrohlichen existentiellen Krise der Betroffenen gerechtfertigt. Im krassen Widerspruch dazu steht die Tatsache, daß Seelsorger, die sich zum Beispiel für den Einsatz an einem »gewöhnlichen« Unfallplatz oder bei einem Suizid zur Verfügung stellen möchten, aus »Datenschutzgründen« nicht automatisch von der Polizei benachrichtigt und zu Hilfe gerufen werden dürfen. Wie Helfer, Betroffene und Hinterbliebene dabei mit mitunter auch außerordentlich schwer zu verarbeitenden psychischen Traumata umgehen, scheint die Politiker und Entscheidungsträger, die solche Hilfsangebote zurückweisen, nicht zu interessieren. De facto liegt hier eine Zweiklassen-Betreuung vor.

In Deutschland waren es auch zuerst Einzelinitiativen, die schließlich zum Auf- und Ausbau einer flächendeckenden Notfallseelsorge und Krisenintervention führten. Wie lange noch wird in der Schweiz und verschiedenen anderen europäischen Ländern den jedes Jahr vielen tausend Hinterbliebenen von Unfall-, Suizid- und Mordopfern eine adäquate Sofortbetreuung von Amtes wegen verweigert? Könnte es nicht sein, daß durch eine entsprechende Betreuung und weitere Begleitung Folgesuizide verhindert werden und durch eine baldige psychische Gesundung der Hinterbliebenen enorme Kosten gespart würden?

Wurde in der Anfangszeit des Christentums mit Verboten versucht, Suizide einzudämmen, so ist nach anderthalb Jahrtausenden das Pendel in die andere Richtung geschwungen. Paul Watzlawick war einer der ersten, der erkannte, welch erstaunliche Wirkung sogenannt paradoxe Aufforderungen haben können. Auf Grund solcher Erfahrungen habe ich deshalb versucht, bei der Begleitung stark suizidgefährdeter Personen gegebenenfalls auch damit zu arbeiten. Im *Newsletter IV/99* des Vereins zur Bewältigung von Depressionen *Equilibrium* erschien von Otto Clasen folgender Beitrag zur »Suizidprophylaxe«:

> Yvonne hatte mit mir Kontakt aufgenommen, um Hilfe in der Selbsthilfegruppe »Depressionen« zu suchen. Nach einigen Telefonaten schaffte sie es, am 13.07.99 in die Gruppe zu kommen. Sie war nicht gut dran. Nach der Gruppensitzung sprachen wir noch zu viert eine Stunde lang ganz locker weiter, wobei ihr tatsächlicher Zustand immer deutlicher wurde: hoch suizidgefährdet. Nach einer Woche erkundigte ich mich telefonisch nach ihr. Ihr Mann sagte mir dann, daß sie in der Klinik weilt. Das war für uns alle eine große Erleichterung, weil wir wußten, dort ist sie gut aufgehoben. Am 02.08.99 schrieb Yvonne einen Brief:
>
> *An die Dienstagsrunde (Selbsthilfegruppe »Depressionen« Hinwil)*
>
> *Hallo zusammen! Ihr habt ja sicher schon gehört, daß ich momentan im Schlössli in Oetwil verweile (Klinik). Es geht mir hier sehr gut, ich fühle mich hier wohl und aufgehoben. Es geht täglich bergauf. Natürlich gibt es immer wieder Rückschläge, aber es werden immer weniger. Ich danke Euch noch für Eure Hilfe. Ich weiß nicht, ob ich ohne Euch noch da wäre! Ich freue mich jetzt schon, nach meinem Aufenthalt hier wieder zu Euch zu kommen. Mit hoffnungsvollen Grüßen Yvonne E. PS: Ich habe noch ein wenig Mühe mit Schreiben.*
>
> Heute habe ich Yvonne gefragt, ob wir diese schönen Zeilen ver-

öffentlichen dürfen. Es ist wohl traurig, wenn man als Mutter von drei kleinen Buben in eine Klinik muß, aber es ist ein Erfolgserlebnis für alle, die in einer Selbsthilfegruppe Hilfe suchen und diese Erfahrungen sammeln dürfen. Solche Erlebnisse brauchen wir alle. [...]

Am 16. Oktober 1998 erschien im ›Zürcher Oberländer‹ ein Artikel: »Selbsthilfe nützt auch bei Depressionen«. Auf diesen Artikel meldeten sich einige neue Leute. Auf meine Frage, wer mit nach Bern zur Tagung »Der/die mündige Patient/In« fahre, sagten zwei Personen zu. E. meinte, er wisse nicht, ob er es schaffe, denn er habe letzte Woche jeden Tag seine Beerdigung durchlebt. Da wurde ich schon sehr hellhörig. Wir sind darauf eingegangen. Am Samstag, dem 24. 10. 98, trafen wir uns dann doch zu dritt am Bahnhof. E. besuchte an der Tagung den Workshop »Suizidprävention«. Am Abend auf der Heimreise im Zug nach Zürich erzählte E., was er alles an der Tagung erlebt hatte. Ich hielt den Atem an. Als er das gleiche erzählt hatte wie oben erwähnt, erhielt er zur Antwort: »Wer sagt Ihnen denn, daß Sie keinen Suizid machen dürfen? Bevor Sie das aber tun, besprechen Sie alles mit Ihrer Frau, erledigen alle nötigen Dinge und hinterlassen bitte keine Sauerei.« Mir blieb fast die Luft weg. Je länger ich Zeit hatte, darüber nachzudenken, desto mehr wurde mir klar, was diese Aussage beinhaltete. Wenn man alles berücksichtigt, kann man es gar nicht mehr vollbringen! Man hat so viele Gespräche durchgemacht, soviel Hilfe und neue Erfahrungen gesammelt, daß die Durchführung unwahrscheinlich wird. Wir haben in den folgenden Wochen viele Diskussionen und manches Telefongespräch geführt, um zu wissen, wie es E. geht, und um ihm unsere Anteilnahme zu vermitteln. Das ganz Große ist aber: E. durfte nach manchen bangen Wochen bei seinem alten Arbeitgeber wieder die Arbeit aufnehmen. Der Arbeitgeber sagte ihm: Heute wisse er erst, was er früher für ihn geleistet habe. E. arbeitete erst stundenweise, dann halbtags und heute hat er wieder seinen 100%-Job als Disponent, was sicher keine ganz ruhige Arbeit ist!

Beim Lesen dieses Beitrages schoß mir das Blut in den Kopf. Ich erkannte, daß die wesentlichen Aussagen von mir stammten. Wie groß war dann meine Erleichterung, als ich das »Happy-End« dieses Beitrages lesen konnte. Allerdings muß ich zugeben, daß ein unvermitteltes »Empfehlen« einer solchen Handlungsweise gefährlich sein kann. Ich habe deshalb jeweils mit größter Umsicht abgewägt, ob ich eine suizidwillige Person in ihrem Vorhaben dermaßen »bestärken« soll, daß sie durch die von ihr verlangten »Vorarbeiten« vom seelischen Druck so befreit wird und daß sie (vorderhand wenigstens) nicht mehr an Suizid denkt. Ich habe ein »Gedankenbild gemalt«, mit dem ich meine Verfassung zu beschreiben versuchte, in der ich mich jeweils fühle, wenn ich einem verzweifelten Menschen in einer für ihn aussichtslosen Lage begegne:

> Mitten auf einem reißenden Strom treibt – quer zur Strömung – eine Piroge. In diesem langen, ausgehöhlten Baumstamm steht wie versteinert ein leidgeprüfter Mitmensch. Er steht steif, leicht vornübergebeugt und hält in der Hand eines schlaff herabfallenden Armes einen langen Holzstecken, der an einer Seite der Piroge im Wasser schleift. Dieser Stab gleicht dabei eher einem Strohhalm, ist er doch viel zu kurz, um dem Boot eine Richtung aufzuzwingen. Der Blick des Menschen ist vage auf das Wasser gerichtet.
>
> Ein leises Weinen vor sich hin, ein in verzweifelter Wut hinausgeschrienes »Warum gerade ich?« oder aber die himmelschreiend versteinerte und Hoffnungslosigkeit verkörpernde Haltung weckt von der Mitte des Stromes her meine Aufmerksamkeit.
>
> Ich besteige sofort eine gleiche Piroge und steuere sie auf das dahintreibende verkörperlichte Elend zu. Vorsichtig versuche ich, mein Boot an das des von Verzweiflung Gezeichneten seitlich heranzulenken. Ich stehe in meinem ebenfalls wackeligen Gefährt auf, um die Lage des Leidenden so gut als möglich nachempfinden zu können. Der Schwerpunkt ist hoch, die Stabilität sehr gering. Lange höre ich seinem Klagen zu und versuche, sein Elend zu »verstehen«, d. h. wenigstens mit meinem Verstand nachzuempfinden. Hat er meine Gegenwart nicht abgewiesen, lenke ich vorsichtig meinen Einbaum so nahe an den seinen, daß ich an ihn andocken kann. Darauf versuche ich, ein Bein in seine Piroge zu stellen, um das durch die beiden ausgehöhlten Baumstämme gebildete Floß noch ein wenig mehr zu stabilisieren. Wenn das gelungen ist, lade ich ihn ein, auch ein Bein in mein Boot zu stellen, um eine noch größere Stabilität zu erlangen. So angedockt versuchen wir dann zusammen, aus der reißenden Mitte des Stromes in weniger schnelles und

seichteres Wasser zu steuern. Vielleicht gelingt es sogar, den einschneidenden Ufern zu entfliehen und an flachem Strand an Land zu gehen.

Sollte das glücken, so ist das ein gelungener Weg, der mich hinwegtröstet über all die durchgestandenen Situationen des Scheiterns – Situationen, in denen ich mitunter nahe daran war, selbst in die Fluten gerissen zu werden.

Dem in labilem Gleichgewicht in seinem dahintreibenden Boot stehenden Menschen vom sichern Ufer aus zuzurufen, er solle sich setzen, seinen zu kurzen Stecken weglegen und mit seinen Armen rudern (was »vernünftig« und »logisch« wäre), hätte wohl nur sein Entsetzen zur Folge. Von unserem Unverständnis getroffen und erschrocken, würde er wohl völlig aus dem schon prekären Gleichgewicht geworfen. Sich ihm im Boote sitzend zu nähern, zeugte für die fehlende Bereitschaft, seine Lage zu verstehen. Ihm vom Boote aus die Hand zu reichen, würde die Gefahr bergen, daß beide Boote zu schwanken begännen und uns beide abschüttelten.

Seelsorge ist Sorge um den andern – den andern als ganzen, vollwertigen und liebenswerten Nächsten. Mitunter kostet sie das eigene Gleichgewicht und die eigene Unversehrtheit.

Persönliche Hinführung zu einem neurobiochemischen Verständnis suizidalen Geschehens

Es hat sich gezeigt, daß der Hinweis auf eventuelle genetische Dispositionen mit dazugehörigen biochemischen Veränderungen im Hirnstoffwechsel von Suizidenten bei den Hinterbliebenen meistens auf großes Interesse stieß.

In der klinischen Labordiagnostik werden seit Jahren für andere Fragestellungen dieselben Hormone und Stoffwechselprodukte bestimmt, die seit ca. 1976 im Mittelpunkt des Interesses der psychopharmakologischen Forschung stehen, wurden sie doch unter anderen als Botenstoffe (Neurotransmitter) im Gehirn, als deren Vorläufer oder Stoffwechselprodukte von ihnen identifiziert.

Seit wenigen Jahren wurde zudem einem eventuellen Zusammenhang zwischen Cholesterin senkenden Maßnahmen und Suizid nachgegangen. Es hatte sich auf der einen Seite erwiesen, daß die Senkung des Cholesterinspiegels im Blut wohl zum gewünschten Rückgang kardiovaskulärer Erkrankungen – vorab der Häufigkeit von Herzinfarkten – führte, daß aber auf der anderen Seite die Zahl der Todesfälle durch Suizid im so behandelten Kollektiv zugenommen hatte.

Ich möchte deshalb versuchen, hier zwischen den sich sonst nur wenig oder kaum berührenden Disziplinen (Theologie – Psychologie – Biochemie – Medizin) eine Brücke zu schlagen. Dies scheint mir um so wichtiger, als nicht zuletzt Theologen oft dazu neigen, die Errungenschaften der biochemischen und medizinischen Forschung als unzulässige Eingriffe in die »Natur des Menschen« zu diskreditieren.

Es ist seit längerer Zeit bekannt, daß bestimmte sogenannte »psychische Erkrankungen« mit einem erhöhten Suizidrisiko einhergehen. Zu diesen Erkrankungen gehören unter anderen verschiedene Formen der Depression, affektive Störungen, Persönlichkeits- und Verhaltensstörungen, die Schizophrenie, Suchtkrankheiten – aber auch die Epilepsie.

Da es bedeutend mehr Menschen gibt, die im Verlaufe ihres Lebens einmal an einer psychischen Erkrankung gelitten haben als solche, die sich töten, hat sich die Forschung vorrangig der Frage zugewandt, wie solche psychischen Störungen zustande kommen. Im Verlaufe der Erforschung dieser Erkrankungen konnten nicht nur bestimmte hirnorganische Fehlfunktionen und zum Teil morphologische Veränderungen nachgewiesen werden, sondern auch aufgezeigt werden, daß ein enger Zusammenhang zwischen bestimmten Mangelzuständen gewisser Substanzen und Suizidalität besteht. Zu den ersten Substanzen, denen in diesem Zusammenhang näher nachgegangen wurde, zählt das Serotonin und seine Stoffwechselprodukte, sowie die hauptsächlich als Nebennierenrindenhormone bekannten Substanzen Adrenalin und Noradrenalin und deren Vorläufer Dopamin. Neuere Medikamente für die Behandlung von Depressionen und Schizophrenie wirken genau auf diese Stoffwechselvorgänge – genauer auf die Rezeptoren für diese Stoffe im Gehirn – ein.

Das Gehirn als Sitz des Denkens, Fühlens und Handelns?

Sämtliche Handlungen des Menschen werden vom Gehirn gesteuert. Das menschliche Hirn beherbergt das Zentralnervensystem. Es handelt sich dabei um einen Verband lebender Zellen, dessen Komplexität hinsichtlich Struktur und Organisation es wahrscheinlich zum ausgeklügeltsten biologischen System aller lebenden Strukturen macht.

Der Mensch verfügt während der Dauer seines Lebens praktisch über die bei der Geburt erreichte unvorstellbare Zahl von über eintausend Milliarden Neuronen. Es sind die Vernetzungen dieser Neuronen untereinander, die uns dann das, was wir als Realität erkennen, wahrnehmen lassen. Die Verbindungen dieser Neuronen untereinander können während der ganzen Lebensdauer funktionell und strukturell verändert werden (»synaptische Plastizität«). Neben den im Verlaufe des Wachstums und des Alterns »normalen« Veränderungen können Krankheits- (»Schlaganfall«, Tumoren, Viren u. a.) und/oder traumatische Prozesse die Funktion des Gehirns bleibend beeinträchtigen. Dadurch erfolgt je nach Ort der Schädigung mitunter auch eine bleibende Persönlichkeitsveränderung. Menschen mit Verletzungen in bestimmten Regionen des Vorderhirns (»präfrontaler Cortex«) verlieren so zum Beispiel die Fähigkeit, Moralbegriffe und soziales Verhalten zu erlernen. In der Regel sind so Geschädigte vollständig »enthemmt« und zeigen ein anstößiges Sexualverhalten. Je früher das

Trauma eintritt, desto gestörter sind ihr Benehmen und die persönliche Entwicklung. Ihre Intelligenz dagegen bleibt unberührt. Die Verletzungen haben auch keinen Einfluß auf die geistige Lernfähigkeit der Betroffenen.

Die Neuronen kommunizieren untereinander auf verschiedene Weisen – u. a. durch die Aussendung elektrischer Impulse oder durch Absonderung oder Aufnahme chemischer Substanzen (z. B. Acetylcholin, Dopamin, Glutamat, Serotonin, Stickstoffmonoxid, aber auch durch Endorphine oder Drogen), von denen heute bereits über 100 identifiziert wurden. Diese informationsübermittelnden Substanzen und eigentlichen chemischen Botenstoffe oder Neurotransmitter werden in den Spalt zwischen zwei benachbarten Neuronen, den Synapsen, abgesondert.

Die Neurotransmitter unterliegen im Hirn Stoffwechselprozessen, die u. a. von Enzymen gesteuert werden. Die Entdeckung dieser Neurotransmitter und ihres Stoffwechsels war von ausschlaggebender Bedeutung, stellten sie doch in der Folge die eigentlichen Zielstellen medikamentöser Behandlung von fehlerhaften oder fehlenden Signalübermittlungen dar.

Neben den Neurotransmittern spielen aber auch bestimmte Neuropeptide, wie z. B. das CRH (Abkürzung für *corticotropin releasing hormone*) und Cortison (sie werden auch als »Streßhormone« bezeichnet) für die psychische Befindlichkeit eine ausschlaggebende Rolle. Eine Behandlung mit Cortison (Hauterkrankungen, rheumatische Beschwerden) kann deshalb unter Umständen als »Nebenwirkung« eine psychische Erkrankung zur Folge haben.

Andere Substanzen, wie z. B. Lithium, können sogenannte *second-messenger-Systeme,* die Zellmembrantransportmechanismen oder die Rezeptorensensitivität, beeinflussen und dadurch die Verfügbarkeit bestimmter Neurotransmitter bzw. gewisser antidepressiver Substanzen verbessern.

Zur Beeinflußung eines gestörten Hirnstoffwechsels ist die andauernde Zufuhr von Substanzen in Form von Medikamenten notwendig. Erschwerend ist dabei, daß es erstens bis heute keine einfachen Untersuchungsmethoden gibt, um festzustellen, welcher Neurotransmitter oder welches Neuropeptid eventuell in ungenügender Menge vorliegt bzw. auf welche Rezeptoren Einfluß genommen werden muß, und daß zweitens zwischen dem Gehirn und dem Blut eine Schranke besteht, die von der Mehrzahl der Medikamente nicht ohne weiteres überschritten werden kann. Zur Überwindung dieser Blut/Hirn-Schranke werden z. B. in neuester Zeit versuchsweise kleinste Partikel hergestellt, in deren Innerem die dem Hirn zuzuführende Substanz eingeschlossen ist. Diese Mikrokügelchen sind von einem (seifenartigen) Tensidfilm überzogen, der wasser- und fettlöslich ist. Dergestalt besteht die Möglichkeit, die sonst praktisch hermetisch verschlossene Membranbarriere zu durchwandern. Aus solchen Praktiken erwachsen berechtigte Hoffnungen zur Behandlung von Erkrankungen im Gehirn. Bis sie aber klinisch hinreichend getestet sind, dürfte es noch einige Zeit dauern.

Es wird bei der medikamentösen Behandlung von Krankheiten leicht vergessen, daß es keine Wirkung ohne Nebenwirkung gibt. Sowohl die Wirkungen als auch die Nebenwirkungen hängen nicht nur von der Wirksubstanz des Medikamentes selbst ab, sondern wesentlich auch vom Stoffwechsel der behandelten Person. Es gibt Menschen, denen bestimmte Enzyme fehlen, die zur gewünschten Wirkung des Medikamentes nötig sind. Umgekehrt können Enzyme vorliegen, die ganz andere Wirkungen desselben Medikamentes zur Folge haben. Dazu kommt, daß verschiedene, gleichzeitig eingenommene Medikamente einander beeinflussen und die Wirkung einzelner von ihnen aufheben oder verstärken können. Alkohol oder andere Drogen führen noch einmal zu anderen Reaktionen der verabreichten Medikamente. Deshalb kann nicht aus der Wirkung eines Arzneimittels bei einem Menschen geschlossen werden, daß dieselbe Wirkung bei einem anderen gleichermaßen auftritt.

Neben der weiteren Erforschung der verschiedenen Neurotransmitter, Neuropeptide, Rezeptoren usw. und ihrer Wirkungen wird gezielt daran gearbeitet, herauszufinden, welche eventuellen genetischen Defekte der festgestellten Mangelsituation und dem entsprechenden Krankheitsbild zugrunde liegen könnten. Auf diesem Gebiet und der damit sich aufdrängenden gentherapeutischen Möglichkeiten dürfte in Zukunft die erfolgreiche Behandlung sogenannter »psychischer Störungen« erwartet werden. Dabei werden Fragen wie die nach einem genetischen Determinismus unerhörte Brisanz erfahren. So spricht der Chefarzt der Psychiatrischen Universitätspoliklinik in Basel, Prof. Dr. R. Battegay, z. B. bei Aggressionen (die zu Mord oder Suizid führen) von einer »genetisch verursachten Ich-Pathologie«. Der Psychiater und Medizinpublizist Josef Amrein geht in seinen Überlegungen noch weiter. Für ihn wird die »Seele« zum Körper. Mit der »unbestreitbaren« Erkenntnis der biologischen Basis der meisten schweren psychischen Krankheiten bleibe der Psychiatrie nichts anderes übrig, als sich mit dieser Tatsache abzufinden und mit der Neurologie zu verschmelzen. Die Psychiater sollten sich inskünftig besser als »klinische Neurowissenschaftler« verstehen.

Wenn bedacht wird, daß suizidales Verhalten in physiologischen Umbruchsituationen des Menschen – nämlich der Pubertät und der Menopause (bei Männern macht sich zwischen 40 und 50 Jahren nicht selten eine sogenannte Midlife-crisis bemerkbar) – besonders auffällig ist, kommt dem hormonellen Erklärungsmodell eine nicht zu unterschätzende Bedeutung zu. Bei den erwähnten Botenstoffen im Gehirn handelt es sich z. T. um Stoffe, die direkt in diese hormonellen Umbrüche einbezogen sind.

Wie bei den meisten Veränderungen, Mangel- oder Überproduktionszuständen im menschlichen Körper handelt es sich auch hier um Stoffwechselerkrankungen. Es kann unterdessen als gesichert angesehen werden, daß solche Krankheiten genetische Ursachen haben.

Ich möchte am Beispiel der Zuckerkrankheit einige Charakteristika aufzeigen, die modellhaft auf die Suizidalität übertragen werden können.

Lange Zeit war die Pathogenese des Diabetes (der Gesamtheit der an der Entstehung und der Entwicklung der Zuckerkrankheit beteiligten Faktoren), einer der häufigsten endokrinen (innere Absonderung von Hormonen) Störungen beim Menschen, unbekannt. Dabei handelt es sich um verschiedene Formen von Glukose-Stoffwechselstörungen unterschiedlicher Herkunft und Ausprägung (Symptomatik). Das all diesen Störungen gemeinsame Merkmal ist ein relativer oder absoluter Mangel an Insulin, einem von der Bauchspeicheldrüse, dem Pankreas, produzierten Peptidhormon.

Die Gründe für die schließlich unzureichende Konzentration von Insulin im zirkulierenden Blut können sehr verschieden sein. Aller Wahrscheinlichkeit nach liegt ihnen in den meisten Fällen eine genetische Veranlagung oder »Prädisposition« bzw. Erblichkeit mit unterschiedlicher »Gen-Expressivität« (dem Ausprägungsgrad dieser Erbanlage im Erscheinungsbild) zugrunde. Aber auch Autoimmunprozesse, toxische und infektiöse Einflüsse können zur Ausbildung eines Diabetes führen. Dazu kommen noch sogenannte »manifestationsfördernde« Faktoren, wie Fettsucht und Schwangerschaft.

Obwohl es sich beim Diabetes um eine der am besten untersuchten Stoffwechselentgleisungen handelt, sind die genauen Entstehungsursachen in jedem konkreten Fall nicht ohne weiteres auszumachen. Auch die körperlichen Anzeichen oder Symptome, für die schließlich der Diabetes verantwortlich ist, konnten erst nach und nach der Zuckerkrankheit zugeschrieben werden. Diese Symptome reichen von rascher Ermüdbarkeit, Abnahme der Leistungsfähigkeit, Nachlassen der Libido und Potenz, Gewichtsabnahme, außergewöhnlichem Durst mit dauerndem Harndrang, verminderter Resistenz gegen Infekte, Juckreiz, Starerkrankungen, Paradentose bis zur vorzeitigen Alterung und Arteriosklerose. Mitunter führt beim Erwachsenen ein Diabetes direkt zum Koma, ohne daß er vorher entdeckt wurde.

Bei der Suizidalität liegen die Verhältnisse sehr ähnlich. Die Pathogenese war lange Zeit völlig und ist weitgehend noch immer unbekannt. Aller Wahrscheinlichkeit nach besteht aber auch hier eine genetische Prädisposition bzw. Erblichkeit. Die große Zahl empirischer Beobachtungen legt nahe, daß es daneben viele andere Einflüsse gibt, die schließlich zu suizidalem Verhalten führen. Es wird deshalb so lange schwierig bleiben, die wirklichen jeweiligen Ursachen bei einem konkreten Suizid auszumachen, bis auf Grund genetischer Analysen vererbte Veranlagungen nachweisbar sein werden.

Für die genetische Prädisposition spricht auch die geographische Verteilung des Suizids. Trotz der hinlänglich bekannten Unzulänglichkeiten weisen doch alle Statistiken darauf hin, daß innerhalb Europas Ungarn die höchste Suizidrate aufweist, wie das im Kapitel »Statistik« deutlich wurde. Dicht gefolgt wird Ungarn dabei von Österreich und der Schweiz. Dadurch wird weitgehend die Hypothese entkräftet, daß in katholischen Ländern die Suizidrate geringer sei, »verdünnt« sich doch die katholische Bevölkerungsdichte in diesen drei aneinander grenzenden Ländern von Ost nach West. Es fällt jedoch auf, daß die Suizidrate in Europa im ehemaligen Gebiet der k.u.k. Monarchie, zu der Ungarn und Österreich gehörten, hoch war und bleibt – unabhängig davon, welche politischen, wirtschaftlichen oder sozialen Entwicklungen die Nachfolgestaaten durchmachten. Auffallend ist weiterhin, daß Finnland mit zu den Ländern ungewöhnlich hoher Suizidraten gehört. Obwohl Finnland nicht an das Reichsgebiet der ehemaligen k.u.k. Monarchie angrenzt, ist auf Grund einer verschiedentlich postulierten alten Sprachverwandtschaft zwischen dem Ungarischen und dem Finnischen eine gemeinsame Urverwandtschaft – mit genetischen Gemeinsamkeiten – nicht von der Hand zu weisen.

Für den Einfluß anderer Faktoren spricht umgekehrt die Tatsache, daß sich die Suizidrate von Emigranten eines bestimmten Landes nach etwa einer Generation (noch bevor durch Heirat eine gewisse Verschmelzung stattfindet) der Suizidrate des Gastlandes annähert – ohne dieser jedoch gleichzukommen.

Ähnliches ist nun auch für den Diabetes beobachtet worden. Lange Zeit wurde angenommen, daß die Zuckerkrankheit in Ozeanien, genauer auf den Samoa-Inseln, unbekannt sei. Wanderten die Ureinwohner jedoch z. B. nach Neuseeland aus, so kam es unter ihnen auch zu Erkrankungen an Diabetes – allerdings ohne der Erkrankungsrate der neuseeländischen Mischbevölkerung gleichzukommen. Diese Beobachtungen führten zur Hypothese, daß die erbliche Grundlage wohl auch bei der Bevölkerung Ozeaniens vorhanden sein müßte, daß aber die dortigen Ernährungsgewohnheiten nicht zur Erkrankung an Diabetes führten. In der Tat erkrankten nämlich jene Auswanderer aus Ozeanien in Neuseeland nicht an Zuckerkrankheit, die sich strikte auf die herkömmliche Ernährung beschränkten. Insbesondere schienen sich Milch, Milchprodukte und Rindfleisch in dem Sinne negativ auszuwirken, als es bei deren Genuß zu Erkrankungen an Diabetes kam.

Auf Grund der körperlichen (»somatischen«) Grundlage der Erkrankung an Diabetes ist es einsichtig, daß keine noch so ausgereifte psychotherapeutische Behandlung zu einer Heilung führen könnte. Dagegen ist es sehr gut möglich, daß von dieser Krankheit betroffene Menschen es schwer haben, sie anzunehmen und mit ihr, d. h. mit der Tatsache, eventuell lebenslang Medikamente zu sich nehmen zu müssen, zu leben. Zur Überwindung dieser Schwierigkeit kann eine psychotherapeutische Begleitung sehr wohl beitragen. Bei hirnorganisch bedingten, also körperlichen, aber sogenannt «psychischen« Krankheiten, die ebenfalls eine mitunter lebenslange medikamentöse Behandlung erfordern, können die Verhältnisse ähnlich liegen.

Es war deshalb naheliegend, daß solche Erkenntnisse insbesondere von Psychopharmakologen und von der pharmazeutischen Industrie aufgenommen wurden – in der Bemühung, durch geeignete Medikamente lindernd auf die verschiedenen Formen sogenannt psychischer Erkrankungen einzuwirken. Eine Heilung kann allerdings erst dann erfolgen, wenn die zugrundeliegenden Defekte eindeutig erkannt worden sind und entsprechende Heilmittel zur Verfügung stehen. Die medizinische Heilkunst befindet sich hier allerdings noch weit vom angestrebten Ziel entfernt. Das belegen schon die auf rein subjektiver Beobachtung von Kranken beruhenden Diagnosen. Eine eindeutige Diagnosestellung wird so lange von subjektiven Beurteilungskriterien abhängen, bis durch Analysen von Körpersubstanzen ein bestimmter

Defekt oder eine Steuerungsstörung von Stoffwechselprozessen reproduzierbar nachgewiesen werden kann.

Auch die Diabetesforschung ist noch nicht an ein Ende gelangt, so daß vor Ausbruch einer Erkrankung entsprechende therapeutische Maßnahmen eingeleitet werden könnten. Da Suizidalität an sich keine Krankheit ist, sondern ihr u. a. eine große Reihe von sogenannten psychischen Erkrankungen zugrunde liegen kann, sind die Möglichkeiten von Diagnosen, die dann zu präventiven Medikationen oder Eingriffen führen können, wohl in noch weiterer Ferne.

Ist einmal genau bekannt, welcher Defekt welche Stoffwechselfehlleistung zur Folge hat, könnten – wie das für andere Erkrankungen in der Erprobungsphase ist – mittels sogenannter »Gentaxis« die defekten Gene angegangen und ein »Reparaturgen« eingeschleust werden. Das hätte dann zur Folge, daß die Produktion der für eine »normale« Hirnstoffwechselleistung notwendigen Botenstoffe in hinreichender Menge und am »richtigen Ort« geschehen kann. Eine weitere medikamentöse Behandlung würde dadurch überflüssig.

Bis dieses Fernziel erreicht werden kann, werden die Bemühungen verschiedenster psychotherapeutischer Schulen nicht nachlassen, Menschen aufgrund subjektiver Kriterien zu behandeln. Die Behandlungserfolge sind dabei ebensosehr subjektiven Beurteilungskriterien unterworfen. Dazu darf nicht vergessen werden, daß plötzliche Besserungen, Remissionen, ja sogar Heilungen zustande kommen können, die aber eventuell auf anderen als den postulierten Einflüssen beruhen können. Schon C. G. Jung brachte hinsichtlich des Wertes der Freudschen Psychotherapie beachtliche Vorbehalte an. Er war vielmehr der Meinung, daß jegliche Methode und Theorie – wenn sie nur ernsthaft und gewissenhaft genug angewendet würden und von einem richtigen Verständnis des Menschseins getragen seien – eine bemerkenswerte therapeutische Wirkung haben können. Gemäß Jung könne therapeutische Nützlichkeit in keinem Falle von nur einer Schule in Anspruch genommen werden. Seiner Ansicht nach sind der Charakter und die Einstellung des Therapeuten für einen therapeutischen Erfolg ausschlaggebend. Das bedeute – mit anderen Worten gesagt –, daß so viele Theorien umsetzbar seien, wie es Menschen gäbe.

Persönliche Schlußfolgerung

Nach all den vorliegend geschilderten An- und Einsichten kann ich mich der Analyse Jean Baechlers weitgehend anschließen, wonach die Selbsttötung zur Lösung eines Problems begangen wird. Wenn sich aber z. B. in der Schweiz pro Jahr von 100 000 Menschen bis zu 25 das Leben nehmen, so bin ich der Meinung, daß es unter den 99 975 Menschen, die sich nicht töteten, wahrscheinlich mindestens 25 andere Menschen gab, die vor vergleichbaren oder vielleicht sogar schwierigeren Problemen standen als die 25, die Hand an sich legten. Was die einen von den anderen unterschied, war eventuell die Verfügbarkeit eines bestimmten »Hormons« oder ein den Anforderungen des Lebens angemessener Stoffwechsel im Gehirn. Diejenigen, die aufgrund ihrer ererbten Veranlagung z. B. zuwenig eines bestimmten »Hormones« hatten, wählten den Tod – die anderen suchten eine Lösung ihres Problems im Leben. Aufgrund dieser Erkenntnisse bin ich folgender Meinung:

Unter der Voraussetzung, daß die entsprechende Veranlagung besteht, kann der Suizid von der betroffenen Person als die scheinbar geeigneteste Lösung eines Problems gesehen werden.

Zur Illustration mögen die Lebensentwürfe der Herren Werner K. Rey und Kurt Meier dienen. Rey war Chef eines von ihm aufgebauten Finanzimperiums (»Omni Holding«) mit Sitz in Bern und Meier Direktor der Kantonalbank von Bern. Als sich für jeden von ihnen ein finanzielles Debakel anbahnte, reagierten beide darauf durch eine Flucht: Rey floh auf die Bahamas. Er floh ins Leben. Meier warf sich vor einen Zug. Er floh in den Tod. Für keinen von beiden wäre die vom anderen gewählte Problemlösungsvariante auch nur denkbar gewesen. Wir können sagen, daß das zu ihren Charakteren gehörte. Verbirgt sich aber hinter dem Wort »Charakter« vielleicht ein »Wesenszug«, der durch eine biochemische »Konstellation« von Substanzen im Gehirn geprägt ist, die in schwierigen Situationen so handeln läßt, wie von den Herren Meier und Rey gehandelt wurde?

Seit Beginn der wissenschaftlichen Beschäftigung mit dem Phänomen Suizid wird immer wieder die Frage aufgeworfen, ob die Neigung zum Suizid erblich sei. Diese Frage wurde meistens verneint. Es ist aber vor allem in den USA gegenwärtig ein gegenteiliger Trend feststellbar. Adipositas (Fettsucht), Aggression, Alkoholismus, Blindheit,

Depression, Hodgkin-Krankheit, Homosexualität, Intelligenz, männliche Promiskuität, Schizophrenie, Taubheit, weiblicher Versorgungssinn und viele andere Eigenschaften oder Erkrankungen werden – nicht ohne entsprechende wissenschaftliche Belege – auf genetische Kodierungen zurückgeführt. Walter Pöldinger sprach bei gehäuften familiären Suiziden schon 1968 von »erblich mitbedingter Psychose« und legte dar, daß »genetische Selbstmordstudien [...] zu keinem positiven Ergebnis kamen, wenn die Suizidalität an sich und nicht die zugrundeliegenden Krankheiten berücksichtigt wurden«. In eine ähnliche Richtung weist auch Jean Baechler, wenn er schreibt: »Es gibt keine Vererbung des Selbstmords, vermutlich aber eine Vererbung dessen, was ich den Faktor X oder den Widerstandskoeffizienten genannt habe.«

Er erläutert weiter: »Wenn es also einen genetischen Faktor gibt, so ist sein Einfluß auf den Selbstmord ein ganz und gar indirekter: Er führt eine Situation herbei, der das Subjekt durch den Tod zu entkommen sucht.« Diese Behauptung scheint mir nun aber insofern unwahrscheinlich, daß es »genetische Faktoren« sein sollten, die scheinbar ausweglose Situationen »herbeiführen«. Baechler spricht dann meiner Meinung nach später richtiger von einem »persönlichen Labilitätskoeffizienten« oder einer »angeborenen Neigung, auf die Probleme des Lebens in suizidaler Weise oder in suizidalem Sinne zu antworten«. Schließlich gab Baechler seiner Überzeugung Ausdruck, »daß die suizidalen Verhalten angeboren, d. h. im genetischen Code eingeschrieben sind«.

Auch der Schweizer Moraltheologe Adrian Holderegger kommt 1979 zum Schluß, »daß in der multifaktoriellen Genese des Suizides vererbte Dispositionen eine Rolle spielen.«

In die gleiche Richtung weist die amerikanische Suizidforscherin Adina Wrobleski. Die von ihr in *Suicide Why?* formulierte Frage, ob Suizid erblich sei, beantwortet sie mit einem klaren Nein. Sie räumt jedoch ein, daß genetische Prädispositionen für bestimmte Krankheiten wie Depressionen und Schizophrenie bestünden, die häufig zu Suiziden führten. Die Frage, welches die Ursachen von Suiziden seien, beantwortet sie der Reihe nach mit »Biologie des Gehirns, genetische Erbmasse, psychologische Reaktionen auf Verluste und Umwelteinflüsse sowie soziale Faktoren, denen alle Menschen unterliegen«.

Die klinischen Psychiater Haller und Lingg gehen in ihren Überlegungen am weitesten, indem sie nicht nur meinen, daß »die häufig im Suizid endenden Grundkrankheiten – z. B. endogene Depression oder

Sucht – vererbt werden«, sondern berichten von neueren »Studien aus den Gebieten der Biochemie, der Anatomie und der Zwillingsforschung«, die der Frage nachgehen, »ob Suizidalität als solche nicht doch erblich belastet ist«.

Es ist meines Erachtens höchst wahrscheinlich, daß eine gewisse Tendenz, eine gewisse Empfänglichkeit für Suizidalität vererbbar ist – so wie dies auch für Erkrankungen aus dem depressiven Formenkreis und die Schizophrenie zutrifft. Neuere Forschungsergebnisse scheinen das zu bestätigen.

Der französische Theologe Jean-Pierre Jossua wehrt jedes Ansinnen, genetische Dispositionen als »Wille Gottes« zu bezeichnen, ab:

> Was immer die Bezeichnung »Wille Gottes« ist oder nicht ist, wir wissen nichts darüber, und die Frage hat keinen Sinn für uns. [...] Der Körper und die Anlagen, die uns bei der genetischen Lotterie mitgegeben wurden, der Charakter, der durch affektive Beziehungen in unserer Kindheit [...] geformt wurde [...] wir [können] dies alles weder auf Seinen speziellen Willen beziehen [...] noch erwarten [...], daß sie in jedem Fall sinnvoll sind. Zweifellos haben wir es hier mit einer Kopernikanischen Wende im religiösen Bereich zu tun.

Schon 1971 mahnte J. A. Gray hinsichtlich der Pathogenese der Depression, die schließlich zu einem Suizid führen kann: »Auf lange Sicht muß jede Beschreibung des Verhaltens falsch sein, die nicht in Einklang mit unserem Wissen über das Nervensystem und das endokrine System steht.«

W. Morgenthaler erkennt bereits 1945 einen wahrscheinlichen inneren Zusammenhang verschiedener Einflüsse, wenn er schreibt: »Den *Selbstmord* fassen wir auf als *Konstellationsdelikt*, d. h. als »das Produkt aus einem unglücklichen Zusammentreffen endogener und exogener Momente.«[39]

Nicht mehr um rein spekulative Überlegungen geht es in neurophysiologischen Forschungsgruppen, wie z. B. der um den Lausanner Pathophysiologen Pierre Magistretti. Hier konnte nachgewiesen werden, daß Neuronen eine Plastizität besitzen, wodurch eine Regulation von Genen mittels Neurotransmittern möglich ist. Aus solchen bahnbrechenden Forschungen eröffnen sich völlig neue Horizonte für die Diagnostik und die Therapie sogenannter psychischer Erkrankungen. An der Jahrestagung der Gesellschaft für Genetik Mitte September 1995 in Bielefeld kamen die dort versammelten etwa 350 Wissenschaftler aus Mitteleuropa zum Schluß, daß »nahezu alle Krankheiten genetisch bedingt« sind. Im Zentrum der Debatten zur Erarbeitung neuer Therapiewege standen »DNA-Impfstrategien« und die »somatische Gentherapie«.

In einer Publikation in der renommierten britischen Zeitschrift ›Neuroscience and Biobehavioral Reviews‹ von 1998[40] wurde auf Grund von Studien an Gehirnen von Menschen, die durch Suizid verstorben sind, sogar von einem »Suizid-Gehirn« (Suicide Brain) gesprochen. Die Wissenschafter kamen auf Grund ihrer Beobachtungen zum Schluß, daß »suizidales Verhalten ein eigenes unabhängiges Verhaltensmerkmal mit spezifischen neurochemischen Charakteristiken« sei, und sie bezeichnen deshalb suizidales Verhalten als eine »psycho-neuro-pathologische« Eigenheit. Es erstaunt deshalb kaum, daß der Druck auf die herkömmliche Psychotherapie immer stärker wird, und der Psychiater Wolfgang Böker gibt 1995 zu bedenken:

> Zweifellos sind psychische Prozesse substratabhängig; umgekehrt beeinflussen aber seelische Vorgänge, z. B. auch psychotherapeutische Maßnahmen den Biochemismus des Gehirns; wiederum umgekehrt prägt die somatische Verfassung den emotionalen und kognitiven Zustand eines Individuums, wie sich zum Beispiel bei der Anorexia nervosa gut nachweisen läßt. Hier sind also enge zirkuläre Wechselprozesse zu vermuten, die wohl gut zur theologischen Vorstellung vom »beseelten Leib« passen.[41]

Der Psychiater V. Dittmann schrieb:

> Es wird wohl heute von jedem ernstzunehmenden Vertreter der Psycho-Wissenschaften anerkannt, daß es eine biologische Basis unseres Verhaltens gibt. [...] ich bin fest davon überzeugt, daß ein wirkliches Verständnis der menschlichen Psyche und ihrer Störungen ohne Aufklärung der biologisch-evolutiven Grundlagen unserer Existenz unmöglich ist. Die wesentlichen – wenn nicht alle? – psychischen Funktionen sind substratgebunden.

Wenn nun aber aller Wahrscheinlichkeit nach die Mehrzahl der psychischen Funktionen »substratgebunden« sind, stellt sich in der Tat immer dringender die Frage, was die herkömmlichen und die z. T. noch immer auf rein kommunikativer Basis beruhenden psychiatrischen Bemühungen wirklich zu bewirken vermochten und bewirken können. Wenn der Psychiater der Facharzt für seelische Krankheiten ist, läßt sich fragen, was diesen »Seelenarzt« vom »Seelsorger« unterscheidet. In der Tat hat seit Freud eine Entwicklung eingesetzt, die praktisch die seelsorgerischen Leistungen der Priester und Pfarrer durch Psychiater und Psychologen ablöste. Beruhte die Seelsorge lange Zeit auf dem Ergründen eventueller Verfehlungen gegen Gebote und kirchliche Lehren, die »Lossprechung« von solcherart begangener »Versündigungen« und das »Versorgen des Menschen mit dem Wort«, so beschritt die junge Psychiatrie und in der Folge die Psychologie ganz andere Wege. Die vielen, sich zum Teil bis heute bekämpfenden »Schulen« legen – ganz im Sinn der Vorhersage Carl Gustav Jungs – ein Zeugnis dafür ab, daß bisher keine der diversen Richtungen psychiatrischer Lehrmeinungen ein überzeugendes und kontrollierbares Therapiekonzept zu erarbeiten vermochte. Es ist allerdings anzunehmen, daß es mittlerweile immer weniger Psychiater geben dürfte, die ihre Arbeit ohne Zuhilfenahme von Medikamenten glauben verrichten zu können, gab doch z. B. der Schweizer Psychiater Klaus Ernst zu bedenken:

> Wer heute einen suizidalen depressiven Patienten grundsätzlich medikamentenfrei behandelt, muß die ungewöhnlichen Gründe für seinen Therapieverzicht dokumentieren, wenn er dem Vorwurf eines Kunstfehlers begegnen will.[42]

Wenn »substratgebundene« Ursachen nahezu allen psychischen Erkrankungen zugrunde liegen, ist zur Behebung derselben ein biochemisches Einwirken auf diese »Substrate« (meist komplexe chemische Verbindungen) notwendig. Dieser Weg wird so lange gewählt werden müssen, bis eine eigentliche »Gentherapie« möglich wird.

Es ist jedoch unbestritten, daß (mitunter lebenslänglich einzunehmende) Medikamente eine begleitende verständnisvolle Stützung des suizidalen Menschen – wie z. B. eine Psychotherapie – nicht vollständig ersetzen können. Oft ist das einfühlende Eingehen auf die als aussichtslos empfundene Situation Voraussetzung für einen erfolgreichen Einsatz von Psychopharmaka.

Weitere Forschungsergebnisse lassen vermuten, daß nicht nur fehlende oder in nicht genügender Menge zur Verfügung stehende Neurotransmitter für sogenannte psychische Erkrankungen verantwortlich sind. Durch neuere bildgebende Verfahren, wie »PET« (Positronen-Emissions-Tomographie) und »MRI« (Magnetische Resonanz-Bildgebung) konnten bei Patienten mit starken Depressionen 8% (PET) bzw. 39% bis 48% (MRI) geringere Aktivitäten in einem bestimmten Bereich des vorderen Großhirns festgestellt werden.

Die klassische Psychoanalyse kommt angesichts der neurobiologischen und neurophysiologischen Erkenntnisse ganz besonders unter Druck. Die Erklärung des psychischen Erlebens scheint nunmehr eher Domäne der Psychologie und der Neurowissenschaften zu werden. Den psychischen Realitäten wohnen Eigengesetzlichkeiten inne. Sie sind so verschieden von der physischen Wirklichkeit wie es die Vorstellungswelten von der real existierenden Welt sind.

Wichtige Adressen und Anlaufstellen; Krisendienste

Die nachfolgende Liste wurde vornehmlich von Dr. W. Dorrmann, Bamberg, (E-Mail-Adresse Wdorrmann@aol.com) zusammengestellt und zum Teil von mir ergänzt.

Wenn Sie hier keine Anlaufstelle in Ihrer Nähe finden sollten, wenden Sie sich am besten an folgende Einrichtungen, die es in jeder Stadt gibt und die ebenfalls Anlaufstellen für Menschen in Krisen sind:

- Beratungsstellen für Ehe-, Familien- und Lebensfragen
- Psychosoziale Beratungsstellen
- Sozialpsychiatrische Dienste
- Externe Psychiatrische Dienste (EPD)
- Universitäre Psychiatrische Dienste (UPD)

Natürlich ist es auch möglich, sich an den ärztlichen Notdienst zu wenden, der über die Einrichtungen am Ort informiert sein müßte.

Außerdem gibt es ein noch ausführlicheres Verzeichnis von Hilfseinrichtungen als das nun folgende. Sie erhalten es bei der Beratungsstelle NEUhland, Nikolsburger Platz 6, 10717 Berlin, Tel.: 030-8730111 Fax: 030-8734215

Krisendienste in größeren Städten Deutschlands, nach Postleitzahlen geordnet:

Postleitzahl 0....

- Betreuungsstelle für Suizidgefährdete (in der Poliklinik für Psychiatrie), Fetscherstr.74, 01307 Dresden, Tel.: 0351-4583111
- Institut für Notfallseelsorge und Krisenintervention, Humboldstraße 28, 07743 Jena, Tel.: 03641-829229, Fax: 03641-829230, www.bubis.com/ags/institut.htm E-Mail: heinecke@anae1.med.uni-jena.de

Postleitzahl 1....

- Kriseninterventionszentrum Krankenhaus Moabit, Turmstr. 21, 10559 Berlin, Tel.: 030-39372040
- Krisen- und Beratungsdienst e. V., Apostel-Paulus-Str. 35, 10823 Berlin, Tel: 030-7818585
- Kriseninterventionsstation im Krankenhaus am Urban, Dieffenbachstr. 1, 10967 Berlin, Tel.: 030-697702

- Kriseninterventionsstation im Krankenhaus Neukölln, Rudower Straße 48, 12351 Berlin, Tel.: 030-60042229
- Krisenambulanz in Wedding, Malplaquetstr. 32, 13347 Berlin, Tel.: 030-4553030
- Psychiatrischer Notdienst in Berlin-Charlottenburg u. Wilmersdorf, Horstweg 2, 14059 Berlin, Tel.: 030-3222020
- NEUhland www.neuhland.de Träger von NEUhland: »Hilfen für suizidgefährdete Kinder und Jugendliche e.V.«, Nikolsburger Platz 6, 10717 Berlin-Wilmersdorf
- TABEA e. V., Beratungsstelle für Trauernde, c/o Foyer an der Gedächtniskirche, Berlin, Infotel.: 030-4955747 (Di. u. Do. 09.00–12.00 Uhr)

Postleitzahl 2....

- Therapiezentrum für Suizidgefährdete in der Universitätsklinik-Eppendorf: TZS (eigene Homepage)
- Verein zur Suizidprophylaxe e. V., Kleiner Pulverteich 15a, 20099 Hamburg, Tel.: 040-246395
- Psychosoziale Kontaktstelle – LOTSE, Fährstr. 70, 21107 Hamburg-Wilhelmsburg, Tel.: 040-759999
- TABEA e.V., Rehrberg 9, 21335 Lüneburg, Tel.: 04131-733077 (Mo.–Do. 8.00–9.00 Uhr)
- Die Brücke e.V., Großflecken 26, 24534 Neumünster, Tel.: 04321-47770
- Anonymes Beratungszentrum f. junge Menschen e.V., Grazer Str. 76, 27568 Bremerhaven, Tel.: 0471-42929
- Evangelische Familienbildungsstätte, Monika Zabel, Schulstraße 14, 27749 Delmenhorst, Tel.: 04221-150048
- Offene Tür Bremen, Balgebrücke 22, 28195 Bremen, Tel.: 0421-324272
- Sozialpsychiatrischer Dienst, Hornerstr. 60–70, 28203 Bremen, Tel.: 0421-36115566

Postleitzahl 3....

- Evangelische Jugendhilfe, Gruppe Geschwistertrauer, Oskar-Winter Straße 2, 30161 Hannover, Tel.: 0511-327775
- Präventionsprogramm Polizei/Sozialarbeiter (PPS), Gartenallee 14, 30449 Hannover, Tel.: 0511-446996 od. 457413 od. 1093948
- Beratungsstelle für Selbstmordgefährdete – Verein für Suizidprävention, Bahnhofsallee 26, 31134 Hildesheim, Tel.: 05121-58828 (tgl. 20.00–23.00 Uhr) od. 516268
- DER RING e.V. Kontakt für Menschen in seelischen Notlagen und Angehörige, Ilseder Str. 39, 31226 Peine, Tel.: 05171-52121
- Hilfe zum Weiterleben – AK für Selbstmordverhütung u. Krisenberatung e.V., Postfach 1818, 32708 Detmold, Tel.: 05231-33377
- Psychosozialer Krisen- und Notfalldienst der Stadt Bielefeld, August-Bebel-Str. 92, 33602 Bielefeld, Tel.: 0521-516728
- Krisenberatung Hilfe für Selbstmordgefährdete, Johanneswerkstr. 12, M. Willuweit, S. Dziurzik, E. Stein, 33611 Bielefeld, Tel.: 0521-83042

- Die Brücke – Beratung für Menschen mit seelischen Problemen, Löher Str. 37, 36037 Fulda, Tel.: 0661-73023
- Krisenberatung Parkstr. 8a, 38102 Braunschweig, Tel.: 0531-220110
- «Die Arche«, Verein für psychosoziale Hilfen e. V., Kommißstr. 5, 38300 Wolfenbüttel, Tel.: 05331-27849

Postleitzahl 4....

- Psychiatrisches und neurologisches Gesundheitsinstitut für Lebensberatung, Willi-Becker-Allee 10, 40227 Düsseldorf, Tel.: 0211-8995391
- Krisen- und Kontaktzentrum, Virchowstr. 10, 44263 Dortmund, Tel.: 0231-435077
- Krisenbegleitung, Vom-Rath-Str. 10, 47051 Duisburg, Tel.: 0203-22656
- Verein für Suizidprophylaxe und Krisenbegleitung Münster e. V., Spiekerhof 44, 48143 Münster, Tel.: 0251-519005 www.muenster.org/krisenhilfe/ E-Mail: krisenh@muenster.org
- Bundesvereinigung für Streßbearbeitung nach belastenden Ereignissen (SBE), Hammerstraße 14, 48153 Münster, Tel.: 0251-523517

Postleitzahl 5....

- Psychosoziale Arbeitsgemeinschaft Köln, Neumarkt 15–21, 50667 Köln Tel.: 0221-2214560
- Michael-Franke-Stiftung, Quantius Str. 8, 53115 Bonn, Tel.: 0228-696939
- Bundesverband Deutscher Psychologen (BDB), Heilsbachstraße 22, 53123 Bonn, Tel.: 0228-987310
- Arbeitskreis Suizidgefährdete, Meckenheimer Str. 85 53179 Bonn, Tel.: 0228-343563
- Pfarrer Joachim Müller-Lange, Akazienstr. 22, 53859 Niederkassel, Tel.: 02208-8229, Fax: 02208-1704
- TECUM – Verein zur Betreuung suizidgefährdeter Menschen e. V., Rizzastr. 14, 56068 Koblenz, Tel.: 0261-984440
- Pfarrer Karl-Heinz Schanzmann, e. V. Gemeindepfarrer, FF Herdecke, Vaestenberg 42e, 58313 Herdecke, Tel.: 02330-1851
- Kontakt- u. Krisenhilfe im Ennepe-Ruhr-Kreis e. V., Wilhelmstr. 13, 58332 Schwelm, Tel.: 02336-18408
- Pfarrer Oliver Gengenbach, Westerweide 33, 58456 Witten, Tel.: 02302-175-2608, Fax: 02302-175-2605, E-Mail: o.gengenbach@cww.de

Postleitzahl 6....

- Beratungsdienst Hauptwache, Hauptwache, 60313 Frankfurt/Main, Tel.: 069-292711
- Beratungsstelle Psychotherapie, Scheidswaldstraße 41, 60385 Frankfurt/Main, Tel.: 069-551866
- Krisenintervention der Städtischen Kliniken Darmstadt, Grafenstr. 9, 64283 Darmstadt Tel.: 06151-107-1
- Die Arche – Beratungsstelle und Hilfe in Lebenskrisen, Brigitte Grambit-

ter-Mayer, Falkenstraße 19, 67063 Ludwigshafen/Rhein, Tel.: 0621-510184
- Psych. Beratungsstelle der Psychosozialen Hilfe Heidelberg e.V., Wolfgang Sessar, Berlinerstraße 14, 69120 Heidelberg, Tel.: 06221-412481

Postleitzahl 7....
- Psychosoziale Beratungsstelle für Suizidgefährdete »Klause«, Wolfgang Stich, Heike Tisch, Kartäuserstr. 77, 79104 Freiburg, Tel.: 0761-33388
- Arbeitskreis Leben (AKL) – Laienhilfe und Kontakt in Lebenskrisen, Schöllkopfstr. 65, 73230 Kirchheim, Tel. 07021-75002
- Arbeitskreis Leben Stuttgart e. V. – Hilfe bei Selbstmordgefährdung und Lebenskrisen, Sybille Mayer-Kramer, Ellen Wittke, Eierstr. 9, 70199 Stuttgart, Tel.:0711-600620, Fax: 0711-607 91 69, E-Mail: ak-leben-stgt@t-online.de
- Arbeitskreis Leben (AKL) Laienhilfe u. Kontakt in Lebenskrisen e. V., Carola Schnurr, Österbergstr. 4, 72074 Tübingen Tel.: 07071-19298; Geschäftsnummer: 07071-9221-0, Fax: 07071-9221-90
- Arbeitskreis Leben (AKL) e. V. Nürtzingen und Kirchheim/Teck – Gert Dörung, Birgit Hammer, Lore Hofmann, Laienhilfe und Kontakt in Lebenskrisen, Frickenhäuser Str. 16, 72622 Nürtingen, Tel.: 07022-19298
- Pfarrer Dierk Schäfer, Evangelische Akademie, 73087 Bad Boll, Tel.: 07164-79209(-0), Fax: 07164-79440
- Arbeitskreis Leben, Weinsberger Str. 45, 74072 Heilbronn, Tel.: 07131-164251
- Arbeitskreis Leben e. V., Hirschstr. 87, 76137 Karlsruhe, Heidi Winterling, Familie Abegg, Tel.: 0721-841266 (Mo.-Fr. 10.00–12.00; Mi. 17.00–19.00)
- Koordinationsstelle für Konflikthandhabung/Krisenintervention, Prof. Dr. Buchmann, Sturmbühlstraße 250, 78054 Villingen-Schwenningen, Tel.: 07720-309-0
- KONTAKTKREIS LEBEN, Aspenweg 25, 78727 Oberndorf-Neckar, Tel.: 07423-3604
- Arbeitskreis Leben Reutlingen e. V., Gabi Ganz, Karlstr. 28, 72764 Reutlingen, Tel. 07121-19298, Geschäftsstelle: Tel.: 07121-44412, Fax: 07121-470732
- Sorgentelefon für Erwachsene, 79641 Schopfheim, Tel.: 07762-9001
- Arbeitskreis Leben (AKL) – Sindelfingen (am Städt. Krankenhaus), Artur-Gruber-Str. 70, 71065 Sindelfingen, Tel. 07031-98-2006, Fax: 07031-98-2214
- IN VITA, Am Klosterplatz 2, 79100 Freiburg, Tel.: 0761-2907111 (Di. 18.00–20.00; Fr. 10.00–12.00)

Postleitzahl 8....
- Die Arche – Selbstmordverhütung und Hilfe in Lebenskrisen e. V., Vera Käufl, Viktoriastr. 9, 80803 München, Tel.: 089-334041 (Büro 09.30–17.30)

- M.I.T. Münchner Institut für Trauerpädagogik, Renate Bauer-Mehren, Grabmannstraße 19, 81476 München, Tel.: 089-754816
- Andreas Müller-Cyran MA, Michael-Hartig-Weg 6, 81929 München, Tel.: 089-95720327, Fax: 089-95720326
- Medizinisch-Psychosomatische Klinik Roseneck, Am Roseneck 6, 83209 Prien am Chiemsee, Tel.: 08051-680
- Ehe-, Familien- und Lebensberatung, Jesuitenstr. 4, 85049 Ingolstadt, Tel.: 0841-309111
- Kriseninterventionsstation d. Bezirkskrankenhauses Haar, Ringstr. 12, 85540 Haar (b. München), Tel.: 089-46182400
- Psychiatrisches Landeskrankenhaus, 88214 Weissenau-Ravensburg, Tel.: 0751-7601-0

Postleitzahl 9....

- Ambulanter Krisendienst Nürnberg/Fürth, An den Rampen 29, 90443 Nürnberg, Tel.: 0911-4248550 (Montag–Donnerstag: 18.00–24.00 Uhr; Freitag: 16.00–24.00 Uhr; Samstag, Sonntag und Feiertage: 10.00–24.00 Uhr), Fax: 0911-4248558
- Die Brücke – Lebensberatung, Vierzigmannstr. 3, 91054 Erlangen, 09131-25964 (Anrufbeantworter)
- Krisendienst HORIZONT – Hilfe bei Selbstmordgefahr, Hemauer Str. 8, 93047 Regensburg, Tel.: 0941-58181
- Deutsche Gesellschaft für Suizidprävention (DGS), Prof. Manfred Wolfersdorf, Bezirkskrankenhaus Bayreuth, 95445 Bayreuth, Tel.: 0921-2830
- Beauftragter für Notfallseelsorge der Diözese Würzburg: Pfarrer Thomas Keßler, Mürsbach 83, 96179 Rattelsdorf, Tel.: 09533-8281, Fax: 09533-8285
- Soziale Beratung im Diakonisch-Sozialen-Zentrum, Elsässer Str. 9, 96450 Coburg, Tel.: 09561-27721
- Sozialpsychiatrischer Dienst der WÜRZBURGER BRÜCKE e.V., Juliuspromenade 3, 97070 Würzburg, Tel.: 0931-55445
- Krisendienst Würzburg – Hilfe bei Selbstmordgefahr, Kardinal Döpfner Platz 1, 97070 Würzburg, Tel.: 0931-571717
- Pfarrer Hanjo v. Wietersheim, Beauftragter der Ev.-Luth. Landeskirche für Notfallseelsorge in Feuerwehr und Rettungsdienst, Pfarrgasse 2, 97355 Wiesenbronn, Tel.: 09325-6786, Fax: 09325-6838, E-Mail: NotfallseelsorgeBayern@t-online.de
- Psychosomatische Fachklinik Heiligenfeld, Euerdorfer Straße 4-6, 97688 Bad Kissingen, Tel.: 0971-82060

Gruppen für Angehörige in Deutschland:

- Dr. phil. Wolfram Dorrmann, Psychologischer Psychotherapeut, Kinder- und Jugendlichenpsychotherapeut, www.krisen-intervention.de E-Mail: wdorrmann@aol.com
- Allgemeine Trauergruppen, Helmut und Gisela Sanne, Dorfstraße 17, 19395 Barkow, Tel.: 03875-41311
- Kontakt- und Informationsstelle für Verwaiste Eltern in Deutschland e.V., Esplanade 15, 20354 Hamburg, Tel.: 040-35505643 od. 35505644
- Gruppe für Angehörige und Hinterbliebene von Suizidenten in der Psychiatrischen Ambulanz am AK Eilbek, Friedrichsberger Str. 53, 22081 Hamburg, Tel.: 040-20200666
- TrauDichReisen, Johann Bunte Straße 73, 26871 Papenburg, Tel.: 04961-71123
- Selbsthilfegruppe für trauernde Eltern, Beratungsstelle des Vereins für Suizidprävention e.V., Bahnhofsallee 26, 31134 Hildesheim, Tel.: 05121-56286
- Gesprächsgruppe und Einzelberatung f. Angehörige nach einem Suizid. E. Stein, Johanneswerkstr. 12, 33611 Bielefeld
- Trauerseminare Jorgos Canacakis, Goldammerweg 9, 45134 Essen, Tel.: 0201-442469
- TUBF, Chris Paul, Hauptstraße 33, 53547 Ohlenberg (privat); Dorotheenstr. 1–3, 53111 Bonn, Tel.: 02644-5177 (privat); 0228-65322
- Michael-Franke-Stiftung, Quantius Str. 8, 53115 Bonn, Tel.: 0228-696939
- Offene Selbsthilfegruppe, Ingrid Schneider, 60313 Frankfurt/Main, Tel.: 06173-62641
- Selbsthilfegruppe evang. Dekanat Kirchberg, Bad Soden; Kloster Kirchberg Sulz/Neckar, Gretel Winterling, Kurmainzerstr. 14, 61402 Königstein, Tel.: 06174-21333
- Praxis für Psychotherapie/Trauerbegleitung, Dipl. Psych. Helmuth Bühler, Theodor-Veiel-Str. 34, 70374 Stuttgart, Tel.: 0711-5201621 od. 0711-4845626
- Schwestern der Casteller Comunität, Station Nürnberg, Breite Gasse 82, 90402 Nürnberg, 0911-221821
- Einzelbegleitung und AGUS (Angehörige um Suizid)-Gruppe, Dipl.-Psych. Helgard Hefner, Jakobinenstraße 10, 90762 Fürth, Tel.: 0911-9700822
- Selbsthilfegruppe Trauer nach Suizid, Barbara Sillack, Margeritenstraße 10, 91074 Herzogenaurach, Tel.: 09132-9896 (am besten nach 18.00 Uhr)
- Offene Selbsthilfegruppe, Gerlinde Trammer, Pfarrstraße 19, 91522 Ansbach, Tel.: 0981-12339
- Angehörigengruppe um Suizid AGUS e. V., Wichernstr. 1, 95447 Bayreuth, Tel.: 0921-66110 (Es gibt zusätzlich AGUS-Regionalgruppen in Ansbach, Berlin, Bremen, Duisburg, Frankfurt a. M., Hamburg, Köln, Landshut, München und Nürnberg)
- Selbsthilfegruppe für Trauer nach Suizid und erweitertem Suizid, c/o

KOS-Kontaktstelle für Selbsthilfegruppen, Holzmarkt 12, 96047 Bamberg, Tel.: 0951-25541
- Trauer nach Suizid, c/o Dorothea Rau-Lembke, Weipelsdorfer Straße 17, 96047 Bischberg
- Selbsthilfebüro, Karmelienstraße 43, 97070 Würzburg, Tel.: 0931-571717

Weitere Informationen erhalten Sie über die:
- Deutsche Gesellschaft für Suizidprävention – Hilfe in Lebenskrisen e. V. (DGS), Bezirkskrankenhaus Bayreuth, Nordring 2, 95445 Bayreuth, Tel.: 0921-283300

Schweiz:
- Schweizerische Gesellschaft für Krisenintervention und Suizidprophylaxe, Prof. Dr. med. Asmus Finzen, Präsident, Psychiatrische Universitätsklinik, Wilhelm Klein-Str. 27, Postfach, 4025 Basel, Tel.: 061-3255111, Fax: 061-3255258

Gruppen für Angehörige in der Schweiz:
- Regenbogen Schweiz (in Anlehnung an *The Compassionate Friends*), Agnes Maire, Krähenbergstraße 13, 2543 Lengnau, Tel.: 032-6521181
- Gruppe Suizid: Irene Aebi, Schulstraße 43, 3363 Oberönz, 032-3511052
- Jacqueline und Erik Rutgers-Cardis, av. d'Ouchy 23, 1006 Lausanne, Tel. 021-6164280
- Refugium, Selbsthilfegruppe für Partnerverlust nach Suizid, Ebo Aebischer-Crettol, Waldriedstraße 23, 3074 Muri bei Bern, Tel.: 031-9515007, Fax: 031-9519304, E-Mail: monebo@bluewin.ch
- Offene Selbsthilfegruppe für Partnerverlust und andere Verluste durch Suizid, Frau Anneliese Leskow, Weiermattstr. 24, 3027 Bern, Tel.: 031 991 04 56 (Gruppentreffen jeden dritten Montag eines Monats von 20.00 bis 22.00 Uhr)
- VASK (Angehörige von schizophreniekranken Menschen) Schweiz, Gasometerstr. 9, Postfach 6161, 8005 Zürich, Tel.: 01-2710405
- Verein EQUILIBRIUM (Menschen mit Depressionen), Neugasse 4, Postfach 4819, 6304 Zug, Tel.: 041-7287169
- VPB, Verein Psychiatrie-Erfahrene Bern, Gartenstr. 12, 3063 Ittigen, Tel.: 031-9214347
- Schweiz. Stiftung Pro Mente Sana, Rotbuchstr. 32, Postfach, 8042 Zürich, Tel.: 0848-800858

Österreich:
- Kriseninterventionszentrum Prof. G. Sonneck/Prof. E. Ringel, Spitalgasse 11, 1090 Wien, Tel.: 0222-4395950
- Kriseninterventionszentrum Linz, Tel. 0732-2177

Gruppen für Angehörige in Österreich:
- Regenbogen, Helga und Erhard Rydlo, Löwenstraße 51, 1030 Wien, Tel.: 030-7329462
- Verwaiste Mütter, Väter, Geschwister; Elisabeth Maurer, Schererstraße

50/4/9, 1210 Wien; Versammlungsort: Amalienstraße 21–33, Zi. 14, Wien 13

- Projekt X, Andrea Hiti, Volksgartenstr. 1 (5. Stock), 8020 Graz, Tel.: 0664-3586786 (Mo–Fr ab 16.00 Uhr), projekt-x@myweb.de
- WEIL-Hilfe, Tel. 0664-3586786 (24 Stunden pro Tag)
  (Stand: Oktober 1999)

TELEFONSEELSORGE, TELEFONE DES VERTRAUENS und INTERNET-SEELSORGE

Rufnummern der Telefonseelsorge

Deutschland:
überregional: 0800-1110111 (evangelisch) und 0800-1110222 (katholisch)
regional: 11101 und 11102

Telefonseelsorge Berlin: 030-6135023
Diese einheitlichen Rufnummern wurden im Jahr 1997 von der Deutschen Telekom kostenfrei geschaltet; d. h. es werden keine Einheiten gezählt.

Österreich: Vorwahl / 1770

Schweiz: 143

sms (Short-Message-Service) »save my soul«: +4176 3330035 (deutsch); +4176 3330045 (französisch); +4176 5472586 (italienisch)

Die Rufnummern der Telefonseelsorge sind in der Regel rund um die Uhr besetzt. Dort können Sie Fachleute oder ausgebildete Laien antreffen. Manchmal wird auch die Möglichkeit einer Briefseelsorge angeboten.

Unter der Adresse www.beratung.das-berlin.de/ findet sich die kostenlose und anonyme Online-Krisenberatung verschiedener Berliner Organisationen (Telefonseelsorge – ProFamilia – Lesbenberatung e. V. – Schwulenberatung e. V. – Berliner Aidshilfe e. V. – Network e. V. – Mannege e.V.)

Auf der Webseite www.suizidprophylaxe.de gibt es unter »Hilfeeinrichtungen« einen Verweis auf Adressen in Deutschland.

Herr Michael Witte von www.neuhland.de ist dabei, eine umfassende Adressensammlung zu erstellen, die ab Jahr 2000 angefordert werden kann.

Der erste Seelsorgedienst auf dem Internet wird in sieben Sprachen (deutsch, englisch, französisch, italienisch, dänisch, holländisch und ungarisch) angeboten unter: www.seelsorge.net

Selbsthilfegruppen

Selbsthilfegruppen gibt es zu den verschiedensten Themen. Die Selbsthilfegruppen, die für Sie in Frage kommen dürften, sind die zu den Themen «Depression« und die Gruppe «Emotions Anonymous« (EA). Letztere wird nach einem ähnlichen Konzept wie dem der Anonymen Alkoholiker (AA) geleitet. Diese Selbsthilfegruppen existieren in den meisten größeren Städten Deutschlands. Entsprechende Adressen erhalten Sie bei der:

- Kontakt- und Informationsstelle für Selbsthilfegruppen (NAKOS), Albrecht-Achilles-Str. 65, 10709 Berlin, Tel.: 030-8914019
- Selbsthilfegruppen für emotionale Gesundheit: Emotions Anomymous (EA), Kontakt- u. Informationsstelle, Katzbachstr. 33, 10965 Berlin, Tel.: 030-7867984
- www.sekis-berlin.de vermittelt speziell für Berlin Adressen von Selbsthilfegruppen

In der Schweiz können die Adressen und Kontaktpersonen von Selbsthilfegruppen bei der Arbeitsgemeinschaft KOSCH (Koordination der Selbsthilfegruppen-Förderung in der Schweiz) bei folgender Adresse in Erfahrung gebracht werden:

- Selbsthilfezentrum Hinterhuus, Feldbergstr. 55, 4057 Basel, Tel.: 061-6928100, Fax: 061-6928177

Selbsthilfeadressen und Beratung im INTERNET

Zusammengestellt von Dr. W. Dorrmann (Bamberg). Die Internet-Adressen wechseln mitunter rasch. Es kann auch sein, daß beim Aufrufen einer Adresse folgende Meldung kommt: »Konnte nicht geöffnet werden. Die Internet-Site meldet, daß die Verbindung hergestellt wurde, aber keine Daten verfügbar sind.«

a) Newsgroups: Dies sind meist englischsprachige Diskussionsgruppen, in denen einerseits Informationen ausgetauscht, aber auch Kontakte geknüpft werden. Hier findet man Betroffene, Angehörige und Fachleute. In der Regel beziehen sich die Inhalte auf die Themen, mit denen sie beschrieben sind. Die Gruppe alt.suicide.holiday allerdings hat sich ursprünglich nur mit der Frage beschäftigt, warum denn in Urlaubszeiten gehäuft Selbsttötungen auftreten. Inzwischen werden hier aber auch andere Fragen zum Thema Suizid diskutiert.

- alt.suicide.finals
- alt.fan.suicide-squid (Diese Gruppe ist eigentlich durch ein Mißverständnis entstanden und wird daher selten zum Austausch benützt.)
- alt.support.loneliness
- alt.support.depression
- soc.support.depression.crisis

Wie Sie zu den Informationen dieser Gruppen kommen oder sich an den Diskussionen beteiligen können, hängt vom Zugang ab, den Sie zum Internet haben. Hier müssen Sie sich an der Software (Newsreader) orientieren, die Ihr Provider (Compuserve, AOL, Metronet, Bürgernetz, bluewin, swissonline, usw., usw.) zur Verfügung stellt.

- www.webhealing.com Hier finden sich auf englisch allgemeine Informationen über das Thema Trauer und die Beratungsstellen in Amerika sowie eine ausgedehnte Literaturliste. Des weiteren werden »Orte« geschildert, an denen seiner Verstorbenen gedacht, und Anleitungen gegeben, wie die eigene Trauer literarisch verarbeitet werden kann. Es gibt hier auch ein Diskussionsforum.

- Bei www.yahoo.com können unter dem Suchstichwort »death« viele verschiedene »hotlinks« zum Thema Tod und Trauer gefunden werden.
- http://psychcentral.com Die »Homepage« eines Psychiaters, von der aus computergestützte Diskussionen mit Spezialisten geführt werden können.
- www.bereavement.com Hier wird u. a. ein offenes Forum für Trauernde angeboten.
- www.adec.org »Association for Death Education and Counseling«:

Hilfsquellen für professionelle Helfer

b) Mailing-Lists: Wer sich in diese Listen eintragen läßt, bekommt regelmäßig die neuesten Diskussionsbeiträge und Informationen zu den entsprechenden Themen und kann sich auch hier selbst an den Diskussionen beteiligen

- listserv@listserv.gmd.de
  Ein E-Mail an die obige Adresse mit dem Text: subscribe cycle-L »Ihr Name« führt zu einer Mitgliedschaft in einem deutschsprachigen Verteiler, in dem sich (ausschließlich!) Betroffene zu den Themen Depression und Therapie austauschen.

c) Pages: Seiten (zum Teil auch in deutscher Sprache), auf denen Informationen und oft auch weitere Verbindungen (Links) zu verwandten Themenbereichen vorgeschlagen werden.

- www.seelsorge.net
  Unter dieser Adresse findet man den ältesten, deutschsprachigen (und mittlerweile in sechs weiteren europäischen Sprachen) Internet-Seelsorge-Dienst. Dieser Dienst wird von 20 Theologinnen und Theologen (Priestern, Pfarrern und Pfarrerinnen, Pastoralassistenten und Pastoralassistentinnen und Psychologinnen und Psychologen) ehrenamtlich geleistet. Hier findet sich auch die Anlaufstelle für »Trauernde im Internet« monebo@bluewin.ch
- www.coil.com/~grohol/helpme.htm
  Hier werden verschiedene themenspezifische Internet-Adressen, als »Suicide-Helpline« zusammengefaßt, angeboten.
- www.save.org/
  Die Homepage der amerikanischen *Organisation Suicide Awareness / Voices of Education.* Sie hat das Ziel, die Bevölkerung über die Gründe von Suizidalität aufzuklären. Als wichtigster Grund wird die unbehandelte Depression genannt. Hier werden auch die gegenwärtig zur Verfügung stehenden Medikamente für die Behandlung von Depressionen aufgelistet. Immer wieder aktualisierte Informationen und Hilfen für Suizidale oder deren Angehörige. Für Menschen, die der englischen Sprache mächtig sind, handelt es sich um eine der besten Informationen auf dem Internet.
- www.samaritans.org.uk
  Die Homepage der englischen Suizid-Selbsthilfe-Organisation »The Samaritans«.
- www.psycholBerat.xnc.com/psycholBerat/

Die Seite Telefonseelsorge Köln. Sie werden dort mit den verschiedenen Möglichkeiten der psychologischen Beratung im Netz vertraut gemacht. Eine sehr empfehlenswerte Adresse, wenn Sie diesen Weg der Kommunikation für sich als den besten finden.

- www.rrze.uni-erlangen.de/docs/FAU/fakultaet/med/kli/kik/pk/shiplind.htm
  Die Self-Help-Seite der Medizinischen Fakultät der Universität Erlangen, jedoch mit nur wenigen deutschsprachigen Adressen.

d) Internet Relay Chat (IRC)

IRC und Newsgroups sind die unmittelbarste Art und Weise, sich am Bildschirm mit den eigenen Problemen auseinanderzusetzen, also »subito«: sofort. Es ist zudem eine absolut anonyme Art, mit anderen Menschen in Kontakt zu kommen. Für das IRC ist allerdings eine spezielle Software notwendig, zum Beispiel das Programm mIRC. Falls Sie dieses oder ein ähnliches nicht schon haben, können Sie es sich kostenlos auf Ihre Festplatte laden, wenn Sie sich mit folgender Adresse verbinden lassen: www.mirc.co.uk. Klicken Sie diese einfach an, wenn Sie das Programm herunterladen wollen. Allerdings ist das Angebot auf deutsch noch gering. Folgende Kanäle sind für den hier behandelten Themenkreis von Interesse:

#suicide
#suicidal (im Undernet)

In diesen Kanälen tauschen Betroffene zum Teil anonym (unter einem Pseudonym »nickname«) ihre Erfahrungen aus, diskutieren eigene Probleme und bieten einander Hilfe und Unterstützung.

#asd (Kanal der Newsgroup: alt.support.depression)

Auch in diesem Kanal, im sogenannten »Undernet«, treffen sich Menschen »in Echtzeit« (live), um miteinander über ihre momentanen persönlichen Probleme zu reden.

Einen sehr guten Beitrag über die Probleme der Internet-Seelsorge schrieb im Juni 1999 Frau Prof. Sabine Bobert-Stützel: http://homepages.go.com/~sbobert/Soulnet.htm

www.hall-of-memory.com/antholo/Ainhalt.htm Werke der Weltliteratur von Heine bis Platon zu den Themen Abschied und Trauer (auf deutsch).

www.geocities.com/HotSprings/Spa/4888/ ist eine von Katrin Jaeger eingerichtete Seite namens »Schwarze Rose – Mein Schrei nach Leben«. Dort können wertvolle Informationen über Befindlichkeiten in Depressionen, Hilfe in akuten Krisen und Unterstützung für Angehörige abgerufen werden.

Quellenverzeichnis

1 Hole, Günter: Fanatismus. Der Drang zum Extrem und seine psychologischen Wurzeln; 1995, S. 116
2 Hole, Günter: Fanatismus. Der Drang zum Extrem und seine psychologischen Wurzeln; 1995, S. 159
3 Drewerman, Eugen: Psychoanalyse und Moraltheologie; 1982, S. 142
4 Drewerman, Eugen: Psychoanalyse und Moraltheologie; 1982, S. 144
5 Jossua, Jean Pierre: Concilium, 21, 1985, S. 220
6 Diplomarbeit von Annas Mutter zum Thema Suizid bei Jugendlichen mit Fokus auf die Suizidprävention von U. Hänne und B. Ruch (HSS Solothurn 1999)
7 Adler, Alfred, in: Willemsen, Roger: Der Selbstmord; 1986, S. 196
8 Quételet, in: Greither, Aloys: Selbstmord und Erziehung; 1939, S. 62
9 Durkheim, Emile: Der Selbstmord; 1995, S. 356
10 Baechler, Jean: Tod durch eigene Hand, 1981, S. 54
11 Camus, Albert: in: Willemsen, Roger: Der Selbstmord; 1986, S. 256
12 Kierkegaard, Sören: in: Willemsen, Roger: Der Selbstmord; 1986, S. 160
13 Milch, Wolfgang: Pflegezeitschrift 47, 1994
14 Szondi, Leopold: Schicksalsanalyse; 1944, S. 307
15 Szondi, Leopold: Schicksalsanalyse; 1944, S. 308
16 Schwarz, Fritz: Probleme des Selbstmordes; 1946, S. 77
17 Kant: Anthropologie I, 3
18 Gaupp, Robert: Über den Selbstmord; 1905, S. 21
19 Gaupp, Robert: Über den Selbstmord; 1905, S. 24
20 Kräfthner, Hertha: in: Haller, Reinhard und Lingg: Selbstmord – Verzweifeln am Leben? 1987, S. 83–85
21 Morgenthaler, W. und Steinberg, Marianne: Letzte Aufzeichnungen von Selbstmördern; 1945
22 Ide, Helga: Mein Kind ist tot; 1988; Bühl, Renée M.: Colère de vivre; 1996; Smaic, Cornelia: Adieu mon ami...; 1999
23 Siehe Sirach: 38,18 sowie Sir 30,23b: Der Trübsinn hat nie jemandem geholfen, aber viele hat er umgebracht.
24 Sacks, Oliver: Der Tag, an dem mein Bein fortging; 1989, S. 180
25 Kast, Verena: Trauern. Phasen und Chancen des psychischen Prozesses; 1992
26 Sölle, Dorothee: Leiden; 1980
27 Roth-Steiner, Philipp: Die Klage. Auf der Suche nach einer Sprache des Leidens, Akzessarbeit in Praktischer Theologie; 1991
28 Brantschen, Johannes B.: Warum läßt der gute Gott uns leiden? 1999, S. 94
29 Lemke, Helga: Seelsorgerliche Gesprächsführung, 1992
30 Buber, Martin: Schuld und Schuldgefühle; 1958
31 Davis-Ginsburg, Genevieve: Trauer, Schuld und Zorn; 1993
32 Weber, Ruedi: Neue Wege des Abschiednehmens; in: Zeitlupe (11/95)
33 Neysters, Peter und Schmitt, Karl Heinz: Denn sie werden getröstet werden; 1993, S. 289

34 Wilder, Thornton: Die Brücke von San Luis Rey; 1945, Schluß
35 Bronisch, Thomas: Der Suizid; 1995, S. 98
36 Bronisch, Thomas: Der Suizid; 1995, S. 95
37 Chriss, James J.: Counselling and the Therapeutic State; 1999, S. 18
38 Werner, Wolfgang: Schweizerische Ärztezeitung, 1999 Herbst
39 Morgenthaler, W. und Steinberg, Marianne: Letzte Aufzeichnungen von Selbstmördern; 1945, S. 148
40 Zeitschrift Neuroscience and Biobehavioral Reviews von 1998, S. 653–661
41 Böker, Wolfgang: persönlicher Brief, 1995
42 Ernst, Klaus: Schweizerische Ärztezeitung, 1995

Literaturhinweise

Einige dieser zum Teil sehr hilfreichen Bücher sind leider vergriffen, wie das bei guten Büchern ja oft der Fall ist. Zumindest aber sind sie über Bibliotheken zugänglich.

Lord, Janice Harris: *Nicht einmal ein Abschiedswort. Trauer nach einem unerwarteten Todesfall;* Zürich, Kreuz, 1999
Wenn jemand unerwartet stirbt, ist das für die Hinterbliebenen doppelt schwer. Das Ereignis bricht ganz plötzlich über die Angehörigen herein und läßt ihnen keine Zeit, sich auf den Tod vorzubereiten. Janice H. Lord hat mit zahlreichen Betroffenen gesprochen, die einen Nächsten auf diese Weise (Suizid, Unfall, rasch zum Tode führende Krankheit) verloren haben und hat von ihnen erfahren, was in einer solchen Situation hilft. Ein einfühlsamer Ratgeber für Trauernde.

Otzelberger, Manfred: *Suizid, Das Trauma der Hinterbliebenen;* Berlin, Chr. Links, 1999
Für suizidgefährdete Menschen gibt es viele Anlaufstellen und Hilfen, jedoch wenige für Hinterbliebene nach einem Suizid. Manfred Otzelberger beschreibt anhand zahlreicher Beispiele, mit welchen Problemen die Hinterbliebenen zwangsweise konfrontiert sind und auf welch unterschiedliche Weise sich diese bewältigen lassen.

Josuran, Ruedi / Hoehne, Verena / Hell, Daniel: *Mittendrin und nicht dabei;* Zürich, Haffmans, 1999
Die beiden Autoren sind wortgewandte Journalisten und wagten öffentlich über ihre Depressionen zu berichten. Durch ihr Auftreten vor laufender Kamera ermutigten sie viele Gleichbetroffene, sich zu ihrer Depression zu bekennen und Hilfe zu suchen. Der offene und schonungslose Briefwechsel zwischen Verena Hoehne und Ruedi Josuran mutet wie eine Liebesgeschichte an und zwingt den Leser dazu, das Buch in einem Zuge fertig zu lesen. Die medizinischen Kommentare aus der Feder des Psychiaters Dr. Daniel Hell sind in gut verständlicher Form verfasst und geben einen Einblick in neueste Forschungsergebnisse und Therapien.

Woggon, Brigitte: *Niemand hilft mir! Behandlungsprotokolle angeblich unheilbarer psychiatrischer Patienten*; Bern, Huber 1999
Manche Patienten in der Psychiatrie werden als »unheilbar« eingestuft. Dieses Urteil raubt den Kranken die Motivation. Brigitte Woggon zeigt, daß es gerade darauf ankommt, die Kranken zur Mitarbeit, ja sogar zum Mitkämpfen gegen ihre Erkrankung zu motivieren, und daß es in den meisten Fällen durchaus eine wirksame Behandlung gibt.

Brantschen, Johannes B.: *Warum läßt der gute Gott uns leiden?;* Freiburg im Breisgau, Herder, 1999
Das Leiden des Menschen ist der »einzig wirklich ernst zu nehmende Einwand gegen Gott«. Diesem Einwand und der immer neu bedrängenden Frage: »Warum läßt der gute Gott uns leiden?« stellt sich der Theologe und Priester Johannes Brantschen auf sehr behutsame und wahrhaftige Weise. Sein Buch löst das dunkle Geheimnis nicht auf, zeigt aber Mög-

lichkeiten, dem Leid und im Leiden Christus zu begegnen, dem Mitleidenden und Menschenbruder.

Diodà, Carin und Gomez, Tina: *Warum konnten wir dich nicht halten? Wenn ein Mensch, den man liebt, sich das Leben genommen hat;* München, Kreuz, 1998
Dieses Buch ist in einem leicht lesbaren, »journalistischen« Stil geschrieben und ging den Erfahrungen Hinterbliebener nach dem Suizid eines Angehörigen nach. Dabei wird in einem allgemeineren ersten Teil den Fragen nach dem Suizid und den damit verbundenen Folgen nachgegangen. Der zweite Teil beschäftigt sich mit den Auswirkungen, die ein Suizid auf die Nächsten und einen weiteren Kreis zur Folge hat. »Überleben« und »Licht am Horizont« sollen Strategien für das »Wie weiter?« aufzeigen. Eine Adressliste mit Kontaktstellen für Hinterbliebene schließt das empfehlenswerte Buch ab.

Paul, Chris: *Warum hast du mir das angetan? Ein Begleitbuch für Trauernde, wenn sich jemand das Leben genommen hat;* Gütersloh, 1998
Die Frage »Warum hast du mir das angetan?« verstößt gegen ein Tabu. Nach einer Selbsttötung wagen es Angehörige meist nicht, ihre eigenen Gefühle der Einsamkeit, Wut und Ohnmacht in den Mittelpunkt zu stellen. Chris Paul beschreibt für Angehörige und alle, die ihnen helfen wollen, Schwierigkeiten und Chancen des Trauerns, wenn ein Mensch sich das Leben genommen hat.

Woggon, Brigitte: *Ich kann nicht wollen! Berichte depressiver Patienten;* Bern, Huber, 1998
Brigitte Woggon kommentiert in gekonnter Weise das, was ihre Patienten schrieben. Sie spricht dabei all jene Menschen an, die oft niedergeschlagen und mutlos sind und nicht selten an Depressionen leiden. Dadurch können sie ihre Befindlichkeit mit den geschilderten Leidensgeschichten vergleichen und entscheiden, ob sie sich behandeln lassen sollten. Die Fallgeschichten zeigen, wie vielfältig die Erscheinungsformen der Depression sind und wie sehr es darauf ankommt, jeweils den richtigen Zugang zu finden.

Körner, Imela: *Witwen, Biographien und Lebensentwürfe;* Düsseldorf, Patmos, 1997
In Porträts bekannter Frauen, wie etwa Katharina die Große, Clara Schumann, Edeltrud Meistermann-Seeger, Edith Flusser und unbekannter Witwen zeigt Irmela Körner, wie diese Mut für das Leben nach dem Tod des Partners entwickelt haben.

Hömmen, Christa, *Mal sehen, ob ihr mich vermißt. Menschen in Lebensgefahr;* Reinbek, Rowohlt, 1996
Ein Buch für Jugendliche ab etwa 13 Jahren, die selbst nicht mehr weiterwissen. Es enthält Lebensgeschichten und Informationen zum Problem der Selbsttötung und beschäftigt sich mit der Analyse von Motiven und Vorurteilen. Außerdem werden Regeln für den Umgang mit Gefährdeten sowie Möglichkeiten professioneller Hilfsangebote (mit Adressen) erläutert.

Schütz, Jutta: *Ihr habt mein Weinen nicht gehört. Hilfen für suizidgefährdete Jugendliche;* Frankfurt am Main, Fischer, 1996

Viele Eltern sind angesichts des Suizids eines ihrer Kinder völlig verzweifelt. Die Verzweiflung ist um so größer, je mehr sie der Überzeugung sind, »schuld« am Tod ihrer Tochter oder ihres Sohnes zu sein. Manche Eltern suchen die »Schuld« bei anderen. Wie Eltern mit Verlust und ihren Schuldgefühlen umgehen lernen, ist ein Anliegen der Autorin. In erster Linie geht es ihr darum, Eltern, Lehrer und das soziale Umfeld für diejenigen zu sensibilisieren, die suizidgefährdet sind.

Bronisch, Thomas: *Der Suizid. Ursachen Warnsignale Prävention;* München, C. H. Beck, 1995 (Becksche Reihe 2006)
Dieses ausgezeichnete kleine Taschenbuch gibt einen Überblick über die Hintergründe von Suizid und Suizidversuch und informiert über Erscheinungsformen, Ursachen, Warnsignale, Prävention und Therapie. Es geht dabei darum, Legenden zu korrigieren und ein sowohl wissenschaftlich haltbares als auch in der konkreten Krisenintervention hilfreiches Bild von Suizid und Suizidgefährdung zu vermitteln.

Kushner, Harold: *Wenn guten Menschen Böses widerfährt;* Gütersloh (GTB 965), 1994
Wie kann Gott es zulassen, daß Menschen, die an ihn glauben und ihr Leben nach ihm ausrichten, von schweren Schicksalsschlägen getroffen werden? Harold Kushner, Rabbiner in einer Gemeinde in Boston, schrieb dieses Buch aus Anlaß der Krankheit und des Todes seines Sohnes. Er will auf Grund seiner persönlichen Leidenserfahrung anderen Menschen helfen, mit dem menschlichen Leid und der damit verbundenen Frage nach der Liebe, der Allmacht und der Gerechtigkeit Gottes umzugehen.

Wolf, Doris: *Einen geliebten Menschen verlieren. Vom schmerzlichen Umgang mit der Trauer;* Mannheim, PAL, 1994
Für Menschen, die den Tod eines nahen Angehörigen betrauern und dadurch selbst im Leben keinen Sinn mehr sehen können. Die Autorin beschreibt zunächst, was wir über den Tod wissen sollten (Interkulturelles, Mythen, Trauerverarbeitung usw.), und stellt im zweiten Teil konkrete Strategien der Trauerarbeit vor. Ein sehr einfühlsam geschriebenes Buch.

Diekstra, René und Gary McEnery, *Der letzte Ausweg. Denkanstöße für Selbstmordgefährdete;* München, Kabel, 1992
Ein sehr persönliches Buch. Insbesondere auch für jüngere Menschen oder Jugendliche geeignet mit Anregungen zur Selbsteinschätzung und Übungen zur Selbsthilfe.

Quinnett, Paul .G., *Warum mit dem Leben Schluß machen? Rat und Hilfe für Gefährdete;* Freiburg, Herder, 1990
Der amerikanische Psychologe hat das Problem, ein Selbsthilfebuch zu dem Thema Selbsttötung zu verfassen, auf eine sehr einfühlsame, direkte und doch zurückhaltende Weise gelöst. Der Leser wird angeregt, sich Zeit zu nehmen und auf ein gedankliches Gespräch mit dem Autor einzulassen, wobei auch die mögliche Skepsis immer wieder angesprochen wird. Der Arzt Michael Heinrich von der Deutschen Gesellschaft für Suizidprävention schrieb das Nachwort über professionelle Hilfen in Deutschland.

Haller, Reinhard und Lingg, Albert: *Selbstmord – Verzweifeln am Leben?;* Wien, Hannibal, 1987

In diesem Buch wird der Suizid als ein allgemein menschliches, zu allen Zeiten und in allen Kulturen anzutreffendes Verhalten dargestellt und aus verschiedenen wissenschaftlichen Sichtweisen wie Statistik, Epidemiologie, Soziologie, Philosophie, Psychologie und Psychiatrie sowie im transkulturellen Vergleich beleuchtet. Breiter Raum wird der Frage gewidmet, ob es sich beim Suizid um den letzten freien Willen eines Menschen oder den Abschluß einer krankhaften Entwicklung handelt.

Schiff, Harriet S.: *Verwaiste Eltern;* München, dtv (dialog und praxis 15019), 1986

Harriet S. Schiff verlor einen Sohn und hat auf Grund dieses Verlustes untersucht, wie andere Eltern mit dem Tod ihres Kindes umgehen. Sie verstand es, auf eindrückliche Weise die Lebensentwürfe solcher »verwaister Eltern« vor und nach dem Tod eines Kindes zu schildern. Viele Hinterbliebene fanden sich in den einfühlsamen Schilderungen wieder und konnten mit diesen Einsichten ein gutes Stück auf dem Weg durch ihre Trauer vorankommen.

Literatur, aus der zitiert oder die erwähnt wurde:

Aebischer-Crettol, Eberhard: *Seelsorge und Suizid. Seelsorge mit Hinterbliebenen, die von einem Suizid betroffen wurden;* Bern, Lang, 2000 (Europäische Hochschulschriften: Reihe 23, Theologie; Bd. 683) ISBN 3-906764-27-3

Alvarez, Alfred: *Der grausame Gott. Eine Studie über den Selbstmord;* Frankfurt am Main, Fischer, 1985

Améry, Jean: *Hand an sich legen. Diskurs über den Freitod;* Stuttgart, Klett-Cotta, 1994

Arbeitskreis Leben e. V. / Schuldt, Karl-Heinz (Hg.): *Lebenskrisen, Möglichkeiten der Bewältigung;* Tübingen, 1984

Ariès, Philippe: *Geschichte des Todes;* München, dtv 4407, 1995

Baechler, Jean: *Tod durch eigene Hand. Eine wissenschaftliche Untersuchung über den Selbstmord;* Frankfurt am Main, Ullstein, 1981

Barth, Karl: *Die Kirchliche Dogmatik,* Zollikon-Zürich, 1946

Baßler, Margit und Schins, Marie-Thérèse (Hg.): *»Warum gerade mein Bruder?« Trauer um Geschwister. Erfahrungen, Berichte, Hilfen;* Reinbek, Rowohlt, 1992

Beck, Rainer (Hg.): *Der Tod. Ein Lesebuch von den letzten Dingen;* München, Beck, 1995

Beglinger, Rahel: *Depression;* Lausanne, Pro Mente Sana, 1990

Benning, Alfons: *Vom christlichen Trösten. Gedanken über die Gabe des Trostes;* Kevelar, Butzon & Bercker, 1986

Bielinski, Daniel: *Probleme Angehöriger nach institutionellem Suizid;* Bern, Psychiatrische Universitätsklinik, Dissertation, 1994

Bilz, Rudolf: *Paläoanthropologie. Der neue Mensch in der Sicht einer Verhaltensforschung;* Frankfurt am Main, Suhrkamp, 1971

Blackburn, Bill: *Was Sie über Selbstmord wissen sollten. Kann Suizid ver-*

hindert werden? Praktische Ratschläge eines erfahrenen Seelsorgers; Bern, Blaukreuz, 1986
Blarer, Stefan: *Menschliches Erleben und Verarbeiten von Tod und Trauer;* Luzern, Rex, 1983
Böhle, Solveig: *Damit die Trauer Worte findet. Gespräche mit Zurückbleibenden nach einem Suizid;* München, dtv, 1996
Bowlby, John: *Verlust, Trauer und Depression;* Frankfurt am Main, Fischer, 1983
Bradshaw, John: *Familiengeheimnisse. Warum es sich lohnt, ihnen auf die Spur zu kommen;* München, Kösel 1997
Brocher, Tobias: *Wenn Kinder trauern. Wie Eltern helfen können;* Zürich, Kreuz, 1995
Buber, Martin: *Schuld und Schuldgefühle;* Heidelberg, Lambert Schneider, 1958
Bühl, Renée M.: *Colère de vivre;* Montrouge, Nouvelle Cité, 1996
Burger, Hermann: *Tractatus logico suicidalis. Über die Selbsttötung;* Frankfurt am Main, Fischer, 1988
Cain, A. (Hg.): *Survivors of Suicide;* Springfield, Bannerstone House, 1972
Camus, Albert: *Der Mythos von Sisyphos;* Reinbek, Rowohlt, 1959
Canacakis, Jorgos: *Ich sehe deine Tränen; Trauern, Klagen, Leben können;* Stuttgart, Kreuz, 1989
Canacakis, Jorgos und Bassfeld Schopers, Annette: *Auf der Suche nach den Regenbogentränen;* München, Bertelsmann, 1994
Caplan, Sandra und Lang, Gordon: *Trauer. Wie Sie nach einem schweren Verlust wieder Mut schöpfen können;* Landsberg am Lech, mvg, 1996
Chriss, James J.: *Counseling and the Therapeutic State;* New York, Walter de Gruyter, 1999
Clinebell, Howard J.: *Modelle beratender Seelsorge;* München, Kaiser, 1985
Colt, George Howe: *The Enigma of Suicide. A Timely Investigation Into the Causes, the Possibilities for Prevention and the Paths to Healing;* New York, Simon & Schuster, 1991
Crepet, Paolo: *Das tödliche Gefühl der Leere. Suizid bei Jugendlichen;* Reinbek, Rowohlt, 1996
D'Arcy, Paula: *Wenn ein naher Mensch in Trauer ist. Wie wir richtig begleiten können;* Freiburg im Breisgau, Herder, 1993
Dietrich, Walter, Georg Martin, Luz, Ulrich (Hg.): *Antijudaismus – christliche Erblast;* Stuttgart, Kohlhammer, 1999
Doka, Kenneth J.: *Living With Grief After Sudden Loss;* Taylor & Francis, HFA, 1996
Donne, John: *Biothanatos. A Declaration of that Paradoxe or Thesis, that Self-homicide is not so naturally Sin, that it may never be otherwise;* (1644), Reproduktion der ersten Auflage, New York, Faksimile Text Society, 1930
Dorrmann, Wolfram: *Suizid. Therapeutische Interventionen bei Selbsttötungsabsichten;* München, Pfeiffer, 1998
Dowling, Colette: *Befreite Gefühle. Neue Wege aus Depression, Angst und Abhängigkeit;* Frankfurt am Main, Fischer, 1993

Drewermann, Eugen: *Psychoanalyse und Moraltheologie. 1. Angst und Schuld;* Mainz, Grünewald, 1982

Drewermann, Eugen: *Psychoanalyse und Moraltheologie. 3. An den Grenzen des Lebens;* Mainz, Grünewald, 1984

Drewermann, Eugen: *Tiefenpsychologie und Exegese. Band I: Die Wahrheit der Formen: Traum, Mythos, Märchen, Sage und Legende;* Olten, Walter, 1988

Drewermann, Eugen: *Tiefenpsychologie und Exegese. Band II: Die Wahrheit der Werke und der Worte: Wunder, Vision, Weissagung, Apokalypse, Geschichte, Gleichnis;* Olten, Walter, 1988

Drewermann, Eugen: *Wort des Heils – Wort der Heilung. Von der befreienden Kraft des Glaubens;* Düsseldorf, Patmos, 1990

Durkheim, Emile: *Der Selbstmord;* Frankfurt am Main, Suhrkamp, 1995

Eibl-Eibesfeldt, Irenäus: *Die Biologie des menschlichen Verhaltens. Grundriß der Humanethologie;* München, Piper, 1986

Enzyklika *Evangelium vitae* (*Über den Wert und die Unantastbarkeit des menschlichen Lebens*); Bonn, 25. März 1995

Enzyklika *Veritatis splendor* (*Über einige grundlegende Fragen der kirchlichen Morallehre*); Bonn, 6. August 1993

Esquirol, Jean E.: *Von den Geisteskrankheiten;* Bern, Huber, 1968

Farberow, Norman L. und Shneidman, Edwin S. (Hg.): *The Cry for Help;* McGraw-Hill, 1965

Fässler-Weibel, Peter (Hg.): *Gelebte Trauer. Vom Umgang mit Angehörigen bei Sterben und Tod;* Fribourg, Paulus, 1991

Fässler-Weibel, Peter (Hg.): *Wenn Kinder sterben;* Fribourg, Paulus 1993

Fässler-Weibel, Peter (Hg.): *Wie ein Blitz aus heiterem Himmel. Vom plötzlichen Tod und seinen Folgen;* Fribourg, Paulus, 1999

Fine, Carla: *No Time To Say Goodbye;* New York, Bantam, 1997

Finzen, Asmus: *Der Patientensuizid. Untersuchungen, Analysen, Berichte zur Selbsttötung psychisch Kranker während der Behandlung;* Bonn, Psychiatrie-Verlag, 1988

Finzen, Asmus: *Suizidprophylaxe bei psychischen Störungen. Prävention Behandlung Bewältigung;* Bonn, Thieme, 1997

Gaupp, Robert: *Ueber den Selbstmord;* München, Otto Gmelin, 1905

Giernalczyk, Thomas: *Lebensmüde. Hilfe bei Selbstmordgefährdung*; München, Kösel, 1995

Ginsburg, Geneviève Davis: *Trauer, Schuld und Zorn. Angstfrei leben. Ein Selbsthilfebuch für Witwen;* Oesch, 1990

Greither, Aloys: *Selbstmord und Erziehung. Eine kulturphilosophische, psychologische und pädagogische Studie;* Leipzig, Felix Meiner, 1939

Habib, Michel: *Bases neurologiques des comportements;* Paris, Masson, 1993

Haenel, Th.: *Suizidhandlungen. Neue Aspekte der Suizidologie;* Heidelberg, Springer, 1989

Heilborn-Maurer, Ursula und Maurer, Georg: *Nach einem Suizid. Gespräche mit Zurückbleibenden;* Frankfurt am Main, Fischer, 1988

Hell, Daniel: *Welchen Sinn macht Depression? Ein integrativer Ansatz;* Reinbek, Rowohlt, 1992

Henseler, Heinz: *Narzißtische Krisen/Zur Psychodynamik des Selbstmords;* Reinbek, Rowohlt, 1980

Hilfen für selbstmordgefährdete Kinder und Jugendliche – NEUhland – ein Modell; Berlin, 1993

Hillman, James: *Selbstmord und seelische Wandlung;* Zürich, Daimon, 1980

Hilzinger, Ilse: *Zu zweit sind wir stärker. Eine Anleitung zum seelsorgerlichen und beratenden Gespräch;* Stuttgart, Calwer, 1987

Holderegger, Adrian: *Suizid und Suizidgefährdung. Humanwissenschaftliche Ergebnisse Anthropologische Grundlagen;* Freiburg im Breisgau, Herder, 1979

Holsboer-Trachsel, Edith und Krebs-Roubicek, Eva (Hg.): *Depression, Angst und Geschichte;* Basel, Gazette Médicale (Sonderpublikation), 1994

Huxley, Aldous: *Die Pforten der Wahrnehmung – Himmel und Hölle: Erfahrung mit Drogen;* München, Piper, 1995

Ide, Helga: *Mein Kind ist tot. Trauerarbeit in einer Selbsthilfegruppe;* Hamburg, Rowohlt (Sachbuch rororo 8458), 1988

Ide, Helga: *Wenn Kinder sich das Leben nehmen. Trauer, Klage und die Zeit danach;* Stuttgart, Kreuz, 1992

Janssen, Ludwig (Hg.): *Auf der virtuellen Couch. Selbsthilfe, Beratung und Therapie im Internet;* Bonn, Psychiatrie-Verlag, 1998

Jens, Walter und Küng, Hans: *Menschenwürdig sterben. Ein Plädoyer für Selbstverantwortung;* München, Piper, 1995

Kast, Verena: *Trauern. Phasen und Chancen des psychischen Prozesses;* Stuttgart, Kreuz, 1992

Kind, Jürgen: *Suizidal. Die Psychoökonomie einer Suche;* Göttingen, Vandenhoeck & Ruprecht, 1998

Klauck, Hans-Josef: *Judas – ein Jünger des Herrn;* Freiburg im Breisgau, Herder, 1987

Körner, Irmela: *Witwen. Biographien und Lebensentwürfe;* Düsseldorf, Patmos 1997

Kösters, Winfried: *Vom Ich zum Wir. Selbsthilfegruppen finden, gründen, führen;* Trias, 1992

Kuitert, Harry M.: *Das falsche Urteil über den Suizid. Gibt es eine Pflicht zu leben?;* Stuttgart, Kreuz, 1986

Lee, Carol: *Trauer kennt viele Wege. Für einen individuellen Umgang mit Schmerz und Verlust;* München, Knaur, 1996

Lehrgang zur Eidgenössischen Fachprüfung für Bestatter; Schweiz. Verband der Bestattungsdienste SVB, 1991

Lenzen, Verena: *Selbsttötung. Ein philosophisch-theologischer Diskurs mit einer Fallstudie über Cesare Pavese;* Düsseldorf, Patmos, 1987

Lüthi, Kurt: *Judas Iskarioth in der Geschichte der Auslegung von der Reformation bis in die Gegenwart;* Zürich, Zwingli, 1955

Minois, Georges: *Geschichte des Selbstmordes;* Düsseldorf, Artemis & Winkler, 1996

Monbourquette, Jean: *Groupe d'entraide pour personnes en deuil. comment l'organiser et le diriger;* Outremont (Québec), Novalis 1996

Morgenthaler, W. und Steinberg, Marianne: *Letzte Aufzeichnungen von Selbstmördern;* Bern, Huber, 1945
Morgenthaler, Christoph: *Systemische Seelsorge. Impulse der Familien- und Systemtherapie für die kirchliche Praxis;* Stuttgart, Kohlhammer, 1999
Neysters, Peter und Schmitt, Karl Heinz: *Denn sie werden getröstet werden. Das Hausbuch zu Leid und Trauer, Sterben und Tod;* München, Kösel, 1993
Passarge, Eberhard: *Taschenatlas der Genetik;* Stuttgart, Thieme 1994
Pertim, Enna: *Abschied heißt nicht Ende. Frauen erzählen über den Tod ihres Partners und ihr Leben nach dem Verlust;* Freiburg im Breisgau, Herder, 1994
Pohlmeier, Hermann: *Depression und Selbstmord. Neue Erkenntnisse, Untersuchungen und Informationen;* Bonn, Keil, 1980
Pohlmeier, Hermann: *Selbstmord und Selbstmordverhütung;* München, Urban & Schwarzenbach, 1983
Pöldinger, Walter: *Die Abschätzung der Suizidalität. Eine medizinisch-psychologische und eine medizinisch-soziologische Studie;* Bern, Huber, 1968
Pöldinger, Walter und Wagner, Wolfgang (Hg.): *Aggression, Selbstaggression, Familie und Gesellschaft;* Berlin, Springer, 1989
Rahner, Karl: *Von der Not und dem Segen des Gebetes;* Freiburg im Breisgau, Herder, 1977
Ringel, Erwin: *Das Leben wegwerfen? Reflexionen über Selbstmord;* Wien, Herder, 1978
Ringel, Erwin: *Der Selbstmord. Abschluß einer krankhaften psychischen Entwicklung. Eine Untersuchung an 745 geretteten Selbstmördern;* Frankfurt am Main, Fachbuchhandlung für Psychologie, 1981
Ringel, Erwin: *Selbstmord – Appell an die anderen. Eine Hilfestellung für Gefährdete und ihre Umwelt*; München, Kaiser, 1984
Rinser, Luise: *Hat Beten einen Sinn?;* Zürich, Arche, 1966
Roth-Steiner, Philipp: *Die Klage. Auf der Suche nach einer Sprache des Leidens;* Zürich, Akzessarbeit in Praktischer Theologie, 1991
Sacks, Oliver: *Der Tag, an dem mein Bein fortging;* Reinbek, Rowohlt, 1989
Schibilsky, Michael: *Trauerwege. Beratung für helfende Berufe;* Düsseldorf, Patmos, 1994
Schliephake-Milch, Annelie H. und Milch, Wolfgang E.: *Der Kliniksuizid: Eine katamnestische Untersuchung der Suizidalität stationärer psychiatrischer Patienten;* Gießen, Inauguraldissertation, 1981
Schmid Weissert, Annelise: *no postcards from heaven... Ein Plädoyer für die Kunst im Trauerprozeß;* EHB Leuk, 1999
Schmidbauer, Wolfgang: *Die hilflosen Helfer. Über die seelische Problematik der helfenden Berufe;* Hamburg, Rowohlt, 1977
Selle, Déborah W. (Hg.): *Le Suicide;* Arare (Genève), Presses Bibliques Universitaires, 1994
Shneidman, E. und Ortega, M. (Hg.): *Aspects of Depression;* Boston, Little Brown, 1969
Shneidman, Edwin: *Definition of Suicide;* New York, 1985

Shneidman, Edwin: *Suicide and Psychache. A Clinical Approach to Self-destructive Behavior*, Northvale (N.J.), Jason Aronson, 1993
Smaic, Cornelia: *Adieu mon ami...;* Zürich, Biograph-Verlag, 1999
Sölle, Dorothee: *Leiden;* Stuttgart, Kreuz, 1980
Spiegel, Yorick: *Der Prozeß des Trauerns. Analyse und Beratung;* München, Kaiser, 1983
Stengel, Erwin: *Selbstmord und Selbstmordversuch;* Frankfurt am Main, Fischer, 1969
Szittya, Emil: *Selbstmörder. Ein Beitrag zur Kulturgeschichte aller Zeiten und aller Völker;* Leipzig, Weller & Co., 1925
Verbindung der Schweizer Ärzte (FMH)/Bundesamt für Gesundheitswesen (BAG) (Hg.): *Krise und Suizid. Basisdokumentation für Ärzte;* Bern, FMH, 1992
Vogelsanger, Vreni: *Selbsthilfegruppen brauchen ein Netz. Selbsthilfegruppen und ihre Kontaktstellen in der Schweiz und im Fürstentum Liechtenstein;* Zürich, Seismo, 1995
Wagner, Harald: *Judas Iskariot. Menschliches oder heilsgeschichtliches Drama?;* Frankfurt am Main, Knecht, 1985
Watzlawick, Paul: *Münchhausens Zopf oder Psychotherapie. Aufsätze und Vorträge über menschl. Probleme in system.-konstruktivist. Sicht und «Wirklichkeit»;* Bern, Hans Huber, 1989
Watzlawick, Paul; Weakland, John H. und Fisch, Richard: *Lösungen. Zur Theorie und Praxis menschlichen Wandels;* Bern, Hans Huber, 1992
Wedler, Hans-L.: *Gerettet? Begegnungen mit Menschen nach Selbstmordversuchen;* Luchterhand, 1979
Wilder, Thornton: *Die Brücke von San Luis Rey;* Zürich, Arche, 1945
Willemsen, Roger (Hg.): *Der Selbstmord in Berichten, Briefen, Manifesten und literarischen Texten;* Köln, Kiepenheuer & Witsch, 1988
Woggon, Brigitte: *Behandlung mit Psychopharmaka aktuell und maßgeschneidert;* Bern, Huber, 1998
Worden, James William: *Beratung und Therapie in Trauerfällen. Ein Handbuch;* Bern, Huber, 1987
Wrobleski, Adina: *Suicide: Survivors. A Guide For Those Left Behind;* Minneapolis, Minnesota, Afterwords Publishing, 1991
Wrobleski, Adina: *Suicide Why? 85 Questions and Answers About Suicide;* Minneapolis, Minnesota, Afterwords Publishing, 1989
Wrobleski, Adina: *Suicide. Your Child Has Died;* Minneapolis, Minnesota, Afterwords Publishing, 1987
Zöller, Brigitte und Pöldinger, Walter: *Das Nichtausgesprochene. Worüber die Menschen zu wenig miteinander reden;* Basel, Promedas 1994